致我亲爱的妻子西莉亚，
关于如何做个好父亲，她教了我很多知识。
致伊拉娜和塔莉娅，
作为青少年，她们慷慨、富有同情心和创造力，
实现了我对她们的期许。

我祝愿她们
能继续发现生活点滴中
蕴含的幸福和快乐，
在面对生活中的重重挑战时
能足够强大，
迅速复原。

American Academy of Pediatrics

DEDICATED TO THE HEALTH OF ALL CHILDREN®

韧性成长

培养孩子反脆弱的心智模式 ↗

第4版

〔美〕肯尼思·金斯伯格 *Kenneth R. Ginsburg*　〔美〕玛莎·贾布洛 *Martha M. Jablow* /著

于欣霏 /译

北京科学技术出版社

本出版物是美国儿科学会出版的著作 *Building Resilience in Children and Teens* 的第 4 版的翻译版，介绍的是美国儿科学会出版该原版书时美国通行的方法。本书不由美国儿科学会翻译，美国儿科学会对由翻译引起的错误、遗漏或其他问题不承担责任。

著作权合同登记号　图字：01-2024-1318

图书在版编目（CIP）数据

韧性成长：培养孩子反脆弱的心智模式：第 4 版 /（美）肯尼思·金斯伯格，（美）玛莎·贾布洛著；于欣霏译 . -- 北京：北京科学技术出版社，2024.8（2025.1 重印）

书名原文：Building Resilience in Children and Teens: Giving Kids Roots and Wings, 4th edition

ISBN 978-7-5714-3828-9

Ⅰ．①韧… Ⅱ．①肯… ②玛… ③于… Ⅲ．①心理训练 Ⅳ．① G804.86

中国国家版本馆 CIP 数据核字（2024）第 068936 号

策划编辑：赵丽娜	**电　话**：0086-10-66135495（总编室）		
责任编辑：赵丽娜	0086-10-66113227（发行部）		
责任校对：贾　荣	**网　址**：www.bkydw.cn		
图文制作：旅教文化	**印　刷**：北京顶佳世纪印刷有限公司		
责任印制：李　茗	**开　本**：720 mm × 1000 mm　1/16		
出版人：曾庆宇	**字　数**：368 千字		
出版发行：北京科学技术出版社	**印　张**：24.25		
社　址：北京西直门南大街 16 号	**版　次**：2024 年 8 月第 1 版		
邮政编码：100035	**印　次**：2025 年 1 月第 2 次印刷		
ISBN 978-7-5714-3828-9			

定　价：89.00 元

致　谢

　　我可能无法对所有支持我写这本书，或让我觉得有必要写这本书的人
——一表示感谢。在此，我要特别感谢美国儿科学会（American Academy of
Pediatrics，AAP）通信与媒体委员会的各位同仁，他们在美国儿科学会会员、
前主席唐纳德·希夫林（Donald Shifrin）博士的带领下，具有前瞻性地提出，
仅仅告诉孩子们什么不应该做是远远不够的，父母必须表明自己对年轻一代的
一切美好期许。我还要感谢美国儿科学会对我的信任，让我承担这一重要的项
目。此外，我要特别感谢马克·格里姆斯（Mark Grimes）和卡洛琳·科尔巴
巴（Carolyn Kolbaba）为本书第一版所做的努力，为新版本奠定了基础。感
谢凯瑟琳·斯帕克斯（Kathryn Sparks），她用关爱、热情与才能为本书新版
的诞生层层把关、保驾护航。

　　我要感谢玛莎·贾布洛（Martha Jablow），她睿智、有耐心、思路清晰。
她引导我完成了此前几版，并教会我如何将科学理论中的精华转化为可供人
们应用到日常生活中的可行性策略。我必须感谢美国父母与青少年沟通中
心（The Center for Parent & Teen Communication）的团队［伊丽丝·萨利克
（Elyse Salek）、雅克·路易斯（Jacques Louis）、伊顿·庞兹（Eden Pontz）、
安德鲁·普尔（Andrew Pool）］，他们对韧性有着深刻的理解，并致力于培养
出具有品格优势、可以引领人们走向未来的年轻一代。总之，他们一直在我身
边支持着我。

　　我还要感谢那些为本书的内容做出贡献的专家们。苏珊·菲尔普斯
（Susan Phelps）是美国印第安纳州范德比尔特大学神经学教育中心的主任，她
帮助我进一步理解如何让儿童和青少年拥有自我调节能力（见第23章）。我

还要感谢普林赛斯·斯盖尔斯（Princess Skyers）博士，在第31章里，她和我分享了她的智慧和看法，帮助我摈弃偏见。安吉拉·达克沃斯（Angela Duckworth）博士的成果已经启发了众多父母，以帮助孩子做好准备去获得真正意义上的成功。她校阅了第32章"坚毅"的内容，以确保我抓住了她想表达的重点。我还要感谢杰德·迈克尔（Jed Michael），他对第36章的内容贡献很大。我们在美国宾夕法尼亚州并肩合作，治愈青少年的病痛疾苦。他是我见过的最有天分的医生之一。

对那些给予我灵感的、推动青少年正向发展和培养韧性项目的领导者们，我要致以衷心的感谢和敬意。特别是瑞克·利特尔（Rick Little）等人，他们首次提出了青少年实现健康发展所需要的五大要素——能力、自信、联系、品格和贡献。虽然我在此基础上做了一定的修改，并加入了"应对"和"掌控"，但是，是他们最先提出和确立了这一重要观点。能认识美国塔夫茨大学的理查德·勒纳（Richard Lerner）博士也是我的荣幸，他是当今伟大的发展心理学家。勒纳博士用几十年的时间证明了推动青少年正向发展的努力确实有效，还证明了关爱他人是孩子应该具备的一个重要品质，父母必须通过言传身教积极培养这个品质。在我从事的青少年医学与健康领域，美国儿科学会会员罗伯特·百隆（Robert Blum）博士和迈克尔·雷斯尼克（Michael Resnick）博士为我指明了道路，并促使我对青少年的研究方向从侧重防范风险向注重发展长处转变。美国儿科学会会员卡伦·海恩（Karen Hein）博士告诉我们，我们要给青少年提供支持，这样他们才会充分挖掘自身潜力。美国搜索研究所（Search Institute）的彼得·班森（Peter Benson）的努力总会深深打动我，他帮助多个社区的父母们认识到了必须发展孩子的核心优势，而非埋怨孩子的不完美。美国青年投资论坛的卡伦·彼特曼（Karen Pittman）曾呼吁美国社会要理解"没有问题并不意味着做好了充分的准备"。

我要感谢我的专业导师——盖尔·斯莱普（Gail B. Slap）博士、美国儿科学会会员唐纳德·施瓦茨（Donald Schwarz）博士，他们用丰富的经验指导我，用渊博的知识启发我，将他们对年轻一代无限的热爱传递给我。重要的是，他们不断表示他们不仅在乎我的学术生涯，而且也在乎我。我还要感谢我此生遇到的最好的老师——朱迪思·罗温索（Judith Lowenthal）博士，在我还是个青少年时，她就鼓励我发挥自身潜力，我在我的工作中也像她一样，努力发掘每个青少年的潜力。我还要感谢我在美国费城儿童医院克雷格－达尔西莫青少年医学部（Craig-Dalsimer Division of Adolescent Medicine at The Children's Hospital of Philadelphia）的同事们，他们教会我以一颗同情心去关怀他人，我也得到了他们一致的支持与关爱。尤其是卡罗·福特（Carol Ford）博士，他无比热爱工作，给予了众多青少年和家庭以支持。

我有幸在地方、国家和国际层面推广"韧性"这一理念。在各类活动中，我学到了如何最大限度地帮助青少年和家庭实施成长策略，从而推动青少年获得成功。我希望用自己掌握的所有知识影响与青少年生活各方面都息息相关的人、项目和机构，让他们理解与成年人建立尊重、充满爱的关系在青少年的生活中有多么重要。

最早出现在我人生中的老师是我的父母——阿诺德·金斯伯格（Arnold Ginsburg）和玛丽莲·金斯伯格（Marilyn Ginsburg）。在从小到大的耳濡目染中，关于如何做好的父母，我从他们身上学到了很多。从我的外祖母贝拉·摩尔（Belle Moore）身上，我有幸感受到了家的强大力量。除了我的父母，没有人像我的外祖母一样无条件地爱我。我希望将这种爱传承下去，哪怕只继承了一小部分，我也要全身心地去爱我的孩子们。

最后，我要感谢那些让我出现在他们生命中的青少年和他们的家人。每一天，我都会看到父母带着孩子来到美国费城儿童医院。在这些父母身上，我看到了他们对孩子无条件的爱，并对此深感敬畏，我希望自己能帮助到他们。我的许多患者身上展现的韧性令我动容，尤其是我在美国宾夕法尼亚州帮助过的青少年，他们总是能让我看到人类精神中坚韧不拔和自强不息的优秀品质。

导　读

当我们看到一个可爱的 5 岁孩子或一个正在发信息的不开心的 13 岁孩子时，我们几乎不会把他们当成 35 岁、40 岁或 50 岁的成年人。但是，如果我们将眼前的孩子只看作一个孩子，那么我们不仅缩小了育儿目标，也限制了他们挖掘、发挥自身潜力。要把孩子培养成健康的、有生产力的、能"修复世界"的，并引领我们走向美好未来的人，我们必须将眼光放长远，调整对孩子的愿景和期待。为了使孩子获得终身成长，我们既要考虑他们当下的快乐与成就，还要考虑他们在未来能否具有充分的能力，以应对纷繁复杂的世界。我们希望他们能战胜逆境，将困难视为能促进成长和催生创新的机遇；我们需要他们有韧性。

这本书为何能脱颖而出？

本书将青少年正向发展理论和韧性理论中最精华的部分转化成了父母在家庭教育中可以应用的策略。孩子的茁壮成长也需要除父母外的多方的支持，因此，本书还建立了一个指导体系，它能帮得上其他养育者（关心孩子、对培养孩子韧性至关重要的成年人）的忙。

同父母和青少年交谈时，我总能根据他们的反馈进一步充实本书的内容。通过谈话，我了解到他们的期待，并汲取了他们的智慧。因此，在创作和修订本书时，我始终认为本书必须既能满足父母和青少年的需求，又能分享他们的智慧与经验。

此外，我对"如何进一步助力孩子成长"的理解也在随着研究而不断深入。我认为，父母和社区都应该了解最新的理论成果，本书的第四版就能让父母接触到一些最前沿的应用策略。一直以来，本书的内容专注于预防——即使在困难时期，也要让孩子做好成功的准备、做出明智的选择。为了回应众多父母的期待，本书的第四版详细探究了父母和孩子到底应该如何应对困难。本书可以帮助你成为这样的父亲或母亲——在孩子遇到困难时能全力支持他、亲子关系即使受到挑战也能被成功修复、能帮助孩子成为最好的自己。

对相关专业人士来说，本书可以配合《触达青少年：用基于长处、创伤敏感、培养韧性的沟通策略促进青少年正向发展》（第二版）[*Reaching Teens: Strength-Based, Trauma-Sensitive, Resilience-Building Communication Strategies Rooted in Positive Youth Development (2nd edition)*]进行阅读。《触达青少年：用基于长处、创伤敏感、培养韧性的沟通策略促进青少年正向发展》（第二版）能帮助相关专业人士将青少年正向发展理论、韧性理论、创伤知情理论更好地应用在实践中。该书共有 95 章，400 多部视频，美国各大学校、医疗卫生机构和青少年项目的专业人士都阅读过这本书。

本书为父母和其他养育者提供了更便捷的途径，让你们能掌握众多的专业理论与实践知识，与专业人士共同构筑最适合青少年成长的伙伴关系。

如果父母、学校、社区、政策制定方能通力合作，那么孩子们一定会成为内心强大、有同理心、有创造力的未来之才。

如何利用这本书？

我希望你仔细思考书中的观点，并且根据孩子的性格、气质、喜好、长处和成长机遇，因地制宜地应用本书提到的策略和方法。随着孩子不断成长，我希望你能回过头来再看看这本书，因为不同的方法适用于不同的发展阶段。

当孩子的成长出现倒退或迈入一个新的发展阶段时，我也希望你能时不时地再翻翻这本书，复习相关技巧，调整具体教养方法。孩子需要你持续不断的支持——并非唠叨、说教或批评，而是春风化雨般地、不疾不徐地帮助他强化和练习现有技能——打出一记漂亮的跳投或掌握一种乐器都需要付出时间和耐心不断练习。

你会发现（也许你已经发现了）孩子的成长是循序渐进的。每当面临一个重要而崭新的环境时，比如刚来到一所新学校、刚搬到一个新社区或刚开始一个夏令营，孩子都可能有一些倒退的表现。有些孩子会在一些不那么重要的活动（比如孩子第一次参加同学的生日派对）中让你注意到这一点。他们的行为可能倒退得像去年那样，甚至会对你或你的另一半大喊大叫。这都是正常的！

试想，你会如何越过一道峡谷般的大裂隙呢？你不可能站在悬崖边上就那么跳过去。起跳之前，你得后退几步，来一段助跑，当你"嗖"地一下跳过去时，你甚至还会闭上眼睛。你要把孩子每一个重要的发展阶段或面对的挑战想象成孩子将要跨越的大裂隙。当孩子后退两三步时，你不用担心，因为他会再次尝试前进的。有时，孩子在跨越大裂隙的过程中会把眼睛捂住，你也不要觉得惊讶。

如果你已经拼尽全力帮助孩子跨越这道大裂隙，但结果不尽如人意，也请你不要有挫败感。虽然孩子可能翻着白眼反问你："你有完没完？"但是，他也在等待你的回应。要知道，即使孩子的行为倒退了，你也能够带来改变。

要灵活运用本书中的各种方法和策略。这些年来，总是有人告诉我这条标准——"保持一致性是育儿过程中最重要的一点"（如果这里的"一致性"说的是爱的一致性，我完全同意）。但是，我在养育我自己的孩子的过程中，都无法完全做到保持一致性。因为我的两个女儿有各自的脾气和秉性。她们也许在某一天经历过同样的事情，但她们期待我做出的反应是完全不同的。

我并非说你只能对孩子听之任之。你当然需要有坚定、清晰的价值观，对孩子的爱也必须是坚定不移、始终如一且能让孩子感知到的。另外，稳定的生活作息也会让孩子从中受益。但是，生活在不断变化，你必须适应情况的变化以变得更有韧性，这不仅是为了你自己，也是为了向孩子展示这种可贵的品质。

你也许会想："如果孩子每一次跨越大裂隙的时候更容易一点就好了，如果我能帮帮他就好了。"但你也知道，孩子必须自己跨过去才能成长。你所能做的，就是协助他搭一座桥。这本书讲的就是你如何为孩子提供"搭桥"所需的工具，同时维护好亲子关系，让孩子愿意接受你的帮助。

为什么是我来写这本书？

我是一名有着儿童发展学和人类发展学双学位的儿科医生，自 1990 年开始，我就在美国费城儿童医院和美国宾夕法尼亚大学佩雷尔曼医学院开展青少年医学临床和研究工作了。我毕生的工作是指导青少年在社交、情感和生理上获得真正的健康发展。早前我接收到的指导理念都是：告诉孩子什么不可以做。但是，我很快就发现这种以问题为导向的疗法有时会给孩子植入羞耻感，也很难奏效；如果能发现孩子身上的长处，孩子便有望发挥出他的潜能，也会积极主动地克服困难。虽然我的服务可以调动孩子的积极性，但父母的支持才是给孩子带来长久转变的源动力。简而言之，从给孩子提供支持的角度来看，我的工作所发挥的作用，和父母在家庭中、社区在孩子成长中发挥的作用相比是微不足道的。

　　从医之余，我最快乐的事就是在幼儿园教学。在那里，我学到的东西比我教的东西还要多。我对韧性的理解主要来自美国南达科他州的拉科塔印第安人保留地，在那里，我看到了社区在支持个体发展上所具有的优势。

　　我采用质化研究的方法，也就是说，我从孩子本身出发研究儿童和青少年。我和我的一位导师——盖尔·斯莱普（Gail B. Slap）博士共同发明了一种方法，它可以让孩子告诉我们，在他眼中，成年人是否值得信赖，以及他认为决定他成长的关键因素是什么。我的知识很大程度上是在和我的小患者们，以及他们的父母接触的过程中获得的。我的医疗实践范围很广——我既要面对城市的青少年，也要面对郊区的青少年；既要面对大学教授家庭出身的孩子，也要面对贫穷家庭的孩子。尽管美国社会存在着一定程度的不平等，有的孩子没有正向发展，但有的孩子依然获得了可喜的成长。

　　作为美国宾夕法尼亚州某青少年发展机构的健康服务部主任，我在工作的过程中从众多家庭、孩子，甚至是从无家可归的青少年身上深刻体会到了一个人自我复原的力量和极限非常大。这群历经磨难的青少年，在我认为无法生存的环境中活了下来。在与他们相处的过程中，我时刻感受着他们的智慧和特质，那是让他们能战胜痛苦、茁壮成长的智慧和特质。从他们身上，我看到了儿童和青少年是有能力克服几乎所有困难的。只是许多孩子听到了太多的责备，被给予了过低的期许，有一些孩子甚至开始觉得自己是问题孩子。作为一名向导，我只是帮助他们发现自身长处并立足于长处发展，他们自己才是付出努力、做出改变的人。通过努力克服困难，这些孩子获得了与众不同的能力证明。并且他们当中的很多人愿意将毕生的注意力投入引导其他孩子克服困难的工作中，这总是令我倍感欣喜。正是因为有了正确的引导，我才发现了这些未来的治愈者。从和我一起共事的同事身上，我发现在一个充满爱、注重长处发展的环境中，孩子更容易走出伤痕累累的过去，获得长足发展。

我有幸将理论成果和目前最成功的实践结果转化成实用的实际方法，从而培养青少年及其父母的韧性。自美国父母与青少年沟通中心成立时起，我就担任中心主任，并一直致力于增强家庭的凝聚力。在各类公益活动中，我从我的同事那里了解到如何帮助儿童和青少年，为他们扩大心声、丰富选择、扩展机遇。

从两个角度阅读这本书

韧性是一个极为积极的概念，但是绝不应该被理解为坚不可摧。孩子会到达韧性的极限，父母也会。当你阅读本书时，为了你自己，也为了你的孩子，请不要忘记，你也要培养你自己的韧性。

目　录

第一部分
成为有持久影响力的父母

第 1 章

充满爱的关系的力量

你的爱就是对孩子最大的保护，也是给孩子的最持久的力量。

为什么你要爱孩子？因为你的爱让孩子知道他们是值得被爱的。真切感受到自己值得被关爱，是孩子建立自我价值感的基石。这不仅影响着孩子在儿童期、青春期①的行为和情绪健康，还关乎孩子在步入成年时有多大的安全感。同时，它也是孩子未来建立有意义的友情关系和恋爱关系的基础。

如果你是家长，那么爱孩子很可能是你在养育子女时最核心的要素。父母对孩子的爱溢于言表，且发自内心。

如果你是专业人士，那么充满爱的关系依然可以为你所用。正如父母虽然并不一定喜欢孩子的行为，但是依然爱孩子那样，即使你希望儿童和青少年在犯错后对自己的行为负责，你也应该在对他们严厉的同时关爱他们。喜欢是主观的；认可是建立在行为恰当的前提下的；而关爱不仅是主动的，还是你总能给予的。关爱不仅让儿童和青少年知道你真的关心他们，也让他们明白，正因为在乎他们，你才选择参与他们的生活。关爱是透过儿童和青少年表露出的一面，更深层次地了解他们。

本书大部分的内容是针对父母的，但是专业人士也可以通过运用关爱型教育的最佳原则，同青少年建立值得信赖的、变革性的关系——这样做确实能带来改变。比如，研究成果已经证实，如果学生知道他们的老师是真的关心他们，那么学生的学习成绩就会变得更好。

---

① 儿童期大致为 0~10 岁，青春期大致为 10~20 岁，成年期为 20 岁以后。——译者注

表达爱意

你有很多种方式可以表达对孩子的爱。这些方式既充满意义，也具有保护性。你可以用以下方式表达爱意。

告诉他。这是表达爱意最简单的方式。记住，当孩子知道自己被爱时，爱才能发挥出最大的作用。你知道爱孩子是怎样的感受，因为正是这样的感受驱动你做出了各种行动。可孩子未必理解你的行为，未必能感受到你对他的爱——不要假设孩子知道你对他的爱有多深。（专业人士请注意：你可以用话语表达关爱、关心，但是请避免使用"爱"这个字，因为孩子对它可能有多种解读。你可以让儿童或青少年知道你很喜欢和他待在一起，或你很关心他。）

看到他的优点。在世界的各个角落，总有些人只根据一个人的行为或成就来评估他的价值。这种评估方式对青少年群体来说尤为有害，因为他们有时确实会做出让人难以接受的行为，从而收到片面的负面评价，进而阻碍他们正向发展。这种评估方式还会使青少年焦虑，使他们认为自身价值主要和考试分数、拿到的学分挂钩，并开始把自己当作商品。只有了解孩子一直以来究竟是怎样的人，你才能有力地对抗那些潜在的、具有破坏性的力量。事实上，了解孩子的优点是促进孩子成长为最好的自己最可靠的方法之一。爱一个人就要看到并爱他真正的模样，而非透过他的能力或成就的滤镜来爱他。

保护他。监督孩子的行为、设定清晰且不可逾越的道德和安全界限，才会让孩子更安全。爱孩子最重要的内涵之一就是要确保孩子的安全。

管教他。帮助孩子学会自控，就是为他未来处理好各种关系奠定基础。当你从关爱的立场来管教他时，管教的真正意义——"教导"才能实现。

帮助他做好准备。世界纷繁复杂，机遇与风险并存。做好准备本身就是一种保护。你帮助孩子做好准备，让他能安全地、理性地探索这个世界，也就是在满怀爱意地告诉他，你非常关心他能否成为最好的自己。停下来想一想：你读这本书，就是在帮助孩子做好应对意外状况的准备。这就是爱。

你会一直支持他。每段关系都有开始和结束。特别是对青少年来说，友情会随着青少年所处环境的变化（比如学年结束、赛季结束或搬家）而变化。世界看起来并不安全，未来又不可预知，但是，你是他永远的依靠，这就是爱。

享受亲子时光。世界瞬息万变，人们有时甚至觉得必须分秒必争。你开始认为"高效"养育就是紧盯着孩子的学分、表现和行为。这会让孩子感觉你在不断评估他。如果你想充分影响孩子（无论是儿童还是青少年），那么就去创造你们共同珍视的亲子时光，享受彼此的陪伴吧！

为他做点事。你为了尽可能满足孩子的需求而辛苦工作，辅导孩子的作业，有时还会带他去他想去（或必须去）的地方……你做这些事情既是出于责任，也是在表达你的爱。

给他让路。因为你爱孩子，所以你要给他自己尝试的机会，即使他会失败。在庆祝孩子进步的同时，你也要明白，当他独立解决问题时，他才会变得更强大。

爱的行动有可能适得其反，所以要好好沟通

虽然以上表达爱的方式都能让孩子获益，孩子也很受用，但是有些时候，你出于爱为孩子做的事，有可能被孩子误解，甚至会适得其反：保护常常被误解为"控制"；帮助孩子做好准备常常被误解为对孩子独自闯荡世界的能力缺乏信心；你为孩子做的事情，孩子认为是理所应当的，或仅仅认为那样做"就是你的职责"；放手让他试错、自我复原却被误解为对他漠不关心……

你想用任何你觉得舒服的方式表达对孩子的爱。然而，让孩子感觉到你在尽力保护他，比你自己的感受更重要。比起你做了什么，你更应该让孩子理解你行为的动机，这有助于亲子关系的发展，并促使孩子对你的付出做出回应。你既要时刻保护孩子、时刻帮助孩子做好准备、为孩子做点什么、适时放手，也要时刻记住：要让他知道你为什么做这些事。你可以参考以下的例子和孩子沟通。

"我为你设定规则是因为保护你是我的责任。我非常爱你，不能让你处在不安全的境地。"

"我想让你和朋友在一起时，随时做好脱离险境的准备。我很在乎你，不能因为别人的糟糕决定而让你处于危险之中。"

"我努力工作是值得的，因为这样就能尽我所能为你提供最好的生活。我非常爱你，给你提供安全的住处和健康的食物对我来说意义重大。"

"我得靠边儿站了，这样你才能自己吸取教训。我很在乎你，这一点不会因为你犯的任何错误和暂时的失败而改变。我很爱你，所以我想让你知道，我们都会经历失败。失败给了我们改正的机会，让我们下次能做得更好。"

家庭是复杂的，世界是未知的

当有人问起做父母的感觉如何时，大部分父母都会立即娴熟地回答："我享受和他在一起的每一分钟，这是我做过的最棒的工作。"这样说的确让人感觉很棒，但实际上，做父母真不是件容易的事。家里是个复杂的地方——有时孩子恰恰因为在家里感到最放松，所以才在家里尽情宣泄生活中的负面情绪，在你面前吹胡子瞪眼。外界更是充满了各种未知——家里的墙壁无法隔绝外界事务对你的影响，当你因外界事务感到压力倍增时，家庭的正常运转也会受到影响。

所以，现实一点吧！虽然你非常爱孩子，但你也有抓狂的时候；有时你只想一个人待会儿……这再正常不过了！事实上，你的确挺过了这些时刻，同时给孩子提供了更深层次的安全感。孩子知道，自己会遇到冲突，但生活会很快恢复原状。孩子知道，人生道路上有许多磕磕绊绊，最终可以依靠的还是自己的家人。孩子知道，总有一个地方可以让他在暂时做最糟糕的自己时也会被关爱。孩子知道，爱不仅仅是表扬，也是积极的，甚至坚定的引导。

带着高期许，给予孩子无条件的爱

几十年的研究与经验告诉我，让孩子成为最好的自己的基础在于在他身边至少有一位成年人（多多益善！）无条件地相信他，并且对他抱有高期许。

对孩子抱有高期许乍一看似乎和无条件地爱孩子冲突。不要急。其实，无条件的爱在高期许的加持下才会产生最大的能量。关键在于，你要理解"高期许"并不意味着孩子在考试中得高分或在平时表现优异。高期许指让孩子有能力实现最好的自我。为此，你要了解孩子一直都是怎样的人，认识并发扬孩子的优良品格。

正是你对孩子的这份责任，保护着他免受生活中其他具有破坏性的力量的伤害。你对孩子的信心能帮助他走出自我怀疑。当同伴压力危及孩子时，你的高期许就是对他极为重要的保护。当孩子面对歧视和低期许时，你坚定不移的高期许会让他坚定信念，一往无前。

你想要孩子通过看到你眼中的他，窥见自身的真实价值。如果有人说孩子能做的只有这么多，那么你相信孩子还能做得更好就是对孩子深层次的保护。如果有人仅仅凭借孩子犯下的错误或不明智的行为就对他妄下论断，那么你对孩子所有优点和潜力的了解，就是帮助他重塑自我、成为更好的自己的工具。

总而言之，无条件地爱孩子的真正意义是，给予他绝对的依靠。无论孩子处于顺境还是逆境，你都会跟随他，一起走过坦途，一起渡过坎坷。你会一直支持他——第 27 章讲的就是这部分内容。孩子安全感的基石就是，无论如何，他都知道你关怀着他。

第2章

养育35岁的人

一提起养育儿童和青少年，人们总是只看到孩子的外在表现，并错误地认为只有学业、成绩、奖项、赛场上的得分才能代表孩子的成就。还有些父母主要关注的是孩子是否快乐。当然，大多数父母希望孩子两者兼顾——父母们的确应该抱有这样的期许。但是，仅仅关注以上这几点，就会出现问题。父母必须审慎地思考"成功"到底意味着什么，否则就会误导孩子，使孩子误以为做好以上几点就是成功，这样的观念不利于孩子的长期发展。

父母必须帮助孩子充分做好茁壮成长、获得长远意义上的成功的准备。你必须牢记，养育孩子的最终目标是为了让他在35岁、40岁乃至50岁时依然能获得成功。你如果放眼未来，就会更清楚当下应该如何做个好父亲或好母亲，对儿童期和青春期的成功的理解会更开阔，也会更明白应该培养孩子的哪些长处。

为什么不能把重点放在快乐、学业成绩或比赛分数上？

难道不是孩子今天高兴就足够了吗？当然不是，因为让孩子快乐太容易了：给5岁孩子一个新玩具，他马上会眉开眼笑；给12岁孩子一辆新自行车，他马上会心花怒放；给16岁孩子订一张演唱会门票，他马上会欣喜若狂。但是，请注意，让孩子不开心也很容易：为7岁孩子设定玩游戏的时间，他马上会哭哭啼啼；为15岁孩子设定严格的宵禁时间（特别是当你定的规矩和他朋友父母定的规矩不一样时），他就会心生怨恨。当让孩子高兴成为你的首要目标时，你可能无法成为最会塑造孩子的父亲或母亲。

那么，通过学业成绩或比赛分数的高低评判成功与否又有什么问题呢？这样确实会产生很多问题。其一，孩子如果因分数产生了心理压力，就会陷入焦虑，进而影响之后考试或比赛的发挥。其二，分数仅仅能说明一个人与世界互动的某一种方式，它可能让孩子感到无力——即使他在无法以分数定胜负的领域具有优势，他也无法肯定自己的优势。过于关注分数会使青少年误以为自身的价值早就由 18 岁以前取得的分数决定了，无法看到生活中不断出现的成长与自我发展的机遇。"唯分数论"还会让许多青少年觉得自己在学业上毫无建树，因为学习并非他们擅长的事情。他们会因为没有进入心仪的大学或不能参加自己选择的培训项目，就认为自己"失败"。然而，人具有多元智能，只有部分孩子的智能体现在学术方面。其三，心理压力还会让孩子觉得"不惜一切代价"拿到学分是理所应当的，这样会阻碍一些可能帮助孩子获得长远成功的品格优势的发展。

不要误会，我想说的是，每个青少年都应该尽量在学校发挥他的潜能，而这不仅需要他自身的努力，同样也需要父母的鼓励与支持。但更重要的是，每个青年人面向未来时，都应该有"我可以为这个世界带来一些改变"的想法。父母不应该因为青少年的独特天分没有在学术环境中展现出来，而让他认为自己是失败者。

或许最无奈的是，当父母把养育的重点放在孩子高兴与否、分数高低时，孩子会认为他的一切表现都是为了父母，这会使他陷入不必要的自我怀疑和焦虑。成年以后，他可能担心自己不够好，或总想以他人为标准来衡量自己。

养育在当下，放眼在未来（附注意事项）

如果在养育孩子时将目光延伸至孩子的 35 岁、40 岁或 50 岁，那么父母对孩子在儿童期和青春期中获得成功的理解就会更开阔。同样重要的一点是，孩子要懂得，即使他的未来和父母的未来的确相互依存，但他也只是在为自己的未来做准备，并非为了父母去努力。父母的挑战在于，父母不仅要看到孩子的天赋，更要为他创造能发现自身长处的环境，这样他才能确定自己要在哪个领域里全力投入。

当父母思考"成功的成年人应具有哪些特质"时，不要忘了，这些特质并非每个人都要一一具备的——那些最成功的人的确具备多种特质。当然，成功既包括获得社会地位、物质财富，还包括可以自食其力、获得良好的教育。本章所讨论的问题既对孩子（还有成年人！）成为一个"成功的成年人"大有帮助，也能帮他找到所做之事的意义和满足感。

每一个人的特质不尽相同。并非所有人都具有或需要我将提到的所有特质。父母的职责就是注意到并强化孩子与生俱来的长处。父母也要看到孩子身上其他有待培养的潜在优势，因为这些优势并非与生俱来的。当然，一部分父母会在某一阶段（甚至一直都会）对孩子抱有某些不切实际的幻想。其实，这些父母可以告诉孩子自己欣赏其他人的哪些优点，但不要让孩子因为自己不具有这些优点而感到难受。

在深入讨论父母应该培养孩子具有哪些特质之前，请允许我再补充一点：正如你不应该过分关注孩子当下快乐与否或分数的高低，你也不应该过分关注"未来"，因为这会让孩子恐惧未来，让他担心自己可能尚未做好准备，或担心自己不够好，无法尽自己最大的努力。其一，年纪小的孩子无法将"未来"当作一个现实的概念去理解。其二，这样真的会带来非常大的压力。虽然你在养育孩子时要想着未来，但是你千万不要总对孩子说："你必须得做这件事，这样你以后就能成为一个成功的人。"相反，你需要做的是发现、培养和强化孩子需要的优势。偶尔你也需要说点什么来支持自己的做法，这时，你可以说一些充满关爱的话语，比如："我在意你身上的这一点，是因为我希望你成为你有能力成为的人。"

35 岁的人应该是快乐的

成年人需要快乐，也应该是快乐的。但是，一个 35 岁的人的快乐和一个 6 岁的孩子的快乐迥然不同。35 岁的人可不是给点吃的喝的就能被满足的。（虽然我们可能还是喜欢吃饼干。）对成年人来说，快乐意味着生活有意义感和目标感，知道自己很重要，意味着找到一份自己喜欢的工作，同时建立起让自己感到踏实的各种关系。

快乐的成年人明白工作虽然重要，但是家庭最重要，友情也很重要。与他人密切的关系时刻提醒着他们，关系的存在意义重大，会在需要的时刻给他们可以倚靠的肩膀。快乐的成年人懂得照顾自己，这样他们才有力量去照顾他人。快乐的成年人明白如何既能保持独立，又能和亲友相偎相依。他们相信群体的力量会让他们更强大。

快乐的成年人会拥抱、赞美自己的内在小孩。他们毫不掩饰自己的喜悦。他们极富创造力，敢于跳出界限。他们喜欢终身学习，并且知道到处都有可以获得成长的机会。他们时刻保持一颗好奇心——这是他们保持快乐的源泉。在老年时，他们依然可以感到快乐。

未来 35 岁的人需要具有很强的道德感

未来的成年人必须坚守道德底线。下一代成年人需要具备能治愈社会顽疾、关爱地球和全人类的品质。因此，我们现在就要帮助孩子建立心灵标尺，引导他在做出任何决定时都要考虑自己的行为给他人带来的影响。他需要不只看到眼下的个人得失。

孩子在 35 岁、40 岁和 50 岁时要慷慨大方、富有同情心。看到有人遭受痛苦时，他不会刻意回避，而会不假思索地伸出援手。孩子将能和他人一道，将社会建设得更美好。孩子需要有弥合世界现有的分歧，而非加深矛盾的坚定信念。未来必须属于那些人——他们明白，解决办法建立在邻里和平共处的基础之上。

未来 35 岁的人需要具有创造力

成功的成年人必须具有创造力。在这个不断变化的世界中，最好的想法永远都产生于下一刻。要在这种环境中蓬勃发展，他们必须拥有想象力。他们必须头脑灵活，创意无限，并愿意听到新声音、看到新观点。他们把失败看成小小的差错，仅用一点创造力就能挽救残局。

未来 35 岁的人需要具有在职场上获得成功的能力

成功的成年人必须努力工作。他们明白，只有努力才会有收获。他们不屈不挠，愿意接受延迟满足，因为他们认为"生活是一场马拉松，而不是冲刺跑"（这一说法由安吉拉·达克沃斯博士首次提出，我将在第 32 章讨论她的研究成果）。他们知道怎样跨过成功道路上的重重障碍，而非轻言放弃。他们既有远大的志向，又能勇往直前。

成功的成年人即使在职场上也不会停止学习。他们将具有建设性的批评意见、建议当作个人成长的绝佳机遇，而非人身攻击。他们明白，智慧必须经由努力和经验获得，也必须通过接收、分析他人的反馈才能提高。

未来 35 岁的人需要具有团结协作的能力

成功的成年人必须具有社会智力和情商，以促进领导能力和团结协作能力的发展。他们能积极地倾听；他们能默默观察；他们可以和他人分享自己的想法和经验，而非试图控制或贬低他人。

他们可以解决大问题，并且明白，任何看似不可能完成的任务，只要经过合理地拆解、分配，就都可以完成。那些在职场上懂得团结协作的成年人能够充分利用大家的智慧，得出依靠个人绝对无法实施的解决办法。试想，一个只有红色颜料的人如果在调色时想得到紫色颜料，那么只靠他一个人是绝对调不出来的；但是，如果他能和另一个有蓝色颜料的人合作，那么他们很快就能调出紫色颜料。成功的合作者不会指出他人的短处，而会充分利用团队中每个人的长处，实现最佳结果——共赢。他们明白，最好的领导者通常懂得倾听他人，尤其是倾听那些与问题最相关的人。

成功的成年人尊重多样化的想法。事实上，他们明白，只有尊重那些与自己生活背景截然不同的人所积累的生活经验和智慧，他们才能有所收获，获得成长。

未来 35 岁的人要能战胜困难

成功的 35 岁、40 岁和 50 岁的人是极具韧性的。与其对自身的短处念念不忘，他们更愿意寻求发展。和咒骂黑暗相比，他们更清楚用一点点光亮照亮整个房间会更好。他们不会轻易被打败，他们明白如何在困境中恢复注意力，如何利用逆境培养自身优势。他们能区分真老虎和"纸老虎"——后者暂时看起来可怕、凶猛，但是不会对他们造成任何伤害。他们坚信自己能渡过大部分难关，尤其是在别人的支持下。他们相信自己几乎所向披靡。

成功的成年人会以不同的眼光看待失败。与其在失败的泥潭中苦苦挣扎，他们更愿意将失败看作再次整装待发的新机遇。其实，大部分有创造力的想法都是经历过多次失败后才步入正轨，最终获得成功的。害怕失败的人会错失施展拳脚的机会，因而无法做出最伟大的贡献。那些把失败当作人生必经阶段的人，才能在每次失误中获得成长。

给孩子做榜样对你有好处

当你把养育孩子的目光放得更长远时，你身上的压力可能会轻一些。孩子成功与否，并不取决于他现在是否时刻都快乐，也不取决于他高中毕业以后立刻上大学。人有一生的时间去获得成功。父母的职责并非现在就把孩子带到终点，而是帮助他夯实自身优势，以便他能整装待发，奔向未来。

记住，你就是孩子成年后的榜样。明白这一点应该能让你如释重负，而非让你压力倍增。孩子正密切关注你的一举一动。这意味着，你应该尽全力成为你想让孩子看到的成年人：如果你想为孩子提供最好的条件，那么你就要做到自我关爱，照顾好自己的身体和情绪，努力平衡工作、家庭和各类关系。这意味着，你要接受自己的不完美，着重培养自身优势，而非对你无法改变的事情耿耿于怀。这意味着，你要接受失败，并且把失败视为发展的机遇。这意味着，你得承认你在生活中也会面对种种压力。如果你一味地隐藏压力，那么你的孩子也将无法应对自己所承受的压力。当然，你可以向孩子示范应对挑战的积极措施，这样做会帮助孩子逐步形成自己的积极应对策略。或许，最重要的是，这意味着，你应该快乐。你不应该为了别人而牺牲自己的幸福。有时候，你为了孩子付出太多，以至于忽视了自己的需求。可是，这样做会让孩子觉得长大成人真的好没意思。你一定希望孩子，特别是青少年，对成年后的生活充满期盼，而非畏惧。所以，开心点吧，让你的成年时光充满意义和欢乐，让孩子觉得长大成人值得期盼，并愿意为之做好准备。

迈步向前

虽然本书的主题是建立韧性，但请你不要陷入思维定式，认为本书仅仅讨论如何超越挑战。这本书旨在让孩子做好准备，以便他长大成人后取得真正意义上的成功。当你往后阅读时，请时常翻回这一基础章节看看，时常问问自己："这个策略如何能让我把孩子养成一个发展均衡且成功的成年人？"同时，我要再强调一遍：每个人的特质都不尽相同。孩子能够成长为快乐、内心充盈和成功的成年人，并不意味着他要具备我提到的所有特质。事实上，只要孩子乐于学习，有自我反思的能力，愿意听取他人意见，他就会获得终身成长。

第 3 章

平衡是迈向积极未来的关键

有时，为人父母需要平衡生活中的方方面面。你不仅要同时应付工作和生活琐事，还希望尽己所能给自己和孩子最好的生活。你不仅要想方设法保护孩子，让他远离那些不可预知的危险，还要让孩子在你的视线范围内做足准备，找寻生活的方向。你努力帮助他实现独立，同时又希望他未来会选择在离你近一点的地方生活。说实话，有时，为人父母会让人有失衡感。

本书会告诉你，在这个不断变化的世界中，要如何成为一个有效养育者。我会帮助你走过这段旅程。在旅程中，你可以找到生活中大部分的平衡，并有所收获。你会反思，会成长，你会知道怎样做对家庭更有利。幸运的是，你的孩子也会给你指引，会告诉你他的即时需求。你如果能对他发出的信号保持开放的态度并积极回应，那么你就会更容易达到最佳的平衡状态。

我也能为你达到最难的平衡——如何实现既对孩子充满关爱，又对孩子有所要求——提供清晰的指导。是的，我确实有办法！数十年的研究和经验告诉我如何平衡爱与期待、保护与信任。当儿童和青少年由灯塔型父母养育时，他们更容易充分发挥学习潜力，在情绪上更稳定，并会做出更安全的行为。这一类型的父母会向孩子大方地表达爱与温暖的关怀，会审慎而灵活地满足孩子的需求，设立期许，设定清晰的规则和边界并密切监督孩子。此外，这类父母还会在家庭内打造坦诚沟通的氛围，进而增强家庭的凝聚力。

教养方式意味着什么？

教养方式这一概念由知名发展心理学家戴安娜·鲍姆林德（Diana Baumrind）于 20 世纪 60 年代首次提出，自此以后，众多心理学家一直在探索它对养育孩子的影响。"方式"一词有诸多含义，而"教养方式"体现了表达爱（即温暖）、积极回应（即灵活且愿意回应孩子时刻变化的需求）和提出要求（即你将如何设定规则和期望，并监督孩子）之间的相互作用。

教养方式很重要。父母都想时刻保障孩子的安全，让孩子情绪健康；希望引导他长大成人，成为最好的自己。我们知道，当父母既表达了对孩子的关爱，又采取了积极的措施确保其安全、行为道德符合规范时，孩子才能成为最好的自己。

要达到这种平衡，父母需要持之以恒地关注孩子。注重依恋关系的教养方式与鼓励独立性的放手型教养方式常常有冲突。同样，父母高度参与的教养方式与鼓励孩子自己在生活中汲取经验、吸取教训的教养方式也存在冲突。父母的原生家庭环境也会促使父母更倾向于或更排斥某一种教养方式。影响家庭环境的因素可能是文化价值观、社区的治安情况或孩子的特殊需求。

你要依靠自己独有的优势教养孩子。继续阅读并思考，你如何在立足于现有优势的同时，努力打造出能为孩子带来最佳学业表现、情绪和行为的教养方式。你会发现，你还可以将此方式应用到家庭生活中，增强家庭凝聚力。

四种教养方式

下面几种表述中，哪句最像你可能对孩子说的话，或最能体现你对教养方式的看法？

❋ "你得按照我说的做。为什么？因为我说必须这么干！"

❋ "我真的喜欢你。如果你把我当成你的朋友，你就会愿意来找我。我会和你度过黄金时光，我也相信你能自己做决定。"

❋ "孩子永远是孩子。如果你遇到大麻烦，我会介入的。"

❋ "我爱你。但我不是你的朋友，而是父母，不过这样更好。我不会剥夺你犯错的机会，但是对那些可能影响到你安全的事情，你必须按我说的做。如果有什么事情影响到了你的品行，那我们就得坐下来，一起想办法解决了。我的职责是陪在你身边，保障你的安全，帮助你成为最好的自己。"

一般来说，每种教养方式都各具优势，主要有以下三重原因。首先，每位父亲或母亲都是由自己的父母教养出来的，你很可能模仿（或全盘否定）自己父母的教养方式。要记住，无论父母如何养育你，他们几乎都对你怀揣着最好的希冀。而且，这种教养方式对你来说效果也还不错。如果你看到了自己父母的教养方式的优势，你就会发现它们实施起来并没有恶意……这样你就能释怀了。其次，你可能认为，你所运用的教养方式并不在我所推荐的范围内。如果你能看到你现在使用的教养方式的优势，那么你可以选择对其进行优化。最后，你很可能和其他关爱孩子的成年人（配偶、前配偶、祖父母等）共担教养责任。要知道，他们也是为了孩子好，他们的教养方式也具有一定的优势。如果你能这么想，那么你很可能在必要时想出有效的折中方案。

"你得按照我说的做。为什么？因为我说必须这么干！" 这种表述代表了"专断型"教养方式。父母为孩子制订了较高的标准，但是缺乏人情味。这类父母认为自己就是绝对的权威，不允许孩子质疑他们的话。他们的话就是最终命令。这种教养方式的优势在于，孩子知道父母十分关心他。孩子知道自己被关注着。

"我真的喜欢你。如果你把我当成你的朋友，你就会愿意来找我。我会和你度过黄金时光，我也相信你能自己做决定。" 这种表述代表了"放任型"教养方式。这类父母会提供高度的温暖，能充分表达自己的爱意，但不会为孩子制订太多的规则。放任型父母担心过多的规矩会引发冲突，进而危害亲子关系。所以，他们允许孩子对自己做的决定全权负责。这类教养方式的优势在于，父母和孩子确实关心彼此，相处起来也比较愉快。

"孩子永远是孩子。如果你遇到大麻烦，我会介入的。" 这种表述代表了"淡漠型"教养方式。这类父母一般都有其他事情占据着他们的时间和注意力，他们无法时刻监督孩子的一举一动。除非孩子遇到麻烦，甚至只有在孩子遇到危险时，这类父母才会介入，否则他们是采取放任态度的。这类父母普遍认为自己并没有对孩子施加过多影响。"他想干什么就干吧，不用管我怎么说。"但是当一些重大事件发生时，他们会突然开始制订条条框框。这类教养方式的优势在于，它给予孩子一定程度的独立性。

"我爱你。但我不是你的朋友，而是父母，不过这样更好。我不会剥夺你

犯错的机会，但是对那些可能影响到你安全的事情，你必须按我说的做。如果有什么事情影响到了你的品行，那我们就得坐下来，一起想办法解决了。我的职责是陪在你身边，保障你的安全，帮助你成为最好的自己。"这种表述代表了"灯塔型"（或称"平衡型"）教养方式。这类父母会用温暖和关爱积极回应发展中的孩子的需求。他们给予孩子充分的保护，同时也设定足够的规则，时刻监督、确保孩子的安全。这类父母可以与孩子和邻里和谐相处。它的优势将在后续部分介绍。（我马上就开始讲这部分内容！）

教养方式会产生深远影响

灯塔型教养方式会让孩子在诸多领域更成功。下面这份"积极影响清单"将促使你向灯塔型教养方式转变。由灯塔型教养方式养育出的孩子：

❈在情绪上和生理上更健康，更不容易抑郁和焦虑；

❈更自信；

❈更具韧性；

❈成绩更好，和老师的互动更积极，更愿意参与课外活动；

❈更少沾染违禁药物；

❈性生活开始时间更晚，会采用相对安全的性行为方式；

❈驾驶行为更规范，撞车的概率更低；

❈受欺负的可能性更低，欺负他人的可能性也更低；

❈更少接触暴力；

❈更容易建立亲密、坦诚交流的亲子关系（后续我们再进一步展开）。

此外，美国父母与青少年沟通中心的福特博士和普尔博士共同进行的研究显示，这类教养方式所产生的积极影响，会一直延续到孩子长大成人以后。哇！看来做灯塔型父母是你为了孩子健康成长能做的最好选择了。

那么，想一想，为什么其他类型的教养方式不如灯塔型教养方式有效呢？

专断型父母养育出的孩子会很乖巧……直到孩子不再守规矩为止。这样的孩子会拖延诸多令自己烦恼的活动，一旦周围有人做出危险行为，他往往会加入其中。即使他不会做出危险行为，他也可能欠缺自己做决定的能力，易受他人控制——即使成年以后也会如此。

放任型父母养育出的孩子知道父母爱他，但是他渴望边界感。他会担心自己做出错误选择，让父母失望。此外，他也会参与一些危险的活动，而且他认为，自己这样做是得到父母许可了的。我认为这是因为他做出了父母一定会同意的假设。

淡漠型父母养育出的孩子面对的情况最糟糕。他试图通过做出不良行为来获得父母的关注。他可能并不了解父母的生活的复杂性或父母的需求。他不太可能将"父母不干预"理解为父母相信他会变得更独立。他会有被忽略、被忽视，甚至被抛弃的感觉。他会走极端，采取危险的方式获得父母的注意。

总之，父母和其他养育者在共同陪伴孩子长大成人的过程中，要让孩子知道，有人深深地爱着他，并且要保证他的安全。记住，当孩子无条件地相信自己被照顾和关爱时，爱就胜过了一切。只有当青少年知道，规则之所以存在并非为了控制他，而是在保障他的安全时，监督才能成为最有效的手段。

沟通可能是关键

灯塔型父母养育出的孩子表现得更好可能有多方面原因。毋庸置疑，最关键的一点就是，他和父母的关系最好，也最能与父母坦诚交流。首先，孩子喜欢能考虑到他的需求的父母。孩子希望父母制订的规则是灵活的，可以根据他不同的情况有所调整；也希望父母能尊重他不断增长的责任感。或许，最重要的是，当孩子知道父母制定规则背后的原因时，他和父母的沟通就会更深入。如果孩子有充足的增加特权的理由，那么父母就可以试着增加孩子的特权。如果父母给孩子解决问题的机会，让孩子展现责任担当，那么孩子就会愿意和父母沟通交流（见第 38 章）。其次，当父母关心孩子成长，对他抱有高期许，并能时刻确保他的安全时，孩子会真的很感激父母。

能够坦诚交流的家庭即使处于困难时期也能保障家庭成员的情绪健康，这样的家庭也更有利于父母监督孩子是否安全。关键是，父母要明白自己对孩子的保护并不体现在对孩子的问话，而体现在有多了解孩子。你可以问孩子很多问题，但是孩子可以选择沉默，甚至撒谎。而你想要成为孩子愿意向你寻求关爱和睿智指导的父母。

那么，请从孩子的角度考虑：如果你是孩子，你不会向专断型父母征求意见或许可，因为你已经知道答案了——"不行！"你不会向放任型父母征求意见或许可，因为你已经知道答案了——"当然可以！"你也不会向淡漠型父母征求意见或许可，因为你（错误地）认为他们会说——"我不管！"但是，你会向灯塔型父母征求意见，因为你知道他们在乎你的想法，他们会全面地考虑到安全、道德等问题——孩子也希望自己是安全的。"等等！"你可能说，"孩子会认为自己无可匹敌，他只在乎享乐，不会考虑自己的行为是否安全，也不会考虑那样做是否符合道德规范。"这些都是危险而错误的看法。孩子确实想做正确的事情；他只是不想被控制。他想获得指导，但也想自己做决定。因此，他最想向能大方表达爱、给他们独立的机会、能保护他们免遭危险的父母寻求指导。

你可能惊讶地发现，灯塔型父母会比放任型父母更了解孩子的生活。放任型父母主要是希望他们和孩子之间的沟通能少些隔阂。然而，研究反复发现，他们并不了解孩子在生活中都发生了些什么，与孩子的沟通依然有很大的隔阂。之所以会如此，有以下两个原因：第一，孩子不想让他们的"朋友"（放任型父母）失望，因此不想让他们知道自己的想法、感受或经历；第二，正如前面提到的，孩子会假设父母已经同意他的行为了。

这里还要强调最后一点，好的行为结果并不仅仅取决于期望、规则以及监督规则实施，还取决于父母能够帮助孩子做好准备，以应对可能遇到的复杂情况。帮助孩子做好准备就是对孩子的保护。第 15~19 章会谈及上述的部分话题。此外，最令人担忧的行为并不代表反叛，相反，它体现出孩子试图应对令他感到不安的压力。告诉孩子什么不能做（专断型父母就会这样）并不会奏效。相反，有效的沟通和父母示范的积极应对策略才最有效。这部分内容会在第 34~37 章具体展开。

管教方法

管教方法与教养方式息息相关。管教方法直接影响着父母塑造孩子行为的成效。你知道孩子在生活中发生了什么吗？或者说，他即使在最需要你的时刻，也不会告诉你吗？孩子会将管教看作你试图控制或惩罚他的手段吗？如果会，他会反感，觉得自己是受害者，最终拒绝让你培养他的自律能力吗？或者说，他会明白，你之所以努力引导并保护他，是因为你关心在乎他吗？

关键是，孩子会真正接受你的"管教"吗？"管教"一词源自拉丁语"disciplina"，意为"训练，指导"。这个词的词根和"disciple"（门徒）的相同，这就提醒父母"管教"的意义在于"教"，理想的"教"是以关爱的方式进行的。如果父母采用灯塔型教养方式对孩子进行"管教"，那么孩子的行为就会更规范，在遇到困难时，他就会向父母寻求支持或指导，甚至在必要的时候寻求保护。父母在用灯塔型教养方式养育孩子的过程中，可以教会孩子如何应对各种状况。第38~40章会对这部分内容展开讨论。

准备好转变教养方式了吗？

反思和改变自己的行为，能帮助父母更有效地为孩子提供支持，塑造孩子的行为。你已经了解了不同的教养方式，可能想向灯塔型教养方式转换，或至少说想向灯塔型教养方式靠近。那么，你要先问问自己，你目前采取的教养方式同哪一种最接近。然后，想一想这种方式在哪个时候有用，在哪个时候没用。接着，想一想你父母采用的是哪一种方式。如果你们的方式非常相似或完全相反，请不要惊讶。如果你觉得你父母的教养方式令你感到舒服，你就会模仿这种方式；反之，你就会采取和父母截然不同的教养方式。最后，想一想你的配偶目前采取的是哪一种教养方式。如果这个小练习能让你看到教养方式之间的差异，那么这些差异可能就是你们对教养方式进行"讨论"的切入点。

"恶棍父母"很少见（而且他们也不会读书学习怎么做一个好父亲或好母亲）。所以，即使你目前采取的不是灯塔型教养方式，也请你不要自责，也不要就教养方式的差异同其他关心孩子的人争辩。记住，任何一种教养方式都有其独特的优势。而你的挑战就是进一步发挥这些优势。

一起来看看你的优势吧。

❋如果你目前采取的教养方式更偏向专断型，那么你会真正做到监督孩子。

❋如果你目前采取的教养方式更偏向放任型，那么你其实渴望和孩子建立更亲密的亲子关系。

✳ 如果你想参与孩子的生活，但实际上可能更偏向淡漠型，那么你会理解
　孩子有时需要学会振作起来，把事情想清楚。

立足于你现有的优势转变教养方式，同时学习新的技能和方法，会帮助你
实现爱、规则、积极回应之间的平衡，进而最大限度地促进孩子的成长，建立
最亲密的亲子关系。只要你在转变教养方式时坚定地立足于你的优势，你就会
逐步向灯塔型教养方式迈进。

克服你专断的一面

许多人都是由专断型父母抚育长大的，即使这些人抗拒这种教养方式，但
以他们长大以后的样子来看，这种教养方式也还过得去。对父母的美好记忆在
一定程度上促使着这些人以同样的方式养育自己的孩子，向父母致敬。

许多传言说"现在的孩子都被宠坏了，以自我为中心，不受控制"，这
样的消息使许多父母认为，应该对孩子采取更严厉的管教方式，一些人甚至
鼓吹应该恢复体罚——尽管有确切的证据表明这样做极为有害。别的不说，
体罚会使孩子感觉自己是受害者，也不利于孩子吸取教训。虽然孩子受到了
惩罚，但是他并没有受到真正意义上的管教，也没有吸取到任何教训。托马
斯·戈登（Thomas Gordon）博士在他的经典著作《父母效能训练》（*Parent
Effectiveness Training*）中写道："每当他们（父母）通过行使自己的权威逼迫
孩子做事情时，他们便剥夺了孩子学会自律和对自己负责的机会。"此外，至
关重要的一点是，你的优势在于你想要保护孩子，并且坚定地给予孩子指导。
如果孩子知道你为何如此在意某一点，那么你的管教方法具体实施起来就会更
有成效。当孩子知道你这样做是出于对他的爱，孩子就会认可你想要在他生命
中所扮演的角色。因此，你可以保留你目前采取的大部分管教方法，只需要加
上一些清晰的表述，告诉孩子你有多在乎他。记住，灯塔型父母在监督孩子的
行动方面最具权威性。

允许自己不那么放任

孩子似乎总是很喜欢放任型父母。因为他可以得到更多，同时也没那么多规则需要遵守。所以，从孩子的角度看，有什么理由要对放任型父母说不呢？坦白讲，有些人选择做放任型父母，仅仅是因为放任型教养方式和自己父母的教养方式不一样。如今，许多在专断型家庭长大的人都发誓要采取和原生家庭大相径庭的教养方式——更宽松、更懒散、更放任。短期内，这种方式皆大欢喜；但从长期看，它有可能让孩子变得有些神经质，因为孩子会怀有负罪感地被迫进行自我监督。

如果父母不设边界，那么孩子就需要自己设定；由于缺乏生活经验或智慧，他不知道怎样正确设定边界。所以，父母还是需要为孩子设定恰当的边界，即使这样做会让孩子觉得不舒服。其实你并不需要走极端，只需要和专断型父母有所不同就可以了。使用灯塔型教养方式的你，既可以让孩子沐浴在有爱的环境中，又可以告诉孩子设定规则的原因，对孩子进行监督。告诉孩子设定规则的原因非常重要，如果孩子理解了他的行动会带来怎样的后果，他就会产生掌控感。当你因为不能时刻满足孩子的任性要求而内心矛盾时，请记住以下两点：第一，设定清晰的边界会给孩子安全感，孩子也想知道他应该在哪里活动；第二，有时，说"不"正是你表达爱的最好方式。

淡漠型父母

你基本不可能是淡漠型的父亲或母亲。你正在读这本书，就证明你在思考如何参与孩子的成长过程。然而，如果孩子在生活中有一位养育者真的相信"成年人不在身边对孩子的成长有好处"，假设孩子确实能自己从生活中吸取教训、汲取经验，也能通过主动扩展边界获得成长，那么如果有父母的积极指导，孩子会做得更好。

做灯塔型父母

电视节目是怎样讨论不同教养方式的呢？不同教养方式出现在一本又一本热门教养图书里，千篇一律，甚至彼此矛盾："虎爸虎妈""直升机父母""扫雪机父母"会演变成"自由放养式父母"或"水母父母"……这些极端的教养方式加剧了人们的恐惧。虽然这些比喻成功地吸引了媒体的注意，但是人们也开始对什么是最好的教养方式产生了怀疑。这些热门的理论并没有科学依据，也没有经过长期实践验证。

灯塔型教养方式是一种历经数十年的研究、已被证实的最优教养方式。这种方式既可以让你与孩子建立深入的联系，又可以让孩子汲取生活经验，同时你还能指引孩子在安全、道德的边界内探索这个世界。"灯塔型教养方式"用比喻的方式，传递出了平衡型教养方式的精髓。下回，如果有人告诉你，他要坚持使用最新畅销书中鼓吹的某一种教养方式时，你可以这样回应："对我来说，还是灯塔型教养方式最适合我。"

"我想我会是一个'灯塔型父亲（或母亲）'——我是海岸线上的那一股稳定的力量，可以让孩子对照着我权衡自己。我照亮一块块岩石，确保孩子不会触礁。我照向一朵朵浪花，确保孩子最终自己学会乘风破浪。但是，在他入海前，我会帮助他做好充分的准备。这些就是我的职责。"

记住，过度的保护并不会帮助孩子在奔腾的海水中找到航向，而做好准备才是对孩子走向未来的保护，也是实现有效养育的关键。

灯塔型父母知道何时关注、何时介入

孩子也有工作要做，而且是你能想象到的最困难的工作。他必须回答"我是谁？"这个问题。没有比"我是谁？"更难、更大的问题了。如果回答这个问题还不够困难，那么孩子紧接着就要回答下一个问题："我能适应吗？"再附上一个无法被回答的问题："适应又意味着什么？"

谁也不能代替孩子回答"我是谁？"这么重大的问题。然而，体贴的父母能在帮助孩子找到答案的过程中发挥不可替代的作用。在这个过程中，你作为父母面对的问题是"我什么时候介入？"以及"虽然我可以通过试错，从成功和失误中获取生活经验、提高悟性，从而进一步认识自我，但是我该何时允许孩子试错？"

首先，为了找准你在孩子成长过程中的定位，请把"我是谁？"这个问题想象成一幅由 1000 多片碎片组成的大型拼图。孩子看着眼前杂乱无章的拼图，误以为自己必须在有限的时间内拼完。而你的首要任务，就是让他相信，关于自我身份的问题，他需要花上一生的时间寻找答案，每段人生旅程都会给他充足的机会重新思考自己的角色，重塑自我。其实，有时失误和对错误的反思会给他完善自我的勇气和机会。他如果能够在每段人生旅途中都秉承这样的思维方式，那就更好了！

其次，你要从富含哲理的优美辞藻中抽身，退后一步，想一想，虽然你的安慰对孩子可能起到一定的作用，但是孩子还是想尽快完成这幅拼图。这时，你的定位是什么呢？想想看，如何把这些第一眼看上去似乎不可能完成的复杂拼图拼好，从哪里开始入手呢？先拼角，再拼边。你的工作就是通过建立合理的边界和管教方法，为孩子的人生拼图创造出边界。保持灵活性虽然是一个负责任的父亲或母亲具备的非常重要的品质之一，但是你还要知道，灵活性有时会伤害到孩子。对有关安全以及严重挑战道德规范的事，你需要为孩子建立清晰、坚定、一致且不可违反的边界。孩子可能认为这样的边界太过严格，但是，只要它设定得合理，孩子就会有安全感。它将保障孩子的安全，将一切安全风险与孩子隔离开。这样，孩子就有了明确的拼图边界，可以在不逾越这些边界的前提下着手拼拼图了。

现在，边界已经设定好了。然后，要怎么把一块块拼图拼到一起呢？你会给孩子打个样，把颜色相同的碎片放在一起。然后，你会时不时地偷瞄几眼拼图盒子上的图片，努力回想盒子上图片的样子——而你就是盒子上的图片！当你向孩子示范，成为一个健康、体贴、有爱心的成年人意味着什么，孩子就会更理解自己要成为怎样的成年人。孩子如果可以成长为能直面生活中的困难与奖赏、自我反思、不断成长的成年人，那就更好了。

在你看过盒子上的图片，并且把容易的部分拼完了之后，你要做什么呢？你看着剩下的这些碎片，开始意识到（有时你会很沮丧！）它们的边缘既不规则，又参差不齐。你努力想把它们拼起来：有的碎片可以完美贴合，但是有的碎片你只能强行拼凑。要把中间部分的拼图拼好需要反复试验，不断试错，拼得不对就得重来。

最后，完成中间部分的拼图就是孩子的工作了。这部分在你设定好的安全边界范围内。在孩子从逐渐上手到慢慢精通，再到最终完成这项伟大的任务的过程中，你的定位就是为孩子让路。你应该远远地注视着孩子，相信他有能力完成拼图；同时在他沮丧到极限，想向你寻求指导时适时出现，这样对孩子的发展最有利。看到了吧，这也是一件需要平衡的事情。你可以问问自己，孩子遇到的情况是处于边界的保护范围内，还是边界之外？如果在边界之外，你就需要介入了。

继续看书，不断学习，开始努力吧！

本书会教你成为一名灯塔型父亲或母亲，所以，深吸一口气，继续往下看吧。接下来，请记住几个要点。

表达很重要。父母都爱自己的孩子。只有当孩子知道你爱他，你的爱才是对孩子最大的保护。

父母都想保护自己的孩子。你必须监督孩子，确保他在安全、符合道德规范的边界内活动。孩子知道规则的意义才会严格遵守规则。因此，你既要给予孩子温暖、充满关爱，又要充分参与孩子的成长，同时还要设定清晰且坚定的边界。

在孩子的成长过程中，尤其是在青春期，和孩子建立积极的、平等交换意见的关系是有好处的。你可以做决定，但是你要和孩子分享你这么做的原因。这也会提高孩子自己做决定的能力。

最后一点，平衡不仅关乎教养方式，在处理一些重大的教养问题上也需要平衡。有时，这些问题好像是彼此对立的。比如，第 1 章是关于无条件的爱带来的巨大力量，但是本书的大部分内容都讲的是设定期许并监督期许的达成情况。还有，虽然你十分关心孩子，想要保护孩子，但是你还要知道，只有帮助孩子做好准备，让他自己探索世界，才是对孩子最大的保护。

第二部分
韧性与压力

第 4 章

为什么孩子需要韧性？

每一位父亲或母亲都希望自己的孩子一生幸福平安，无病无灾，无忧无虑。孩子最好从不会骨折受伤，从不会输掉任何一场球赛，任何一科的考试成绩从不会低于 A。孩子最好不吸烟，不滥用药物，不会撞坏家里的汽车，婚前最好从未发生过性行为……

作为父母，我们希望，我们生活的世界就像一个世外桃源：孩子们不必因同伴竞争、校园暴力焦虑万分，不必担心父母吵架或离婚，不必提防不怀好意的陌生人，不必忧虑疾病或死亡，不必为贫穷、犯罪和战争忧心忡忡。我们幻想着自己可以保护孩子远离一切失败、痛苦和危险。我们渴望把孩子包裹在舒适的被子里，与一切不幸隔绝开来。然而，即便我们真的能够做到，这样真的是为孩子好吗？

如果父母让孩子远离一切失望和压力，那么他哪儿有机会体验到直面挑战、自我复原，进而发现自己有能力应对复杂情势的满足感？如果孩子不曾面对苦痛挣扎，不曾饱受失败之苦，不曾体味被拒绝之痛，那么他怎能体会到成功时的喜悦与快乐？如果他不曾在逆境中磨砺，那么他又怎能对顺境心怀感恩？如果父母真的能施展魔法，让孩子远离一切痛苦，那么父母一手打造出的不就是一个冷漠无情的个体吗？他将缺乏同理心，无法感受、表达爱与同情，在他人遇到困难时袖手旁观。这样的孩子还可能把这个世界变得更美好吗？生活会不断抛给你一个又一个挑战，虽然你无从选择，但有些时候，这些挑战的确会让你变得更好，更具同情心，更充满人性的光辉。

父母都不希望自己的孩子身陷任何逆境或遭遇任何挫折，但还是需要未雨绸缪。你不可能养育出百害不侵、刀枪不入的孩子。你的目标应该是让孩子可以自己应对那些在所难免的磕磕绊绊。你要培养孩子从容面对困难并自我复原的能力。你要培养孩子在事情未按既定方向发展时仍能找到快乐、发现幸福的能力。你现在就要帮助孩子打下坚实的基础，练就强大的内心，这样他才能成功且独立地奔赴未来。

这个世界本就有苦有乐，有悲有喜，如果你想让孩子最大限度地体验这个世界，那么你养育孩子的目标就是培养出孩子的韧性。韧性是超越困境的能力，它让人在这个并不完美的世界中依旧乐观自信，积极向上。

一般来说，韧性指人在遭遇挫折后的复原能力，即反弹能力。韧性如同弹力。弹簧如果被压到最低点，会积蓄动能，以反弹、复原——希望你能将这个画面铭记于心，在阅读本书的过程中，它能帮你更好地理解韧性。它也是我希望青少年能够达到的状态：如果跌入谷底，那么就重回巅峰。

韧性是一种心态。有韧性的人视挑战为机遇。他不会刻意使自己麻烦缠身，但是他明白，经过问题的锤炼，他最终会变得更强大。与其陷入自我怀疑、灾难化思维或受害者思维（"为什么受伤害的是我？"），他更愿意寻求问题的解决办法。

韧性的分布并不均衡。一个人也许在生活的某一方面展现出极高的韧性，但在其他方面需要进一步的支持。韧性并非刀枪不入，也并非追求完美，更不是杜绝任何风险。韧性是父母希望孩子具有的品质，在这个压力重重、纷繁复杂的世界，它可以让孩子在找到航向的同时也能尽情享受快乐。韧性并非"追求完美"之人的特质。完美主义者害怕犯错。他们虽然表现不错，但不会拼尽全力去冒险。有韧性的人会更成功，因为他们会突破极限，并从错误中汲取经验。韧性是决定一个人能否适应环境，能否不断成长的核心因素。

压力与韧性

所有孩子生来就有韧性，只不过程度上有所差别。如果你观摩过一节集体游泳课，你就会发现，孩子们天生就容易漂浮在水面上。虽然有些孩子的确更容易漂起来，但是最终所有孩子都能学会在水面漂浮。就韧性而言，一些儿童或青少年似乎天生就有着在经历挫折后自我复原的能力，而另一些人需要额外的支持。但是，每一个人都可以在经历挫折后变得更具韧性。

父母们都真切地体验过压力。每个家庭都在为生活奔波劳碌。每个孩子都要面对繁重的课业负担。来自同伴的压力使孩子们不得不去冒更大的风险。父母和老师要求孩子取得更高的分数。体育教练要求孩子有更优异的表现。媒体的信息轰炸式发布，向年轻一代传递着这样的观点：你们还不够瘦、不够酷、不够性感、不够有魅力。

在这种高压环境中，儿童和青少年需要利用自己的优势，培养解决问题的特殊能力，在遭遇挫折后迅速复原，并做好充分的准备迎接未来的挑战。然而，他们不可能独立完成这些工作。在培养韧性方面，父母需要为孩子带路。但是，孩子的成长也深受周围的其他成年人的影响。

你会学到什么？

本书所讨论的是培养小到 2 岁、大到 18 岁孩子的韧性。本书会强化你所使用的最好的管教方法，帮助你培养孩子的各项能力，使孩子更幸福、更具韧性。本书会给出一些方法，帮助孩子学会缓解压力、应对挑战，也会协助孩子应对同伴关系和自我怀疑。

请你理解，虽然韧性是本书的主题，但书中的大部分内容都是一些教养常识。不要期待书中的每一页都会告诉你怎样应对危险或风险。本书旨在培养、巩固孩子现有的优势。书中提及的许多方法和策略并不一定和韧性发展直接相关。例如，每本家庭教育书都会讨论到管教策略，本书也会讨论到；不同之处在于，本书会告诉你如何从培养孩子韧性的主要目标出发，用管教策略处理一些具体问题。此外，如果你想进一步了解那些有助于增强家庭凝聚力、培养孩子韧性的知识，本书也为你提供了丰富的资源。

韧性运动

发起韧性运动，是为了弄清楚为什么孩子们在面对同样充满挑战的环境时，成功的程度有所不同。这种运动试图探寻家庭中何种保护力量能避免孩子走入歧途。韧性运动的领导者来自多个学科领域：社会学家从社会架构的角度，探寻社会架构对儿童和青少年群体带来的积极影响和消极影响；心理学家从个体的思想和经历出发，探寻它们如何影响着个体在遭遇困难时的复原能力；人类学家研究人类生存，探寻文化和群体对韧性的影响。大部分关于韧性的图书都体现了作者所处的学科领域和作者的偏好，而本书汲取了这些学科的精华部分。不过，孩子是不同的个体，他的所有行为不可能只用某本书或某一个理论来解释。你如果想弄清楚孩子的想法，就要考虑到社会、群体的力量对他的影响。

本书的目标就是将培养韧性的不同观点和方法呈现出来。我会在第 6 章介绍构成韧性的 7C 要素。7C 分别是能力（competence）、自信（confidence）、联系（connection）、品格（character）、贡献（contribution）、应对（coping）和掌控（control）。每一个要素都是培养韧性的整体方法的一个层面，都旨在给孩子提供保护，培养孩子的自身优势。

以下是贯穿本书的几大基本主题，你可以一睹为快。

❋ 为了变得更强大，儿童和青少年需要无条件的爱、绝对的安全以及与至少一位成年人建立深层次的联系。

❋ 有时，为了让儿童和青少年有所收获，父母最好放手。

❋ 儿童和青少年可能会达到，也可能会辜负成年人对他们的期许。

❋ 认真倾听比不断说话更重要。这一点不仅可以应用到日常生活，也能用于危急时期。

❋ 日常生活中，在儿童和青少年眼里，父母的做法比说教更重要。

❋ 儿童和青少年只有有了自信，才会采取积极的行动。他们只有有了充分的理由相信自己能胜任，他们才会获得自信。

❋ 如果儿童和青少年要培养自身优势以应对挑战，那么他们必须知道自己可以掌控自己的事情。

❋ 如果儿童和青少年有了一系列的积极的压力应对策略，那么他们就有能力克服压力，并且也不太会尝试那些父母担心的危险行为。

本书并非一本指导手册。我不会给你一份步骤清单，然后告诉你："就按照步骤 1、步骤 2、步骤 3 做吧。"本书更像一份菜谱，会先让你知道应该放什么调料。我会给你大量的资料，激发你的思考，并让你和你的另一半（或和孩子的成长过程中其他重要的成年人）讨论一下资料中的观点。我相信，你会意识到自己已经本能地掌握了大部分信息。这本书会强化你的认知中正确的那部分，帮助你在教养孩子的过程中更好地利用自己的本能认知。30多年的时间里，我和众多家庭交流过，收获了非常多的经验，也从每个家庭中学到了很多关于教养的知识。其实，我要分享的大部分知识都来自我的患者和他们的家庭。

帮助孩子强化韧性

正如父母都希望孩子能生活在安全、理想的世界中一样，我也希望所有我关心的儿童和青少年能受到保护，奔向积极的未来。说实话，我接触的大部分孩子虽然背景不同，但都能运用培养出的韧性解决前方可能出现的困难。但是，几乎每天，我也能看到陷入困境的孩子：有滥用药物、抑郁、有自杀倾向的孩子；14岁就怀孕的少女；没有稳定的住所，辗转于街头和避难所的孩子；有性传播疾病的孩子；有暴力倾向的孩子。你如果认为，在我帮助的孩子中，只有那些无家可归、家庭资源不足或处于偏远地区的孩子才有问题，那就错了。我所帮助的那些来自高收入家庭的孩子也有各种问题：酗酒、焦虑、抑郁、有自杀倾向、滥用药物、怀孕、有性传播疾病、饮食失调。他们紧张过度，以至于会采用极为危险的方式应对压力。

这些面临相似问题的不同群体，有的承担着贫穷带来的后果，有的尽管物质富足但也产生了与前者不同但是真实存在的压力。在这两种极端情况之间，还有许多孩子正努力跨越儿童期和青春期中的障碍。虽然所有孩子都要经历磕磕绊绊，但是大部分孩子会在经历过后变得更强大，并且拥有更强的适应性。为了让孩子成长为身心健康的人，你要充分发挥自己的作用。这就是你为什么正花时间读这本书。你已经证明了你的决心，这就为孩子的正向发展开了个好头。

虽然孩子有许多与生俱来的能力和优势，虽然他无论如何都会变得更具韧性，但是孩子很难自己独立完成这份工作。所有孩子都需要关心他们的成年人来指导和支持他们。你如果要培养出高韧性的下一代，就需要在多方面协调、努力。最佳的起点就是在家里，孩子越小开始培养越好。

父母是孩子生活中的关键力量。在孩子进入青春期之前的几年里，甚至从婴儿期开始,父母的行为就会影响他在青春期的健康,乃至成年后的成功与幸福。记住,无论孩子多大开始培养韧性都不算晚。随着孩子一点点长大,父母付出的努力会逐渐开花结果,特别是在青春期时,良好的教养方式带给孩子的积极影响将贯穿孩子的一生。反过来,父母的努力还必须有专业人士、社区和社会的支持。

说到这儿,我极其兴奋,这是我遇到的最大的挑战,也是我最重要的工作——我也是一位父亲,我有两个很出色的女儿,伊拉娜和塔莉娅。在我有幸成为她们的父亲以后,我对孩子有了进一步的了解,同时也对教养有了进一步的理解。我和你一样,也知道自己的心时刻牵挂着他人意味着什么。我和你一样,对孩子的爱之深简直无法想象,我知道在珍视的人需要保护时,你的内心多么忧虑与慌张。所以,你可以确信,我是以一颗谦卑的心来写这本书的。我知道,养育孩子从来没有什么魔法,只需要爱以及对孩子最好的期许。

第 5 章

压力及其影响

现代社会的压力似乎每时每刻都笼罩着每个人的生活。

每个家庭都面临财务和工作压力。分居和离婚极为普遍。孩子在家里和学校都有压力（"快点；完成这件事；做作业；参加球队的试训；学校话剧要试镜了；你要竭尽全力；别惹事；多交朋友；别饮酒或别乱吃东西……"）。孩子的同伴也不断地给他压力（"嘿，酷一点；试试这个；向我们证明你不是个'废柴'；别和那些书呆子混在一起……"）。许多孩子甚至给自己施加额外的压力（"我得减肥了；我要穿上码数更小的衣服和鞋；我要文身；我要向父母证明我不是个宝宝了；我朋友做了什么，我也一样可以做……"）。

如今，每当打开电视、点开新闻网页或翻开报纸，父母们还要承受社会和媒体给家庭增添的新的压力。

应对压力

成年人有多种应对持续不断的压力的方式——运动、冥想、远足、拒绝在工作日/周末加班、吃止疼药等。那么，孩子会如何应对压力呢？这取决于孩子的年龄和个性：有的孩子会选择健康、积极的应对方法，比如玩耍、运动或和别人交谈；有的孩子会选择逃避、生闷气或放空自己；还有的孩子会表现得更具攻击性，他们会反驳、发脾气。年龄大一点的孩子可能会采取一些同伴使用的或在媒体上看到的负面的甚至是违法的应对方法，如抽烟、打架等。成年人常常把这些应对方法称为"行为问题"。其实，这些消极的应对方法常常是孩子试图对抗和缓解压力、自我放松、让压力消失的尝试。

当孩子感到压力大，他的本能就是做一些缓解不适的行为。他不会理性地考虑最好的应对方法是什么。他找到的缓解方法通常是做出冲动的行为，或采取对他来说最可行的方法。这些方法通常是他看到其他孩子用过的，或在媒体上见过的方法——许多孩子之所以采取消极的应对方法仅仅是因为他们不知道有更健康、更有效的替代方法。除非父母能指导他们采取积极的方式缓解压力，否则他们就会做出和同伴相同的消极行为，或沉浸在他们从媒体上感受到的不健康的文化氛围中。他们会陷入这样一个怪圈——采取消极应对方法，进而做出危险行为。父母需要帮助他们避免陷入这样的恶性循环。

　　儿童（或成年人）改变行为的前提是，他们必须懂得，行为是一种应对机制——自己为什么要这么做，这种行为满足了何种需求，它又是如何起作用的。举几个简单的例子：当一个成年人在工作中遇到压力时，他可能去室外抽根烟或和同事吐槽，暂时缓解压力；当一个孩子在校车上和别人起了争执，他可能默不作声、举止如常，也可能把那个惹恼他的孩子揍一顿。当一群青少年在聚会上饮酒时，一个孩子如果感到难以融入大家，他可能狂喝啤酒，争取不落人后。他这样做可能主要是为了应对同伴压力，但也受到了其他因素的影响："喝"还是"不喝"的两难境地使他压力倍增，然而他见过父母辛苦工作一天后用酒精犒赏自己，所以他决定通过饮酒缓解自己的紧张情绪。

　　短期来看，大部分这样的行为的确是有效的，确实可以缓解压力。在校车上和别人起了争执的孩子，把那个惹恼了他的孩子打一顿，确实可以发泄他心中的怒气。如果一个青少年觉得自己没办法控制自己的生活，那么他就会努力控制他可以掌控的一切。虽然他无法控制父母如何对待自己、自己必须上哪个学校，但是他认定自己能控制自己的体形。通过拒绝进食，他有了一定的掌控感，这暂时缓解了他的压力。但是长此以往，拒绝进食就会发展成饮食失调。如果一个青少年觉得和家庭的联系甚少，那么他就可能加入少年帮派，寻求归属感、忠诚感和保护。虽然少年帮派会填补他心中的空白，但是加入其中对他危害极大。如果一个青少年急于达到老师或父母的期许，那么他就可能用药物缓解焦虑。在药物作用下，他的自卑感和对失败的担忧烟消云散。可是，当药劲过了以后，这些感觉会再次笼罩他的心头，他可能更频繁地使用药物远离压力。

　　消极应对策略只是"短效药"，那些行为确实能缓解压力，但是会对孩子、家庭和社会产生危害性后果。父母的职责就是让孩子知道，虽然压力是生活的一部分，但是采用积极、健康的压力应对方法会让孩子得到保护，会让生活变得富有成效、令人满意。

有压力是好事吗？

适当的压力是一种驱动力，可以让人们在工作中表现得更好，引领人们取得积极成就。适当的压力可以让孩子在汇报音乐会的乐器演奏节目中表现得更出色，在平时的训练中更卖力。如果没有偶尔的、适当的压力，人们可能变得过于被动，渐渐失去超越自我的能力。可是，如果压力一直存在，或者说人们在做任务、行使责任时没有处理好压力，问题就会出现。这时，压力就会极具破坏力，不仅损害人们的身体，破坏人们的努力，甚至会驱使人们做出一些危险的行为。

压力可以救命

只是以消极的眼光看待压力未免太过片面。其实，压力可以挽救生命。在危险时刻，压力可以让肾上腺素水平飙升，这样人体就能快速做出反应，躲避危险。

人体可以迅速进行自我调节以适应不同的需要。神经、激素和细胞之间有复杂的联系，这使得人体可以根据大脑产生的情绪和想法快速进行反应。人体就像一台调制好的机器，可以根据所处的环境、心理状态（如放松、警惕、兴奋或害怕）发挥不同的功能。

但是，人体并非为了应对 21 世纪的生活方式而设计的。如果是，那么以快餐为食的现代人应该变得更强壮；现代人的皮肤应该更喜欢臭氧层空洞带来的更强的紫外线；当老板扬言要炒掉我们时，我们应该暂时变成聋人。

人体的构造之所以如此，是为了让人类在丛林中生存下来。试想，在很久以前，人类伟大的祖先——我就叫他萨姆吧——正坐在灌木丛旁吃着野果，晒着太阳。突然，一只老虎不经意间从灌木丛中跳了出来。萨姆看见了那只老虎，他的大脑首先产生并释放恐惧的信号，很快，他下意识地感到危险。他的神经系统立刻"燃烧"起来，激素飙升并流动到身体的每一个角落。其中一部分激素（如肾上腺素）让萨姆迸发出奔跑的能量，而另一部分激素即刻激活了他的生理需求（血压升高，消耗体内的糖分以获得能量），还有一部分激素让他做好应对一些长期需求（补充水和糖分）的准备。

当萨姆跳起来时，他的心率增加到最快速率，他的心脏最大限度地向全身泵血。从老虎身边跑开时，他快速呼吸，为血液供氧。萨姆的身体开始出汗，汗水让他的身体在跑动的同时降温。他的瞳孔开始放大，这样他就能更好地注意到路上的障碍，就不会在黑暗中被岩石绊倒。除了奔跑，他什么都顾不上。毕竟，他也不能停下来问问老虎："我们能坐下来友好协商吗？"

萨姆的第一感觉——内心忐忑不安，可能让你觉得似曾相识。萨姆会有这种感觉，部分原因是原本在肠道里循环流转、用来消化食物的血液，现在快速流向腿部——这样他就可以奔跑了。人体在休息的时候，肌肉只使用心脏泵出的约 20% 的血液，肾脏和肠道各使用约 20%。人如果突然遇到令其紧张的事件，肌肉需要使用心脏泵出的 90% 以上的血液以应对紧张状况。此时，心脏的跳动速率会比休息时的更快，肌肉接收到的血量是平时的 18 倍。与此同时，在紧张时，肾脏和肠道仅能接收到约 1% 的血液。所以，在极度紧张时，人不想吃东西也就不足为怪了。

如果没有应激反应，人类的祖先就活不下去。压力不仅能帮人逃离虎口，在其他方面也对人大有裨益。它让人保持警觉，做好准备——萨姆下回坐在灌木丛旁吃野果时，他会警惕附近灌木丛里的沙沙声。（这种低压力带来的警觉在今天仍然能帮到人们——它不仅能帮你完成工作汇报，也能让孩子在考试到来前努力复习。）

如今，人们不再需要面对虎口脱险的情况，但是面对各种危机，比如暴力、战争、自然灾害、重大疾病等，人们仍然需要花大力气才能生存下来。如今大部分引发紧张情绪的事件——和配偶吵一架、在工作中遇到压力、为经济状况担忧或在生活中平衡诸多角色带给人们的持续的挑战等并不会立即威胁到生命。然而，日复一日，身体肯定应付不过来。你可能想："假如我可以自如应对呢？当老板警告我，他会炒我鱿鱼时，我脑海中会立刻浮现出那些他喜欢的笑话，我会给他讲个笑话逗他开心，或我的情感中枢会帮我想出完美的恭维话；我不需要睡觉，因为我知道，我需要每周工作 92 小时来保住工作；吃饭也变得可有可无，因为我的身体还在消化上周二的晚餐，我不应该把时间浪费在无关紧要的吃饭上！"

让我们回到现实吧。当你的老板威胁着要赶你走时，你的第一感觉可能是想吐。然后，突然，你又感觉肠道里一滴血都没有了。所有的血液都涌到了双腿，你唯一想做的事就是逃跑。但是，你不能逃。你杵在原地，因为你知道夺门而逃在职场中并非恰当的行为。

可是，你的心脏在快速地跳动着，就好像你在奔跑一般。你的呼吸越来越急促。你开始冒汗，但也没有大汗淋漓，因为人体还在不可控制地分泌着肾上腺素，肾上腺素还在纳闷为什么你不听从它的指挥。当老虎，哦，不对——你的老板——要把你"吃了"的时候，你为什么站在原地不跑呢？

各种各样的激素让人们更有效地应对每一次危机。这样不是很好吗？你可能想："激素会帮助我重返4岁，回到和妈妈争执的年纪吗？激素会把我变成没有生理需求的学习机器（当我必须应付各种考试时，我可以不用睡觉、不用吃饭、不用洗澡）吗？"然而，事实上，激素只能帮助你摆脱"老虎"，或解决其他有关丛林生活的问题。

压力如果是求生工具，为何有时会要了人的命呢？

当老虎追赶萨姆时，萨姆别无选择：他要么跑不过老虎，被老虎吃掉，要么成功逃脱。如果他不幸被吃掉，他就没什么可担心的了。如果他活了下来，那么他可以确信的是，身体迸发出的能量让他跑得比老虎还快，或至少比佐克（他的一个朋友，跑得比他慢一点，已经被老虎吃掉了）跑得快。为了活下来，萨姆用尽了当时身体产生的所有激素，取得了最终的胜利，并且身体很快恢复了正常。如今，人们不必为了防止被辞退而全速冲刺。可是，人体分泌的应激激素（肾上腺素）还在体内循环流动着，没有用武之地，它们感到困惑不已——"老虎"都来攻击你了，为什么你还坐着不动啊？

人体除了被食肉动物攻击时产生的应激激素，还有多种微妙的激素。复杂的人体构造可以满足人们广泛的需求。比如，血压在一天之中上下浮动：在睡觉时，血压会保持在低水平；在遭遇危机或在最大耗氧量下，血压会变得很高；在忙碌的一天里，血压又会在中等水平浮动。影响血压的因素包括心率、血管的收缩程度、盐和水的平衡，这几个因素在身体里"共舞"，以应对身体的各种需求。"舞步"是通过神经冲动和激素波动实现的，"编舞"是由神奇的大脑进行的。然而，大脑并非一个理智的"编舞者"，它深受情绪和激情的影响。有时血压升高是出于现实需求，比如要跑步了，或要从躺着的姿势站起来。有时血压升高是出于强烈情绪的驱动，或需要在危机到来时保持高度警觉。

为什么压力大的人更容易生病？原因十分复杂，其中之一就是他们面临着无处不在的生活压力。他们一直被生活压力包围着，因此血压不断升高，长此以往，他们患上了高血压，而高血压会诱发多种疾病。此外，人们越来越清楚，童年创伤（也称为"不良童年经历"）实际上也会产生"毒性"压力，会终身改变人的激素反应和神经回路。压力大之所以容易使人生病，还有另外两个原因：压力大的人更可能不惜一切代价逃避压力，然而，许多逃避压力的方式都是极为有害的，比如吸烟、酗酒；持续面对压力的人也会吃得更多，进而引发肥胖，然而，肥胖会诱发多种疾病。

让我们暂时回到萨姆这里。压力不仅帮助萨姆从一个饥肠辘辘的动物的口中逃离，还帮助萨姆在面临其他状况时活了下来。当萨姆饿了的时候，他不能像现代人一样直奔超市。很多时候，萨姆都在饥寒交迫中度过。萨姆的身体适应了"盛宴/饥荒"的循环。其实，他可以预测饥荒大概在何时到来。他的身体会释放出适量的压力信号，这样他的新陈代谢就会调整到让身体消化更多的食物、将营养物质转化成脂肪的状态，从而帮助他度过接下来食不果腹的时期。他的身体会分泌刺激食欲的激素，让他胃口大开，这样他就能在食物充足的时候尽可能地多吃点。如今，人们在持续面对低水平的压力时，往往会暴饮暴食，人们会对此感到惊讶吗？这不就相当于人类的祖先为应对饥荒，提前在压力状态下做准备吗？

理解压力的作用

当你继续往下读时，请记住以下几个要点，这几点是对压力的概述。

❋压力并非新鲜事物。我们在生活中总会承担各种各样的压力。

❀ 压力是一种能帮助我们生存下去的重要工具。

❀ 神经系统、激素、其他系统的细胞和组织共同作用影响身体对压力的
反应。

❀ 大脑是所有系统的"指挥者",在应对压力、调节情绪方面发挥着重要
作用。我们如何看待压力、如何应对压力,共同决定了某一压力事件对
我们的冲击大小。

　　虽然父母很想保护好孩子,但是父母不能完全将压力与孩子的生活隔绝开
来。然而,父母可以帮助孩子学会用最有益的方法应对压力。其中一个重要的
方法是理解情绪如何帮助人区分人生道路上真正的危机和暂时的颠簸。一只老
虎跑向你就是一场真正的危机;另外,飓风预报提醒你尽快撤离;迎面开来的
小汽车突然闯入了你所在的车道,你需要赶快躲开,这也是真正的危机。

　　一些会对孩子产生较小压力的情况包括,为一场考试做准备,或出现一些
需要看医生的让人心烦症状。父母需要予以额外的警惕,不要将这些压力扩大
化。如果孩子将备考(比如紧张复习)的压力扩大化,将考试视为洪水猛兽,
那么他将不能好好备考,因为他没办法集中注意力。他会试图从"那只老虎"
的身边逃开——除了逃跑,他没办法集中注意力做别的事情。这时,父母发出
的或委婉或直接的信息,能够决定孩子如何界定危机,以及如何调动应激激
素。你希望孩子把成绩不佳和房间的凌乱不堪当成危机吗?

　　父母不能控制孩子的世界,也不能完全替孩子界定危机。父母不能消除贫
穷、抹除极端的观念,也不能控制天气、疾病、肆意的暴力行径,抑或战争。
但是,父母可以帮助孩子实事求是地评估某种威胁的紧迫性,帮助孩子打造处
理问题的策略,让孩子用补偿性的放松方法缓解生活中的压力,从而使孩子做
好准备应对诸多危机。或许最重要的是,父母可以给孩子示范,如何用健康的
方式应对压力。

第 6 章

韧性的 7C 要素

你还记得你的孩子在婴儿时期的样子吗？他是那样弱小无助，需要人照顾。大部分父母会温柔地抱着孩子，只要孩子哭了就抱起来，确保孩子不会受凉，不会挨饿，小屁股时刻干爽。你把他小心翼翼地安放在汽车安全座椅里和婴儿车里。你让他时刻在你的视线范围内。当你必须离开他时，你会把他交到可信赖的看护者手中，确保他安然无恙。你知道婴儿是多么脆弱，就像易碎的瓷器一般需要你悉心照料。

孩子一点点长大了。他学会说"不"，开始顶嘴，转头就走，到朋友家过夜，沉迷在社交媒体中，宁可在商场里闲逛也不愿回家。你仍然希望保护他们免受任何可能的伤害。你知道，他必须得长大，变得更独立，离开同伴，去学校、社区之外的世界，但是你还是希望将他包裹在舒适的被子里，好好保护他，将他和一切危险隔绝开。

这种与生俱来的本能深深植入你为人父母的骨髓。但是，实事求是地讲，你不可能永远保护孩子，而且过度保护他也并不明智。为什么？因为孩子并不像你想的那样脆弱。他生来就具有应对逆境的能力，他可以从错误中汲取经验，日渐成熟，成长为有担当、有能力的成年人。然而，只有你为他创造机会，他才能激活和发挥内心深处的力量。

你不想让孩子受到伤害。但是你必须认识到，孩子必须经历各种挑战才能逐渐具备应对挑战的能力。你如果为孩子做得太多，为他解决所有的困难，或过度保护他，便会剥夺他发展韧性的机会、削弱他做事的能力。这就会向孩子传递一个危险的信号——"我不相信你有能力"。这样，孩子就很难建立胜任感和自信心。因此，在孩子迎接各种挑战的同时，你也要面对属于你的挑战，那就是给孩子试错的机会。孩子学骑自行车时跌倒并不可怕，擦伤膝盖也不要紧，重要的是，你要教会他骑得更稳，让他在崎岖的道路上骑行时更自信。

塑造韧性的几大核心主题

本书中，成年人帮助孩子塑造韧性涉及三大核心主题：无条件的爱是发展韧性的基石，因为爱会给人带来安全感；孩子的表现有可能好到超出成年人的期许，也有可能不那么尽善尽美；比起让孩子听成年人怎么说，不如让孩子看成年人怎么做。让我们具体看看这三大核心主题。

✳无条件的爱会给孩子带来充足的安全感。当孩子需要适应新环境时，它让孩子敢于尝试，同时也让孩子知道，从长远来看，一切都会好起来。要牢记孩子还是个婴儿时你是怎样保护他的。当他日渐长大，不断远离你、激怒你、试探你的耐心时，你也要向他展示无条件的爱。不要认为孩子懂你的爱。绝不能让孩子认为你不爱他、不相信他，即使在你不喜欢或不赞成他的某些行为时也不例外。无条件的爱并不意味着无条件的认可。孩子的某种行为并不代表孩子的全部。父母可以在不赞成孩子的某些行为的同时全心全意地爱孩子。关键在于，爱永不退缩，父母不能因为某一个行为，就威胁孩子要收回对他的爱。要让孩子知道，无论发生什么，父母永远不会弃他而去。但愿所有父母都会成为无条件的爱的来源，不过，祖父母、叔叔、阿姨、老师、保健医生或心理咨询师也可以给孩子提供无条件的爱。在孩子的成长过程中，给予孩子支持的成年人越多，孩子的安全感越坚不可摧。

✳孩子可能达到，也可能辜负成年人对他的期许。如果父母对孩子怀有最好的期许，那么孩子往往会达到父母的标准。高期许确实重要，但是我必须说明——所谓的"高期许"并非期望孩子的成就高，也并非期望孩子成绩优异或在青少年棒球联赛上有完美的投球表现。"高期许"指期望孩子成为一个好人，具有所有你希望他具有的优秀品格——体贴、恭敬、诚实、慷慨、有担当……另一方面，如果父母认为孩子懒散、好争辩、自私自利、依赖他人，那么孩子就会感受到这些负面信息。他们会想："我为什么还要努力变得不一样？我感觉自己又蠢又失败，随便吧！"或"我没什么好失去的，反正我父母认为我很差劲（可以填入任何你对自己的形容词），那我为什么不能对他们撒谎呢？"孩子还会接收家庭之外的信息，从而改变自己的行为。有时，这些信息会强化父母对孩子品格的高期许；但是，有时，父母也必须帮孩子过滤那些可能对他成长有害的不良信息。

❀作为对孩子最有影响力的榜样，父母在教孩子应对压力、塑造韧性方面具有无可比拟的优势。无论是在蹒跚学步时，还是在青春期，孩子都会密切观察父母。如果父母给孩子示范了消极的压力应对方法，他就会模仿。如果父母对突然闯入行驶车道的司机破口大骂，那么孩子也会认为开车时怒不可遏是可以被接受的行为。如果父母缓解焦虑的方式就是买一堆垃圾食品大快朵颐，那么孩子很有可能也有样学样。

下面这种例子很常见，让我们看看这位父亲是怎样无意间为孩子示范糟糕的压力应对方法的。"迈克尔，为什么你就不能帮帮妈妈呢？快把你的盘子端到水槽里！快去收拾你那堆垃圾！你书包里的破东烂西撒了一地。为什么你的鞋子在沙发上？天啊，我今晚想躺在沙发上看电视。我今天在公司过得非常糟糕。快点，快把你的东西拿开。噢！格拉迪斯，你既然都站起来了，快给我再拿罐啤酒。"

可以看出，这位父亲确实度过了糟糕的一天，可是他是怎样为儿子示范排解消极情绪的呢？他的做法是指责他人，把愤怒宣泄在他人身上，瘫倒在沙发上，借酒消愁。

与之相对，如果这位父亲告诉孩子自己为什么生气，或和孩子讨论工作有多么繁重，就会向孩子传递出这样的信息——谈论令自己沮丧和压力大的事情是一种健康的宣泄方式。他还可以给孩子示范积极的压力应对方法，比如在劳累了一天之后去外面慢跑一圈，在准备晚餐前找时间好好放松一下，练习深呼吸或瑜伽。

当你向孩子展示了积极的压力应对方法，你就成了以身作则的好榜样。并且，你这样做也是在善待自己，是给你自己和孩子的一份礼物。你可能认为孩子不会总是在意你正在做什么，但是他确实在时刻观察着你。也许你无法在每次压力袭来时都表现得那么完美，但是你如果每一次尝试给孩子示范积极的压力应对方法时，就会减少孩子采用消极的压力应对方法的可能性。

韧性的根源

韧性通常被定义为人在逆境中自我复原的能力。韧性还有其他类似的定义——回到原始形态或位置的力量或能力。想想看，无论是用手抓还是用绳子拽一节小树枝，它最终还是会回到原始状态。你也可以将韧性比作运动时用的橡胶拉伸带。它被拉伸至原始长度的好几倍，而你一旦松手，它就会恢复到最初的长度。那么，重点来了：韧性是一种孩子生来就具有的品质。著名的韧性理论学家安·马斯滕（Ann Masten）博士将其称为"普通的魔法"。你不需要到外面为孩子苦苦找寻韧性，相反，它就在孩子的身上。你只需要培养它。

关键在于，你要记住一点，所有孩子生来就具有多种品质、能力和优势，它们可以成为孩子建立自尊心的基石以及日后取得成功的跳板。你的工作就是，通过帮助孩子认识到自己拥有多种能力和优势，从而帮助孩子建立自信。这种自信是韧性的必要组成部分，在人生中的任何时刻都要保持这种自信。正如可以通过运动增强肌肉，你也可以通过关注到孩子的优势，立足于优势培养孩子，从而使孩子的韧性得到进一步发展。

韧性的 7C 要素

要塑造韧性，你就要先将许多教养策略进行分类、整合。用于塑造韧性的通用语言可以让你和配偶、邻居、学校和一些青少年服务组织等更好地合作，共同打造有利于孩子成长的环境。为了梳理用于培养韧性的通用语言，我把许多教养策略整合成 7 个相互关联的部分，它们共同构成一个有机整体。这就是韧性的 7C 要素——能力、自信、联系、品格、贡献、应对和掌控。其中前 5 个要素源于前辈们关于青少年正向发展和韧性思想的理论，他们的理论深深地影响了我。这 5 个要素分别是能力、自信、联系、品格和贡献，由瑞克·利特尔首次提出。

接下来的章节会依次对 7 个要素进行具体说明。但是，在开始之前，我会分别对每个要素进行概括，并提出一系列问题。请你仔细思考这些问题。你不需要立刻给出答案。我问这些问题的初衷只是想帮助你进一步思考。

能 力

有能力指可以有效应对各种情况。它并非一种"我觉得我可以做到"的模糊感觉。能力是通过实际的经历获得的。孩子如果没有培养出这些能力——相信自己的判断、做出负责任的选择、从容应对复杂的情形——就不具备"能力"这个要素。在思考孩子的能力如何，以及如何进一步提高孩子的能力时，请问一问自己以下几个问题。

❋ 我会帮助孩子关注他的优势，并立足于优势培养他吗？

❋ 我会关注他在哪方面做得好，还是会关注他犯的错误？

❋ 当我需要指出孩子的错误时，我是否会清楚、具体地指出来，就事论事，还是会说他总是把事情搞砸？

❋ 我会帮助他建立自己的发展目标吗？

❋ 我会帮助他发展学习、社交、缓解压力的必备技能，以帮助他更好地应对现实世界吗？

❋ 我会用鼓励孩子自己做决定的方式和他沟通吗？我会通过给他提供他无法理解的信息来削弱他的胜任感吗？换句话说，我会对他说教，还是会帮助他思考？

❋ 我会让他犯一些没有危险的错误，让他有机会修正自己，还是会试图保护他不受半点伤害？

❋ 当我试图保护他时，我的干涉是否会释放错误的信号，比如"我认为你应付不了这件事"？

❋ 如果我有不止一个孩子，我会发现每个孩子的能力，而不会把他们放在一起比较吗？

自 信

真正的自信是以能力为基础的，是对自己所具有的能力深信不疑。孩子可以通过在现实生活中展示自己的能力来获得自信。仅仅用温柔、暖心的话语呵护孩子的自我价值感（告诉孩子他们独一无二）并不能给孩子带来自信。只有认识到自己的能力，并且知道自己是安全的、受到保护的，孩子才能拥有充足的安全感，从而拥有自信心去应对各种挑战。当父母帮助孩子找到自身的优势，并立足于优势培养孩子时，父母就是在帮助孩子获得足够的自信心去迎接新的挑战，这也意味着父母相信孩子有能力做正确的选择。

在思考孩子的自信程度如何时，不妨先问问自己以下几个问题。

❋我会帮助孩子看到并着力发展孩子的优势吗？

❋我会清楚地表达我希望他具有的优良品质（这里的品质无关成就，指公平、诚实、坚持、善良等个人品质）吗？

❋我会帮助他发现他在哪方面做得好吗？

❋我会把他当成一个什么都做不了的孩子，还是一个正试着探索世界的人呢？

❋我会经常夸奖他吗？我会针对他在某一方面的进步而如实地夸奖他吗？还是会对他进行泛泛的、听起来不太可信的夸奖？（关于有效夸奖的内容，请参见第 12 章。）

❋当他慷慨帮助他人、善待他人时，或当他自发做某事时，我会认为他做得很棒吗？

❋我会因为相信他能成功而鼓励他继续前进一点吗？我会对他抱有切合实际的高期许吗？

❋我会在无意间给他施加压力，让他处理超出他能力范围的事情，最终导致他犯错、对自己失去信心吗？

❋当我需要批评或纠正他时，我会只关注他哪里做错了，还是会提醒他有能力做得更好？

联　系

和家庭、朋友、学校、社区建立紧密联系的孩子更容易获得充足的安全感。孩子会因此创造更大的价值，不会陷入与他人的不良关系中。家庭在任何孩子的生活中都是最关键的，但是与学校、社区、运动团体等建立的联系也可以增进儿童和青少年在更广阔的世界中的归属感和安全感。

你在思考如何使孩子和家庭以及外部更广阔的世界建立联系时，请先思考以下几个问题。

❊我会在家里帮孩子建立心理上、情绪上的安全感吗？

❊我的孩子知道我有多爱他吗？

❊我是否认识到孩子在走向独立时制造些麻烦属于正常的现象？我是否过于在意这些麻烦，以至于伤及亲子关系？

❊我会让孩子表达自己的所有情绪，还是会让孩子压抑自己不悦的情绪？他在遇到困难时或在觉得很丢脸时，会学着向他人寻求情绪上的支持吗？

❊我会在家庭中尽一切努力解决分歧，而非使问题进一步恶化吗？

❊家里的每个房间都有电视或娱乐设施吗？我会创造一个公共空间，让家人可以共度时光吗？

❊我会沉迷于玩电脑或手机吗？还是我在生活中设定了不看电脑、手机的时间？

❊我会引导孩子以他所在的学校、社区、运动团体为傲吗？

❊我会充满嫉妒地不让孩子与他人建立亲密的关系，还是会鼓励孩子建立健康的关系？

❊我是否会保护朋友和邻居的孩子，就像我希望他们能保护我的孩子一样？

品　格

孩子需要建立基本的是非观，这可以帮助他在未来做出明智的选择，对世界有所贡献，成为情绪稳定的成年人。有好品格的孩子会有很强的自我价值感和自信心。他会更愿意坚持自己的价值观，也更愿意关爱他人。在思考如何培养孩子的品格时，你可以问自己以下几个问题。

❊我会帮助孩子理解他的行为带给他人的影响是好还是坏吗？

❊我会帮助孩子认识到自己是一个关爱他人的人吗？

❊我会让孩子阐明自己的价值观吗？

❋我会让孩子思考对与错，并且引导他不被即时的满足感和自私诱惑吗？

❋我会非常明确地表现出重视孩子，从而向他示范关爱他人的重要性吗？

❋我会向孩子证明社区的重要性吗？

❋我会注重孩子的精神生活吗？

❋我会注意自己的言行，避免表达对某一群体的刻板印象吗？无论何时何
  地，当孩子听到这些片面的言论时，我都会清楚地告诉孩子应该如何看
  待这些言论吗？

❋当我做决定或采取行动时，我会表达我对他人的需求的看法吗？

❋我会鼓励孩子坚持不懈、不屈不挠吗？我会帮助他认识到虽然他的需求
  没有即刻得到满足，但是他在日后会收获好结果吗？

贡　献

孩子认识到世界会因为他的存在变得更好，就是孩子最大的收获。孩子如
果明白个人贡献的重要性，就会产生使命感，而使命感会激励他前进。他会做
出有利于世界发展的选择和行动，在此过程中，他还会提高自身的能力，培养
良好的品格，增强与他人的联系。对所在社区有所贡献的青少年会收获大家的
认可。

在培养孩子对社会有所贡献之前，请你思考以下几个问题。

❋我会告诉孩子（当然，是指适当年龄的孩子），世界上还有许多人没法
  和社会建立足够多的联系、没有足够多的钱和自由，也没有安全感吗？

❋我会告诉孩子服务他人的重要性吗？我会花时间和金钱向孩子示范什么
  是慷慨大方吗？

❋我会清楚地告诉孩子我相信他可以让这个世界变得更美好吗？

❋我会为孩子创造机会，让他尽己所能做出贡献吗？

❋我会关注孩子周围是否有其他成年人为社区和这个世界做出了自己的贡
  献，并且让孩子将这些成年人视为榜样吗？我会用这些成年人作为例子
  鼓励孩子尽自己最大努力做到最好吗？

应 对

学会有效应对压力的孩子能够更轻松地应对生活中的重重挑战。为了给孩子提供最好的保护，避免他做出不安全、令人担心的行为，你可以帮助孩子制订一整套积极的压力应对策略。

在开始教孩子应对压力与缓解压力的方法前，你同样还是要问问自己以下问题。

❈我会帮助孩子理解一场真正的危机和一个只是感觉上像危机但并非危机的事件的区别吗？

❈我会秉持一贯的原则向孩子示范积极的压力应对策略吗？

❈我会给孩子充足的时间，鼓励孩子进行假想游戏吗？我能否认识到幻想和角色扮演是孩子解决问题的工具？

❈我相信仅仅告诉孩子"停止"消极行为其实没什么用吗？

❈我会意识到对很多青少年来说，做出危险行为是他们试图减轻自身压力和痛苦的方法吗？

❈如果我的孩子做出了消极行为，我是否会责备他？我会意识到我这样做只会增加他的负罪感，会让他变得更消极吗？

❈当我自己感到痛苦不堪时，我会向孩子示范采取积极的应对方法解决问题，还是会意气用事呢？

❈我是否会以身作则，向孩子传递出以下这种态度：有些时候，我们最应该做的就是保存体力，摒弃自己无所不能的想法？

❈我是否会以身作则，让孩子认识到锻炼身体、补充营养和保证充足睡眠就是在关爱身体？我会向孩子示范放松身心的方法吗？

❈我会鼓励孩子用有创造力的表达方式表达自己的情绪吗？

❈当我努力使自己平静下来后，我才能顶住压力做出公正、明智的决定。我会向孩子示范当我面对重重压力时，我会深思熟虑、控制自己，而不是冲动回应、鲁莽行事吗？

❈我会创造出让家人可以畅所欲言，彼此分享与认真倾听的家庭氛围吗？

掌　控

当孩子意识到他的行为会带来现实的结果时，他在做决定时就会进行更深的思考。久而久之，孩子就可以学会自我控制。即使在面临挑战时，他也会学着做出至少对当时的局面有利的行为，或者说，他可能清楚自己有自我复原的能力，能够应对当下的挑战。相反，如果父母为孩子做了所有的决定，父母就剥夺了孩子学习自我控制的机会。如果孩子感到"不好的事儿总是发生在我身上"，他就会变得消极、被动，甚至抑郁。他会将掌控看成外部的力量——无论他做什么都无关紧要，因为他无法控制结果。然而，一个有韧性的孩子知道，自己是具有掌控能力的，他可以通过不同的选择和行动决定结果如何。他知道自己能改变局面，这个过程还能提高他的能力和自信。以下是留给你的一些问题。

❋我会采用灯塔型教养方式，让孩子认为，我设定的规则不是为了控制他，而是为了保证他的安全，让他成为有担当的人吗？换句话说，他会认为，我设定的规则并非为了控制他，而是为了培养他的自控力吗？

❋我会帮助孩子理解，生活中发生的一切并非偶然，大部分事情的发生都是一个人的行为和选择带来的直接结果吗？

❋我会帮助孩子理解，他不必为生活中一些糟糕的事情（如父母分居或离婚）负责吗？

❋我会引导他畅想未来，也会告诉他要脚踏实地走好每一步吗？

❋我会帮助他认识到，他是可以成功的（即使是很小的成功）吗？

❋我会帮助他理解，没有人可以掌控一切，但是每个人都可以通过用积极、安全的行为扭转不利局面吗？

❋我理解"教养就是教，而不是惩罚和控制"吗？我会把教养作为一种途径，帮助孩子理解他的某种行为会产生某种结果吗？

❋我会因为孩子体现出了责任和担当，从而给他进一步的特权作为奖励吗？

7C 要素形成的关系网

　　韧性的 7C 要素彼此紧密交织。孩子必须提升能力，才能获得自信。孩子需要同成年人建立联系来强化各种能力。孩子需要培养良好的品格，这样他才会知道，自己应该对家庭和世界有所贡献，而品格的培养也需要同他人建立深入的联系。做贡献反过来会有利于孩子品格的发展，也会进一步加强孩子与他人的联系。做贡献的孩子会获得自信，因为他会在这个过程中变得越来越有能力。以上这些会让孩子意识到他可以改变所处的环境，进而提高孩子的掌控能力。具有掌控感的孩子相信自己有能力解决问题，这样他就会去着手解决，坚持不懈，直到最终找到解决办法。处理新问题所获得的能力又会提升他的自信心，这样在下一次遇到问题时，他就更坚信自己有能力解决。当孩子知道他可以控制事情的发展时，他更可能使用积极应对策略，因而麻痹自己或逃避现实的需求减少了。一个关键的积极应对策略就是，向那些与他们建立紧密联系的人寻求帮助。

　　当你在思考如何搭建好韧性的"积木城堡"时，如果你注意到孩子已经在其中一个或两个领域表现极佳，那么你可能需要将注意力放在其他领域，从而形成可以帮助孩子适应环境和自我成长的整体养育策略。

第 7 章

韧性的语言

虽然父母想保护孩子不受任何伤害，但是这根本不可能。至少，父母不可能时刻做到这一点。最好的做法就是帮助孩子做好准备应对自己的人生，即使前方有艰难险阻。这意味着，当孩子遇到暂时的挑战时，父母有时要压制保护孩子的本能。让孩子做好准备是一种对孩子的保护，父母要让孩子理解他可以掌控自己的人生。

本章介绍了一些你可以用来培养孩子韧性的话语，当然，也介绍了一些你必须避免说的话语。

但是，在介绍可以说的和要避免说的话语之前，我要强调一点，培养韧性不能单单靠话术。你只有帮助孩子培养探索世界的所需技能，不紧盯着他，不随时介入、替他解决问题，才能培养出孩子的韧性。你在面对挑战时，如果能向孩子示范适宜的应对策略，孩子就会看在眼里，学在心里——行动比话语更有力。这一切的前提是，在生活中，有相信孩子的、可信赖的成年人（这是最强大的保护力量）陪在孩子身旁。这会让孩子拥有充足的安全感，帮助孩子应对生活中各种不期而遇的挑战。

用语言表达你的想法

你可以用语言表达自己是否认为孩子脆弱、无能。同样，你也可以清晰地表达自己是否认为孩子可靠、强大、有能力。当你说"让我帮你吧"，你就在暗示"我认为你自己办不到"。当你说"没那么糟，我来抱抱你吧"，你就轻视了问题，并且在暗示，只有你才能安慰孩子。然而，你需要让孩子知道，问题是真实存在的，他是有能力处理的……当然，要有你的支持。如果你主动为孩子送上解决办法，你就剥夺了孩子自己找到解决办法的机会。相反，如果你选择倾听，充当"共鸣板"，你就给了孩子深思熟虑的机会。当沮丧或忧虑支配着你的时候，你的话语会透露出气愤、绝望或畏惧。孩子会因为你的话感到焦虑，无法保持头脑冷静，从而无法充分发挥解决问题的能力。

和孩子沟通时，你不仅要注意用词，还要注意语调。语调比用词的力量更大，它甚至会改变你原本想要表达的意思。例如，你在生气时说的话或用傲慢的语调说的话就很难表达出你的本意。同时，组织话语也很重要。当你说教时，孩子很难抓住你要表达的中心意思，因为你说的话太抽象，而且还带有气愤或居高临下的语调。说教会导致事与愿违，因为它意味着孩子没办法自己解决问题。相反，如果你能把说教变成孩子可以理解的话语，那么你就可以引导孩子自己解决问题。他会自己得出结论，最终找到解决办法。更重要的是，他开始相信自己有能力应对挑战。（见第 15 章）

我假设了一些你和孩子相处时可能遇到（或已经遇到）的情况，见表 7.1。来看看下面的一些说法，哪一种说法让你觉得似曾相识？然后，针对每一种说法，想想孩子会做何反应，你从他的反应中又了解到了什么。你如果还没有遇到这些情况，也可以想象一下，孩子对不同话语的反应将有何不同。

表 7.1　培养孩子的韧性时，你可以说的话和要避免说的话

可能遇到的情况	可以说	避免说
当孩子在思考时，如果你要参与	你是怎么想的？说给我听听吧。	我认为……
	让我来听听你是怎么理解的吧。	你还太小，你理解不了。
关于孩子的表现	我知道这个结果让你觉得难以承受。但是你要记住，这个（任务、演讲、考试或比赛）不会真的打败你。它并非一只真正的老虎。记住这一点，下次你就会更专注（或表现得更好）。	这次考试你要是考不好，你的人生就全毁了。如果你表现得不好，你就输定了。
	每个人都有自己的优势。你只要努力发掘，就会发现自己与生俱来的优势。你总有些不擅长的领域，但是只要努力，你就会尽可能地多学到一些东西。	只要努力，你就能做好。
	这是你通过努力得来的。	你真幸运。
	我听说，你认为自己遭遇了不公平的对待，事情没有按照你期望的方式发展。你能告诉我你都做了哪些努力吗？	这是老师的错。我相信你没做错。

续表

可能遇到的情况	可以说	避免说
关于解决问题和寻找解决方案	你认为你会怎么解决这个问题呢?	让我帮你吧。
	你现在还不能……	你不能……
	你认为最好怎样处理呢? 我能做点什么来支持你的计划呢?	我来帮你解决吧。
	一步一步来。你每完成一小部分,就证明了一次自己可以做到,就不会感到那么茫然失措了。	直接开始吧。
关于孩子不愉快的经历	这一定让你感觉很糟糕,真的很糟糕。不过,它对你的伤害很快就会减轻。并且,你会因为有了这次经历而变得更强大。	没那么糟糕。
	你可以挺过去的。	我来帮你解决吧。
	这只是暂时的。虽然它现在让你这么难过,但是你很快就会好起来的。	这也太可怕了。
	来,我们一起想想办法,看看怎么能让你好受点。	我不知道该说些什么了。
当孩子遇到情绪上的烦恼时	你的优点就是你会考虑很多。你面对的人生挑战就是,你要学会怎样在考虑周全的同时,不让自己的内心受伤。	你太敏感了。
	你既要付诸行动,也要多思考。面对挑战时,你要提醒自己一定可以成功应对它,你只是需要想出一个解决办法。你也要提醒自己一定会挺过去的。	你顾虑太多。
当孩子向你寻求帮助时	一个强大的人知道如何向他人寻求帮助。	一个强大的人会自己度过困难时期。
	这会花点时间。除了你自己的勇气,你还会得到那些真心在乎你的人对你的支持,这些会帮你治愈内心的创伤。	就让它过去吧。
	有时,一个人能做的最伟大的事,就是寻求专业人士的帮助。	强大的人会继续独自前行的。
	你值得在他人的帮助下拥有更积极的情绪。	你需要帮助!
当你对孩子的表现不满意时	我认为你还没准备好。你认为自己得做点什么呢?告诉我吧,让我知道你能做好准备。	这样不行。

如何表达"这是你努力得来的"?

持续多年的自我价值感培养运动掀起了成年人培养孩子自信的浪潮,好像自信是一种可以赐予孩子的品质,而不是孩子通过努力获得的能力。自我价值感培养运动的主要观点源自卡罗尔·德韦克(Carol Dweck)博士的著作《终身成长:重新定义成功的思维模式》(*Mindset: The New Psychology of Success*)。但是,这场自我价值感培养运动的效果没有达到诸多父母的期许。孩子没有付出努力就得到了诸多表扬,反而会让孩子更焦虑。这样的孩子害怕失败,面对挑战时不愿意"跳出思维定式",这种结果与培养自信的初衷背道而驰。

父母希望孩子拥有高自我价值感。但是高自我价值感必须基于对孩子的行动做出的真实、有针对性的评价。用最简单的话来说,要让孩子有自信,父母就必须让孩子知道,他的行为和努力会产生何种结果。这也会帮助孩子认识到自己是有掌控感的。拥有掌控感是一种重要的保护,它可以让孩子免受焦虑、挫败、绝望等情绪的侵袭。

改变一下给孩子反馈的方式吧,从"你是……的人"变成"你做了……,因此,……就发生了"。例如,"你很擅长数学"过于强化结果,如果改成"你学得真努力,这是你应得的"就在强调孩子付出努力的过程。

当孩子知道他可以做好一项任务时,他就相信自己有做好一件事的能力,从而能增强自信,拥有恰如其分的自我价值感。

不要轻视孩子的每一个进步

你可能在想,孩子吸取教训的速度怎么那么慢。你可能希望孩子别再做出自我挫败的行为,快些获得他应有的自信心。这是人之常情。问题在于,孩子的发展并不跟随你的节奏,孩子有自己的成长节奏。你必须小心,不要对孩子进步缓慢表现出失望的情绪,相反,你要注意到孩子每一次微小的进步。但是,有时正是因为你把注意力放在孩子的进步上,你才会沮丧。这样,孩子就会感到困惑,你所说的话就会被解读出多种含义,有时甚至被误解为充满贬损意味的讽刺——这样会导致孩子即使在做得对、需要表扬的时候,也会想到之前自己做错了，会感到自己受到了惩罚。如何肯定孩子的每一个进步？见表7.2。

表 7.2　当孩子有小的进步时，你可以说的话和要避免说的话

可以说	避免说
你能……我太高兴了。	最终，你还是……
你已经有所成就了。	为什么你不能一直这样呢？
看看你做得多棒啊！	你这次可比以前做得好多了。

"还"：一个表明"尚可改变"的字

孩子也许会用"我从没……"或"我不能……"来表达自我挫败的想法。孩子可能认为自己没有进步空间了。你可以通过让孩子学会在表达时加上一个转折词"还"，来帮助孩子转变自己的想法。"我不能解决这个问题"变成"我还不能解决这个问题"。这样就还有希望。有了希望，他就能想出具体的解决方案。

要让孩子拥有这样的心态——没有永远的失败，挫折可以为再次尝试提供机会。在孩子的一生中，你要引导他将自身的局限性当成他还没有攻克的挑战。当孩子说："我永远也学不好数学了。"你可以这样说："我相信你可以。我希望你以一种积极的态度来表达相同的意思，试试这样说：'我还没找到学好数学的方法'。"他成功（一定会的，因为你最开始就相信他会成功）以后，你可以这样说："想一想，你现在的感觉和当时的有何不同呢？"

孩子自然而然就有所收获了。父母积极的话语，即使是最简单的话语，也能让孩子对获得成功以及从困难中复原有信心。

资　源

1. 楚祎楠译，［美］卡罗尔·德韦克著.《终身成长：重新定义成功的思维模式》［M］.江西人民出版社，2017.

2. Ginsburg KR, Ginsburg IR, Ginsburg TM. *Raising Kids to Thrive: Balancing Love With Expectations and Protection With Trust*. Elk Grove Village, IL: American Academy of Pediatrics; 2015.

第8章

不要让他人破坏孩子的韧性

随便问问某位父亲或母亲、老师或教练，你就会知道，孩子既有可能达到你的期许，也有可能达不到。当孩子2岁时，你会尽全力捕捉到他做得好的地方。儿童会因为你以他为傲而高兴不已，并且会为了赢得你的夸奖，不断重复做同一件事。青少年就不同了，他长大了，会很快发现成年人开始"期待"他做出最糟糕的表现。许多父母太忙了，只是过度关注孩子身上的问题，没有注意到孩子在正常发展阶段（青春期）还在为他们创造新的惊喜。人们将青少年定义成各种社会问题的来源，认为青少年给社会治理带来挑战，甚至威胁到社会安全。

在我的两个双胞胎女儿13岁时，我曾被陌生人和朋友疯狂地警告："要做好准备了……这也不是她们自己能控制的。一切会好起来的。"我想我总是收到这样的警告，是因为我出了名地尊重青少年吧。"肯尼思博士，全世界都在看着你呢。"有人会这样说，"我们要看看，等你的孩子到了青春期，你对青少年的看法会有什么转变。"对此，我总是一笑置之。我想说："你们怎么会对我的女儿们有这么低的期待呢！是的，她们会试探我的边界。我也希望她们这么做，否则她们怎么会知道自己的边界在哪儿呢？我知道这个过程不那么愉悦，但我不会吓唬她们——这样只会让情况变得更糟。我还是会对她们怀有最美好的期许！"

媒体对青少年的曲解

许多书都将青少年描述得极为疯狂，其他媒体也在极力渲染青少年任性而放纵的问题，这些信息都加剧了父母对孩子进入青春期的恐惧。一些关于青少年大脑的前沿研究成果甚至也在暗示青少年冲动、无法自我控制，甚至缺失大脑的某个部分。

现代成像技术证实了我们此前对大脑的认知：青少年的大脑在不断发育和进步。大脑中的情绪中枢——杏仁核的发育速度比调节情绪的思考中枢——大脑皮层的更快。大脑在人25岁左右才会发育完全。但这并非意味着青少年的大脑有缺损，而意味着父母必须对青少年加以培养。尤其要注意的是，父母必须帮助青少年，避免他们陷入更难以控制情绪的境地。所以，父母要让青少年掌握一些方法，让他即使在情绪失控时，也能选择做正确的事。不用担心，本书用了很大的篇幅来介绍这些方法！

即使父母没有被社会对青少年的刻板印象吓倒，他们也会看到一些媒体在进行公共卫生宣传时大肆渲染青少年滥用药物、有暴力倾向等问题，仿佛这些都是"社会现在正面临的危机"。这种"危机"加剧了父母对孩子进入青春期的紧张感，不利于青少年的成长。除了使父母的焦虑与日俱增，这种宣传还会诱发孩子做出令父母担忧的消极行为，滋生出在青少年群体中极为盛行的反主流文化，进而干扰青少年采取积极措施以获得成长的步伐。

刻画青少年的攻击性实际上是一种自证预言，原因主要在两个方面。一方面，处于青春期中的孩子面临的一个基本问题就是"我正常吗？"——青少年会去做那些他们认为"正常"的事情。如果一个青少年总是看到社会对青少年的刻板印象以及青少年可能做出的消极行为，那么他就会相信"原来这（消极行为）就是青少年该做的事情"，进而对号入座，模仿消极行为。这就引出了另一个方面：青少年会以他人的期待为标杆做出相应的行为。如果父母放任媒体进一步传播对青少年的刻板印象以及消极行为，那么青少年就会不惜一切代价模仿消极行为，并在没有做出这些行为时感到不适，而在做正确的事情时反而担心要如何处理同伴关系。

我十分痛心地看到，资源不足的学校会对防止学生做出消极行为的预防项目，而非充实学业的项目，投入大笔资金。尽管学校是出于一番好意，但这样会给学生传递这样的信息——预防项目中提到的事情一定就是正常青少年会做的事情！如果学校能够进一步平衡预防项目、注重充实学业的项目和课外活动项目，那么青少年就会以积极行为为导向，并且对父母的期望有更深入的理解——父母希望他能成为富有创造力、充满热情的青少年，这样的青少年一定会引领人们走向更美好的未来。

公共卫生宣传也是出于好意，是为了引起人们对青少年问题的关注。"你知道吗？在 ×× 市，超过 ×% 的高中生会退学。""学生酗酒已经成为校园中一个日益严重的问题；×% 的大一新生表示自己有宿醉的经历。"

各种媒体对"青少年危机"的大肆宣传就是为了引起父母的注意。在美国，很少有电视新闻节目会报道关于孩子如何获得成长、如何为社会做贡献的新闻。相反，只有各种令人不安的、抓人眼球的导语才能吸引父母看新闻。"你的孩子会偷偷酗酒吗？父母们，接下来你会听到一项关于青少年酗酒的研究，结果会令你大吃一惊。"然后，新闻开始播报了。"×× 社区遭遇的危机——×% 的青少年……"同样的，互联网上的文章也用类似的标题引诱父母点开看看。如果如实报道，一些文章就不会赚得如此高的点击率了。

当每一个专家都在问"父母都去哪了？"，都在谈论"如今的孩子怎么这样？"时，青少年就会知道，原来自己就应该吓住父母。当然，新闻应该被报道，但是报道的内容应该遵循新闻事实，而非借机炒作。让人们关注青少年如何抵制同伴压力，教给青少年一些保全面子的方法，以帮助他们摆脱有危险的处境，这样难道不好吗？让更多的网站传播关于青少年挖掘、发挥潜力的正面新闻，这样难道不好吗？

抵制炒作

每个人都在谈论某个问题并不意味着每个人都在解决这个问题。炒作虽然会吸引人们的注意，但是也可能让人丧失判断力。如果父母只通过炒作的新闻了解青少年，那么他们就会认为自己没办法引导孩子。错误地、耸人听闻地刻画青少年的形象，会使青少年在成长过程中最需要成年人的时刻，把成年人从身旁推开。有太多的父母认为青少年注定会出问题，即使自己介入也不会起什么作用。诚然，父母需要对问题的萌芽和发展趋势足够警觉，但是也要知道自己的引导将会对青少年产生深远影响。

社会营销专家深知各类媒体在塑造自我认知和个体行为上所发挥的作用。美国蒙大拿州立大学教育学博士杰夫·林肯巴赫（Jeff Linkenbach）针对现在流行的关于青少年的新闻的报道方式做出了强有力的回应。他通过一项名为"我们中的大多数"（Most of Us）的活动，让社区工作人员和政策制定者了解到，人们有必要转变对青少年的刻板印象。如果关于高中生退学的消息这样报道："诚然，在 ×× 市，尽管有 ×% 的高中生退了学，一些高中的整体评价因此受到了影响，但是好消息是，大多数青少年仍然在为自己的未来努力奋斗。"如果关于大学生酗酒的新闻这样报道："虽然 ×% 的大一新生表示他们会在周末饮酒，甚至有过宿醉的经历，但是好消息是，大多数青少年正在选择更健康的消遣方式。"新闻的结尾都应该援引在各项研究中被反复提及的话："父母的介入将发挥巨大作用。"这些才是需要被分享的信息啊！

那么，父母能做什么呢？首先，父母要及时发现青少年做得好的地方。其次，设定清晰、积极的期许。再次，忽视那些错误描述青少年的报道，它们不仅会使父母焦虑，无形之中还会降低父母对孩子的期许。听到某个负面新闻后，父母可以对自己说："那些孩子是挺糟糕的，但是好消息是，大部分孩子没那么干。"然后，父母要尽己所能让孩子远离那些负面新闻，同时还要确保孩子能接触到关于青少年的积极的新闻。

最后，练习使用坦诚的沟通方式和灯塔型教养方式（见第 3 章）。全书都会讨论这些练习方法，它们是增进亲子关系、帮助父母对孩子产生积极影响的关键。同时，这些练习方法还会降低孩子做出高风险行为的可能性，使孩子向积极的青少年靠拢。此外，即使孩子已经做了一些对他来说有害的行为，坦诚的沟通和灯塔型教养方式也会帮助他悬崖勒马，让他在未来做出更理智、更健康的行为。

在社区里，社区工作人员可以做些什么？

✳ 传播积极的新闻。

✳ 刻画青少年的积极形象。鼓励官方媒体和其他舆论制造者转变报道方式——不是只有成就高的人和行为不端的人才能引起人们的注意。同时，确保社区中的青少年每天的善举都会被注意到。

✳ 利用互联网的力量改变人们对青少年的关注点。选取一些青少年专注于培养自身优势的新闻和网站，和朋友分享。转发一些积极的新闻，以及关于青少年的积极的故事。在互联网上多分享一些有利于增强家庭凝聚力的教养策略。（也可以在线下分享！）

❋ 开展或提倡孩子参与有助于青少年积极发展的学业充实项目。这并不意味着要排斥所有防止青少年做出消极行为的预防项目——这些项目也有巨大价值。但是我们必须避免陷入这样的误区——只有做了令人担忧的行为的青少年，以及那些认为自己有可能做出这些行为的青少年才值得我们额外关注。让拓展运动、艺术和学术能力的机会同时涌现在孩子面前，显示出我们对年轻一代的希望：他们要有强健的体魄和强大的内心，要充满创造力，还要能做好准备，引领人们走向未来。

❋ 给青少年提供为社区做贡献的机会。当青少年服务他人时，他自身的价值才会被人们看到，他将会收获他人不同形式的感激之情，这对他至关重要（见第 33 章）。

❋ 和孩子朋友的父母、社区工作人员携手努力，让孩子们都能自觉遵守相似的规则，不会轻易做出错误的行为。

下回如果有人对你说："哎呀，他都 12 岁了，你可要做好准备啊。"你就可以笑着说："我已经做好准备了。虽然前方的路会有坎坷，但是我希望他能平安踏过。他已经向我证明他是一个非常出色的人了。"

第三部分
能力与自信

第 9 章

发展中的大脑令人惊叹

人的大脑在头 25 年中不断发展完善。大脑在人的一生中都充当着"控制中心"的角色。人同世界、同他人互动中大部分的所学所感，都会"嵌入"大脑结构和神经回路。大脑发展的路径并非偶然形成，也并不完全由遗传决定。人们对大脑发展的认识越充分，就越能感受到大脑的神奇。而且，最重要的是，人们了解得越多，就越知道如何塑造大脑。

大脑快速发展的两个窗口期

如果你问我："现在是对孩子的发展施加影响的最好时机吗？"我可以告诉你："是的！就是现在！"这是唯一正确的答案。从孩子出生到至少 25 岁，成年人都能影响孩子的发展。当你热情地参与孩子的成长过程时，你会为孩子提供安全感。这促使孩子信任他人，让孩子相信世界基本上是安全的，理解人与人之间必须建立联系。如果你可以帮助孩子全身心地投入学习，他对天地万物的理解就会进一步扩展。如果孩子能够在你的关注下拓展自己的边界，他就会对知识充满好奇并热爱学习，就会获得受益终身的技能，就会建立起强大的自信。如果你鼓励孩子充分利用自己的好奇心，不为想象力设限，给孩子自我反思的空间，那么孩子同世界的互动就会更深入、更愉悦。

儿童期（尤其是从出生到 3 岁）和青春期需要你予以特别的关注，因为在这两个时期，大脑会快速发展，你必须充分利用好这两个窗口期。学习和发展是贯穿孩子一生的主题。然而，随着年龄增长，大脑会变得越来越难以吸收知识，这意味着孩子必须在青春期习得足够的技能。（但是，如果孩子没有习得足够的技能，你也不必绝望，在成年期，孩子会通过生活经验获得新的智慧，以弥补之前没有学到的技能。所以，孩子还是会变得越来越好！）

　　然而，关于青少年的神经科学研究成果常常为人们所误解，这种误解将你从孩子身旁推开——孩子的青春期是最需要你全力参与的时期！不过，在孩子进入青春期并充分发挥他的优势之前，你和孩子都还有很长的路要走。幸运的是，人们大体上明白，充分利用孩子出生后的前 3 年十分重要。在本章中，我不仅会对孩子出生后的前 3 年进行简要概述，还会着重说明积极支持青少年大脑发展的必要性和优势。

大脑的毒性压力

　　得到成年人的照顾并身处良好的环境会促进孩子大脑发展，反之则对大脑发展有害。毒性压力是对大脑发展和身体发展有害的压力，达到了一定程度就会改变大脑的结构和功能。如果孩子身边有关爱他的成年人，那么毒性压力对孩子造成的伤害就会减轻（见第 30 章）。

　　如果没有值得信赖的成年人在孩子身边，那么孩子大脑中负责审视环境、识别危险的结构就会过度发展，产生毒性压力。虽然审视环境、识别危险是保障生存的优势，但是这两种功能过于强大也会使孩子高度敏感，甚至会使孩子对环境做出错误的判断，比如环境有可能并不危险，大脑却判定孩子处于危险之中。

　　毒性压力对孩子造成的另一种令人担忧的伤害是，负责为孩子提供安全感的神经回路得不到充分发展。如果孩子没有足够的机会去学习知识、开阔眼界，那么本应该用于巩固所学知识、从开阔眼界的经历中收获经验的神经回路将无法形成。

　　因此，如果孩子缺少成年人必要的照顾，没有机会涉足良好的环境，那么他将无法充分挖掘自身潜力。

具有变革意义的人生头几年：发展中的婴幼儿大脑

　　孩子在世界互动的过程中，会对每个人产生不同的感受，孩子的大脑也会发生改变。每一次互动都会在他的大脑中形成新的神经回路。随着经历不断重复或变得有规律，这些神经回路会更稳定，并有助于塑造他的思想、情感和行为，还会对未来产生深远影响。他的学习能力会在学习过程得到发展。也就是说，当大脑得到锻炼时，其功能就会加强。这就意味着在孩子出生后的前几年里，充分刺激孩子的大脑会对大脑发展产生毕生的影响。然而，你不能将这里所说的"充分"理解为让孩子不断参与那些所谓的能提高孩子天赋的活动。下面列举了一些经过试验的、真正可以为婴幼儿创造丰富体验的方法。

❋ 促进婴幼儿大脑发展的最好方法就是父母与孩子建立起温暖、积极的交流方式。当婴幼儿发出代表某种需求的信号时，照顾者就积极回应，这种被称为"发球和回球"（serve and return）的交流方式，可以让婴幼儿对照顾者产生安全感、依赖感。

❋ 如果孩子有机会玩耍，那么他的思考能力将得到有效锻炼，并且他可以同世界互动自如。玩耍可以让孩子体会到快乐，也有利于培养孩子的好奇心，而快乐和好奇心正是孩子学习动机的来源。你应该尽可能多地让孩子自己安排玩耍时光，从而让他认识到学习也是由他自己控制的。他在自己选择的环境中学到的知识最多。因此，你要经常为孩子让路。但是，你要在孩子玩耍时陪在他身边。请记住，婴幼儿最喜欢的玩具就是父母，他最大的成就感来自父母对他的关注。

❋ 阅读，阅读，还是阅读。如果婴幼儿能接触到尽可能多的词语，那么他在刚开始上学时就会快人一步。阅读的优势不止于此。如果你陪孩子读书，他就会把自己最大的乐趣来源——你，和书籍联系起来。并且，这还会让他把读书不仅仅当作获得知识的途径，还当作一种自我满足的来源，这对孩子日后爱上学习大有帮助。

❋ 深呼吸，然后回答孩子提出的所有关于"为什么？"的问题。也许不断回答问题让你觉得身心俱疲，但是这是帮助孩子获得知识，培养孩子好奇心的绝佳方法。孩子向你提问，也是在提醒你重拾对生活的好奇心。这会让你觉得生活真美好。

具有变革意义的青春期：发展中的青少年大脑

青春期是孩子大脑快速发展的时期。孩子在出生后前几年的身心健康发展只受到父母的影响；而在青春期，父母只能为孩子的身心健康发展提供有限的支持。先进的科学技术让人们前所未有地了解到青春期时大脑的发展情况，让人们可以借此进一步了解孩子，更好地为孩子提供指导。尽管如此，人们还有很多知识要学习。以下是我迄今为止所掌握的知识中的精华。

❋ 大脑中的情绪中枢会在青春期快速发展。这会提高青少年的情绪能力，包括与他人建立联系的能力、解读人和环境的能力、对观察到的线索迅速做出反应的能力。与情绪能力有关的大脑结构位于边缘系统和杏仁核。

❋ 负责运动功能和协调功能的大脑结构是小脑，它会在青春期快速发展，发育成熟。

❋ 大脑中的思考中枢，又称前额皮质，也会在青春期发展，但是发展速度相对较慢。思考中枢帮助人规划未来、自我管理、解读（有时是平复）自身情绪、解决问题。尽管思考中枢一直试图和情绪中枢"并驾齐驱"，然而，直到 25 岁左右，两者才会达到均衡状态。

❋ 大脑中的髓鞘会在青春期发育完全。髓鞘又被称为"白质"，起到绝缘的作用。它确保电信号可以经由轴突高效地传递。这些电信号让人得以思考、做出行动、维持正常的生理功能。请记住，大脑是人的指挥中心。

❋ 在青春期，大脑细胞间的一些连接会消失。别担心！这个过程叫作"剪枝"。这并非坏事，因为它可以使保留下来的连接效率更高。学习的过程需要大脑各个结构的细胞有效连接。当然，学习也依赖于丰富的经历，新的经历会创造新的知识。

❋ 大脑的各个结构一直在尝试相互沟通、交流，重要的连接便因此产生。这些连接让人能够整合思想、感觉、视觉、听觉、味觉和经历，并在很短的时间内做出相应的行动。从长远来看，这些连接还可以让人增长见识，获得知识。

❋ 多巴胺是一种神经递质，是一种在不同细胞之间传递的化学信号。在青春期，大脑中会有更多的多巴胺。多巴胺常常被认为是一种"让人感到愉悦"的神经递质，但是它的作用不止于此。随着多巴胺水平的上升，人会更容易识别并产生愉悦感。多巴胺主要存在于大脑中的奖赏中枢，这就是新鲜刺激的体验对青少年有吸引力的原因之一。此外，多巴胺还与帮助人集中注意力的神经回路息息相关。因此，多巴胺水平的上升不仅会驱动青少年愿意接触新的事物，也会帮助他从新体验（甚至所有体验）中有所收获，并把这些体验刻入自己的记忆。必须强调的是，这种大脑发育机制对青少年勇攀学习高峰至关重要。

从神经科学角度理解青少年的特点

学习神经科学知识可以让父母更好地了解行为的神经学基础。但是，将科学知识应用到实际当中，进一步塑造、保护青少年，支持青少年的发展才是父母最重要的课题。

我想暂且把科学术语搁在一旁，聊一聊我的经验。经验告诉我，以下这几点极为重要（并且均已得到验证）。

❈ 成年人的引导可以影响青少年。

❈ 青少年具有非凡的学习能力。

❈ 青少年很情绪化。

❈ 青少年喜欢挑战规则、扩大边界。

大脑发展的路径并非偶然形成的。从大脑结构的角度来讲，大脑之所以有这样的结构，就是为了确保青少年在成年之前尽可能地多学东西。其实，青少年是非凡的学习者，可以快速吸取教训、汲取经验。不夸张地说，青少年的大脑是由生活中的经验和教训塑造的，无论是在家还是在学校，他的大脑都会接触各种经验和教训。此外，青少年必须学习用于适应社会的知识，这些知识最终会帮助他组建自己的家庭，在工作岗位上为社会做出应有的贡献。从大脑机制的角度来讲，青春期是一个极度情绪化的时期。青少年的情绪之强烈令人惊叹。成年人会被青少年展现出的勃勃生机和尽全力体验生活的态度感染。青少年会以一种极度个人化的方式与他人建立联系。青少年要想在获得知识和探索联系两大重要领域获得成功，需要不断实践、经历失败、自我复原，以及愿意继续冒险。从天性的角度来讲，青少年喜欢寻求愉悦感和新体验，所以他们和同伴在一起时最活泼也就不足为奇了。在青春期结束前，青少年就应该做好准备，走向（相对）独立，开始与他人建立（比较）有意义的关系。

运用神经科学知识支持青少年发展

为了支持青少年发展，我基于对青少年不断发展的大脑结构的认知，列举了一些父母和其他成年养育者可以做的事情。例如，知道如何同青少年交流，可以让你更好地帮助青少年提高情绪能力。

创造机会，最大限度地培养青少年的学习能力

青少年的发展，你全看在眼里，青少年的大脑发展会预测并支持他在未来获得成功。作为非凡的学习者，青少年会通过正式的和非正式的方式吸收他被教授的知识。你想帮助他开阔眼界，让他拥有丰富的体验，让他有机会接触可以增长智力、挑战期许的知识。青少年的大脑可以吸收许多新信息。因此，你可以为青少年创造与多种主题（比如艺术、音乐、科技、旅行）相关的学习机会。抓住这些学习机会有助于青少年解锁全新的思考方式，帮助他进一步理解世界。

但是，你不能将"创造机会"理解为给孩子施加更大的学习压力或让孩子尽可能参与每一项活动。重点是，你要为青少年创造更充实、更有利于他成长的环境——虽然这听起来可能难以做到，但是这样做是为了让青少年采取健康的方式去冒险、尝试新鲜事物。获得新知识就是要在已经掌握的知识范围以外去延伸、去拓展，青少年应该投身其中。

培养青少年的求知欲和终身探索能力

在青春期，孩子会经历人生中第二次"十万个为什么"时期。两三岁的孩子想了解万事万物运行的法则，比如想知道天为什么是蓝的。你会赞赏他的这份好奇心。等孩子到了青春期，他同样想知道"十万个为什么"，但是他想探究得更深入。

孩子的抽象思维能力会在青春期进一步提高，这就意味着他想要追寻更深的意义、区分细微的差别、了解事物的复杂性。这就意味着他提出的问题更

难。有一些可能涉及全人类、你无法回答的复杂问题，比如"既然食物足够所有人吃，那为什么还有人忍饥挨饿呢？"另一些问题可能是极为深刻的科学未解之谜，比如"宇宙为什么能一直运转呢？到底什么是无限？如果宇宙停止运转了，一切将会是什么样子？"回答那些你能回答的问题，并欣赏孩子的求知欲吧。对于那些你无法回答的问题，和孩子好好讨论一番吧，同时你还要为孩子有了思考复杂问题的能力点赞。总之，你要积极参与这些讨论，这会帮助你进一步了解孩子，巩固你们的联系，提升孩子的探索能力。同时，你也要如实地告诉孩子："我不知道这个问题的答案，让我们一起找答案吧。"这是一次绝佳的学习机会，它会让孩子学到在探寻答案的路上每个人都不能停下脚步。

帮助青少年培养情绪能力

　　一方面，青少年敏感、热情、有同情心，会成为可信赖的、忠诚的朋友。当他看到不公平的行为时，他会感到愤怒，这是完全合理的。他希望世界变得更美好，这正是你对他的期许。另一方面，青少年高度情绪化，这会导致他做出危险的行为或产生自我挫败的感受，如过度焦虑、难过或愤怒。你可以通过帮助青少年建立一整套积极的压力应对策略培养青少年的韧性。

　　压力会影响人的思考能力，让人难以清晰思考，会让青少年的生理和心理都处于紧张状态。孩子受到的压力会对其未来的生活产生极为负面的影响。虽然你不能让孩子免受所有的压力，但是你可以鼓励他好好照顾自己，并且为他提供大量的爱与支持。你可以帮助孩子掌握积极的压力应对策略，这样他就能学会如何用健康的方法应对生活中的不顺。完整的压力应对策略见第34~37章。

　　在青春期，大脑的情绪中枢的确会控制大脑的思考中枢。这就意味着你如果想帮助青少年正确处理自身情绪，那么就必须先让他的情绪中枢"冷静"下来，给思考中枢留出更多运转的空间。接下来我会谈论这方面的内容。勇敢地告诉孩子，你正在为他担忧，并和他确认他是否需要你的帮助吧。如果他需要的不仅仅是你的倾听，那么你就要帮助他理解寻求专业帮助的必要性和好处（见第46章）。你要理解，虽然青少年的同伴对他很重要，但是你作为父母或其他成年养育者对他更重要。向孩子示范一个情绪健康、理智、积极参与孩子的成长过程的成年人该有的样子吧。

沟通会产生思想的火花

在所有有关青少年的神经科学研究成果中，被误解得最深的一点或许是：一些人认为不能和青少年讲道理。一些人根据部分研究成果片面地认为，青少年不理性并且非常情绪化，他们思虑不周全。而且，人们常常误以为青少年几乎没有思考中枢。认同这种看法的父母无法帮助青少年成长，因为这种看法暗示了由父母帮助青少年把事情想清楚的做法是没有意义的。因此，它会让父母得出错误的结论——最好的教养方式要么是保护孩子，要么是控制孩子，绝不是和孩子沟通。其实，青少年的思考中枢在积极发展，并且这种发展是可以被引导的。

充分利用青少年大脑中的思考中枢的关键在于选择冷静的沟通策略，避免思考中枢被用来应对强烈的情绪。这种沟通策略被称为"冷沟通"，而非"热沟通"。16 岁（某些孩子会更早一些）的青少年处理问题的能力和成年人的基本持平，但这是建立在青少年冷静下来的前提下。在高度紧张时，青少年的情绪中枢可能支配思考中枢去处理紧张的情绪，从而无法让思考中枢去解决问题。对成年人来说也是如此。不同之处在于，成年人的思考中枢发展得更完善，而且成年人（通常）有可以战胜内心挣扎的经验和智慧。

当沟通使青少年感觉有风险或使他感到无奈、沮丧或愤怒时，沟通就会陷入白热化。当你向青少年大喊大叫，用居高临下的语调对青少年说话，或是青少年心存戒备时，青少年就会使用"热沟通"。你用一种过于复杂、让人无法理解的方式表达自己的观点时，青少年就会感到沮丧。当成年人贸然认定会发生灾难性的后果时，青少年就会感到害怕。

帮助青少年考虑各种后果是你的职责，这非常重要，并且可能挽救青少年的生命。如果你知道怎么和青少年沟通，你就能让孩子有能力自己应对人生路上的坑坑洼洼——正确理解神经科学研究成果后，你就知道该如何做了。青少年明白风险是什么，也会考虑风险。他希望你和他分享经验和智慧。为了让青少年能将你的话听进去，你必须掌握各种与青少年沟通的方法。下面的方法会帮助青少年最大限度地从你的经验和智慧中有所收获。

保持冷静。这一点不容易做到，但是很重要。你如果无法理性思考，就先让自己休息一下吧。你可以练习这样说："我需要一点空间和时间好好想想。我会回来找你的，到时候我们再一起想办法。"向青少年示范你如何在冲动行事前采取积极措施恢复冷静，这种示范本身就具有价值。示范是教青少年自我调节的最有力的教学手段。第 23 章会对自我调节进行更全面的讨论。

保持真诚。青少年最突出的特质之一就是，他能够领会别人的意图。这一可喜的特质对青少年与他人产生共鸣、建立有意义的联系至关重要。青少年"乐此不疲"地领会他人的意图，但不至于精于世故。这就意味着他有时会过度解读你的肢体语言或者说话时的口吻。因此，你需要在提出观点之前好好推敲一番。通常来说，给彼此一点时间和空间会让你免于"陷入灾祸"。此外，你还要用一种更平和、更能安抚人心的口吻真诚地提出你的观点。

不要说教。青少年在感到不安时很难开始解决问题。当你通过说教提出自己的意见时，青少年会感受到你的失望、气愤和担忧，但是很可能抓不住你真正想表达的意思。和他好好谈谈，而非对他说教。给他一点时间分析你们谈话的内容。第 15 章会教你用"冷沟通"的方式说出你想说的话。"冷沟通"能避免你和青少年陷入愤怒的情绪和傲慢的态度中，还能帮助青少年自己找到解决问题的方法。

帮助青少年自我调节

当一个人认为自己正试图躲避老虎时，他的情绪中枢会迅速发出信号，支配思考中枢，此时即使有人大喊："冷静下来！"这个人也无法做到。只有当他的大脑收到"目前的情况并不危险"这种信号时，他的情绪中枢才能和思考中枢共同调节，他才能冷静下来，才能意识到："现在没有老虎，我会没事儿的。"虽然大脑两中枢的共同调节往往是使人冷静下来的第一步，但是你也可以不断培养孩子自我调节情绪中枢的能力。你可以让孩子学习一些方法，来安抚紧张的神经系统，从而进一步帮助大脑冷静下来。第 23 章会对这个话题进行全面的讨论。

帮助青少年建立健康的同伴关系

大脑的构造让青少年想要与同伴待在一起。当同伴彼此制约、互相监督、避免自己或对方做出某些危险行为时，同伴就会对青少年产生积极的影响。在积极的同伴关系中，青少年会彼此学习，避免犯同样的错误。你虽然不能替青少年选择朋友，但是可以引导青少年自己选择和那些能对他产生积极影响的同伴相处。如果你的孩子正处于青春期，正在和一群危险的同伴相处，那么你的规则就要更坚定。因为神经科学研究成果（和人类历史）表明，人在团体中比在独处时更容易冲动。

青少年身边的同伴如果想去冒险，那么青少年冒险的概率就可能提高——研究表明，青少年身边有这样的同伴出现时，其大脑中的奖赏中枢明显更活跃。而同伴如果不想冒险，那么同伴其实是在发挥保护者的作用。

支持青少年尝试，避免他陷入危险

如果你认识到青少年本就敢于冒险，想获得新体验、寻求刺激，并能从中收获愉悦感，那么为了青少年的发展，你就应该努力在这方面支持他。青少年追求的这种感受有助于学习，神经科学研究成果表明，青少年必须通过冒险和获得新体验来学习长大成人后必备的生活经验。

渴望追求刺激、新鲜的体验，并从中收获愉悦感，孩子的这类需求在青春期达到顶峰。青少年大脑中的奖赏中枢异常活跃，这使青少年更容易陷入危险。青少年确实有脆弱之处，也容易惹上麻烦，但这类风险也没有像媒体报道的和人们所说的那么大。

你的职责就是引导青少年寻求有利于他发展的刺激，远离可能伤害他的刺激。生活中到处都有挑战他极限的机会，也有各种让他惊喜的时刻。参加学校的演出或运动队的选拔，邀请另一个同伴出去玩，跑一场马拉松，参加高台跳水，在会演上满怀深情地朗诵诗歌……这些健康的体验可以在神经科学层面满足青少年的需求，让青少年不太可能去寻求其他的刺激。

灯塔型教养方式（即平衡型教养方式）中的"平衡"就是考量什么事物适合青少年接触。成为灯塔型父母就意味着不仅要给青少年很多的爱、注重对青少年的培养，同时也要为青少年设定规则和边界。所以，你既要支持青少年挑战自己的极限以充分提高学习能力和促进大脑发展，也要为他划定他不可逾越的、可以保护他的边界——青少年确实容易冲动，他不太可能迅速地从各种后果中吸取教训、汲取经验，因此他需要更清晰、更不可打破的边界。重要的是，要让青少年知道你划定这些边界是因为你在乎他，并非因为你想控制他。

保护孩子的大脑免受损害

要让青少年明白，你为什么反对他饮酒、吸烟或服用违禁药物。这并非因为你想控制他，或故意扫他的兴，而是因为你想保证他的安全，让他做出明智且负责任的决定，也是因为你知道，这些物质可能对他的大脑有害。

发展中的大脑易受有害物质的伤害。青少年奖赏中枢的神经回路很强大，这在一定程度上解释了为什么青少年在获得新体验时会产生极大的满足感。使人产生愉悦感的化学物质，比如多巴胺，就是身体对人完成了身体要人做的事情（吃健康的食物、建立良好的人际关系等）之后的奖励。人在做这些事情时，大脑中的奖赏中枢就充斥着多巴胺，让人更有可能再次做这些事情。然而，某些化学物质也会使大脑中充斥着多巴胺，使人产生强烈的愉悦感。青少年如果对这种神经递质的接受性极强，就容易继续摄入这种物质。人体会本能地阻止被这种能够带来愉悦感的物质"侵袭"，从而让更少的这种物质进入体内。这会迫使青少年摄入更多的有害物质才能产生愉悦感，从而产生致命的后果。

成瘾是一种生物驱动行为，并非主观选择的行为，也不是具有道德弱点的标志。没有人希望自己对有害物质成瘾；相反，成瘾是人体反复接触有害物质后做出的反应。任何人只要接触具有成瘾性的物质，包括酒精、烟草或处方类止疼药物，都可能对这种物质成瘾。

你已经掌握了！

为了让青少年的大脑健康发展，让青少年全面发展，你必须：

1. 提供可以让孩子得到保护和关爱的养育环境；

2. 让青少年参与能让他们有所收获的讨论；

3. 提供安全的冒险机会和尝试机会；

4. 帮助青少年培养平静、理性做决定的能力，关键在于你要先为孩子示范这些能力。

读到这里，你可能意识到自己已经掌握关于青少年的大部分知识了：或许你不熟悉专业术语，但是你可能知道青少年通常很情绪化；你可能已经看到青少年对扩大边界乐此不疲；你可能已经观察到他们有快速学习能力和快速适应能力；你可能已经理解了为什么成年人的指导可以塑造青少年——这可能反映了你阅读本书的一部分初衷，你想进一步了解和学习塑造青少年的方法。

第 10 章

给孩子让路

随着孩子的成长，他的能力不断提高。想一想你的孩子，他几乎每一天都会获得一些新的技能。你对这些惊人的收获做出的反应，在促进孩子持续自主成长方面发挥着至关重要的作用。如果孩子迈出了重要的一步却没人注意或关注，他就会认为自己的成就无足轻重。而这些成就之所以被忽视，是因为你将孩子学会走路、学会说话、初次迈入校门等都视为理所当然的、平常的事情。

回忆一下你成年以后遇到的最大的挑战，或在工作中遇到的最困难的任务。我敢打赌，它和你在蹒跚学步时迈出第一步所取得的重大进步相比简直不值一提。事实上，孩子总是在取得这样里程碑式的进步，但是一些父母无意间忽视了孩子的进步，从而没有帮助孩子培养起不断发展自身能力的精神。

另一些父母倒是没有忽视孩子的进步。然而，他们对孩子过度关注，不停赞美孩子，时时刻刻保护着孩子。虽然这类父母更可能培养出有积极性的孩子，但是他们还是得在"过度保护"和"忽视"之间找到平衡：父母如果下意识地过度参与孩子的成长过程，就会妨碍孩子获得自信以及掌握新能力的动力；父母如果为了让孩子不断取得进步，对孩子步步紧逼；就可能使孩子感到无力，在无意间干扰孩子不断提高能力的自然过程。

为了培养孩子的能力，你必须认识到自己何时、如何参与孩子的成长过程对孩子有利，而怎样参与又会不利于孩子的成长。孩子在儿童期和青春期会不断面临新的问题，你需要知道分别在何时做到以下 3 件事。

❋给孩子让路。

❋适时加入，为孩子搭建新的能力习得路径。

❉引导孩子在遇到问题时进行充分的、审慎的思考。

　　给孩子让路是一项艰巨的挑战。尽管你想要帮助和引导孩子，调整他的行为，但是你必须提醒自己，当你让孩子自己把问题想清楚、弄明白时，你会传递出这样有力的信息："我认为你能做到。"换句话说，你认为孩子是有能力的。当你让孩子以他独有的方式搭积木，你就在传递这样的信息："我认为你有能力自己搭积木。"当积木倒塌时，如果你不干预他重新搭积木的过程，你就在传递这样的信息："我很欣慰你能再试一次。"

　　你每一次替孩子解决问题，都是在破坏孩子不断增长的胜任感。如果你为孩子解决了所有问题，他就会依赖你。虽然被孩子时刻需要对你来说很有吸引力，但是你的职责是培养出有能力的孩子。如果你培养孩子解决问题的能力的方式是通过给孩子让路，或只在他需要或他要求时才对他循循善诱、加以指导，你就会让孩子更独立。当你认可孩子的能力时，你与孩子之间的权力斗争就会减少。这样，无论孩子年龄多大，他都更愿意来寻求你的指导和支持。

父母警报

　　为什么许多父母很难相信自己的孩子有能力学会如何应对挑战呢？这就是父母警报——父母一旦感到孩子可能遇到了麻烦，就会产生恐慌感。只要父母警报突发巨响，许多父母就会立刻向孩子强调种种规矩，避免孩子陷入危险境地。这种警报是进行有效沟通的主要障碍。

　　当孩子说："妈妈，我遇到的这个女孩……"母亲的父母警报就会启动："你还太小了，不能约会！"这样，父母就失去了与孩子讨论感情话题，以及教会孩子在确立关系时要尊重他人的机会。

　　当孩子说："爸爸，我看到那个社区的孩子在吸烟……"父亲的父母警报铃声大作："别再去那个社区了！你再敢和他们一起出去玩试试！"这样，父亲就无法与孩子讨论吸烟、同伴压力等问题，更无法向孩子表达，身为父亲，他多么感激儿子能主动来和他讨论这些话题。

　　父母警报是父母的大脑发出"危险！"的信号时，父母为了使孩子远离危险，出于本能做出的迅速反应。当然，当情况确实危险时，父母警报是有益的——这个时候就不要考虑培养孩子能力的事情了，在警报响起后马上去解救孩子吧！当你看到一个4岁孩子正试图打翻炉灶上一壶滚烫的开水时，如果你必须通过喊叫才能阻止他，那么你就大声地喊出来吧！如果你18岁的孩子喝了酒还想开车，那么你就要夺过钥匙，无论如何都要避免悲剧的发生。这类的教训是你不能让孩子自己吸取的，因为你承受不起这么做的后果。

抛开这些威胁到孩子安全的事情，你应该努力让孩子自己把事情弄清楚、想明白。有些时候，什么都不做反而是他需要的。温迪·莫格尔（Wendy Mogel）博士在她的书《放下孩子》（*The Blessing of a Skinned Knee*）中就提到了这一点。父母可以关注孩子的成长过程，但不要干涉，这会向孩子传递这样的信息："我相信你自己可以处理问题。"

当然，孩子处理某些问题是需要父母指导的。在《父母效能训练》一书中，托马斯·戈登博士向父母传授了大量智慧，帮助父母决定何时、如何参与孩子的成长过程。他指出，父母要先明确解决的是"这是谁要面对的问题"。如果是孩子要面对的问题（孩子在不依赖父母时的生活经历，比如和朋友或老师的冲突），那么父母就不要试着替孩子解决，这样对孩子最有利。父母可以在不妨碍孩子自己解决问题的前提下，通过角色扮演或朗读精心设计的对话等技巧帮助他解决问题（见第16章）。相反，如果是父母要面对的问题，或孩子的行为（比如回家太晚，吵醒了父母）影响到了父母的生活，那么父母就有权进一步发挥指导作用。

许多父母认为，自己当然知道如何让孩子发现他错在哪里——告诉他就好了；或者对孩子就他的行为会产生的每一种可能的严重后果说教。出于保护孩子的本能，父母想让孩子远离一切危险，想寻求更安全、更直接的解决办法。那么，哪些具体原因造成了父母警报一响起，父母就想立刻跳出来替孩子解决问题或修正错误呢？

❀ 父母担心孩子会失败。

❀ 父母认为孩子没有尽最大努力。

❀ 父母担心孩子会让他们难堪。

❀ 父母把孩子视为自己的延伸；孩子成了父母一手打造出来的产品，并且父母希望孩子看上去完美无瑕。

❀父母在犯错时会觉得无所适从，他们设想孩子也会产生这种不安全感。父母希望孩子不要承受这份不适。

❀关于对错，父母有坚定的立场，并且不想让孩子向他们认为错的一边靠拢。

❀父母认为批评是最好的指导，并且将批评视为孩子自我完善的关键。

❀最普遍的原因是，这是一种父母早已熟知的模式。父母就是这样被养育的，并且他们从未回过头来认真审视自己的教养策略。

干预和放手

一个孩子从蹒跚学步到步入青春期，父母是如何干预或放手的？试想，如果以下每一个情景中的孩子都是你的孩子，你将如何处理身为父母的冲动？你是否可以给孩子留出足够的空间，让他自主发展能力？当你想保护孩子时，你可能向孩子传递了哪些微妙的信息？

11 个月大的索菲娅摇摇晃晃地站起来，迈出了她人生中的第一步。这是多么有意义的人生时刻啊！会有人注意到她这一伟大的成就吗？还是说，她的父母会忽视这一重要的时刻吗？接下来会发生什么呢？她不可避免地摔倒了。她的父母会为她鼓掌，鼓励她用勇气与智慧再次站起来吗？有人会跑过去抱起她，阻止她再次体验自己站起来的惊喜吗？

几个月后，索菲娅热衷于走来走去、探索周围的环境了。她想爬上楼梯，去看看厨房（里面有各种电器，还存在着其他危险）和客厅（里面有各种易碎的小摆件）。她的父母会蹲下来，以她的视角环顾房间，先确保房间里没有任何危险，再让她自如跑动，还是会在她每次靠近易碎物品时，立刻抓起她并大喊"不！"呢？她的父母会在她观察和抚摸易碎物品时，让她用小手握着它，而自己用手掌轻柔地托着它（之后再把易碎物品拿到她够不到的地方）吗？她的父母会在她每次爬上爬下时，因为担心她摔倒而大喊大叫，还是会在地板上放一些枕头，让她尽情地活动，在跌倒后再爬起来呢？

索菲娅 4 岁了，她对搭积木颇有兴趣。她的父母会在她搭积木的过程中表扬她、鼓励她，还是会说"如果你不把大块的积木放在底下，整个塔楼一会儿就要倒了"呢？如果她的父母通过教她一些基本的物理学常识，试图让自己变得有用，那么他们就会向她传递着这样的信息："我认为你并非一个搭积木的好手。"

她的父母会坐在她旁边，加入她的建筑工程，询问她每一块积木应该放在何处吗？如果他们让索菲娅担任搭建塔楼的工程师，他们就可以享受一起玩的乐趣，同时还能让她体验到美妙而强烈的掌控感。但是，如果她的父母坐在她旁边，搭起了一座她从未搭起来的更大的房子，她就会感到有点无力。

索菲娅6岁了，她画了一幅画：蓝色的天空下有一座花园。她用各种鲜艳的颜色画花朵，花朵比角落里的狗都要大。父母会告诉她"这是世上最完美的图画"进而让她怀疑父母的审美能力，还是会说"多么漂亮的颜色"（在她知道自己付出努力的地方夸奖她）呢，还是会告诉她"花和狗的比例失调了"（这可能不仅会使她感到自己很愚蠢，而且也会让她明显感到父母生气了）呢？父母会鼓励她按照自己的想法画画，说"我真的很喜欢你的画。再画一幅，带给我新的惊喜"吗？父母会给出开放式评价，比如"给我讲讲你的画吧"，来鼓励她的创造力吗？这样开放式的评论让她能够认可自己的想象力，同时，就算父母对她的图画做出了错误的猜测，她也不会感到尴尬。

索菲娅上小学四年级了，她第一次做小组作业。她和另外两名同学的作业是研究濒危动物，但是这两名同学并没有做好自己分内的工作。索菲娅有点沮丧，但还是出色地完成了自己的工作。她的父母会认可她所做的努力，并且待在她身边回答她提出的问题，还是会和她一起做另外两名同学的任务，并且告诉她"我们正在做的是全校最棒的作业"，然后用一整晚来完成"我们"的科学项目？

父母看到索菲娅的同班同学完成的作业时会先说"你的作业是我们见过的最好的！"，转而又给她报名参加课后科学俱乐部，还是会说"你确实做得很棒，我们特别喜欢你做的关于大猩猩的部分"（真实且具体的夸奖），并且问她愿不愿意去动物园玩？

父母会告诉她，他们喜欢她的项目，但是如果她能再多花点时间，结果可能更好吗？"你看看秀云的项目。"很显然，这就在告诉她，父母对她的项目不满意。父母如果真的认为她本可以做得更好，那么可以说点具体的，比如，"我们确实很喜欢你做的关于红眼树蛙的部分，你在这里投入了大部分注意力。我注意到另一些动物你没有提到。你想再多花点时间去研究其他动物吗？"

索菲娅 12 岁了，她进入可能令父母抓狂的时期——青春期了。她最好的朋友突然不和她玩了，只是因为索菲娅不喜欢和男孩玩，仍然和洋娃娃一起玩。回到家，索菲娅非常沮丧，跑到母亲身旁哭着说："考特妮和所有人说我还是个宝宝。"

她母亲的父母警报响起来了："哦，不！我得让她好受点。"她会告诉索菲娅"这没什么大不了的"吗？然而，这样做未能充分体现母亲重视索菲娅的伤心。对索菲娅来说，母亲这么做会让她觉得母亲认为她在情感上还不够成熟。母亲会说"反正我从来都不喜欢考特妮"，试图和女儿拉近关系吗？可这种回应表明她的女儿在选择朋友的品位上不怎么样。如果在将来的某一天，两个女孩重归于好（青春期的女孩总是这样。父母即使对女儿遭受的伤害心怀怨恨，也要认识到这一点），而母亲想引导索菲娅远离考特妮（如果考特妮对索菲娅造成了消极影响），那么这种回应就给了索菲娅反驳母亲的机会。索菲娅会说："反正你从来都不喜欢她。"

如果索菲娅的母亲这样说："考特妮的妈妈是我的朋友，所以你最好自己解决你们之间的问题。"这样的回应仿佛在告诉索菲娅，母亲优先考虑的并不是女儿。如果她的母亲这样说："曾经也有一个朋友突然不和我玩了。让我来告诉你，我是怎么处理的吧。"这句话既可以被理解为"让我替你解决"，也可以被理解为"因为你没办法自己搞定，所以只能由我来帮你解决"。如果你是索菲娅的母亲，你会听听女儿的感受，认识到现在的情况有多糟糕，然后问问女儿"你觉得你会怎样处理"吗？

终于，索菲娅上了高中三年级，马上要步入大学了。她的父母会帮助她过分美化简历（这分明就是在告诉她，现实中的她不够好）吗？父母会替她重写论文（仿佛在说他们认为论文的内容不够好）吗？父母会告诉她，她必须去上家人们上过的某所大学或他们那么努力工作就是为了让她进入最好的大学吗？如果父母这么说，就会让索菲娅感到疑惑：父母真正关心的到底是谁呢？她的父母真正要满足的是谁的需求，要维护的是谁的名誉呢？如果她没有进入心仪的学校，她是否会觉得自己很失败呢？她会因为自己没有达到父母为她设定的目标就觉得自己没办法成为一名真正的成年人吗？

在择校时，她的父母会完全从她的兴趣出发，帮助她梳理她对大学的想法吗？他们会引导她找到最契合她兴趣、需求和愿望的院校吗？

像索菲娅一样，所有孩子从蹒跚学步一直到高中三年级，几乎每天都有机会展示和提高自己与生俱来的能力。作为父亲或母亲，你可以用这种方式支持孩子的成长：有时完全放手，有时像智者一样站在他身边，在他需要时，对他循循善诱并加以指导。

手足相争

如果你有好几个孩子，那么当孩子们发生争吵时，你有时就很难坐视不管。其中一个哭诉："是他先开始的。惩罚他！"另一个争辩："不，我没有。是他。惩罚他！"

虽然手足相争使人烦恼，但是它也有积极的一面。由于孩子们每天都会因为各种琐事争吵，如果你让他们自行消除分歧，他们就有机会培养协商和调停的能力。这就意味着你要抑制住自己质问孩子们（"谁先开始的？"）的冲动。除非有人受伤，否则你就静观其变。一般来说，每个孩子都想要父母站在自己这一边。但是，你要保持中立和冷静。"我相信你们会一起找到解决办法的。每个人都可能更想按自己的方式做，但是我知道，你们可以找到彼此认可的方式，一起把它搞定。"如果年龄小的孩子们因为一个玩具厮打起来，你可以只说"你们得学会分享"，然后站在一旁，让他们自己解决。学会分享通常需要一个过程。当孩子们彼此分享时，你要及时发现并给出积极的反馈。当他们没做到时，你也不用太在意。

当你不介入孩子们的争斗时，他们通常可以自己解决问题。孩子们可能更愿意执行他们一起想出来的折中的解决方案，因为这是他们一起努力的结晶，每个人都为之做出了自己的贡献，而不是你强加给他们的。当父母不在现场判定谁对谁错时，孩子们就不会出现那么多的争吵了。

第 11 章

玩耍、思考和休息的价值

　　玩耍是孩子的天职。玩耍会带来诸多好处。不做规划的自由玩耍（或是青春期时的休息时间）给了孩子发现自身兴趣与能力的机会。玩耍不仅能提高孩子的想象力，锻炼双手，增强体魄，启迪心智，还能调动他的创造力。孩子通过玩耍来探索世界，提升创造力，进而增强自信。

　　玩耍是培养孩子韧性的天然工具——"我，我不会被吓倒。我是一个超级英雄。"其实，玩耍可以帮助孩子有效消除压力带来的消极影响。不受成年人干预的玩耍会让孩子明白如何进行团队合作——如何分享、协商和为自己争取权益。如果你让一个 4 岁孩子和同伴们在游乐场玩耍，自己只在远处看着，你会发现他们能自行学会一些技能——这些技能对他们日后的工作有帮助。

　　当孩子站在你设定的边界上瞭望时，玩耍也为孩子提供了试探边界、敢于合理地冒险和扩大边界的机会。在玩耍中，孩子不得不想象接下来可能发生什么。玩耍是一把钥匙，能为孩子解开终身学习的奥秘，能帮助孩子学会用安全的方式不断扩大自己的舒适区。玩耍还能让孩子进一步做好在校内和校外学习知识的准备。你必须相信，孩子爱玩的天性会为孩子领路。

　　如果成年人没有为孩子做规划，那么孩子就会以自己的步调逐渐发现自身的天赋和兴趣，最终在他想要探索的领域全情投入。与看电视、上网等被动娱乐项目不同的是，主动玩耍会培养孩子活跃的思维、健康的体魄。总之，玩耍是孩子在儿童期难能可贵的简单乐趣。

　　然而，对很多孩子来说，他们的时间被各种学习计划填满，压力很大。他们上学日的午后、夜晚和周末排满了各种课外班，比如足球课、戏剧课、音乐课、芭蕾课、体操课。一些孩子太过忙碌，以至于他们要牺牲重要的睡眠时间来完成各种作业。甚至在暑假，当父母上班时，一些父母为了保证孩子的安全，又让孩子有事情做，为孩子安排了各种的假期活动。如果父母过度规划孩子的自由时间，孩子就完全没有自由可言了。

如果孩子的时间被过度规划，那么他就没有那么多时间自发进行具有创造性的玩耍，但是这种玩耍对孩子的健康发展极为重要。虽然在父母的规划下，有一些孩子可以获得成长，但是另一些孩子可能产生焦虑或其他与压力大有关的症状。

避免过度规划

如果想让孩子享受玩耍带来的诸多好处，那么父母就必须极力避免许多家庭中出现的过度规划、让孩子的身体超负荷运转的做法。父母得给孩子更多自由探索和玩耍的时间。不幸的是，很多父母可能觉得自己正帮助孩子力争上游，因为他们接收的信息是：要做个"好"父亲或"好"母亲，自己就要抓住一切机会让孩子脱颖而出，让孩子尽可能多地参与活动。如果真是如此，大部分的亲子时光就会花在接送孩子穿梭于不同的课外班上了。

研究人员目前还不清楚，紧凑的日程安排是否有助于孩子的发展，能否帮助孩子进一步做好准备走向未来。但是很显然，这种生活方式会产生不尽如人意的后果。许多父母感觉自己像在跑步机上奔跑，他们不甘人后，不敢放慢脚步，同时又担心自己的孩子会落在其他孩子后面。父母需要深吸一口气，在两者——帮助孩子为未来做好准备和通过玩耍、进行丰富的互动充分享受亲子时光——之间找到平衡。由于每个孩子的学习能力、个性、所处环境和家庭状况不同，所以这种平衡对每个孩子来说都会有所差异。

孩子不是过度规划和无法自由玩耍唯一的受害者。父母除了肩负工作、家庭的责任以外，还要牺牲自己的休息时间规划孩子的各项活动和接送孩子。父母认为孩子必须卓越不凡，为此自己可以不遗余力，但是由此产生的压力会让父母感到力不从心。最重要的是，父母失去了与孩子高质量地相处的机会。一些最好的亲子互动都是在休息时间进行的：聊天、一起准备晚餐、一起培养业余爱好、沉浸地陪孩子玩耍……

当成年人不在身边，孩子自己玩耍或和朋友一起玩耍时，他的想象力和其他能力可以尽情施展，他会探索自己想做的事情，发现许多兴趣。他越想做某件事，就越享受这种乐趣，并且会越做越好。但是，成年人会经常走过来对孩子说："我看你和你的朋友很喜欢演木偶剧。我想你可能也喜欢戏剧。我去给你报个戏剧班吧。"

父母没有意识到，自己会把玩耍变成"练习"或"课程"。一些孩子也许真的喜欢有规划地追求兴趣，但是另一些孩子会很快失去兴趣——如果他们可以在不做规划的情况下追求自己的兴趣，他们也许会享受掌握新技能的过程。或许，就培养韧性而言，最重要的是，他们知道哪些活动或兴趣可以作为放松的方式，让他们即刻获得休整和快乐（见第 37 章）。只有学会放松和休息，孩子才能更好地自我复原。

顺其自然

有些父母告诉我，他们的孩子会自发地对某种运动或活动痴迷不已，但是我认为实际情况可能并非如此。只有当驱动力真正源于孩子的内心时，父母才应该予以支持。相反，如果一个孩子进行某种运动或活动的驱动力是想要取悦父母，而不是自我满足，那么这种驱动力就会变成落在孩子身上的压力。对父母来说，更好的做法是让孩子自己挖掘兴趣所在，遵从孩子的选择，而不是强行为他规划各种活动。在孩子扬起风帆后，父母可以为他扇一小股风以示支持，但是方向需要孩子自己来掌控。

你如果想让孩子发现爱好、发展技能，就要尽可能地为他提供自由玩耍的机会。无论是在 4 岁时用积木搭建塔楼，还是在 14 岁时表演舞台剧，每个年龄段的孩子都会因为擅长做某件事而收获内在的满足感。你难道不希望现在有更多娱乐的时间吗？如果你可以平衡工作和娱乐，你的工作效率难道不会更高吗？如果孩子现在学会调节学习和玩耍的时间，那么他长大成人后将会更快乐、更健康、更成功。孩子可以在完成功课的基础上，通过自主选择如何度过未被规划的时间学会平衡学习和玩耍。

当你思考玩耍的价值时，你也不能忘了孩子在学校的日子。在美国的一些社区，课间休息受到了挑战。有人说课间休息浪费时间，因为它分散了孩子对学业的专注力。许多社区都缩减了课间休息的时间，有一些社区甚至完全取消了课间休息——可怜的孩子们在学校里都没有课间休息。然而，课间休息并不浪费时间，它让孩子更好地投入课堂——它为孩子提供了"重启"的机会，让孩子在上课时能更专注地吸收知识。

请不要将我的观点误解为反对开展充实学业的项目或反对学术活动。所有孩子都应享有参与充实学术的项目和接受高质量教学的机会，但是只有当孩子学会平衡学习和玩耍时，孩子才会发展得最好。我的担忧在于，各种活动在争夺孩子的时间，不做规划的自由玩耍被视为是可以牺牲的——人们不应该这么认为。玩耍是孩子的天职。

孩子在休息，也在自由思考

有时，青少年似乎喜欢什么都不做。他在休息时看上去好像什么都没做，但其实他的思绪此时在自由驰骋。青少年正在思考他此前从未想过的问题，思考着跟身份认知有关的重大问题，包括他在世界中的角色。他在刻意思考这类问题时也许会想出答案，也许会让自己的观点变得更清晰。正是因为青少年在休息时心态非常放松，他才有机会想出答案。这种思考对青少年来说很重要，父母必须给他们留出思考的时间。

落实在行动上

玩耍也让父母得以充分参与孩子的活动——关键是让孩子自主地选择和规划具体的玩耍活动。父母可以陪在孩子身边，询问孩子想让父母如何参与。父母必须记住，这是孩子的玩耍活动，不是父母的。

当你在旁边观察孩子或积极加入孩子的玩耍活动时，你会看到他在一个完全为了满足他需求的世界中探索，你就有了从孩子的角度观察世界的机会。你在孩子玩耍时和他的交流会告诉他，你在全神贯注地关注着他。

观察孩子玩耍或积极加入孩子玩耍活动的父母，可以抓住一睹孩子的世界的机会，学会如何更有效地和孩子交流，以及如何在孩子玩耍时对他循循善诱、为他提供指导。玩耍也让父母得以恢复活力！父母在玩耍方面的积极的示范可以让孩子预见他幸福的一生。

第 12 章

关注、表扬和批评

当孩子展示他的能力时，关注和表扬会强化孩子的能力，不恰当的批评会弱化孩子的能力。即使你很忙，你也不能不关注孩子，不能把孩子的成就视为理所当然。如果你非常漫不经心——"这（孩子小小的成就）难道不是每个 7 岁孩子都会做的吗？"你就会失去强化孩子能力的机会。

或许这个 7 岁孩子小小的成就是第一次尝试自主读完一本书的某一章或第一次在体操训练中成功做出空翻。你只需要鼓励一下他，就能帮助他认识到自己有能力实现这些小小的成就："虽然这是很长的一章，但是你真的坚持读下来了。不是吗？""我知道你一直在练习这个空翻动作。你做得真的很好。"

我需要提示的是，你不必过度表扬孩子。如果孩子只是在足球赛中拦下了一记进球，而你对待它的态度如同孩子赢得了奥林匹克运动会奖牌，那么他就无法区分什么是夸大其词，什么是真正的表扬。由于他受到的表扬千篇一律，所以他自己也无法鉴别哪些是特别值得表扬的成就。

过度表扬的对立面就是既不表扬也不关注，这会让孩子所有的成就黯然失色，扼杀孩子的积极性。

真正的表扬是具体的，对强化孩子的积极行为大有帮助。例如，"哇，你用了很多很鲜艳的色彩画那幅画。看看那些亮红色和蓝色的鸟儿！"这种表扬和简单地说"你是个伟大的画家"相比，前者更具体、更真实。第一种表扬表明父母真的关注到了孩子的创造力，并且对此很欣赏。第二种表扬听起来含糊其辞、千篇一律——他知道自己不是毕加索，还为孩子设定了他感觉无法达到的过高的期许。

我想起我女儿伊拉娜在 10 岁时，就明确地告诉我表扬要具体。在一个社区的游泳池边，一个小时内，她自己就学会了如何在跳水板上做一个空翻，而后跳进游泳池里。刚开始，她想想这么跳进游泳池都感到害怕，可是到最后，她居然可以自信地完成漂亮的一周半翻转动作。起初，在落入水中前，她的腿只能稍微高过头顶，她的背只能平平地打在水面上（可想而知那样该有多疼），但是她咧嘴笑了。不一会儿，她自己就学会了抱膝入水。我连简单的跳水都不会，在游泳时只会从游泳池边走进水里，因此我惊讶地盯着她。我真的惊喜地大喊了整整一个小时。当她从游泳池里出来时，我大喊："伊拉娜，我真的太为你感到骄傲了！"她问："你因为什么感到骄傲啊？是因为我能做一个空翻？还是因为我试着教别的小孩怎么空翻？还是因为我尽管真的很兴奋，但是依然乖乖排队等待跳水？"（或许应该由伊拉娜来写关于表扬的这一部分内容，因为 10 岁的她就懂得要将表扬具体化。）

表扬孩子的努力，而非他的聪明或最终的结果

如果你想要孩子充分发挥自身潜力，那么你最需要培养的是孩子的意志力——用"我会坚持下去"的意志面对一切挑战。美国斯坦福大学心理学教授卡罗尔·德韦克博士在她的著作《终身成长：重新定义成功的思维模式》中指出，虽然有些表扬的出发点可能是好的，但是因为这些表扬的导向是错误的，所以它们会产生适得其反的效果。她进行了一个相对简单的试验，证明了面对不同类型的表扬，孩子的表现有显著的差异。

研究人员找来了一些小学五年级的孩子，让他们进行一系列智力测验。测验并不难，所有孩子都可以出色完成。第一轮测验结束后，孩子们被告知所有人的得分，并受到一句表扬。一组孩子受到的表扬是："你一定很擅长这个。"另一组孩子受到的表扬是肯定他们的努力："你刚才一定非常努力。"

然后，到第二轮测验了。这一轮有两种测验，孩子们要自己选择进行哪种测验：有一种测验会更难一些，但是孩子可以从中学到很多东西；还有一种测验的难度和第一部分的相似，孩子有把握做得很好。90% 的刚刚因为努力受到表扬的孩子选择了更难的那组测验，而大部分刚刚因为聪明受到表扬的孩子选择了更简单的那组测验。

接下来是第三轮测验。所有孩子都要进行七年级难度的测验。不出所料，

这对所有学生来说都很难，而且大部分学生无法完成测验。在第一轮测验中因为努力受到表扬的孩子认为出现这样的结果只是因为自己不够努力；而因为聪明受到表扬的孩子认为这次失败证明了他们不再聪明或他们从来都不聪明，这一组孩子的不悦，研究人员都看在眼里。

　　孩子们在遭受了"一轮失败的测验"后，第四轮测验开始了，这一次的难度和第一次的相似。因为聪明受到表扬的孩子的表现比他们第一轮测验的要糟糕，而那些因为努力受到表扬的孩子有了进步。或许这个结果可以充分诠释孩子们在第三轮测验中的表现：因为聪明受到表扬的那一组孩子感受到了自信心受到打击后的"失败"，这必然会破坏他们在第三轮测验中的专注力；相反，因为努力受到表扬的那一组孩子体验到了建立自信心的过程，有了正向的经验，所以他们在第三轮测验中笃定自己会继续进步。

　　这个试验表明，在表扬时，你应该表扬过程，而非结果；你应该表扬孩子的努力，而非他取得的分数。那么，具体该怎么做呢？一起来看表 12.1 里的例子，看看表扬孩子时你可以说什么、要避免说什么。

表 12.1　表扬孩子时，你可以说的话和要避免说的话

可以说	避免说
今天在学校学到什么了？	测试怎么样？
比赛中你学到什么了？	你得了多少分？
你为自己在艺术展上展出的作品感到自豪吗？	你得到一等奖了吗？
我就喜欢你认真思考的样子，你真的在很努力地把事情想清楚。	你真聪明。
和我讲讲你的画吧，它好像表达出了很多种感受啊。	你真是个伟大的画家。
我觉得你做得好是因为你真的下功夫了，高分是你应得的。	你真的天生就擅长数学。
我真的很钦佩你努力寻找答案的精神，而且你学会了寻求帮助，还让自己变得更自信了。	我为你的成绩感到自豪。

　　德韦克博士在《终身成长：重新定义成功的思维模式》中首次阐述了她对打造"成长型思维模式"的深刻理解。有了这种思维模式，人们就相信自己可以通过努力培养自身优势。这种思维模式和"固化型思维模式"——"人们认为自身优势已然确定，不太可能改变"——形成鲜明对比。德韦克博士和她的同事们证实了：成长型思维模式才是获得成功的关键；最振奋人心的是，青少

年可以通过培养成长型思维模式，转变对自身学习潜力的认识。戴维·耶格尔（David Yeager）、卡罗尔·德韦克和同事们在一项研究中证实了，一种简单的成长型思维模式的线上干预就可以让成绩欠佳的学生成绩有所提高[①]。这一研究成果对美国社会有巨大的影响，因为它证实青少年对自身潜力早已确定的认知是可以在外界的帮助下改变的。你可以从在家里表扬孩子的毅力和努力着手改变孩子对自身潜力的认知。

批评的消极影响

　　每个孩子都具有各自的优势，然而，父母经常忽视孩子的优势。在孩子从可爱的小宝宝长成独立的甚至是反叛的青少年的过程中，父母总是关注孩子的缺点或错误。父母不仅没有关注、欣赏、表扬孩子优秀的品质，反而过于关注他的缺点或错误，因为父母想让孩子变得更好。这时，批评就悄然而至。

　　成年人的批评通常都是出于好意，但是仅仅指出孩子的缺点或他哪里做错了，往往会让孩子心存戒备。孩子可能无法客观地思考父母所说的话，反而想要为自己辩护。批评同样会让孩子感到羞愧，从而产生愤怒和怨恨。批评还会让孩子感到自己笨拙无能，失去对自己的能力的信心。

　　但是，父母也绝不该害怕指出孩子怎样做才可以做得更好。就事论事地批评孩子，而非对孩子进行人身攻击，可能对孩子有所帮助。批评主要有两个指导原则：最重要的指导原则就是，批评和表扬一样，必须具体；父母想要帮助孩子克服缺点时，如果在提出具有建设性的批评意见的同时肯定孩子的优势，那么批评就会更有效。

　　具体的批评应当指出孩子应该在将来避免的错误。不管孩子做了什么让父母感到不安的事，父母在批评孩子的某些行为时都要小心，避免对孩子进行人身攻击。举例来说，请设想以下情景。

　　　　乔丹跑到屋里，把泥巴带到了地毯上，还把被雨水浸湿的雨衣胡乱扔在了厨房的地板上。父母可以这样说："你把这里弄得一团糟。我们希望你能清理干净"，而不应该说："你真是个粗枝大叶的懒蛋。"

---

　　① 耶格尔·DS.，汉塞尔曼·P.，沃尔顿·GM.等.一项揭示成长型思维模式可以在哪些方面提高成就感的全国性实验.自然［J］.2019；573（7774）：364-369.

当父母需要指出孩子的缺点或错误时，立足于孩子长处的指导要比仅仅指出缺点或错误有效得多。孩子在陷入困境，不知道如何完成一项任务时，父母更应如此。父母可以指出他过去哪里做得好，问问他都学到了什么，征求他的意见，看看他会如何用过去的经验处理现在的问题。

父母如果想要帮助孩子提升能力，就要帮助他培养自身优势。父母要善于利用孩子掌握了恰当技能的真实体验，让孩子继续练习这些技能，并将其应用于新的情境。当孩子陷入困境时，父母可以利用这次经历，帮助孩子避免日后陷入同样的困境。在说出批评意见前，父母应该停下来问问自己："我应该如何利用这个经历，在不打击他的自信心、不让他产生羞耻感的情况下，帮助他从错误中吸取教训、汲取经验？"

无意的批评

有时，孩子会不明白父母的批评因何而来……以下的例子说明了这种误解是怎么产生的。

托马斯是一个 3 岁的孩子，好奇心很强，能自己玩上一个小时。他会努力把一些家具重新排列组合。当他准备画画时，他会把好几把椅子搬到桌子旁，再把杂乱的桌子清理干净。画完画，他还会来到积木面前，建起一座塔楼。然后，他把塔楼撞垮了——因为他奇迹般地变成了一只翼龙，它的翅膀撞到了塔楼。接着，他停止发出作为翼龙的巨大声响，又开始重建塔楼。

看着他心满意足地玩耍，他的母亲为他的自得其乐感到高兴。天色变暗了，托马斯注意到一盏灯的插头没有插。他拿起插头，走向电源插座——幸好电源插座上插着防触电插头。他的母亲突然大喊："不！不！别那样做！"

托马斯会如何理解母亲的话呢？"我一定糟糕透了。"他认为母亲刚才尖锐的语调是在批评他刚才所有的行为（重新排列家具，清理杂物，画画，搭起塔楼、撞垮、再搭起，变成一只想象中的翼龙，试图照亮房间）。他不明白的是，其实母亲认为他很了不起，她只是担心他碰电源插头会有危险。

当危险迫在眉睫时，批评（或直接改变行为）是有必要的，但是父母还是需要注意表达的方式。父母必须明确地给孩子传递他可以处理的适量信息。如果批评不明确或不具体，误解就很容易产生。托马斯的母亲应该这样说："别碰插座！"他放下插头以后，母亲本可以提醒他，她刚才是想让他远离电源插座，并立刻告诉他他刚才画的画、搭的塔楼非常棒，再引导他继续刚才的那些活动。母亲本能地喊出"不！"并不要紧，她在为孩子有可能触电感到担忧。但是，喊叫之后，她应该立刻明确地表达，她只是不让他碰插头，但是她真的很欣赏他之前玩耍的过程。

无声的批评

并非所有的批评都是用语言表达的。有时，父母虽然没有说话，但是他们的行动也是一种无声的批评。例如，一个 10 岁男孩喜欢和父亲待在一起，他最喜欢的一项活动就是帮助父亲完成一些家务。当桌子需要刷漆时，父亲打开一罐油漆，并递给儿子一把刷子。刷漆听上去很简单，但是儿子上手做时，发现自己没办法把刷痕抹平。他刷得越多，就会出现越多的刷痕。他变得有些沮丧，转而向父亲寻求帮助。父亲从儿子手中拿过刷子，自顾自地重新刷起了桌子。

多年以后，男孩还是会想起这一幕，当时的他感到自己非常渺小，一无是处。虽然父亲可能认为自己是在帮助儿子，但是其实他没有。父亲从儿子手里拿走刷子就意味着父亲批评了儿子的工作，同时也没能帮助他变得更能干——即使父亲什么也没说。

青少年仍然渴望得到父母积极的关注

随着孩子长大，他们看起来更愿意和他的朋友待在一起，而非和父母。父母和孩子相处的时间变得异常珍贵，父母想利用好每分每秒。然而，有些时候，父母在这些本来就异常珍贵的时光里，又加入了所谓的批评和"指导"。

当孩子还小时，父母知道引导孩子做出好行为最有效的方式就是捕捉到他做得好的地方，注意到并表扬他的进步。即使孩子已经成为青少年，他也依然需要父母的关注。父母不能忘记培养孩子韧性的一个关键点：孩子可能会达到，也可能辜负父母的期许。同时，父母还要清楚地认识到一个事实：儿童和青少年都需要父母的关注——虽然他们可能会否认；同时，父母也要清楚，只关注消极行为并不能促进孩子行为的改善。青少年还是会做出引起父母关注的行为，只是行为有好有坏罢了。

第 13 章

真正的成功（包括充分利用失败）

一直以来，父母的目标都是帮助孩子做好准备，获得成长，让孩子在未来获得成功。为了尽可能实现这一目标，父母努力让孩子具备获得长远的成功的基本素质——勤奋、坚韧和热爱学习。其实，最好的教养方式就是注意到孩子的长处，并加以强化和巩固，从而让孩子在成年后也能继续茁壮成长。本书秉持"养育 35 岁的人"的理念，而本章从"养育未来的成年人"这一理念出发讨论真正的成功，同时也关注可能妨碍孩子获得成功的因素。

对未来的担忧会影响父母的教养方式。连父母在孩子生活中最重要的作用——无条件地爱孩子、坚定不移地支持孩子——都会让位于这种担忧，以至于使父母只关注培养孩子获得符合狭隘定义的成功。一些孩子会承受来自社会和父母的压力，陷入焦虑，担心自己怎样才能符合社会和父母的标准。反过来，这样又会滋生出完美主义和自我怀疑，两者会严重削弱孩子茁壮成长所需的许多优势。

本章会指出一些问题，这些问题可能使父母更焦虑……所以，请先深呼吸。不过，本章的关键在于让父母明白，自己应该如何参与解决这些问题的过程。本章会讲到，为了培养情绪健康的高成就者，父母应该怎么做。（请注意：高成就者指成为最好的自己，对此并没有统一标准或分数高低！）

过度的集体焦虑

在过去，每一代美国人都梦想着，孩子会比他的父母和祖父母更好、更成功。对很多人来说，他们的梦想变成了现实。可是如今，人们担心这样的梦想可能不会实现了。人们意识到即使孩子可能做得比父母还好，也不会比父母更成功。父母感到压力重重，孩子们也是如此。

焦虑会导致父母改变教养方式。如今的父母怀着最美好的心愿，比以往更早地开始规划孩子的未来。许多孩子相信，他们的简历必须尽善尽美，他们才能功成名就。一些孩子将这种压力转化为前进的动力，甚至取得了他们原本无法获得的成功。一些孩子则感到焦虑不安，以至于丧失了对学习的热爱，而且内在的求知欲也被削弱了。另一些孩子创造出一种假象，仿佛自己满不在乎——他们早就离开了赛场，没有给他人评价他们的机会。

表现焦虑会导致"害怕失败"，这种畏惧感使人无法施展才能。自甘平庸会扼杀创造力。所以，本章将着重强调好好应对失败是获得真正的成功的一个关键因素。

无论在哪里——教室里、运动场上，还是职场上，压力都会影响人的表现。本章关注的是青少年群体，以及他们中许多人感受到的压力。本章还会讨论与培养高成就者相关的经验，以及如何将之应用到多种场合。

希望本章能够让你认识到，有韧性并不仅仅指能克服外部挑战。有时，有韧性还意味着能屏蔽心底的那个声音——"你只有一直取悦所有人才能被社会接受"。然而，让简历尽善尽美就无法享受精彩的人生，因为一个人真实的自我不可能像简历所描述的那样完美无瑕。一个人如果不能以真实的自我生活，就不可能获得真正的成功。从教养角度看，培养孩子的韧性意味着父母要确保自己所做的一切并非为了给孩子植入种种自我怀疑的声音，并非为了让孩子不断遭受自我怀疑的折磨。

什么是真正的成功？

我经常问青少年和他们的父母："什么是成功？"青少年会回答："有钱；进入好的大学；开一辆好车。"（所幸，依然有一些青少年会说他们的愿望是让世界变得更美好。）而父母会谈及快乐、做贡献，以及人际关系的重要性。那么，青少年和父母在想法上的不一致是如何产生的呢？青少年在接收父母无意中传递的信息吗？

不妨试着定义真正的成功吧。没有人能道尽其中的含义。每个家庭都必须自己去定义什么是对孩子来说真正的成功。作为父亲，我会说，如果我的女儿们可以保持快乐、慷慨和有同情心，那么我就认为她们是成功的人。在理想情况下，她们会把世界变得更美好，并保持她们的创造力。作为一名关心社会的公民，我会说，我们需要具有创造力和创新力的人引领我们走向未来，另外，尊重他人也是必不可少的品格。

成功的方式、为世界做贡献的方式多种多样。成年人的挑战在于要看到每个孩子的天分，并创造有利的环境，让所有孩子都能获得支持和资源，能充分发挥自身潜力。

在快乐和成功之间做抉择？

当青少年说成功关乎金钱、更好的教育和好工作时，他只是如实说出自己的想法而已。许多父母可能担心："如果我们将成功的定义定得更宽泛，如果将保持快乐和有同情心也算作成功，我们会破坏孩子学习的积极性和驱动力吗？如果会，那他如何在学业竞技场上角逐，最终获得一份好工作呢？如果我们保护孩子免受压力的纷扰，他会因为陷入平庸而备受煎熬吗？"

如今美国青少年用来申请大学的简历和十年前那一代的相比，让人更印象深刻。在简历上，他们看起来太完美——会担负起社会责任、聪颖、爱运动、会乐器、懂艺术、有丰富的暑假社会实践经历、有企业实习经历、做了许多社区服务工作……以至于显得不太真实。

但是，父母为高校培养出的拥有完美简历的孩子，可能不具备在未来获得成功的能力。这些各方面都"优秀"的孩子可能并不确定自己的核心优势。他们可能认为凡事都应尽善尽美，所以他们害怕自己有不足之处。对在这样的驱动力下成长的孩子而言，他们最恐惧的可能是自己不完美，而这种恐惧正逐渐被植入他们的内心深处。这种恐惧会扼杀他们的创造力，阻碍他们挖掘自己的创新潜能，削减他们享受快乐的能力。

父母绝不应该用被录取的大学的排名来狭隘地判定孩子成功与否。相反，父母必须支持孩子上真正适合他的大学，让他在自己选择的人生道路上持续积极前行。

所以，父母和孩子并非要在快乐和成功之间做抉择。快乐会带来成功；压力有时会使孩子滋生出对 B+ 评价的恐惧、对失败的恐惧，以及冒名顶替综合征（后面我会展开说）。这些恐惧使孩子不敢合理地冒险，从而无法发挥自身的创造力。认为 B+ 评价代表"世界末日"的青少年无法跳出思维的局限。相反，他会做出安全、保险的选择。或许他的成绩还不错，但是他绝不可能获得真正的成功。

高成就者和完美主义者

我希望孩子成为健康的高成就者，可以充分发挥自身潜力，这是完美主义者无法做到的。完美主义是一种由强烈的不被认可感驱使，从而呈现出的忧虑状态。完美主义者的韧性不强，生活处处都令他感到不安。为什么？原因在于完美主义者过分关注结果，无法享受过程。

结果（得到 A 评价、完成一件艺术作品、体操比赛中一次完美的得分）并不能将健康的高成就者同完美主义者区别开来，过程才能。举个例子，健康的高成就作曲家之所以能创作出最美妙的交响乐，可能是受实现目标的合理欲望的驱动，也就是说，他无法接受除了杰作以外的任何作品。他和完美主义作曲家的区别在于：他享受创作的过程，而后者并非如此；对创作乐曲，他满怀期待，而后者内心抵触；他的创作热情持久，而后者的很快会耗尽。虽然他和后者的最终成果可能都是杰作，但是他在创作过程中更快乐，而后者更痛苦。

世界是由高成就者推动发展的。他们当中的许多人都将自己描述成完美主义者，因为他们只有尽自己努力做到最好才满意。但是，他们与完美主义者不同，当他们没有尽善尽美时，他们极具韧性。健康的高成就者在不遗余力地打磨品质最好的产品（或写一个富有成效的商业计划、创作一个荣获奖项的设计作品、设计一个巧妙的电脑程序，等等）的过程中会收获真正的快乐。他们享受过程，每个竭尽全力的瞬间都让他们兴奋不已。他们会对截止日期产生适度的焦虑，从而让自己保持足够的活力。

健康的高成就者将犯错看作成长的机会，作为在下次做得更好的动力。他将失败看作可以让自己"反弹回来"的暂时的挫折。他重视各种具有建设性的批评意见，因为这种批评意见让他知道该如何改进。

高成就者有热情、创造力、韧性。他有自己擅长的领域，但是仍然对其他领域感兴趣。对高成就者来说，每一次新的冒险都是对过往经验的补充，每一次失败都蕴含着经验。他秉持开放的态度，善于跳出思维的局限寻找解决方法、制订策略。他用热情、对过程的热爱和敢于合理地冒险来激励同事进步。

和健康的高成就者相反，完美主义者只能接受完美无瑕的产品或表现。完美主义者并不享受创造的过程，因为他总是担心自己表现得不如自己预想的那样好。和追求成功的喜悦相比，他做得好更可能是出于害怕失败。

完美主义者可能注意不到自己做得好，因为他过于担心自己会犯错，或总是想怎样才能做得更好。完美主义者会因为在测验中得了 96 分，而没能得100 分感到沮丧。完美主义者将每一个错误都看作他一文不值或不够好的证明。他不接受他人的赞美，因为他认为自己是"冒充者"，自己身上的缺点迟早会被发现。当受到批评时，他会百般辩解，感到难堪或羞愧。他认为他人提出具有建设性的批评意见是在强调他的笨拙无能。完美主义者惧怕逆境。他缺乏从失败中"反弹回来"的能力，因为挑战使他无力向前。"做得还不够好"的想法使他不能像高成就者那样抓住机遇，最大限度地发挥自身潜力。

完美主义者鲜少获得真正的成功——他无力走到获得成功的那一步，唯恐让最严厉的批评者（通常是他自己）失望。他可能具有一定的创造力，但是他对进一步挖掘创造力犹豫不决，生怕自己打破常规会让他人失望。毕竟创新的风险太大。

没有充分发挥自身潜力的青少年并不懒惰

并非所有的完美主义者都是高成就者。对一些完美主义者来说，对失败的恐惧会让他们无法开始或完成任务。他们可能逃避一项任务，生怕自己不能做得足够好。他们可能拖延，因为开始一项他们担心会有纰漏的任务让他们感到难以应对。他们可能假装自己满不在乎或假装懒散，因为袒露内心深处对失败的焦虑太难了。

如果你的孩子在学校表现得不如以前好，或没有"充分发挥他的潜力"，而他又表现得满不在乎，你要想一想，这也许是因为他太在乎了，才会有如此的表现。我认识很多青少年，他们会努力做出一副满不在乎、懒散的样子。懒散看起来很酷，但是内心焦虑、饱受煎熬就不酷了。我认识的一些完美主义者甚至还通过服用药物缓解压力，来支撑自己精疲力尽又满不在乎的形象。

从医以来，最令我深受启发的经历就是看着那些"令人失望至极"的青少年在被治愈后可以向父母坦白："我一直都很在乎，我太在乎了。"

如果你认为你的孩子也面临相似的问题，那么你可以想想他的压力可能来自何处。也许来自你，也许来自学校或同伴。你的孩子对他哥哥姐姐取得的成就表现得缺乏兴致，可能是因为他担心自己无法取得与哥哥姐姐比肩的成就。无论压力来自何处，你的孩子都要知道，他不必担心自己不被人接受——因为你永远都会无条件地爱他。

从你的词库中删去"错误"一词

具有某些性格特质的孩子可能易受这样的信息影响：除非自己完美无瑕，否则自己就还不够好。为了让这些与生俱来的特质变成让孩子前进的驱动力，父母有必要在某些地方予以强化。

那么，你怎么知道孩子是否有自我驱动力，或怎么判断孩子的某种行为是不是父母的错误导致的呢？这个问题很难回答。让自己休息一下，把"错误"这个词从你的词库里删去吧。如果你的孩子正承受巨大的压力，并且其中的一部分来自你说的话（当然，你说的话可能是出于好意），那么你应该意识到：同样的话对一个孩子来说可能是有所助益的鼓励，对另一个孩子来说可能是无与伦比的压力；在不同的时间段，由于心境不同，同一句话让孩子感受到的可能是鼓励，也可能是压力。因此，你先不要审视自己，先把目光放到孩子身上吧。面对压力，他是在出色应对还是在苦苦挣扎？面对成就，他是在享受，还是在担心自己的不足？不管是不是因你出现的问题，你都能积极解决。

如果孩子已经尽了自己最大的努力，但测验还是只得了 C 评价，你也应该为他感到骄傲。你要肯定孩子付出的努力，而非要求孩子实现不可能实现的目标。如果孩子拼尽全力了，但你还是对他的成绩表现出了不满意，你就会使他无法肯定自己的努力。如果孩子认为得了 B 评价就是陷入逆境或失败，那么他怎么能学会面对真正的挑战呢？

不要为了获得更高的分数而引起矛盾。如果孩子得了 B 评价，但是你因为自己认为他应该得 A 评价（或更糟糕的是，你认为他必须得 A 评价）而去和他的老师争吵，孩子就会从三个方面受到伤害。其一，你这是在告诉孩子，只有绝对完美才是可以接受的。其二，你传递出了"成绩比努力的过程更重要"的信息。其三，你削弱了他未来获得成功的能力。当他 32 岁时，你还会给他的雇主打电话，要求雇主必须提高对他的评价吗？在现实生活中，分数是不会改变的。为了获得更大的成功，人们会更努力，会发挥自己的创造力、聪明才智和意志力，而这种努力的韧性来自人们对所做事情的热情。

或许从表面上看，父母应该单纯地督促青少年："只管尽你最大的努力就好。"但是青少年们告诉我，这种说法让他们抓狂。这一代青少年努力的原因很大程度上是害怕让父母失望。没有人能真正做到尽自己最大的努力，所以他们总是觉得自己表现得不够好。相比说"尽力而为"，父母应该让自己的反馈和鼓励更有针对性，并且要理解，孩子可能已经非常努力了，但是他在不同学科上的表现仍然可能天差地别——每个人的天分和优势都是不均衡的（我们会在后文详细说明）。比如，相比"别担心，我只是希望你能尽自己最大的努力"，父母可以说："我期许的只是你能够好好努力。我在乎的并非你的分数；而是你学习的过程。你擅长数学，所以通过一定的努力，得到了高分。虽然你在其他科目上没能得到你期望的高分，但你也努力了。我希望你能放松一下，分数并非最重要的。我知道写作对你来说很难，只要你继续写下去就好了。"

成年人要给自己留下自我反思的时间。许多超负荷的成年人都把孩子看作产品，在某种程度上，孩子是否成功反映出父母是否成功，对某些父母来说尤其如此：他们有的曾经叱咤职场，但是因为要养育孩子，不得不暂时退出；有的仍在工作，但是他们将职场上的要求和表现标准应用到家庭中——如果父母这样做，那么孩子的成功或失败就会成为父母成功与否的标志。当孩子知道自己竟然是父母打造的产品时，他就会陷入想要变得完美以取悦父母的境地。这样对孩子和亲子关系都无益。

超负荷的孩子

有一些孩子可能过着被父母严格规划日程的生活，并且获得了成功。他们被迫获得成功，但享受着自身取得的成就，还保持着快乐和自信。但另一些孩子感到无力或压力大——在他们的父母看来，这或许就是成功的代价。只要孩子的分数还很高，父母就会继续给他们安排很多课外活动。很多父母认为，孩子不管承受多大的压力都必须把事情做好；为了取得成功，有时需要牺牲快乐。

许多父母认为"越多越好"——参与的活动越多就会让孩子"变得越接近完美"。让孩子参与丰富的活动是好的，但是父母必须考虑活动的种类、有多少活动是真正对孩子有帮助的、是谁选择参与的。自由玩耍和休息在孩子发现自我的过程中发挥着极为重要的作用。如果他只参加由成年人安排的活动，那么他怎么会找到自己想要做的事情呢？（父母可以时不时重新翻看第 11 章，从而提醒自己玩耍和休息对孩子的重要性。）

父母需要明白，当孩子说他很好的时候，事实可能并非如此——孩子的压力通常会通过令人担忧的生理症状（比如头疼、头晕、乏力、失眠和肚子疼）表现出来。不要认为孩子能找到生理症状和压力的关联，研究人员也是花了很多年才知道生理症状和情绪的关系的。要评估孩子能否获得真正的成功，父母必须对孩子的成就少一分在意，对孩子本身多一分关注。

孩子只有在他相信自己有能力的时候才能接纳自我。如果他认为自己有能力处理好自己的问题，相信自己有做决定的能力，能自己想出解决办法，那么他就不会在犯错时如临大敌。只有为孩子让路，鼓励孩子掌控他自己的生活，父母才能培养孩子的胜任感。所有父母都希望孩子在生活中能发现内心的罗盘，循着罗盘方向的指引而前行。

美国大学的申请标准已然扭曲

美国大学的申请标准衍生出了一种谬论：只有完美、均衡发展、头脑聪明的申请者才有资格被录取。这从申请所需的材料（比如高考分数、高中阶段平均分、班级排名、参与的课外活动）就可见一斑——如果申请者在南美洲的乡村建了一个净水系统或为地震受灾者举办过筹资活动就更好了。

有些父母错误地认为，孩子的成功只与所上的大学息息相关，他们会无所不用其极地——甚至会迫使孩子不择手段地——获得那张宝贵的录取通知书。但事实是，成功只与孩子本身息息相关。名声大的大学可能是人第一份工作的敲门砖，但是大多数人第一份工作只干几年，工作中的表现才决定着下一份工作。换句话说，压力如果帮助孩子打造了完美的简历，但是摧毁了他的创造力，妨碍了他提高人际关系处理能力和从逆境中复原的能力，就狠狠剥夺了孩子获得长远成功的机会。父母应该记住，自己正在养育的可是"35 岁的人"！让我们来看看使美国大学申请标准走向极端的一些谬论。

谬论一："高考将决定你未来的生活。如果你能在这次考试中取得好成绩，那么好生活就会随之而来，所以牺牲快乐来准备这场能给你带来好生活的考试是很值得的。"

而真相是，没有哪一场考试能决定一个人的未来。生活需要持续刻苦努力和发挥不屈不挠的韧劲，每一天都要平衡好工作和娱乐。活在当下也是在为未来做准备。

谬论二："成功的成年人擅长做所有事情。所以，你必须证明自己每一科的成绩都出色，你要擅长运动、了解艺术，还得是一个伟大的人道主义者。"

有多少成年人可以真诚地说"我擅长做所有事情"？真相是，高成就者会擅长做某些事情，还会做一些其他有挑战或他们好奇的事情。大学深谙这一点，因此大学里有许多专业和活动。大学不应让青少年认为自己必须戴上帽子、面具，穿上紧身衣，有完美的伪装才能被录取。不切实际的期望会驱使青少年追求完美，而完美主义必然重创青少年。

美国大学的申请标准已经影响了大学前的教育。父母给高中施压要让青少年有好成绩，反过来，高中给青少年施压，青少年必须进入顶尖大学来证明学校的出色培养。即使高中知道每一个青少年都要找到最适合自己的大学，而不是最顶尖的大学，但他们还是这样做了。

夹在父母车窗玻璃上的大学宣传单定义了成功。在这样的氛围中，青少年会变得焦虑、彼此施压，不断思索自己要申请哪些学校，又有哪些学校会接受他。对分数、奖项和录取青少年的大学秘而不宣不仅会缓解竞争，还能让青少年学会谦逊。

害怕给父母造成痛苦

有时，追求完美主义和孩子承受的压力无关。相反，它源自孩子不希望父母受到伤害的强烈需求。比如，如果孩子察觉到你（由于疾病、离婚或工作）承受了太大的压力，那么孩子就会想尽办法让你免受更多的痛苦。他会尽力成为完美小孩。要是你还对他说："其他事情已经够我受的了，我还得为你操心吗？"孩子追求完美主义的动机就会变得更强烈。但是，你也可能什么都不用说：如果你的孩子知道你正遭受痛苦，那么他可能尽量不给你增加负担；他会努力把一切做好，让你为他感到骄傲；他会将自己的焦虑封存在心底，总是向你展示出自己最好的一面。

如果这个情况恰好和你的经历相似，那么你就要帮助孩子理解，对你来说，没有什么比成为一名好父亲或好母亲更重要的事情。你要告诉他，保护你不会对你有任何帮助。以下是一种有效的说法："你知道，我现在确实承受了很大压力，但是对我来说，你永远是最重要的。不要因为害怕我受到伤害就不告诉我你遇到的问题。我可是你的妈妈 / 爸爸。请给我机会，让我当好你的妈妈 / 爸爸吧，这是我最在意的事情啊。"

有毒的文化

有些文化扭曲了成功的定义，而且几乎没有注意到普通人正拼尽全力生活。人们记得体育明星和著名演员的名字，却常常忘了邻居的慷慨之举。那么，父母是否也会教孩子，如果想要被人记住，就要成为明星？谁还记得上一届奥林匹克运动会某个项目的铜牌获得者？第三名"不算数"说明了什么？要被人注意到，孩子必须得到最高的奖项。如果孩子真的成了明星，会发生什么呢？当他第一次犯错时，人们会非常迅速地严词指责他，但是这种事情在媒体上的热度，又会持续多久呢？商业媒体也无孔不入地给孩子灌输这样的信息："如果想要获得成功，你就要有这样的眼光，要这样说，要拥有这个，要这样穿……""要被注意到，你就要做到最好；只要你犯错，那么你就会被毁掉。"在这种文化氛围中长大的孩子会受到怎样的影响？

语言信号和非语言信号

"我从来没说希望你完美啊。"大多数父母十分确信自己从来没说过任何希望孩子完美的话，许多父母还斩钉截铁地表示自己总是在强调快乐的重要性。的确，大多数父母确实向孩子传递出了无条件支持孩子的正确的语言信号，许多孩子的完美主义源自生活中的其他事情。

但是你也要考虑到这种可能性：一些孩子对父母话语的理解和父母话语的本意有所不同。问问自己下面这些问题，即使你的答案让你认识到自己可能是造成孩子奉行完美主义的部分根源，也不要感到自责。

❋ 你自己是一个完美主义者吗？你会对自己非常挑剔吗？你让孩子看到你接纳自己的不完美了吗？

❋ 你会轻易地评判他人吗？你对其他孩子非常挑剔吗？对邻居呢？对孩子的老师呢？你的孩子会不会想尽办法避免被你评判？

❋ 如果你和你的配偶（或前配偶）经常争吵，你的孩子会用"完美"的表现阻止你们争吵吗？

❋ 你会不会忙到，除非孩子得了奖或测验得到 A 评价，否则都忘了关注孩子的成就？

❋ 你的家人是否无法自如地表达情绪？他们在表达情绪后，可以很快复原，甚至还可以让彼此的联系更紧密吗？你的家人维护家庭和谐的方式只有压制问题，假装一切都好吗？

从父母开始解决问题：拓宽成功的定义

你要清楚地告诉孩子：成功包括快乐。你要向孩子表现出你欣赏他不墨守成规、愿意打破局限的精神，让孩子知道有创造力是最能预示成功的因素。你要帮助他们理解最好的想法通常最初都不会为人所接受，每个人都会失败，但是能获得真正的成功的人可以从失败中学到如何在下次做得更好。

你可以来定义孩子的成功。另外，不要忘了在孩子的成长过程中反复阅读第 2 章的内容，这样你就能总是把他当成未来的成年人进行养育，心怀愿景，把你定义的成功具象化。以下是值得你参考的成功所包含的一些要素。

❋ 保持快乐；找到做某件事情的意义。

❋ 有韧性。

❋ 慷慨。

❋ 有同情心。

❋ 乐于奉献。

❈ 有建立和维持有意义的联系的能力；有进行团队合作的能力。

❈ 保持勤奋、努力；坚韧不拔。

❈ 能够接受具有建设性的批评意见。

❈ 有创造力或创新力。

注意到真正的英雄

你只注意到了比赛冠军，还是也注意到了打好比赛的其他人？你会羡慕同样克服了巨大挑战的亚军吗？在你的家里，谁是你们口中的英雄？是体育明星，还是奥斯卡金像奖得主？请注意老师、医生、护士、警察、消防员、军人和社区工作人员。为那个照顾患有阿尔茨海默病的母亲的女人鼓掌吧，她牺牲了那么多。给那个利用周末时间悉心辅导弱势儿童做作业的男人一点掌声吧。

构建"尖峰"

没有人擅长做所有事情。成功的人擅长做某些事情，他也要和其他人合作。他会涉足那些他并不特别擅长、却真心喜欢的领域。知道了这一点，父母的目标就明确了：让孩子显露自己的"尖峰"——他所擅长的领域，并且让他做出自己的贡献。

父母常常告诉孩子要找到自己的热情所在。对一些孩子来说，这就像一种额外的压力，尤其是在孩子认为自己要快点行动起来，甚至还要写出一篇优秀的论文时。找到热情所在是一个过程，无法一蹴而就——许多人直到晚年才找到。因此，父母应该告诉孩子，要关注自己既擅长又喜欢的事情。或许最重要的是，孩子需要发掘那些他想要不断学习的领域。他想要更深入地了解哪些领域，想要在哪些领域努力探寻未解之谜？

如果为了支持孩子找到自己的热情所在，父母就必须给孩子一些休息和"剪枝"的时间。如果生活的每分每秒都被规划好了，孩子就没有思考的时间，就不会知道如何自己规划时间。一些父母有能力给孩子提供参加大量活动的机会，当孩子想要中途退出某些活动时，他们会很失望。父母可能对孩子说："我不想在投入了这么多时间和金钱后却培养出了一个半途而废的人。"如果你发现自己有这样的问题，那么你可能需要改变一下自己的反应。如果你的孩子想放弃一切，那么你就要考虑他是否出现了某些严重的问题，比如抑郁、吸烟，或受到了新朋友的影响。但是，如果他不想打曲棍球是为了能更好地专注于学业、表演戏剧或踢足球，那么你要恭喜他。不要把中途退出某些活动等同于半途而废，要把它当作孩子在"剪枝"——剪掉那些多余的分枝，这样最强壮的枝丫才能蓬勃生长。其实，"剪枝"这个概念反映出的正是青少年的大脑发展。青少年的大脑会清除一些多余的细胞间的连接，这正是为了让细胞之间的连接更高效、更便捷。

想要帮助孩子构建自身的"尖峰"，父母就要接受孩子的不均衡性。当父母说："你只要尽你最大的努力就好。"孩子会担心父母的真正意思是："你要尽你最大的努力，而且我非常确信这样做你就会得到你想要的一切。"这会使孩子感到焦虑，当他在面对那些自己并非天生擅长的领域时更会如此。相反，你要告诉孩子，你希望他拼尽全力，但是希望他明白即使努力了也会有各种不尽如人意的结果。告诉孩子，他值得为自己的努力付出喝彩，并且永远不要因结果不理想而怀疑自己，不要因自己有不足之处而妄自菲薄。

试着向孩子解释：

❋ "如果某件事情对你来说很容易，你很容易做得好，但你对它不太感兴趣，那么你应该了解自己拥有这个能力，还要认识到这并非你要追求的事业。或许你很想做容易的事情，但是你很快就会对这样的事情感到乏味，因为你对它并没有多大的兴趣。"

❋ "如果你擅长并热爱做某件事情，也乐于与其中的困难做斗争，还想要在困难中学到更多，那么你就找到了自己要追求的事业。"

❋ "如果你并非很擅长做某件事情，但是你发现它很吸引你，并且你总是想尽力改进，那么你就已经发现了自己的爱好。"

❋ "如果你不擅长做某件事情，发现它提不起你的兴趣，你只是在采取必要的手段（比如从老师和朋友那儿获得帮助）学习它，那么你就继续好好学，做到广泛涉猎、能够参与各种主题的对话就行了。（比如，尽管你不太想和你朋友的父亲——一位火车司机共进晚餐，但是你还是要去。那么你就可以边吃饭边问问他，他开的是哪种类型的火车。）"

不要盲目比较

　　获得真正的成功的第一步是重新定义成功。父母一旦这样做了，就会明白，孩子是在为自己而活，而不是一件可以拿出来展示的产品。当父母只能接受完美的产品时，父母就会促使孩子追求完美主义。当父母认为孩子应该参加更多的活动时，父母就是在告诉孩子他做得还不够好。如果父母将孩子被最心仪的高校拒绝看作一场巨大的灾难，那么孩子会对自己"只能"被他第二心仪的高校录取作何感受？他会不会认为自己很失败？他会再次感到自己被拒绝。最重要的是，这种感受是父母带给他的——父母接受这个结果与否对他来说最重要。

专业人士的帮助

　　孩子在追求完美时的焦虑和需求可能让他感到非常不适，以至于需要专业人士帮助他抛开灾难化思维，建立更健康的思维模式。专业的治疗师在这方面对孩子的帮助很大。现在对孩子情绪健康的投入将会让孩子收获一生的快乐、满足和成功（见第14章和第46章）。你可以请学校辅导员或儿科医生推荐合适的人选。

无条件接纳孩子

　　完美主义——生怕自己没有做到最好而不被接受——使人精疲力竭。父母必须观察孩子的行为，引导孩子享受过程，而非关注结果。如果孩子是为了取悦他人，被动地想要一个结果，那么父母就需要不断和孩子强调："因为你是我的孩子，所以我会永远接纳你。"

　　改变一个完美主义者的行事风格并非易事。完美主义者为了变得完美无瑕投入了很多，放弃投入就会有失败的风险或会产生一种矛盾的心态，而这是他一直不遗余力想要避开的。父母的工作之一是让孩子知道，不管他的成就如何，父母永远深爱着他。如果父母直接批评完美主义者对自己太过苛刻，那么完美主义者可能把批评化作进一步的动力，更觉得自己不够好。父母应该能意识到孩子本不应该那样不安或自我挣扎，并对孩子说："我看你真的很担心你的英文成绩，它都让你感到不安了。看到你这个样子我很难过。我们能谈一谈吗？"

记住，养育出有韧性的孩子的关键在于父母无条件地爱孩子、接纳孩子，并且对孩子抱有合理的高期许。高期许并不关乎分数高或表现好，而关乎孩子具有正直、慷慨、有同情心等积极品质，以及孩子对世界有所贡献。

当父母为了让孩子做得更好而想着如何措辞时，父母应该考虑到孩子已经做得足够好了。父母可以引用孩子过去成功的例子提醒孩子，他已经拥有应对新的挑战所需的能力、经验和资源了。父母应该提醒孩子他曾经战胜过困难或他曾经创造性地靠自己解决过问题。

父母应该充当啦啦队队长的角色，当孩子赢的时候，为孩子欢呼喝彩。父母必须学会更有效地鼓励和表扬孩子。父母往往会下意识地用结果或成就表扬孩子——"你得了蓝绶带，我太为你骄傲了！"这句话传递出的信息是："如果你没得蓝绶带，我就不会为你感到骄傲。"然而，父母实则需要鼓励和表扬孩子努力的过程。父母要为孩子正直地、勤劳地、快乐地进行这场人生的比赛感到骄傲。

你要接纳自己

如果你重视自己，那么自我接纳就是你必须具备的基本能力。即使你没有做到最好，你也要接受自己大体上做得还不错。即使你的情绪很糟糕，你也依然值得被爱。即使对手得到了更多的认可，你依然会为自己的努力感到心满意足。你的自我感觉良好，因为你没有把自己当作一系列成就的载体。你不需要时时都做到最好，并且你清楚地知道没有人能够在每一个舞台都闪耀。

你在工作中挣扎的时候，你可以让你的孩子知道你在非常努力地尝试解决问题。当你一次、两次，甚至七次都没有成功时，向孩子示范你如何从每一次尝试中汲取经验。让孩子知道，你不会被彻底打败，也并非一文不值。你不会停滞不前。你会在汲取经验后精神焕发！你会用风度与幽默的眼光看待失望。工作中的 B- 评价说明不了什么。

你可以给孩子的最珍贵的礼物之一就是让他学会接纳自己。让孩子看到你如何接纳自己，或许你就能最大限度地帮助孩子获得真正的成功。

高成就者会从"失败"中获益

"失败"听起来是一件无法被人原谅的事。对它更恰当的表达可能是"错误""失误""意外"或"不幸"——这些词都意味着一种短暂的状态。失败必须被视为暂时的事件。有时，它是一记警钟，偶尔极具破坏力，但通常都预示着生机。

孩子需要在儿童期和青春期经历一些失败，这时他们还能得到父母的保护。如果父母认为孩子现在失败的代价太大，那么孩子长大以后在遭遇失败时将会承担更严重的后果。当孩子经历了失败，了解了自身的局限性之后，他就能学会弥补自身不足、发现解决问题的方法，这会让他受益终身。有了解决问题的方法就能让孩子避免失误，从而集中精力。

经历失败和学会复原比接受自身的局限性还重要，这些是获得真正的成功的关键。害怕失败的成年人无法充分发挥自身潜力。最好的想法都是在经历多次失误之后逐渐成形的，因为每一次失误都会让人对这个想法产生新的认识，从而提高成功的概率。挖掘潜力时的失误根本算不上是失败。它只是证明了一个人在努力尝试新事物，不断挑战自身潜力的极限。一个人如果一直都在舒适区里行事，就无法建设出更美好的未来，其创造性潜能也无法得到开发和利用。

事实上，一些注重创新的企业也会权衡成功与失败。你可能认为这些企业希望彰显自己的诸多成就，同时尽可能避免出现任何失败。而事实正相反，它们想要通过自身的"失败指数"反映一个合理的失败比例。虽然如果企业中的每个人都在舒适区里按部就班地工作，他们也会取得诸多成就，但是他们将永远不会知道自己的成就可以反映自己具有的潜力。如果他们允许自己失败，那么他们就会承认自己在舒适区之外对各种可能性进行了思考和挑战。这样，他们才会感到安心，他们的成就才能最大限度地体现他们的能力。他们相信，有了时间、经验、进一步的研究和坚守，他们就一定能够做出自己应有的贡献，因为他们的创新力会不断鼓舞他们挑战极限，并且从失败中吸取教训。许多前沿领域正通过快速创新模式获得经验：新的想法在产生后要迅速进入测试，通过失败给员工提供反馈，员工进而修正想法并再次测试；再次失败后，员工继续用经验和教训修正想法。传统模式是先形成在理论上"完美"、但在现实中

可能行不通的想法，与之相比，快速创新模式能够更快地让人们找到解决问题
的办法。

克服对失败的恐惧

如果说完美主义或自我怀疑是用"害怕失败""冒名顶替综合征"或"追
求完美简历"制成的毒药，那么经历失败和学会复原就是解药：磕磕绊绊在所
难免，爬起来就是了；犯错没关系，解决就好了。如此循环往复。因此，当一
个人反复直面自己的恐惧，并且注意到并没有什么具有灾难性的后果发生时，
他就可以着手调整那些使他感到恐惧的负面期许了。我得说清楚，我并非让孩
子去马路上玩耍或从桥上跳下来。我是说，当孩子接受自己的不完美，允许自
己犯错，并且发现你完全站在他这边，他害怕失败的不理智的想法就会有所减
少。然而，这也许并不足以让他心中的自我怀疑和灾难化思维完全消失，他可
能需要接受一些疗法辅助他转变思维模式（见第 14 章和第 46 章）。尽管如此，
你仍然可以发挥自己作为养育者的关爱作用，通过表达"它一定会过去的，你
一定可以熬过去的。你从中学到了什么？"支持孩子解决问题。你发挥的最重
要的作用就是你永远都会坚定地陪在他身边。当他一次又一次地明白担心你会
失望的想法毫无道理时，他就会更安然地面对未知的领域。

成　功

父母都希望孩子获得真正的成功。对孩子来说，要获得真正的成功，充分
发挥自身潜力，他就必须懂得如何集中精力。他必须立足于自身优势，不因为
自身的局限而退缩。他只有通过学习才能发现自身的优势和局限；他必须了解
自身的不均衡性。他的"尖峰"必须清晰可见。尽管他可能并不擅长做所有事
情，并且有时候还会惨遭失败，但是只有通过尝试多种事物他才能真正认识到
自己的优势和局限。

每个人都有优势和劣势。父母要鼓励孩子正确认识自己。成功的人会利用
优势，接纳自身的弱点，学着成就真正的自我。他在享受成就的同时也更沉浸
于有意义的人际关系，因为他的脑海中不存在这样的声音——"只有当……时，
我才值得被注意"。

第 14 章

清晰地思考

　　孩子看待挑战的方式可能影响其应对逆境的自信心。如果孩子能够实事求是地看待挑战，睿智地解决问题，那么孩子对自己能力的自信心就会增强。

　　了解思维方式如何影响孩子应对困难的能力十分必要，这样你才能帮助孩子提升韧性。在有关思维方式重要性的诸多研究项目中，最出色的研究项目之一是美国宾夕法尼亚大学的韧性项目，它由马丁·塞利格曼（Martin E.P.Seligman）博士主持。经过多年对非正常心理的研究，塞利格曼博士开始意识到，研究影响韧性的因素非常重要。他指导了多位在韧性研究方面领先的专家，包括卡伦·莱维奇（Karen Reivich）博士，对数百名学龄儿童和他们的家庭进行了研究。研究发现，孩子和成年人可以通过改变看待问题的方式变得更具韧性、更乐观，并且更好地应对生活中的困难。在感到沮丧、失望、焦虑或难过时，他们不必陷在最初冲动又负面的想法中无法自拔。他们可以利用自己的认知能力重新思考和重构自身的处境，避免产生灾难化思维，进而找到可行的解决办法。他们可以找到一条乐观和更具韧性的、而非令他们感到挫败或沮丧的人生道路。他们可以减轻自身的压力，更有效地解决问题。最终，在面对下一个障碍时，他们会更自信。

　　所有孩子都能因成为有韧性的思考者而获益，如果你认为孩子思考问题的方式过于消极，或孩子产生了不必要的焦虑或难过情绪，那么我建议你读一读《教出乐观的孩子》（*The Optimistic Child*）或《韧性的要素》（*The Resilience Factor*）。这些作品对避免将孩子培养成感到挫败的思考者非常有用。《韧性的要素》并不只适用于孩子，它也旨在让成年人更具韧性。与听父母说的话相比，孩子通过观察父母的行为所学到的知识更多，所以成年人如果想向孩子示范韧性，那么从这两本书入手会是一个不错的选择。

这两本书包含了以下几个要点。

❋ **归因方式**：孩子对成功或失败的原因有自己的解释，这就是归因方式。关于失败，他必须回答的问题是："为什么会失败？"为了回答这个问题，孩子可能编出一个故事。故事如何展开关乎他如何看待失败。他的故事是会让他感到失望，阻止他采取下一步行动，还是可以成为他以后再次尝试的跳板？这个故事通常包括以下三个部分。

- ◆ 第一：回答"为什么会失败？"首先要看问题该归咎于谁。是孩子的错还是别人的错？如果孩子遇到问题时总是责怪自己，那么他就会从负面的角度看待自己。
- ◆ 第二：看"问题会持续多久？"。孩子如何看待问题的原因，会对解决问题产生巨大影响。如果他真的相信造成问题的原因会永远存在，并且他自己没办法控制，那么他非常可能放弃解决问题。
- ◆ 第三：孩子应该用故事的第三部分解释失败对自己造成了多大的影响——只是小擦伤还是一场灾难？习惯用灾难化思维看待问题的孩子更可能在遇到问题时感到焦虑和无力。

❋ **评估**：对父母、老师和教练来说，帮助孩子正确评估成功和失败很重要。第一步就是要形成一条准确的、而非灾难化的故事线。有韧性的人可以实事求是地分清自己能否掌控局面。他能在自己能掌控的局面中获取自己需要的资源，在自己不能掌控的局面中获取保护自己的资源。他可以评估困难能否轻松地、快速地解决；他也能够及时制止自己用灾难化思维夸大故事线中的事件。

当你同世界交流时，你的脑海中会不自觉地闪现出各种想法，它们影响着你如何做出反应。下面四个步骤能够帮助你控制这些想法。

1. 当你感觉自己最倒霉时，学会识别自己的负面想法。塞利格曼博士、莱维奇博士和他们的同事们称之为"捕捉想法"。

2. 评估这些想法的准确性。

3. 当坏事发生时，对其有更准确的解释或描述。

4. 如果你担心一个小错误或失败都可能导致不可避免的灾难，那么你就要学会"去灾难化"，努力摒弃这些极度有害的想法。

塞利格曼博士和莱维奇博士都引用了知名认知行为理论专家阿尔伯特·埃利斯（Albert Ellis）首创的认知治疗技术，即 ABC 技术。A 指逆境本身。C 指逆境产生的后果。B 是连接者，它非常重要，这是因为 B 代表着信念和对逆境的理解。信念决定了一个人对逆境做何反应，其行为会产生何种结果。

ABC 技术主要是通过识别那些不准确的认知起作用。莱维奇博士指出，在谈话中，特别是在成年人和孩子的谈话中，成年人总是把重点放在 A（即"发生了什么？"）和 C（即"你现在感受如何？"或"你打算怎么做？"）上，但是忽略了 B 这个连接者。成年人需要帮助孩子倾听孩子脑海中的那个声音（有时又被称为"自我对话"）。那个声音不仅可以解释孩子的信念，帮助孩子理解事件，还能对孩子接下来的行为起指导作用。

首先，成年人可以先说出自己的想法，从而引导孩子了解他不正确的想法。比如，当你在准备工作报告时，你很紧张，那么你可以大声地说："哇，我的想象力刚刚带我经历了一段可怕的旅程。我明天就要将刚刚努力准备的报告分享给我的团队。我突然觉得有点惊慌失措。起初我想着'万一我失败了怎么办？'，之后我就开始想象团队成员们都在忙着打电话，忙得焦头烂额，甚至嘲笑我的样子。但是，实际上什么都没有发生，这些都是我脑海中的想法而已。我深吸一口气，'抓住'了这个想法，把它抛之脑外！继续认真工作吧。我做的这个报告一定好到让我的团队兴奋不已！"

当你注意到孩子的情绪突然发生了转变时，就是你帮助孩子倾听自我对话的最佳时机。情绪转变可能预示着他经历了让他感到紧张的事情，对此，他正在建立某种信念。这时，你可以简单地问一句："你在想什么呢？"

无论你是在帮助孩子还是你自己倾听自我对话，你都要考虑以下几点。

❋辨别那些不断让你（或孩子）感到不安的逆境；注意它们会引发哪些负面情绪和行为。

❋关注你（或孩子）的反应模式。你（或孩子）会经常把事情怪罪到自己还是他人的头上？你（或孩子）认为问题或问题的原因会一直存在还是只是暂时存在？当你观察自己（或孩子）的反应模式时，你可能注意到有一种规律。你（或孩子）可能落入了某种陷阱，或陷入了习惯性地、消极地看待问题（"为什么我总是那么做呢？我真的太蠢了。""这种事总是发生在我身上。"）的怪圈。

✳ 你（或孩子）一旦意识到自己用了习惯性的反应模式，就可以开始分解问题，想想有没有别的解决办法。如果你（或孩子）总是夸大某种行为可能带来的后果，总是觉得将有灾难到来，那么你（或孩子）可以训练自己从其他角度思考以抵消习惯性的消极想法。不要像往常一样责怪自己。你（或孩子）可以问问自己："在那种情况下，我哪里做得不错？它产生了哪些积极的影响？有多少问题是由我造成的，有多少问题是由别人或其他原因造成的？"尽管你（或孩子）可能无法回答所有的问题或想出解决问题的所有方案，但是你（或孩子）开始打破固有模式，停止用习惯性的反应模式了。

塞利格曼博士认为，成年人可以通过问孩子几个重要的问题，而非快速地给出情绪化的回应，来帮助孩子理解问题的复杂性。孩子的思考方式是具体化的，第 15 章会进一步讨论这一点。孩子看待问题，要么认为完全是自己的错使然，要么认为和自己无关。通过问孩子几个重要的问题，成年人能帮助他一步步地探索多种可能性，让他意识到或许问题确实是多种原因造成的，可能并不完全都是他自己的错。孩子或许还会因此对问题有截然不同的看法。

我用以下这个例子说明：德里克经常带着各种淤青和擦伤回到家里，他的衣服也常常是破的，他抱怨学校里有人欺负他。"弗兰克总是找我的茬儿。都是他先动手的。我被校长叫去谈话都是他的错。"

德里克的父亲问了几个问题，让德里克将脑海中的想法倾诉出来，并帮助他梳理了事情的来龙去脉：弗兰克挑衅了德里克，德里克便去同弗兰克理论，而这正中弗兰克下怀，而后弗兰克先对德里克动了手。一旦德里克意识到这个固有模式，他就能想出不同的应对方法，比如远离弗兰克、开个玩笑缓和紧张气氛或和其他小伙伴玩。

　　当孩子产生防御心理时，他往往会找借口（"我的老师讨厌我。""你就是不明白。"）。这种防御型思维模式是可以被调整的，只要你每次都帮助孩子分解问题，一步步引导孩子重新思考问题。与其在孩子倾诉之后对他说教或否定他的感受和观点（"别傻了，你的老师不会讨厌你的。"），不如在他倾诉时平静地倾听，不做任何评判。

　　要高效地倾听，你就要保持安静，不要随意打断孩子的话。你如果专注于如何给孩子提供建议，就会漏掉孩子传递给你的信息。如果你能够以开放的心态安静地倾听，那么孩子就会知道你在乎他所说的话。你只有先倾听，接下来才能问孩子问题，这样也给了孩子用新的思维模式思考当时情况的机会。（"为什么你觉得老师讨厌你呢？""我不太明白。你再和我说说，我来试着理解一下。"）

　　培养孩子的韧性，不仅要帮助他改变思维模式，还需要让他具有一定的社交能力、解决问题的能力（见第16~18章），以及掌握压力应对策略（见第34~37章）。但是你要先帮助他摆脱消极的思维模式。如果你的直觉告诉你，你的孩子正备受消极的思维模式煎熬，并且这种思维模式已经危及他的快乐或健康，那么请你阅读本章推荐的书，并让儿科医生或学校辅导员为你推荐一位认知行为疗法治疗师。

第 15 章

不要再说教啦！

当父母注意到孩子的缺点时，父母很容易开始对孩子说教。父母想要基于自己的生活经验和智慧给孩子提供合理的建议。父母想要解决孩子的困惑，避免未来可能出现的问题。父母的本意是好的，但是说教并不会起积极作用——反而会适得其反。

当父母开始说教时，孩子会在父母的第二句话还没说完时就不予理睬。父母能列出 20 条孩子应该 10 点以前睡觉的原因（"昨晚你只顾着打电话，睡得太晚了。你会很累，没办法在第二天的课堂上集中注意力。""你怎么就不听我的话呢？我知道怎么做对你最好。"），但是孩子听到的都是"哇……哇……哇……"。

父母需要缩短"因果演讲"，直接通过让孩子做选择来让其参与进来。父母可以简短而温和地说："你想在吃晚饭前写完作业吗？这样你就可以看你最喜欢的电视节目了。还是你想在吃完晚饭后再做？但是这样你就不能看电视了。"让孩子在父母提出的选项中做出选择，这会让他觉得自己可以掌控局面，而且是他决定了结果。

说教起不到积极作用还有其他的原因。一旦父母察觉到出现了问题，父母警报会立刻嘤嘤作响。父母认为必须立刻给孩子提供一种解决办法，因此即刻介入，开始说教。但是孩子就此失去了表达自己想法的机会，他感觉自己的发言被打断了，声音不被倾听，意见不被尊重，甚至感觉羞愧难当。当父母开始说教时，孩子通常会感觉自己很愚蠢。他对父母不理不睬也就不足为怪了。谁想要听那些不尊重人，认为对方很愚蠢的人说的话呢？孩子不仅会对父母不理不睬，甚至还会对父母心存戒备。

具体思维

　　许多父母认为，合理解释每种选择的所有潜在结果，就能教会孩子做正确的事。然而，通常情况下，父母是用孩子无法理解的方式解释的。这会让孩子对自己的能力产生怀疑（"我不明白。我一定很愚蠢。我做不到。"）。要了解孩子为何不能理解父母的"因果演讲"，父母就需要弄清楚孩子是怎么想的。小孩子的思维是具体思维，就好比用混凝土建造房子，孩子只看得见面前的砖块和泥浆，无法预见未来建成的房子。它并不复杂。用具体思维思考时，孩子不考虑可能的结果，只考虑一种行为对现在有何影响。比如，问一个 5 岁孩子是愿意用 1 美元去买一个巧克力棒，还是愿意用这个钱为他未来的大学教育投资，这个孩子会选择巧克力棒。

　　有时，孩子也会以自我为中心思考问题。"别人会为我做什么呢？"他认为世界围绕着自己运转。他用"别人会为我做什么来满足我的需求"的方式理解人与人之间的联系。他认为人非好即坏，而这取决于对方是否给了他想要的东西。这种思维模式致使孩子容易被人利用，因为坏人可以用冰激凌或几句好话轻而易举地取得孩子的信任，成为孩子眼中的好人。

抽象思维

　　随着孩子长大，他会更愿意用抽象思维思考问题。抽象代表着可能性，以及不一定能实现的想法。用抽象思维思考时，孩子会想象未来，意识到做出的选择可能带来不同的结果。大部分处于青春期后期的孩子都会用抽象思维思考，但是父母也要知道，有些人永远不会用抽象思维思考。父母还要知道，所有人都会在极大的压力下用具体思维思考。

　　孩子的思维模式是怎么从具体思维转变为抽象思维的呢？在青春期，随着新的大脑通路被激活，青少年的大脑会发生改变，从而用新的方式处理信息。你还记得你在青春期时是不是会突然思绪万千，沉浸在思绪中无法自拔？你会以不同的方式看待一些事物，也意识到有一些事情还是无法解释。"好吧，如果宇宙万物都生生不息，那么宇宙就是无限的。但是世间万物怎么会是无穷无尽的呢？宇宙最终肯定会终结。如果宇宙停止运转了，那么一切将会是什么样子的呢？"你的大脑充满困惑，兴奋地运转起来。

另一些事情也会让孩子的思维方式从具体思维转变为抽象思维——有所经历，便会对后果有所了解。通过承担每一种后果，孩子才开始了解事情的原委。（"哦，所以那个人正在操控我。""哦，因为我做了 X，所以第二天就发生了 Y。""我从未想过那件事情会发生。""他曾说我们是最好的朋友，但是他只是在利用我，所以是我被抓，而不是他。"）孩子会从错误，特别是那些伤害他、给他带来痛苦的错误中汲取经验。

或许最重要的是，孩子最终会了解人性比单纯的好与坏更复杂。人可以操控他人；说甜言蜜语、谄媚奉承的人可能别有用心；人会在理解行为会带来什么样的后果时本能地保护自己。父母希望孩子永远不了解人性中冷酷的一面。父母知道，犯错会带来痛苦。父母知道操纵人心的人是什么样子，并且想让孩子在尽可能不受到伤害的情况下了解这一点。孩子在儿童期可能面临很多潜在的危险，因为他不会考虑他的行为所带来的深远后果，同时也会轻易被不怀好意的人欺骗。因此父母要尽可能地看护好孩子。父母试着向孩子解释他的行为在未来产生的所有后果时通常会反复强调或言辞激烈。因此，父母很容易陷入说教模式。

使用"简单的数学节奏"

让我们试着分解典型的说教："你在做什么？它是行为 A，很可能导致后果 B。你在想什么？后果 B 会带来后果 C，而后果 C 总会造成后果 D！我和你说话的时候，你要看着我！在那时，你就会完全失控，然后造成后果 E。你完全失控后，基于前几个后果，后果 F、后果 G 或后果 H 就会发生。不管怎样，结果都是灾难！你甚至可能丧命！"

父母对孩子说教，让孩子免受痛苦就能汲取人生经验，是出于好意，但是父母需要注意两点。第一，从错误中学习是非常有效的方式。父母希望孩子能从较小的、相对不那么严重的错误中吸取经验，同时，父母还要引导他，避免他犯更大的错误。第二，父母必须更理智地阐述观点，从而让孩子理解。这就意味着父母要采取不同的表达方式，不要再说 A 会导致 B，B 会导致 C，等等。典型的说教具有代数的特点——变量以不可思议的方式影响结果。青春期之前的孩子不学代数是有原因的——他的大脑还没有做好运用抽象思维的准备。父母用"代数节奏"和孩子讲话，只会让孩子感到沮丧，因为他还没办法跟上父母的思路。当父母说教时，孩子听到的都是气愤、谴责和威胁，而不是父母表达的内容本身。正如《花生漫画》(*Peanuts*)所写的，成年人的话听上去都是："哇……哇……哇……"

进入青春期之前，孩子用更具体的"简单的数学节奏"思考。他能掌握简单的数学逻辑，比如"2+2=4"。如果你将要表达的内容转换成"简单的数学节奏"，那么孩子就能明白你所论证的内容。即使是 4 岁孩子也能理解——一件事情加上另一件事情，就会产生不同的结果。

你的挑战是怎样让孩子自己做主把事情想清楚、弄明白。如果你用"简单的数学节奏"和孩子讲话，那么孩子就能跟上你的思路，并且明白你表达的内容。你说的话因此就能引导孩子用更理智、更安全的方式进行自我探索。你必须摒弃那些让孩子羞愧的说教——这会在家庭内部制造愤怒的气氛。是的，愤怒。你发自内心想要保护自己的孩子，于是情绪激昂地和孩子沟通。可当孩子无视你的一片苦心时，你又会感到沮丧、受伤，而后就会用愤怒回应。当孩子（特别是青少年）感到你的激愤，虽然能理解你的恐惧，但是没办法抓住你想表达的重点时，他就会感到自己既愚蠢又无能，从而做出出格的行为。

为理性大脑赋能

在第 9 章，我说明了如果青少年大脑的正确区域被激活，那么青少年就可以和成年人一样有效使用自己的推理能力。然而，第 9 章也提到，一次说教就能引发一场由情绪中枢掌控的"热沟通"。当情绪中枢占主导地位时，孩子大脑的思考中枢很难理性思考。因此，当父母说教时，孩子很难仔细思考自己的行动、反省自己的动机，以及规划未来。

"冷沟通"与"热沟通"形成了鲜明的对比，本书鼓励父母采用"冷沟通"，它可以使青少年获得真正的成功。平静地沟通可以传递出一系列孩子可以理解的具体观点，从而让孩子保持冷静。当他理解了每一个观点并最终得出了他自己的结论后，他就会认为自己有能力把事情处理好。虽然父母的出发点都是关心孩子，但是父母在表达时应该用一种温暖、平和，而非担忧或愤怒的语调。毫不夸张地说，"冷沟通"可以使青少年的大脑更高效地运转，发挥大脑应有的作用。

给孩子掌控感可以避免孩子叛逆

通常来说，说教反而会让孩子做出让父母感到害怕的事，这也是我反对说教的另一个重要原因。对青少年来说尤为如此，他竭力想向父母（而不是他自己）证明自己可以掌控自己的命运。如果孩子认为父母觉得他的决定是错误的或危险的，觉得自己在父母眼中是愚蠢的，孩子就会想极力证明父母的看法是错误的。如果说教使孩子感到自己无能，那么他就会想要证明自己是有能力的，使得结果和父母的本意背道而驰。除非父母给孩子一些选择权和掌控感，引导孩子得出正确的结论，否则他就会竭尽全力按照自己本来的计划行事，向父母证明他们的可怕预测大错特错。

更有效的沟通方式

如果不枯燥乏味地说教，那么怎样才能更有效地和孩子沟通呢？父母如何打破固有的、无效的循环呢？让我们先看一个无效说教的例子。

卡尔的历史测验得了 D 评价，他如果再不努力学习，就要获得不及格的评价了。他发现，说"历史很无聊，我不想学"比直面恐惧（获得不及格的评价）更容易。他的父亲开始对他说教："你不想学？你是疯了吗？你以为我努力工作，你就有资格辍学了？成年后你就只能做一份糟糕的工作勉强糊口！然后你会怎样呢？你会失业。我的儿子不能成为这样的失败者！"那么，卡尔知道他的父亲想要表达的意思吗？几乎不能。他甚至并没有跟上父亲的思路：不为了明天的考试好好复习怎么就会让他成为一个无业游民了？卡尔对自己说："我知道很多辍学的人都有工作，有自己的车子开。我会向我爸爸证明他说的真的站不住脚。十年之内，他会向我道歉的。"接着，说教会以卡尔歇斯底里的大吼收场："我不明白你在说什么——我受不了了！"

在下面这场说教中，11 岁的男孩在吸烟，被他的父亲抓了个正着："什么？你用我的钱把那种毒药吸进了你的肺？一旦你开始吸烟，你就会上瘾。之后你一半的零花钱都得花在这种嗜好上。你会变得臭气熏天。你的牙也会变黄。你会得肺癌或心脏病。如果你吸烟，你就会死！"

　　他的儿子听到的是什么呢？"哇……哇……哇……哇……死！"在儿子看来，父亲认为他天真、傻、无能，但是他没有抓住父亲想要表达的重点，因为父亲的话太抽象了。儿子只是感到愚蠢和沮丧。他知道父亲通常都笃信自己的判断，父亲不再相信他了。他认为父亲小题大做，不懂他。所以他更笃定父亲是错的。除此之外，他把吸烟看作长大的标志，而父亲还把他当成一个小孩。父亲的干预适得其反。

　　如果父母沟通的节奏能从"代数节奏"向"简单的数学节奏"转变，那么孩子就能跟上父母的思路了。父母不应再用一连串抽象的可能性（A 造成 B，B 造成 C，C 造成 D）进行推理，父母的推理过程应该被分解成几步："你知道 A 如何造成 B 吗？你有过类似的经历吗？和我讲讲吧。你知道 B 有可能导致 C 吗？你见过类似的事情吗？"

　　父母需要用孩子能够理解的方式——简短、具体的表达——与孩子沟通，然后在进行下一步沟通之前，听听他的回应。这种方式使孩子觉得自己是有能力的，因为父母正一步步地引导孩子自己探究各种可能的后果，而非通过父母的口授。他会好好汲取经验，因为是他自己把事情想清楚、弄明白的。他会学会分解问题，不用亲身体验后果就能有所收获。他会学会倾听内心的声音。

第 16 章

"我懂了!"

父母一旦停止说教,开始用孩子可以清楚理解的方式与孩子沟通,就可以教他一些特定的技巧,让他做出明智、安全的决策。本章会提供一些方法,旨在让孩子自己做主,深思熟虑后再得出结论。

顿 悟

当孩子通过仔细思考找到了解决办法或答案时,孩子就好像动画片里的人物那样,头上的灯泡突然亮了。我称之为顿悟。忽然,孩子会意识到:"我懂了。"

孩子的顿悟就是父母的目标之一——引导孩子一步步地理解、内化父母表达的信息,从而变成他自己的认知。父母用真实的和假设的经历引导孩子,能帮助孩子将抽象的、复杂的观点分解成具体的、可被理解的多个思考步骤。记住,孩子的思维是从具体思维向抽象思维转变的,即使在相对较早的发展阶段,孩子也可以通过理解"具体"的思考步骤,从而理解更复杂的观点。但是,如果复杂的观点是用说教表达的,那么孩子就无法理解了。父母可以引导孩子的思维方式步入正轨,让孩子按着正确的逻辑顺序执行每一步的思考,直到走到最后一步,顿悟——啊哈,原来是这样!

父母使用前面提到的"简单的数学节奏"(见第 15 章),依照逻辑顺序一次展示一个思考步骤,孩子就可以跟得上父母的思路。他会自己把事情弄清楚,不用父母告诉他该怎么想、怎么做,父母和孩子也不会有冲突。最终,孩子会自己得出结论,从而获得掌控感。

精心设计的对话

要增强孩子解决问题的能力，一个有效的方法就是进行精心设计的对话。这是一种表面随意，实则暗藏玄机的对话。在对话中你要引导孩子梳理问题，这样他才能自己想出合乎情理的解决办法。精心设计的对话最好安排在放松的时间进行，而不要安排在争论或对峙的白热化阶段。

举一个例子：父亲听到传闻，有一些年长的孩子正向年龄小一点的孩子贩卖处方药。他觉得自己五年级的女儿有可能被盯上，所以他想让女儿提防年长孩子的接近。在他们开车去看电影时，父亲就以一种随意的方式挑起了这个话题。

"嗯……米歇尔，我在公司里听说，有个同事家十几岁的孩子偷了他哥哥治疗多动症的药，拿到学校里卖给了其他的孩子。"

"哦，是吗？"

"你觉得是真的吗？"

"或许吧。我不知道，但是我听到过类似的事情。"

"我听说有些大一点的孩子会给小孩免费提供药品。你知道他们为什么不收钱吗？"

"有可能想示好，或想交朋友？"

"你知道街角那家商店有时会给路人分发免费试吃的糖果或薯片吧？"

"当然了，爸爸。我有时也会拿。"

"店主为什么免费给大家呢？"

"因为他人很好。他喜欢他的顾客，想要让顾客开心。"

"我觉得你是对的。他确实想让顾客开心，但是如果他停止分发免费试吃的糖果或薯片，会怎样呢？"

"我猜顾客会来买这种糖果或薯片吧，因为顾客喜欢吃。"

"你懂了！他是个非常聪明的商人，对不对？"

"是的。他就开始卖这些产品，并且赚更多的钱。"

"你觉得这和大孩子给小孩子分发免费药品是不是很相似？"

"当然。他们不会一直好心地免费给小孩子分发药品。他们会开始收钱的。"

我可不会上他们的当。"

这位父亲通过提出一系列问题，小心地引导着女儿，从而使她自己意识到问题所在，而后顿悟："啊哈，原来是这样！"如果父亲只是简单地强调"我不允许你从任何人手里拿药，绝对不行！"或对女儿说教，那么米歇尔可能听到了父亲的话，但是没有听进去。米歇尔太年轻，又涉世未深，无法进行逻辑思考，也无法用抽象思维理解大孩子的真实意图。父亲在精心设计的对话中问了几个重要的问题，引导米歇尔自己理智地得出了结论。清楚了事情的来龙去脉后，最终得出的结论对她很有意义。

在成长的岁月里，一两场精心设计的对话并不足以保证米歇尔永远远离此种问题。但是，如果父亲一直用精心设计的对话解决有潜在危害的问题，那么他不仅能强化米歇尔理解和内化抽象信息的经验，还能提高米歇尔预测挑战、应对挑战的能力。

角色扮演

你也可以通过角色扮演引导孩子"顿悟"。这种策略能够让孩子探索假设的情境，理解某种决策或行为对结果有何影响。把角色扮演想象成实际事件的彩排吧。

进行角色扮演时，你无需剧本，只要假设一个情境，再看看这个情境中的某种决策或行为会导致何种结果。如果最终没有成功得出理想的结果也没关系。其实，角色扮演的过程要比追求完满结局更有意义，因为它可以向孩子展示不明智的决策或行为将会带来哪些不好的结果。当你和孩子进行角色扮演时，请记住以下几点建议。

❉试着让角色扮演轻松随意。不要太刻意地或直接地宣布："让我们进行角色扮演吧。现在我是你的朋友。如果我想让你帮助我作弊，你会怎么说呢？"如果你这么做，孩子会抱怨，朝你翻白眼。角色扮演应该不易被察觉，轻松愉悦。试着把"假如……"和"如果……会发生什么……"这样的假设引入对话。

❉在一些不会直接牵涉到孩子或其朋友的情境中进行角色扮演。否则，孩子就会产生防御心理，认为你好管闲事，总想打探他朋友的信息。孩子的注意力因此就无法集中在你表达的内容上。你应该让角色扮演围绕着电视中的角色或虚构的人物（比如你同事的侄子或侄女）进行。

❈ 在对话时语调轻松，避免针锋相对。不管角色扮演最终的结果如何，你都要保持冷静，这样孩子才会思考，而非急着做出反应。

❈ 在提出问题后不要直接给出答案。让孩子自己给出建议或解决办法。

❈ 使用简短的语句，大部分情况下让孩子自己说。如果孩子停下来了，你可以插一句："呃，嗯……我知道了……很好……我听着呢……之后呢？"

❈ 不要让自己听起来像个小孩。如果你总是冒出"很棒啊，伙计"之类的话，孩子就会认为你用力过猛。真正的酷父母不会用孩子的口吻说话；他们会尊重孩子，不会试图去模仿孩子或他们最好的朋友。

❈ 在角色扮演中玩得开心。角色扮演的主题不要太过沉重。

❈ 认真倾听孩子的话，并按照他的话去做。即使你知道孩子建议的行为会产生令人尴尬的结果，甚至会失败，那也没关系！你们只是在进行角色扮演嘛。即使在角色扮演中发生了"不幸"，也不会有人受伤，但是孩子会意识到，特定的行为和选择会使人误入歧途。

你和孩子随时随地都可以进行角色扮演：开车时，排队时，看电影时，或看电视节目时。"如果在当时那种情况下，你会怎么做呢？"当孩子开始进入角色时，你就可以扮演另一个角色了，比如他最好的朋友。当你们开始进行你精心设计的对话时，你可以通过一系列的假设代入多种不同的情境。

如果你利用电视节目作为角色扮演的切入点，那么你可以这样开始："如果布拉德做了……你认为詹娜会有什么反应？"其实你在通过假设布拉德可能做出的行为或布拉德可能提出的建议，扮演布拉德的角色。"詹娜还有其他的选择吗？她还会说什么或做什么？她如何摆脱那种处境呢？"把这些内容演出来，孩子就会有所收获。和对孩子说教相比，这样能够让孩子更有效、更安全地汲取经验。

在另一种角色扮演中，你和孩子不需要扮演，而是利用现实的情境，预见可能的后果。母亲和女儿正在逛街,给女儿买开学穿的衣服。试衣间是一个宽阔的大房间,只是用帘子隔成了一个个小间。当女儿试裤子时,母亲注意到几个女孩子正在旁边窃窃私语。这时,她就在想,为什么她们在五月还穿着宽大的外套。然后,她就看见一个女孩在一件衬衫外套了一件毛衣,在毛衣外又套了一层毛衣,最后又套上了她的外套。母亲用胳膊肘轻轻推了推试完裤子的女儿,悄悄地说:"你看看那边。"

女儿回应,"怎么了?"

"看看那些女孩在干什么?"

"好吧……哇!"

"你认为之后会发生什么?"

"我打赌她们会从收银台前偷偷溜走。"

"然后呢?"

"防盗磁扣可能报警,然后门口的保安可能抓住她们。"

"保安会怎么做呢?"

"我不知道。叫她们的父母来?"

"可能还叫其他人过来。"

"哦,也对,还可能叫警察过来。她们会进监狱吗?"

在车里,女儿向母亲透露,她的一些朋友会从当地的化妆品店顺走一些化妆品,但是她从没有这么干过。母亲说:"我打赌那些女孩也想让你也偷一些化妆品。抵挡她们给你施加的压力一定很难,但是你做出了正确的决定。你真该为自己感到骄傲。"

"是的,我知道。但是我确实也很喜欢那个紫色的眼影!"女儿笑起来。

这里发生了什么,又有什么没发生呢?母亲本可以无视商店里那些偷窃的人,或直接对女儿说教:"你可千万不能那样做!我可不想因为你偷了商店的东西去警局把你捞出来!"相反,她利用当时的情景,让女儿明白了在商场偷窃的后果。这位母亲讨论的是陌生人的行为,而非她女儿的或女儿朋友的,没有让女儿产生防御心理。

母亲平静地引导对话,不仅让女儿思考了行为的后果,还让女儿开口和她讲起自己的朋友。当妈妈知道女儿的朋友也曾在商店偷窃时,她对此不做任何评价，却夸奖女儿做出了正确的选择。她向女儿清晰地传递了这样的信息：
"我相信你。你会做出正确的决定。"

帮孩子学会识别话语背后的真实意图

你可以通过和孩子谈论一些日常事件来引导和教育他，且这往往是教育的
好时机，因为事件的焦点不在孩子身上。比如，父亲走进客厅，注意到女儿
正在看电视剧，屏幕正播放着一段男女间的对话。他坐在女儿的身旁，安静地
观察了一会儿。在插播广告时，他问道："你觉得为什么女孩会被男孩说的话
操纵？"

"哪句话？"

"他说的'如果你真的爱我，你就展示给我看……'"

"哦，我不知道她为什么会被操纵。我猜是那个男的说的话在诱导她。"

"是的，然后她就被操纵了。那么，她本可以说什么呢？"

看电视剧时是引入精心设计的对话的最佳时机。故事情节通常是可以预见
的，所以父母很容易借此设计问题和发表评论。如果父母使用一种具有对抗性
或批判性的语调（"他怎么能这么蠢呢？"）谈论虚构的角色，孩子就会产生极
强的防御心理，感觉父母的话是在针对他或他的朋友。

看电视剧给你提供了很好的机会，让你教会孩子区分话语背后的真正用
意。成年人听得出弦外之音。电话销售员告诉你，如果你现在用信用卡付款就
能得到免费礼品。你知道，这是一个吸引顾客买单的惯用伎俩。但是孩子，甚
至是你认为更大一些的青少年通常不会注意到话语背后的真实意图——操纵。
父亲利用看电视剧的契机，和女儿展开了一场关于甄别弦外之音的讨论。看完
电视剧后，他问了女儿几个可能发生在现实生活中的假设性问题："如果你的
朋友说……你会怎么想？"

父亲利用电视剧呈现出的困境，在女儿没有做出对抗行为的冷静时间里，
睿智地为女儿创造了一个用安全的、理智的方式解决问题的机会。如果父亲一
直用这样的方式教女儿解决问题的技巧，并加以强化，那么女儿就会学会预知
后果，并且准备好面对未来不可避免的种种挑战。

你还可以用同样的策略帮助孩子理解网络红人发表言论的真实意图——博

取点击率、吸引粉丝、赚更多的钱。这就意味着，孩子不必相信他们所说的话。孩子应该知道，许多人就是通过或巧妙或直接的方式向大众推荐产品，进而卖出产品来赚钱谋生的。

挑选合适的时间和地点

车内是进行一场精心设计的对话或角色扮演的好地方。在这个移动空间里，"表演者"不能随意离开。你们可以以各种情境为背景展开讨论，这能让你在不谈论孩子或他的朋友的前提下提出具有挑战性的问题。你们可以谈论孩子吸烟、孩子对他人不够尊重、孩子穿着不得体、孩子擅自独自出门、孩子被欺负、孩子对异性有好感等话题。或许最重要的是，你可以在谈论这些重要话题时避免与孩子有眼神接触。这一点对男孩来说尤为重要。有时，和儿子坐下来促膝长谈，直视着他的眼睛说"告诉我你的感受……"确实有点困难。而从侧面引入话题，让对话在悠闲的氛围中进行更容易让男孩吐露心声。就算他盯着窗户，全程看起来满不在乎，你还是可以和他聊重要的事情。（特别提醒：如果你的孩子拿到了驾照，他在开车，你坐在旁边，那么你就要让他集中注意力。注意路况更重要。孩子没有足够的经验能一边开车，一边进行深思熟虑的对话。）

在为孩子提供指导时，你可以参考三大亲子沟通准则。

❋ **保持语调轻松**。如果你用漫不经心的提问打开话题，比如"如果……你会怎么做？"孩子可能更愿意倾听，甚至会好奇你要说的内容。如果孩子表示不感兴趣，那么你就停下来，不要再谈这个话题了。等到有其他机会再说。

❋ **避免用世界末日般的后果恐吓孩子**。你无论是和孩子讨论实际发生的还是假想的事件，都不要过分夸大后果。孩子绝对不会把你说的"吸烟会让你在 30 岁时就死掉"当真。首先，孩子不会考虑自己在 30 岁、40 岁或 50 岁的生活——这离他太遥远，也太抽象。其次，他知道有的吸烟者能活到 80 岁，所以他会断定你在恐吓他。即使你成功地让他信以为真，他也会做出情绪化或防御性的反应，而非思考吸烟可能产生的后果。恐吓战术只会增加孩子的压力，并不会帮助孩子解决问题。

✻**避免恶意批评孩子**。当孩子做了一些错事，或造成了一些严重的后果时，父母通常会脱口而出："你怎么能这么蠢呢？为什么就不能事先想一想呢？"这是在给孩子贴标签。讽刺和羞辱会使孩子启动自我防卫机制，或使孩子陷入愤怒和怨恨。更糟糕的是，这些负面的批评会让孩子觉得自己笨拙无能。

运用这些准则可以让你在为孩子提供指导时，避免孩子出现很多行为问题。但是无论多么努力，你一定会遇到难熬的时期。当孩子出现行为问题时，你会想知道该如何应对，但你要先懂得，行为变化是一个循序渐进的过程。

第 17 章

循序渐进改变行为

如果你想要青少年更有能力，那么你就需要理解，行为变化是需要时间和实践才会发生的过程。在变化的过程中，你要引导孩子，让孩子为自己的选择承担更多的责任，继而使孩子更有能力应对其他挑战。

如果你想要解决问题，改变孩子的消极行为，或推动孩子做出全新的、积极的行为，那么你就要引导孩子按照以下五个步骤做。

1. 意识到问题的存在。

2. 意识到问题对自己的影响，继而想要做出改变。

3. 学会找到解决办法。

4. 权衡改变行为的利与弊。

5. 决定改变并付诸行动。

行为变化是循序渐进的过程，因此你需要针对目前的情况给孩子明确的指导。如果你超前地给孩子提供了过多的指导，孩子就会变得沮丧，从而裹足不前。如果你的指导落后于孩子行为变化的进程，孩子也无法获益，因为他没有及时得到你的建议。你的目标应该是明确孩子目前所处的行为发展阶段，然后对下一步该怎么做给出指导。

如果孩子没有看到自身的问题（没有迈出第 1 步），那么给孩子提供信息就很有必要。你会在某个时刻发现虽然孩子并不知道问题的存在（第 1 步），但是他知道问题影响到了他，并且他想要改变现状（第 2 步）。这时你就可以介入，用精心设计的对话或角色扮演教他找到解决办法的技巧（第 3 步）。一旦他具备了一点解决问题的能力，他就需要权衡改变行为的利与弊（第 4 步），然后决定努力的方向——是改变行为还是维持现状。如果孩子有应对压力的能力（比如在第六部分提到的一些能力），那么他就更有可能成功迈出第 4 步，并继续朝着"解决问题"的目标前进。许多消极行为可以缓解压力，然而当孩子认为自己在生活中无法不做这些消极行为时，这些消极行为就会主宰孩子的生活。如果孩子学会运用积极应对策略面对压力，他就更容易摒弃消极行为，因而也更容易做正确的事情。在父母、同伴、老师和媒体的重要影响之下，孩子坚持某种行为的能力（第 5 步）既有可能进一步提高，也有可能被削弱。

假设问题是关于在聚会上饮酒的问题：15 岁的露西娅现在处于第 2 步的状态，她知道自己的问题，她喝多了，吐了，在朋友面前出了丑。她跌跌撞撞地走进家门时，早已过了家里规定的宵禁时间，她被父母抓了个正着。她可能不想饮酒，但是她不知道怎么改变自己的行为。她的父母就需要教她一些技巧（第 3 步）。即使她掌握了这些技巧，她可能也不确定自己改变行为会不会不被同伴接受，这样做是否值得。她必须权衡疏远朋友的利与弊（第 4 步）。如果她决定不再在聚会上饮酒，那么她就必须坚持自己的决定（第 5 步）。这需要父母和不饮酒的朋友不断地支持她。

当露西娅处在第 3 步时，她的父母可以与她进行精心设计的对话或角色扮演，帮助她找到在聚会上拒绝饮酒的方法或其他替代方法——比如和不饮酒的朋友们一起出去玩。

决策树形图

一个决策树形图可以将各种抽象的观点（"不要饮酒——你还太小，你在这个年纪饮酒是违法的，你会遇到大麻烦……甚至死掉。"）分解为具体的部分。决策树形图不能经常使用，但是在遇到重要问题时，它是解决问题最有效的办法。

露西娅才 15 岁，她还没到可以饮酒的年龄。当父母和她谈论饮酒的问题时，父母会提出一些重要的问题，露西娅会根据这些问题说出可能发生的情况，然后父母会将这些情况绘制成决策树形图。在决策树形图中，一些分支可能走向死胡同或父母不想看到的结果，另一些分支可能通往可行的解决办法。

现在，露西娅的父母这样开始对话。

"好吧，你的朋友告诉你下周五在威廉家有一场聚会，"父母在纸张的底部画了一个小正方形，然后问，"接下来会发生什么呢？"

"每个人都会去啊。"露西娅立刻回答。

"威廉的爸爸或妈妈在家吗？"

"可能不在吧。"露西娅小声说。

父母以刚才的正方形为起点，向外画了一条线段，在端点写下"父母不在家"。他们问她接下来会发生什么。她说出了多种可能性："詹姆斯会带来一瓶酒；更多的孩子会来；另一些人我不认识，因为他们是另外一所学校的。"这时，父母会把这些可能性逐一记下来。父母很容易就预见了令人担忧的情景——邻居因为聚会的吵闹叫来了警察，抓走了未到法定年龄就饮酒的孩子；孩子酒精中毒，父母着急地奔向医院——但是，露西娅在看到写在纸上的这些危险前，她并没有意识到这些危险的存在。在做决策树形图时，她开始看到后果 A（父母不在家）招致后果 B（很多未到法定年龄的孩子饮酒），后果 B 再导致后果 C（被抓或更糟糕的结果）。

父母不仅要展示耸人听闻的后果，还要引导露西娅看看树形图上的其他分支会有哪些可能性。

"如果有人给威廉家打电话，看看威廉的父母是否在家，会发生什么？如果威廉的父母在家，大一点的孩子开车过来（车里还装着酒），带着其他孩子们偷偷地溜到别处去饮酒，会发生什么？如果你不舒服，想要离开，你该怎么办？如果有人提出要送你回家，而你知道他刚喝了酒，会发生什么？"

当他们一起列出多种可能性时，露西娅开始看到，在树形图的后果发生之前，找到和这帮朋友出去玩的替代办法是她能想到的唯一解决办法。她的父母问："还可能发生什么？你还有什么其他的选择吗？"这就引出了另一些分支。"我可能就不去参加这个聚会了，而是去另外一个朋友（这个朋友不饮酒）家过夜；我可能告诉我的朋友，那天晚上我得帮忙照顾小孩，因为我需要为班级旅行攒钱；我可能顺道去聚会待上一小会儿，然后就离开，我会说我必须回家，否则就太晚了。"

当露西娅想出别的解决办法时，父母就将那些解决办法列入决策树形图，并关联到终极目标：露西娅没有饮酒，安全地回到家，也不会在同伴面前出丑。她收获的经验都白纸黑字地列在那里，让她印象深刻。她可以看到这些节点的联系。现在，她知道了自己有多种选择，懂得了每种选择会带来何种结果。现在，比起和大家饮酒，她有能力做出更明智的选择。

但是，她会吗？行为变化的下一个步骤（第 4 步）就是权衡各种选择的利与弊。如果她选择不饮酒，那么她有可能不被同伴接受，甚至被排挤。她愿意冒这个险吗？选择安全回家要面对的风险会超过发生车祸的风险，或被警察抓走的风险吗？如果她做了不够明智的选择，那么父母就必须继续和她一起提高解决问题的能力。如果她做出了更明智、更安全的选择，父母仍然需要给予她帮助，因为一定还会有考验她意志的新的挑战。

如果孩子在和你做决策树形图时感到困惑或提出了不明智或不切实际的选择，你可以这样说："呃，让我们看看。我担心那样做可能是错的。让我们再想想看，如果那样做会发生什么。"你可以顺着特定的问题引导孩子，把你们的讨论重新引入正轨，但是不要给出你的答案。记住，这是纸上的练习，如果孩子做出了糟糕的选择，他永远可以走回头路或换个方向。

决策树形图也适用于小一点的孩子，只是你要保证孩子可以听懂你们的讨论。以下这个例子中的行为问题是打架。

老师给 8 岁的埃里克的父母打电话，告诉他们埃里克经常在操场上、校车上和别人起小冲突。父母想要先确认，埃里克是否意识到了这个问题，所以他们用一种不带任何评判色彩的语调说："你的老师昨晚打来电话说，你在操场上和校车上遇到了一点问题。"注意，他们并没有盘问他或做出孩子一定有错的假设。他们平静的语调让埃里克可以打开心扉。他表示自己确实多次和同班同学推推搡搡，但是他之所以如此是因为感觉自己被他们欺负了。父母这种平静的语调让埃里克能保持冷静，并且愿意和父母分享自己的心声。相反，如果父母没有注意语调，提出了让他感到不安的问题，激怒了他，那么他有可能闭口不谈，感到难堪或气愤。（第 23 章会进一步讨论为何平静的语调能带来积极的结果。）

父母把讨论引向了第 2 步，看看他是否想要改变："所以，你喜欢打架吗？"

"不，我烦透打架了。"他回答，"我不喜欢在朋友面前被推来推去，但是我不知道应该怎么做。其中有两个家伙比我大。"埃里克已经意识到了问题，他知道打架确实对他产生了影响，并且想要改变局面。他有动力改变，但是他还没走到第 3 步。因为他没有技巧。

在这个节骨眼上，父母介入了，大致地列出了一些他可能做的决定。他们一步一步地带埃里克预演了一系列的事件。决策树形图的其中一个分支是，埃里克更频繁地和人打架，他眼睛常常乌青，还经常被请去校长办公室，最后不得不休学。另一个分支是，他通过紧跟着一些朋友，避免了被欺负。还有一个分支是，他坐在司机旁边，而非坐在欺负他的人的座位后面。还有一个分支是，当欺负他的人接近他时，他用幽默化解冲突。还有一个分支是，他上空手道课程，这样在面对欺负他的人时，他就可以更自信（但并非具有侵略性）。

丰富你的技能库吧

如果你想要引导孩子做出安全的行为，或引导孩子走向能获得真正的成功的未来，那么在你思考孩子所需要的技能时，你会发现自己期待他掌握的技能似乎无穷无尽。先来看看帮助孩子找到解决办法，以应对同伴影响和压力的一些必备技能吧。这些可能改变一生的技能可以分成以下三大类。

❊学会说"不"。
❊识别操纵意图，并进行回应。
❊保全颜面。

"不"的力量

期待孩子和他的朋友作对是不现实的，孩子会说："不，我不会那么做的。那样是不对的。"同样，期待孩子对同伴有力地说"不"或拒绝和伙伴们往来也很困难，因为"不"这个词已经被过度使用，它的含义已经弱化了。当孩子在收银台前苦苦哀求父母给他们买玩具时，许多父母会说："不，我不能给你买那个玩具。"而后，当孩子哭诉时，父母会说："不，我说了'不'！好吗？"好吗？父母真的需要征得孩子的批准吗？

许多孩子在成长过程中听到了太多缺乏力量的"不"字。他们在很小的时候就知道，如果他们祈求、与父母争论、把父母磨得疲惫不堪，那么他们就能把父母最开始的"不"变成"呃，也许"，最后变成"好吧"。为了息事宁人，许多父母过度地使用"不"字。如果父母不经常使用这个词，那么在父母说"不"时，孩子就会认为父母就是在表达"不"的意思。孩子如果在小时候就知道"'不'就意味着'不'"，那么当他步入青春期后，他就更容易懂得当自己不得不说出"不"字时，它的力量是掷地有声的。当父母并非真的打算说"不"时，我希望父母可以坦然地说出"也许"或"我得仔细想一想"，而不是本能地说"不"。

我从许多青少年患者身上了解到，意义不明确的"不"会传递出两种自相矛盾的信息，特别是在和异性相处的情境中。以下的例子描述了一种普遍的情况。

一个男孩走向一个女孩，开始讨好她。女孩发现男孩很有魅力，笑着说了"不"。但是他没有听出"不"是想要他走开的意思。他听到的是："也许你可以继续讨好我。"

复杂的信号会导致不好的后果。当青少年面对某件他不想做、做起来很有压力的事情时，他就需要说"不"，且让对方知道这就是他要表达的意思。

父母既要教会孩子用清晰、坚定、不可商量的口吻说"不"，同时也要教会孩子在别人以漫不经心的、随意的口吻说"不"时，尊重对方说的这个"不"字。无论男孩还是女孩，父母都要教给孩子这些知识。所有的青少年都要学会完全掌控自己的身体，都要有为自己的想法辩护的自信心，都要尊重他人的边界。

理想的教授方式就是进行角色扮演。发挥"不"的力量和对他人说的"不"以示尊重，常用于许多具有挑战性的情境。教孩子说"不"的最好时机是孩子需要将其应用于亲密关系之前，且最好是在与性别无关的情境中。孩子一旦掌握了这个技能，就可以在必要时刻、在多种场合应用起来。

对小一点的孩子来说，父母可以围绕任何一个想让孩子说"不"的问题进行角色扮演。下面这个例子与偷窃有关。阿尼什和爸爸注意到在人行道旁边，不知是谁落下了一个滑板。爸爸就设计了一场角色扮演："我打赌肯定有人想要偷它。如果有小孩让你去拿，你会怎么办呢？"这时，爸爸首先进入了角色，说："咱们把它拿走吧。没人知道的。"

"我会告诉他'有人可能看到我们把它拿走'，因为我真的不想偷它。"

"附近又没人。来吧，我们把它拿走。别做个胆小鬼，阿尼什。"

"我不知道。不，我认为我们不应该拿。"

"你听起来并不像拒绝我的意思。你能表达出你真实的意思吗？"

"我想我可能说……（阿尼什的声音变得更坚定了。）'不，我不想拿走它，因为我已经有一个滑板了'，还可能说'不，我看见有人正从窗户那儿往这里看，他会告发我们的'。"

"很好，你表达得非常清楚明白。你说的时候足够坚定，这样我就相信你的话了。"

应对操纵

　　成年人对同伴压力的认识可能并不准确。成年人往往认为，这意味着一个狡诈的坏孩子威胁着自己可爱又单纯的小孩。其实，同伴压力常常不易察觉。大部分情况下，孩子们不需要对彼此说什么，就会给彼此带来同伴压力。同伴压力通常是内在驱使的。"如果我戴了自行车头盔，而我的其他朋友都没戴，那我看起来就像个胆小鬼。""如果我吸一口烟，六年级的大孩子们就会认为我很酷，我就可以和他们一起玩了。""我最好再也不和苏珊娜一起玩了，否则埃米莉就会认为我不配成为她最好的朋友。"

　　帮助孩子做好准备以应对由内在驱使的同伴压力是无法一蹴而就的。父母能做的并且确实会带来重大改变的就是，帮助孩子培养出坚强的品格，并且当他需要"共鸣板"时，随时出现，洗耳恭听。

　　虽然大部分同伴压力都是由内在驱使的，但是孩子确实从同伴那里接收到了充满压力和操纵意味的信息。其中的一些信息来自"群体"，另一些信息来自个人。孩子（尤其是青春期的孩子）大部分的时间都在寻找"我是谁"这个问题的答案，孩子往往知道自己属于或不属于哪些群体。许多孩子间的氛围都在暗示孩子为什么会被排挤、他必须做什么才能融入群体——"我确实喜欢和你一起出去玩，但是踢完足球后，我们 5 个还要去喝几杯，就这样。"或"我们都打耳洞了。如果你妈妈还不允许你这么做，那么你就不能再和我们一起去商场玩了，我们可不去小孩子才去的商店。"

　　父母所希望的是，孩子对自身的安全有足够的认识并且非常清楚自己秉持的价值观，不会做出格的事。孩子最好不只有一个圈子的朋友（见第 26 章）。如果他只有一个圈子的朋友，并且这个圈子里的朋友所做的行为超出了他的舒适区，那么他如果不和他们一起做就会被孤立。但是，如果他还有其他朋友，他就可以找那些朋友玩。

　　父母还需要帮助孩子做好准备以应对另一种类型的同伴压力，即同伴试图操纵孩子做孩子不想做的事情。这种操纵很少以一种粗鲁或对抗的口吻进行；相反，它以友谊，甚至是爱的名义进行。"来吧，难道我为你做得还不够吗？""我真的没骗你，我想要证明给你看。""我想要和你出去玩。我真的只是想和你做点刺激的事。"对小一点的孩子来说，这些话听起来像是："来吧。我可是你最好的朋友，对吧？我只是真的想要你做……"

　　目前，教孩子应对这种带有操纵意味的话语有一种通用的做法：首先，识别出话语的真实意图；然后，通过把压力转回给对方。比如，对"我真的爱你，我想要证明给你看"的回应是："不，你不是。如果你真的没骗我，你可以等的！"对"来吧，每个人都试过了。我们是好兄弟，让我们做点刺激的事吧"的回应是："好吧，我不是每个人。我不需要成为你的朋友。"但是，我认为这种推拒方式有严重的问题，因为它忽略了一个事实——孩子，特别是青春期的孩子，其实特别想要被爱、被接受。所以，虽然他可以学会这种推拒技能，但是他不会在生活中使用它。我发现许多父母想要孩子勇于反抗和舍弃那些做出更危险的行为的朋友，然而，我担心这种期许是不可能实现的。

　　应对这类同伴压力有一个更有效的技能，它符合青少年文化，可以让孩子在控制自己行为的同时，不会失去朋友。这种技能分为以下 3 个步骤。

❋ 首先，孩子必须有识别话语背后的真实意图的能力。对小一点的孩子来说，当你在电视上、邻里间，或任何地方听到有操纵意味的话时，你可以指出来，帮助他识别。"我的天哪，他听上去是想要帮助我，但是我知道他实际是想让我……"

❋ 其次，孩子需要直截了当地表明自己的立场，表明没有可商量的余地，但不指责他人，也不看起来自以为是。"我不想偷那个东西。""我不会旷课和你出去的。""我还没做好做这件事的准备。""我不吸烟也不饮酒。""我不会作弊的。"

✤ 最后，孩子迅速给出一个替代办法，这样他就可以按自己的意愿和朋友继续保持友谊，而非结束友谊。"如果你想要玩游戏，你可以来我家，我有一个新游戏，我们可以一起玩。""我不想找刺激，如果你觉得我们现在做的事情没意思，我可以晚点过来和你一起打篮球。""我不会作弊的。我数学还不赖，如果你愿意，我可以给你补习数学。"

帮助孩子学会这些策略的最好方式就是进行精心设计的对话或角色扮演，本章已经讨论过了。但是你要注意巧妙处理：如果你在女儿和异性出去玩前一天，和她进行对性骚扰说"不"的角色扮演，她会感到羞愧的。记住，你在教授这些技能时，要看看外部环境。

（下一章将详细讲解"保全颜面"的技能。）

第 18 章

保全颜面

如果父母教会了孩子对某些行为说"不"或在不丢脸的前提下摆脱困境的技能，那么孩子应对同伴压力和其他消极影响的能力就能进一步提高。这对青少年来说尤为重要。父母总是认为自己有道德"指南针"或有最好的教养指导，自己会做正确的事。但是，如果孩子的决策在青少年文化中不受欢迎，那么孩子即使事先制订了周全的策略也不会执行。下面的一些技能既能给孩子提供摆脱困境的出路，又能适应青少年文化。父母不要等孩子进入青春期才帮助他做准备。即使孩子还没进入青春期，父母也可以让孩子做好准备。这样，在他的年龄变成两位数后，他就能够使用这些技能了。

暗 号

你和孩子选择一个词或短语作为暗号，约定只有在孩子遇到紧急情况时才能使用，并且确保孩子不和他的朋友分享这个"秘密"，确保你们对紧急情况的界定达成一致。孩子可能认为紧急情况是："我身处的这栋大楼着火了，快来救我。"你可能认为，任何需要你帮孩子脱离危险的社交场合都属于紧急情况。你们需要先讨论一下，达成一个清晰的共识，然后预演一下在未来可能出现的情境中如何使用这个暗号。

当我和青少年患者，还有他们的父母讨论暗号的使用时，我把患者感到不舒服、危险，以及任何不能靠自己安全摆脱的情境都称为"紧急情况"或"危险时刻"。比如，12 岁的安德烈正在朋友家玩，这时，其他的孩子都拿出了电子烟。安德烈从来没有接触过电子烟，他感觉自己有点不知所措。他担心自己如果拒绝吸烟，朋友们就会冷落或嘲笑他。他坐立不安，不知如何是好。

如果他和父母已经达成了一个暗号，并且事先预演了如何使用暗号，那么安德烈就能摆脱现在的困境。他可以告诉他的朋友他得给家里打个电话，否则"我的爸爸会很生气的"。他在他们面前给家里打电话（或发短信），这样他们就可以清楚地听到（或看到）他和家里是怎么沟通的。

"是的，爸爸。我在桑迪家呢。我们正在做作业。我会尽快回家的。我今天一直没有时间遛蓬蓬（狗的名字）。你能替我遛遛它吗？"

蓬蓬就是父子间的暗号。当父亲听到这个词时，他就知道儿子有危险，所以父亲把音量提高到儿子朋友能听到的程度，大声喊道："已经很晚了！我告诉过你，晚上 8 点以前必须回家！马上回家！不然的话，你等着瞧！"

如果安德烈既想立即离开，又不想在朋友面前丢了面子，那么他可以说："好的，爸爸。我这就走。"同时，他也会和朋友抱怨道："我得走了，否则他会'杀'了我。"如果他离家太远没法走回去或没办法搭车回去，那么他可以继续在电话里和父亲对话，让父亲知道他需要帮助。

"你什么意思？我必须马上回家？我还就不走了。我不必听你的话吧！"这就是安德烈发送给父亲的警示信号，他想让父亲过来接他。所以父亲为了让安德烈的朋友听到，又一次大声嚷道："桑迪家在哪儿？我现在就过来接你。我到的时候，你最好已经在门口等我了。"然后他小声和儿子说："如果你的一些朋友也需要坐我的车，我也会接上他们的！"

这样，安德烈就能和朋友们抱怨，父亲让他烦透了。安德烈在没有丢脸的前提下，让自己摆脱了一个有潜在危险的情境。其实，他的朋友也很同情他。当他们到家时，安德烈的爸爸并没有因为儿子陷入危险或和一帮"坏"朋友一起玩儿而责怪他。相反，爸爸表扬了安德烈，因为他有效地使用了父子间的暗号。安德烈掌握了这一技能，如果他下次遇到危险就可以再次使用了。

暗号还可以用来帮助孩子面对令人不安的社交场合，因为孩子知道自己可以时刻打给父母，让父母帮他脱离窘境而无须感到尴尬。比如，一个害羞的孩子可能认为，他难以应对和你一起参加的同事聚餐。为了安抚他，你可以说："这样吧，你到时候告诉我你有作业要做或你忘记喂鱼——用哪个例子不重要。这样我就知道我们该离开了。"这样，孩子就会感到勇气倍增，知道自己可以应对这场聚会了。

使用暗号是"父母－青少年驾驶协议"的最佳补充。在美国，在这个"协议"里，青少年表示理解一切和驾驶有关的责任和期许，包括如果青少年司机服用了任何有可能降低注意力的药物，青少年就可以向父母提出安全驾驶的需求等。理想情况下，青少年非常乐意打电话，因为他非常重视安全，并且相信自己的父母。如果在"协议"中加一个暗号，青少年就更乐意给家里打电话了。同理，暗号可以加在任何方面的"父母－青少年协议"之中。如果父母知道孩子遇到了未曾预料的情况就会联系他们，那么父母就会更自信、更安心地让孩子扩大自己的边界。

另一种让孩子感到焦虑并且普遍存在的情境就是友谊的过山车式的变化——孩子和最好的朋友发生了争吵。争吵之后，修复友谊很难。父母可以这样做：首先，倾听孩子痛苦或气愤的感受；然后，运用精心设计的对话，帮助他思考下一次他们见面时，比方说下周去朋友家过夜时怎样面对这位朋友；最后，让他知道无论遇到什么情况他都可以应对，因为他和父母有暗号。他只要感到不舒服，想提早回家，就可以使用暗号。

责怪我或其他成年人好了……

另一个与暗号相似的技能是，让孩子用责怪父母的方式摆脱险境。告诉孩子，即使孩子把你描述成世界上最刻薄的父亲或母亲也没关系。如果这能帮助他叫停消极行为或摆脱危险的情境，那么你很乐意成为这样的坏家伙。

许多青少年想要摆脱或叫停同伴们的消极行为，但是又害怕这样做会付出失去友谊和被排挤的代价。把责任推到父母身上对摆脱这些行为来说是一种可以被接受的方式。在一些情境中，孩子会把父母描述成敌人来帮助自己逃离危险，或保护自己免受危险行为的伤害。"我的父母简直太坏了，我要是不准时回家，他们就会罚我一个月不许出门！""我不能吸烟，否则我回到家，我妈妈就能闻出来。她会闻我的衣服，盯着我的眼睛看。"

父母也可以建议孩子想出一个小小的、善意的谎言，如果他被要求做父母不允许他做的事情，他也可以夸大一下后果。"我父母说，如果我再那样做，他们就会没收我的手机。""如果我再被他们发现逃课，他们就会把我送到另一所学校去。""如果我不学习，他们就会没收我的手机。""如果我得到一张超速罚单，他们就会没收我的驾照。"

孩子也可以把责任推到其他成年人，比如校长或医生身上。"如果我再旷课，校长就会把我开除。""我有哮喘，我的医生说了，如果我吸烟，我就会死在医院。"

你可能不会威胁孩子拿走他的手机、送他到另一所学校或没收他的驾照，但是说这些夸大其词的话或善意的谎言是一种可以让孩子改变行为或摆脱困境，但是依然可以和同伴一起玩的有效方式。

我知道这可能让一些父母感到不舒服，因为在某种程度上，我在提倡孩子说谎。理想情况下，所有孩子都有能力处理好一切事情——他永远不会被新的情况吓倒或让自己处于易受不良影响的危险中，会说："我不同意。我不会参与的。"但是我知道他做不到，即使他对各种后果有着非常理性的认识。同伴压力就是让孩子难以应对，如果没有体面的方式帮助他做明智的决策，做正确的事情，那么他通常就算铤而走险，也不想和同伴针锋相对或失去朋友。因此，虽然撒谎与父母想要教给孩子的价值观不一致，但是父母还是希望孩子能守住自己的底线和边界——这也是父母要教给孩子的主要价值观之一。而以上这些技能就使之成为可能。这些技能也进一步强化了父母的作用——孩子永远可以依靠父母，父母可以帮助他摆脱困境。

第 19 章

媒介素养

如今，孩子必须应付各种强大的影响力。他要了解那些试图影响他行为或思考方式的人的动机。前文已经列举了一些方式，让孩子在面对同伴压力时评估同伴的动机、掌控自己的选择、形成自己的价值观。但是仍有一股强烈、有时甚至是危险的影响力——媒体，在影响着孩子。传统媒体和社交媒体都会影响孩子看待世界的方式，甚至还会影响孩子的自我认知。所以，孩子要具备一定的媒介素养，这样他就能正确看待和解读媒体的信息，在必要时甚至屏蔽某些媒体的信息。

在我的各类教养讲座中，父母们最常问的问题就是，在这样一个科技和社交媒体无所不在的新时代，他们应该如何给青少年提供支持。我相信，这是父母最想知道答案的问题。和父母关心的其他教养问题不同的是，对这一问题，父母没有亲身经验可供青少年借鉴。一方面，父母记得自己如何应对同伴文化，如何形成正确的性观念，如何在学业上挣扎，如何挑战自己父母的权威等方面的问题。这些记忆为父母育儿提供了参考。另一方面，在某种意义上，社交媒体在孩子看来是生活中天然存在的一部分，但是父母将其视为外来者。父母成了局外人，这让父母觉得无能为力，甚至有点担惊受怕。请放心，无论是哪个令人担心的教养问题，父母都能做出积极的改变。

屏幕使用时间过长

如今，孩子使用屏幕的时间比以往更长了——看电视、看电影、玩电脑、玩电子游戏，以及使用移动设备（包括能轻松上网的手机）。

在 1999—2009 年进行的 3 项研究，表明儿童和青少年在娱乐或电子媒体上花费的时间在 1999—2009 年间陡增。《M² 一代：8~18 岁孩子的生活中的媒体》(*Generation M²: Media in the Lives of 8- to 18-Year-Olds*) 显示，8~18 岁青少年每天花近 8 小时使用电脑、电视、电话、电子游戏机和其他电子设备。2015 年发布的《皮尤互联网与美国生活项目报告》(*The Pew Internet and American Life Project Report*) 显示，过去 10 年里，儿童和青少年使用电视的时间减少了，但是使用其他设备的时间在总体上增加了。现在，和守在电视前相比，孩子开始在电脑上看视频，用手机和世界各地的人玩交互式电子游戏、互相发送信息、搜索无穷无尽的娱乐消息和新闻。

　　我曾经特意错开在 7:01 从我所在的小镇开往城里的火车，因为那趟火车上全是去上学的孩子——别错怪我，我喜欢和儿童还有十几岁的青少年待在一起。我想把在火车上的 25 分钟投入工作，但是周围太吵了，我没办法集中注意力。讽刺的是，现在，我愿意坐那趟火车了，虽然那趟火车上依然全是去上学的孩子，但是他们都在安静地玩手机。这对我来说倒是挺方便的，但是可能对他们来说就不太好了。一旦孩子首先想到的沟通方式是用手机发信息、在社交媒体上发动态（即使孩子与他人坐在一起），他与他人面对面交流的机会就会少很多。

不断演进的视界

　　如今，说"真实世界和虚拟世界相互对立"已经不准确了。对青少年来说，虚拟世界并非独立于生活，而已经融入生活了。这就意味着，父母抵制虚拟世界和在没有思考过怎样做的情况下限制青少年接触社交媒体，都不是最好的方法。相反，父母必须加深对社交媒体的了解，才能帮助孩子理解虚拟世界的利与弊。

　　哪些事物会深刻影响孩子看待自我和世界的方式？人们首先想到的是社交媒体和科技，但是传统媒体，如电视和音乐，也仍然深刻影响着孩子。本章会说明传统媒体和社交媒体对孩子的影响，尤其是社交媒体，其变化非常快。因此，我也建议你自行了解本章末尾建议的资源。这些资源包括一些美国儿科学会的出版物。

媒体可以带来的真正的好处

传统媒体，如电视和广播，不仅为孩子提供了一些高质量、有教育意义的节目，也让孩子能够了解世界新闻和其他与生活息息相关的问题。同时，青少年也喜欢通过发信息、听广播、看电视获知有益健康的信息。而社交媒体和互联网让他能以前所未有的速度接触到最新的思想，这激起了他的好奇心。通过深入了解自己感兴趣的领域，他的好奇心获得了满足。社交媒体和互联网也让孩子完成学校的协作项目变得更容易。这一点也是父母不能让孩子断网的原因：很多协作项目都需要孩子用互联网沟通。

社交媒体可以让青少年更容易获得社会层面的支持。这对那些感到孤独的青少年来说非常有意义，比如：有慢性疾病的青少年可以加入线上互助小组，和那些与他们生活经历类似的人联系；被欺负的青少年可以在线上找到能更客观地评价他的朋友。

社交媒体另一个鲜少被提及的优势是，它给了青少年尝试不同身份的机会。父母都希望孩子能坦诚地对待他自己，孩子也需要在青春期加深对自身的了解。所有的孩子都会在青春期尝试不同的角色。我要说明的是，我并不提倡孩子用别名进行危险的冒险。不过，孩子可以通过线上讨论来谨慎地验证自己的想法会得到什么样的结果，从而无须执着于在真实世界中验证。

媒体也可能有害

不易察觉的广告会塑造孩子的自我认知

一提起广告，如果你只想到了电视上和广播里的广告，那么你就忽略了在不断变化的社交媒体中和嵌在视频网站娱乐节目里的广告。例如，青少年既关注社交媒体明星，也关注视频网站博主。这些明星和博主都替商家有偿推介商品，即使他们的推荐理由看上去都是基于他们对产品的亲身试验。

孩子每天接触很多广告，从 T 恤上的品牌印花到宣传栏和公交车上的广告。孩子还会从他听的音乐、看的报纸和网站上接收到铺天盖地的广告。视频网站的博主们还会推荐给孩子各种他们无法割舍的商品。这些影响力巨大的广告所标榜的价值观，往往并非父母想让孩子学习的。为了推销某种商品或只想要吸引消费群体，许多广告都聚焦在孩子的不安感上。这些广告暗示着孩子不苗条、长得不好看、不够酷、不够有钱，就是因为孩子不吃某种零食或没有穿"对"的运动鞋、衣服，没有用"对"的手机，没有背"对"的背包。

如果孩子认同这些广告传达的价值观，那么他怎么会站出来说"不，我不需要买那个""我不想做那件事"，甚至认同"我现在的样子就挺好""我拥有这些就很满足"？如果世界告诉你，你拥有的永远不够多，那么你可能有满足感吗？知足是获得满足感的关键因素之一。

处理多个任务会分散注意力

青少年发现，自己可以同时应付多种媒体：他可以一边看电视，一边浏览网页，同时还能和朋友在线上聊天。于是，人们就有了这种错误观点——这一代人处理多个任务的能力更强。同时处理两三个任务的人往往真的认为自己可以集中注意力处理每个任务。但是，研究成果证明这些观点和想法是错误的。研究人员发现，习惯了处理多个任务的青少年在处理简单的任务时反而无法集中注意力，因为他感到很无聊。

媒体塑造着孩子对世界的看法

如果父母想要养育出懂得尊重他人的青少年，那么父母就要知道，一些音乐传递着关于性的不健康的信息。如果父母想要孩子理解暴力行为的危险之处，那么父母就要知道，一些电子游戏使不计后果的暴力行为看起来非常司空见惯，以至于使孩子很容易对死亡或毁灭感到麻木。

正如父母担心孩子会通过看电影、玩游戏对暴力行为感到麻木一样，父母也需要监督孩子看什么样的新闻。一些家庭任由电视不间断地播放关于重大事件——饥荒、战争、恐怖行动、儿童失踪等的新闻。父母应该限制关于恐怖袭击、飓风、空难、劫持、绑架等重大事件的新闻的播放。反复播放这些新闻会将与之有关的图片和声音烙印在孩子的意识中。许多小一点的孩子害怕听晚间新闻，但是他们通常不会告诉父母，因为他们看父母总是无动于衷地看着新闻——一切似乎都太正常不过了。

不要认为大一点的孩子可以应付这些新闻。他们对发生的重大事件有更深的理解，他们对重大事件的担忧可能难以言表、挥之不去。对环境破坏和气候变暖有所警觉确实对孩子有好处，但这些新闻应该对孩子有所激励，而非使孩子感到不知所措。和对待广告一样，父母也应该监督这类新闻的曝光量，帮助孩子正确看待这些新闻。

并非所有消息都是真的

互联网广泛存在着虚假信息和危险信息。年龄较小的孩子太容易相信这些信息——如果某些信息被放到了互联网上，那么它们一定是真的。

大一点的孩子知道不能相信所有消息，但是让他们甄别出何为阴谋论、何为事实也并不容易。最令人担忧的是，大量信息缺乏科学依据，心怀不轨的人很容易利用这些信息诱骗心有不满或被孤立的青少年，使他在反主流文化中找到归属感。因此，你必须和孩子诚恳地交流，帮助他理解如何找到可信的内容，以及何时应该怀疑互联网上的内容。最重要的是，当孩子怀疑他读到的或看到的某些信息时，你必须保证和孩子的沟通渠道畅通无阻。如果孩子问你某些消息是否属实，不要因为他看到的信息有误就惩罚他。这时，你应当深吸一口气，感到宽慰，因为你有机会教孩子了。

让青少年更安全地使用社交媒体

父母最担忧的是社交媒体不可预测的和快节奏的交流方式。它确实会引起安全问题，今天，个人名誉可能被网络暴力破坏，而明天，这些所谓的"黑历史"又会成为人生污点，可能被学校和用人单位搜索到。

你要和孩子认真讨论这些问题。但是，你要确保自己遵循第3章提到的灯塔型教养方式。你要清晰地表达担忧，而且必须建立在你关爱孩子、希望他平安的基础之上。如果你采用基于恐惧而非实事求是的态度表明你的担忧、给孩子定规矩，那么孩子会感到你在控制他，进而拒绝你的建议或想办法避开你的监督。

以下是你要向孩子传达的一些要点。

❋"在互联网发布任何信息都要考虑再三。如果你在特别兴奋、沮丧或气愤的时候想在互联网发布任何信息，你最好先等一等。你发布的信息会永久存在，别人在 20 年内都会知道你此时此刻的感受。"

❋ "不要在互联网发布任何你不想当面对某人说的话。"

❋ "一个人在互联网发布的内容，会被其他别有用心的人剪辑、复制和利用。这也进一步说明了，为什么你要特别谨慎地发布内容。"

❋ "不要认为匿名发布的内容或写一些更激进的内容无关紧要。如果这些内容是针对某些人的，那么他们会很受伤的。"

❋ "如果转发别人的信息，那么你和原作者一样，要为你转发的内容负责。"

❋ "不要转发你自己的或别人的尴尬照片。它们不会消失，并且还会造成巨大的痛苦。"

❋ 如果你的孩子曾经是网络暴力的受害者，那么你就要进一步了解他的遭遇，并且要帮助他走出阴霾。

❋ 让孩子知道，不要把自己的地址、图片等个人信息发给他不认识的人。让孩子知道，不要和网友见面。

❋ 有个别思想激进、甚至充满敌意的人想要更多人知道自己的观点。他们会对那些想要结交新朋友的青少年传播危险的观点。

父母会带来改变

给交往对象排序

一旦孩子进入到吸引人的虚拟世界，他与他人面对面交流的机会就减少了。因此，在孩子进入虚拟世界前，你要确保孩子知道如何礼貌地和他人交流以及处理人际关系。

现在，家里每个家庭成员过着平行线般的生活太容易了。过去，家庭成员会给彼此讲故事，分享自己的生活。现在，每个家庭成员都专注于不同的设备，大家都戴上了耳机，世界一下子安静了。因此，为了让家人的联系更紧密，你必须坚持做到以下几个要点。

❋ 每天和孩子一起阅读、一起玩。鼓励孩子找到使用媒体之外的其他途径自娱自乐。这会让孩子爱上做游戏、进行体育运动、散步……而且是和你一起！

❋ 和孩子一起看电视，把电视内容作为拓展价值观和辅助人际交往的工具。

❋ 全家人一起共进晚餐，并且在共进晚餐时不接触任何媒体。

❋ 全家人一起看电视，你要控制家里只有一到两台电视。这样能确保你们一起看电视。

培养健康的怀疑主义者

如果你想让孩子能抵御操纵性信息的侵害，并且最终对自身能力感到满意、拥有积极的身份认同，那么你就要培养有一定媒介素养的孩子。你可以在孩子小时候，通过和孩子一起看电视、讨论广告做起。我是在我的两个女儿3岁时开始这样做的。那个年龄的孩子虽然还无法区分广告和节目，但是他们要开始明白，节目中断是"因为有人要向你推销东西了"。

当你和孩子一起看电视时，你可以这样问："为什么那些人会那么做呢？如果你穿了那些运动鞋，你真的认为其他孩子会把你当成明星吗？这些广告有什么意义呢？那些制作广告的人想让你怎么想或怎么做呢？"问一些引导性的问题，听听孩子的回答，你就可以引导孩子得出这样的结论："那些制作广告的人就是推销东西的。而我是有选择的。我不一定要做他们想让我做的事情。"

当广告里的人推销了某个玩具，而这个玩具又是和你购买的电影票捆绑销售的，你就可以这样问："你觉得他们为什么现在推销那个玩具？是不是为了引导你看那个电影？如果有人已经看过那部电影了，你觉得他会想买那个玩具吗？"你的逐步引导可以让7岁孩子理解营销中的操纵意味。当然，这并不意味着孩子会说："别给我买了。我可不会向这种有操纵意味的商业诡计低头！"他可能还是想要那个玩具，但是他已经具有一点媒介素养了。如果你不断提出相似的问题，持续引导孩子，那么孩子就会意识到——"我是有选择的权利的。"

当孩子步入青春期，你可以和他一起上网，了解他喜欢的社交媒体明星和视频网站博主。你可以帮助孩子理解：这些人就是通过说服观众买他们推荐的产品来做生意的。

　　友情提示：不要在孩子娱乐时毁了他的兴致。培养孩子的媒介素养并不意味着你必须时刻保持怀疑。偶尔教育孩子，才能事半功倍。如果你认为自己需要时刻教育孩子，那么你会发现孩子并不喜欢你待在他身边。

示范，示范，示范

　　老实说，对于社交媒体，你自己都无法置身事外。当你的孩子看视频看得入迷时，你可能也正一头扎在网络世界里。如果你要求孩子不接触媒体，那么你自己也要做到。在休息时，你要专注地陪伴家人，不能分心。这会让孩子很期盼这样的休息时光，你很快就会看到孩子愿意不接触媒体。

　　最后，你在自己的社交媒体上也要尊重孩子的隐私。现在的孩子尤其擅长在自己的社交媒体上对不同的人采取不同的隐私设定。他的朋友中只有一小部分人知道他真正的想法和感受。如果父母不停地在社交媒体上和自己的朋友分享孩子的信息，孩子会抓狂的。给孩子示范你尊重他的隐私。这样，你要求孩子在互联网自尊自爱也更有效力。

资　源

1. 2016 年，美国儿科学会出版了三本指南，可以帮助你引导孩子探索媒体世界：《媒体和年轻的心灵》（*Media and Young Minds*）、《学龄儿童和青少年媒体使用指南》（*Media Use in School-Aged Children and Adolescents*）、《儿童、青少年和数字媒体》（*Children and Adolescents and Digital Media*）。

2. Rideout VJ, Foehr UG, Roberts DF. *Generation M²: Media in the Lives of 8- to 18-Year-Olds*; A Kaiser Family Foundation Study, January 2010. Menlo Park, CA: The Henry J. Kaiser Family Foundation; 2010.

3.《皮尤互联网与美国生活项目报告》（*The Pew Internet and American Life Project Report*）。美国皮尤互联网研究中心的专家们基于缜密的实证研究，向人们提供世界趋势分析。互联网对美国人生活的影响就是其研究课题之一。

第 20 章

孩子并没有缺陷

在任何关于能力的讨论中，总有一些父母担心："我的孩子有学习差异（或有限制性的慢性疾病）。如果他永远无法习得成年人必备的技能可怎么办？他会不会永远都不会有韧性了？"他们的孩子饱受痛苦，并且沮丧或愤怒与日俱增，但是这些父母担心的是孩子会永远不完美。父母总是追求完美，企图快速修补孩子身上的不完美，这样孩子才能严丝合缝地契合父母理想中的"模子"。当孩子无法契合那个"模子"时，父母会为他贴上标签，并寻求解决办法。庆幸的是，现代医学对此在诊断和早期干预上取得了进展。如果父母担心孩子的发展阶段滞后，或感觉孩子的表现并没有达到他同龄人的平均水平，或感觉孩子在社交、行为或适应学校方面有困难，我强烈建议父母向儿科医生和老师寻求帮助。这一点极其重要，与其将孩子当成急需被修复的已经损坏的产品，不如发现孩子需要更多额外的支持，父母仍应该以立足于优势的视角看待孩子。

学习差异

首先，父母要正确使用术语。本书现在谈论的是学习差异（是差异，而非障碍）。人们的思考方式和学习方式多种多样。一些人以看的方式学习，一些人以听的方式学习，另一些人在解决问题的过程中学习。大部分人有很灵活的学习方式，可以综合运用多种感官学习。然而，有一些人发现，当信息主要通过某种感官传递时，他们充分调动这种感官尤为困难。例如，如果一个人难以用视觉处理信息，那么他就无法通过看图片取得最佳的学习效果。有一些人在处理任务时很专注，尽管周围有诸多干扰；另一些人在没有干扰的情况下无法集中注意力，但是在有干扰的情况下反而可以集中注意力。人们的思考方式不同，学习方式也不同。

每一种学习方式都可能潜藏着巨大的优势。有时，孩子在某一领域有学习差异，而在另一领域极具天赋。父母都知道，有的孩子在学校的表现差强人意，但是动手能力超群，还有的孩子在学校的表现十分优异，但是不会使用螺丝刀。有些孩子读书时如坐针毡，但是在准备和进行艺术表演时满怀激情，有无限的创意。

有学习差异的孩子并没有缺陷。如果你认为孩子有缺陷，那么他的学习差异就会使他裹足不前。如果你找到了合适的干预方法，同时发现并支持孩子的优势，那么孩子就会获得成长。孩子都有学习差异，如果你担忧他在能力和韧性方面的表现，那么请你再想一想韧性是什么——反弹能力、克服困难的能力。如果你不认为孩子有缺陷，如果你发现了孩子的优势并致力于培养他的优势，那么你将会帮助他克服重重困难，而他也必将成为自身韧性的主宰者。

在学校表现得好固然重要，因为学校就是社会教育孩子的场所。但是问题在于，学校通常是为了那些能够适应特定要求的孩子设定的——这些孩子能坐住，可以集中注意力好几个小时，可以以听和看的方式学习。这让我的思绪迁回至人类的祖先——萨姆（见第 5 章）。

猎人和望风人

当萨姆需要食物充饥时，他会走进超市，在有空调风的过道上闲逛，透过塑料包装挑选最好的一块肉吗？不，他得去打猎，而其他部落成员会到灌木丛和原野中搜寻野果、药草和树枝。萨姆正和 20 个兄弟为一场大狩猎做准备，他们把长矛磨尖，并计划着如何追捕猎物。为了找到鹿群，他们踏入森林，他们知道只有自己带回来一些肉，整个部落才能熬过即将到来的寒冬。21 个人的注意力都在鹿的身上……会发生什么？他们会把鹿杀死吗？我打赌他们会的。毕竟，那么多人的注意力都集中在一个目标上。整个部落有了肉就能挨过冬天了。但是，还可能发生什么呢？

狮子、老虎、熊和蛇同样栖居在森林里。如果 21 个人的注意力都在鹿的身上，那么他们当中就会有人成为其他动物的猎物。所以，得有人望风。他们需要望风人，灌木丛里的沙沙声、远方的声响或不同寻常的气味，都会轻易吸引望风人的注意。"望风人"至今依然存在。人们可以将那些有注意力缺陷障碍的人和轻易分心的人视为"望风人"，并帮助他们在学校更有效率地学习。但是，人们不能把他们看作有缺陷的人，因为可能正是他们身上与众不同的特质才让人类生存下来。让"望风人"把注意力集中在看黑板或写作业上可能很困难，但是分散注意力和广泛关注周围的环境，可能就是他们具有的重要优势。

对那些现在被冠以注意力容易分散或有学习差异的孩子来说，他今后的人生还很长。如果你的孩子有这样的情况，我建议你寻求额外的帮助（特别是那种专注于培养组织能力的帮助），你可以和儿科医生考虑采用药物疗法，探索各种早期的干预方式，比如让孩子在运动中消耗"望风人的能量"。让儿科医生和你一起尽可能用孩子自己喜欢的方式学习，让孩子充分发挥学习潜力。你要相信孩子的智慧，他能够发挥自身优势，找到适合他的事业。

慢性疾病

慢性疾病确实会给孩子带来局限性，影响某些能力的提高，但是并不会阻碍孩子提高韧性。有慢性疾病的孩子通常个性尤为坚强，这是健康孩子的父母梦寐以求的特质。如果父母认为孩子是脆弱的，那么他的身体状况就会影响他的韧性，因为他永远不会知道如何放手一搏或相信自己。如果父母可以克服养育有慢性疾病的孩子的困难和恐惧，并且将孩子视为完整的个体，那么父母就能帮助孩子成长为具有高韧性的人。

我有幸帮助了数百个有慢性疾病的孩子。我可以向你保证，有慢性疾病的孩子通常惊人地成熟、具有超群的洞察力，并致力于为世界做出自己的贡献。如果你能发现孩子的优势（虽然你还是会忧虑孩子的身体状况），那么孩子就能学会把疾病看作一项可以克服的挑战。有慢性疾病的孩子具有卓然的韧性。他的品格优势通常超越了同龄的健康孩子。有慢性疾病的孩子对真正重要的事情通常有着精准的直觉：他深知家庭和健康很重要，这也让他的品格更强大。通常，他会通过提高诸多能力来弥补自身的不足。这让他有了直面困境的自信。他当然没有缺陷。

有痛苦的经历的孩子

有痛苦的经历（包括童年创伤）的孩子，自然会有高度警觉的倾向——他会注意到普通人注意不到的事情。他们可能在很小的时候就懂得不要忽略任何一个危险信号——因此，他们会对任何察觉到的威胁迅速做出反应。这种反应有时会使孩子做出更多危险行为。父母对这些行为如何回应，以及父母给孩子贴的标签，都会塑造孩子的自我认知。比如，父母告诉孩子他有"爱生气"的问题，孩子很可能认为自己就是问题，而非理解是问题发生在了他的身上。同样重要的是，如果父母以孩子有缺陷的视角看待孩子的各种行为，那么父母就是在期待孩子做出危险行为，并且在使自己做好心理准备。父母过低的期许会使孩子受到的伤害进一步加深，因为他也会用过低的自我期许回应。

有极其痛苦的经历的孩子确实可能很敏感——但是当他有安全感时，他也会表现出最大程度的怜悯和同情，而且有许多孩子还会坚持不懈地致力于把世界变得更美好。这其实是可以理解的，正是因为他们知道事情可能如何出错，所以他们会想象自己怎样才能让事情往正确的方向发展。这也可以用科学理论解释。对那些在儿童期饱受苦难的孩子来说，大脑中负责审视环境中各种威胁的杏仁核区域尤为发达。然而，当他们感到安全时，他们发达的杏仁核区域就能专注于发挥其他作用——人类的同情心就源自杏仁核（第 23 章会介绍如何用这种方式进行共同调节，从而提升孩子的安全感）。

父母应该对有痛苦经历的孩子降低期许吗？不应该，父母必须对他怀有高期许。父母必须看到他的长处，对孩子抱有最好的期待，支持孩子用他的天赋造福世界。

第 21 章

建立自信

自信源于感到自己有能力。如果感到自己没有能力，孩子就无法获得真正的自信。孩子必须通过应对挑战才能知道自己有能力获得成功。只有那样，孩子才能真正感到自信。

诚然，自信让你感觉良好，让你知道自己可以把某件事做好。但是，为什么自信对孩子来说尤为重要？因为它在孩子顺利且平稳地度过儿童期和青春期的过程中发挥着重要的引领作用。在长大成人的旅程中，孩子每向前迈一步都要冒险——来到一所新学校、努力交朋友或没有入选某个圈子都存在风险。如果没有真正的自信，孩子就无法承担必要的风险；如果他空有不切实际的自信，那么他就可能鲁莽地冒险。

真正的自信是通过展示能力获得的，它使孩子相信自己在一定程度上是能掌控环境的。他因此更可能坚持不懈，对前景保持乐观，而非感到悲观或无力。儿童期和青春期获得的自信将会成为孩子长大成人后获得成功的跳板。

自信与自我价值感

自信不等同于自我价值感。自我价值感培养运动敦促父母和老师帮助孩子建立自我价值感。行为心理学家认为成年人可以通过表扬来帮助孩子建立自我价值感。但是他们很快发现，空洞的话语和贴标签毫无意义。不要误解我的意思——我想让孩子拥有高自我价值感，我只是希望孩子拥有真正的自我价值感。每个孩子都是独一无二的，但是只有真实的、有针对性的信息才能帮助孩子明白为什么自己是独一无二的、有价值的。

自我价值感培养运动其实对孩子建立自我价值感有害，因为它过度关注让孩子"感觉良好"，它过分强调孩子的情绪而非孩子的经历。让我们通过一个典型的例子一探究竟吧。

马库斯正在学习骑自行车。他的母亲把两个辅助轮卸掉，马库斯勇敢地冲了出去。但是他很快就开始左右摇晃。邻居家的孩子们开始嘲笑他，向他发号施令："把车头摆正！"马库斯更手忙脚乱了，迂回前进了几米，最终转向路边，摔倒了。他的母亲连忙冲过来，查看孩子是否受伤（其实没有），说道："你做得真棒！看看你刚才在没有辅助轮的帮助下骑了多远！别难过！"

马库斯母亲的做法正是很多出于好意的父母的做法。她过于关注孩子的感受，但是没有思考如何增强孩子的韧性——在这种情况下，韧性指马库斯重新骑自行车的能力。她只想让孩子感觉良好。大多数父母十分担心自己的孩子因为没有做好某些事情而感到难过和沮丧，因此父母想通过说些什么话或做些什么事让孩子好受些。父母不仅拒绝承认孩子失败了，还告诉孩子那是一次了不起的成功。父母会责怪他人或安慰孩子："这不是你的错。"父母努力想给孩子打气，让他觉得好受些："让我们忘掉它，来喝一杯热可可吧？"

这样的回应会误导孩子，因为它传递出的信息是：糟糕的感受是错误的。这会引发日后的一些问题，因为这会让孩子觉得难过、不快或焦急的情绪有灾难性的含义："我不应该有这种糟糕的感受，是我出了什么问题吗？"

在孩子失败或失望时，不要给孩子鼓劲儿——相反，父母应该把注意力放在提高孩子的韧性上。每个人都会遭遇失败。有韧性的人很执着，会利用难过的情绪一点点激励自己在下次做得更好。

难过的情绪在真实的情境中是有意义、有价值的。如果父母用"感觉好受多了"粉饰这种情绪，那么父母就无法培养孩子的韧性。父母实际上是想让孩子在做了某些事情后感觉良好，而不是让孩子天真地认为因为他感觉良好所以他才能做好某些事情。

那么，对孩子从自行车上摔下来这件事情，马库斯的母亲如何回应才更有效呢？其实，她本可以不那么夸张地冲上前去问孩子是否受伤了，她可以说："嘿，这是你第一次在没有辅助轮的情况下尝试骑行。你知道自己在摔倒前坚持了几分钟吗？你感觉怎么样？是的，这确实让人郁闷。你准备好再试一次了吗？我喜欢看你在遇到困难时不断尝试的样子。"这种回应没有否认他的失败，也没有否认他的感受。她只是简单地陈述发生了什么事情，承认了孩子表现出的失望（"是的，这确实让人郁闷。"），并且表达了对他的努力感到骄傲。她没有过度揣测孩子的感受或试图用鼓舞人心的话语安抚他。

拥有真正的自信可以提高韧性，因为它源于已被证实的、展现出的能力。孩子知道他精通某项技能，因此他坚信自己是有能力的，进而他获得了自信心。成年人通过教授孩子解决问题的能力，并提供安全的机会锻炼这些能力，增强孩子的自信心。成年人应该对孩子的长处或优势予以肯定，并帮助他利用优势克服困难，迅速复原——只是告诉他"你很棒！"或给他穿上"我很特别"的 T 恤是不够的。

虽然父母可以教给孩子一系列本领，帮助他更有能力做正确的决定和解决问题，但是父母不能认为孩子时刻都要自信满满。在孩子变得更有能力的过程中，他可能不确定自己能否做得到某些事情。自信心需要培养和强化。父母可以通过三个基本方法帮助孩子建立自信：发现孩子做得好的地方、真诚地表扬孩子、设定合理的期许。

发现孩子做得好的地方

在孩子很小的时候，父母总能发现孩子做得好的地方。父母重视孩子成长过程中的每一个里程碑和细微的成就。"噢！你把燕麦全都吃光啦！你能自己刷牙，你可真是个大孩子啦！"但是，到了孩子 12~14 岁时，父母常常说："为什么你就不能收拾一下你的东西？为什么我每天早上都得提醒你别忘了带作业？你那些琐事儿究竟有完没完了？"

在孩子成长的这些年里，究竟发生了什么？父母不再为孩子好的行为和成就感到高兴。为什么父母开始过度关注孩子哪里做错了？父母仍然应该用欣赏的眼光努力发现孩子做得好的地方，用表扬强化孩子积极的行为、友好的态度和自发的善举。这些无论对蹒跚学步的婴儿还是青少年都同样重要。不要忘了，青少年仍然渴望得到父母的关注和肯定。

真诚地表扬孩子

第 12 章讨论过有效表扬，在本章，我想把它和建立自信联系起来。表扬孩子最好的方式不是说含糊的话语（"你真棒！"），而是用具体的话语向孩子表达你真正注意到并欣赏孩子的行为。"帮奶奶提那么重的购物袋，你真体贴呀。""不用我张口，你主动来帮我准备晚餐，我真高兴！"记住，你表扬的重点要放在孩子的努力上，而不是他的表现或事情的结果上。卡罗尔·德韦克博士在她的研究中已经证实了这一点和塑造成长型思维模式有关。

　　如果你要帮助孩子建立自信和强化自信，那么你必须真诚地表扬孩子。过度的表扬和虚假的赞美一样，听起来虚情假意。你可以每天发现一两件孩子做得好的并且值得用语言鼓励的事情，然后真诚地表扬孩子。表扬是鼓励孩子做出积极行为的有效途径。如果你想让孩子把积极行为延续下去，那么你就要多加留意。

　　有时，父母对孩子的爱太深，以至于对孩子大加赞扬，告诉他父母眼中的他有多么完美。在某种程度上来说，一方面，父母这么做是希望印证一个自我应验的预言。"如果我一直告诉他他有多棒，那么他就会成为了不起的人吧。"另一方面，父母这样做是为了帮孩子建立一种自我认知，希望孩子能够自信。"你是世界上最善良的孩子。你骨子里一点也不自私。你是我一直梦寐以求的完美小孩。"

　　但是，没有人是完美的。孩子并不完美，这一点孩子自己也知道。把孩子架在高台上，孩子将步履维艰，孩子（也包括成年人）就会对自己太过严苛。如果有人告诉孩子，他骨子里是个大好人，那么当孩子对某人感到愤怒、想要还击时，他会怎么想呢？当他感到沮丧或焦虑时，孩子就会否定自己感到沮丧或焦虑。更进一步讲，孩子会有意或无意地从高台上"跳下来"，向世界展示他并不完美。在遭遇失败后，孩子会更难以复原，因为他认为完美的人是不应该失败的。你可以告诉孩子："对我来说，你最完美。"但是，你同时还要清楚地告诉孩子："没有谁是真正完美的。无论如何，我都会给予你无条件的爱。"

设定合理的期许

　　孩子有可能达到，也有可能辜负你的期许。我之所以反复强调这一点，是因为父母很容易忘记。随着孩子能力和自信心的增强，父母需要继续对孩子抱有高期许，这样才会让孩子朝着正确的方向前进。但是，我所说的高期许并非不切实际的期望。篮球队不会让每一个打篮球的人都加入。精英大学也并非每个成绩好的孩子都能上。因此，父母不能期望孩子是完美的。但是，父母可以期望孩子能够诚以待人、关爱他人、有责任心。父母的期望不应该基于孩子取得的成就，而应该基于孩子的素质和品格。

你可能想："好吧，我懂了。我应该对他的素质和品格怀有高期许，那么对他平时的成绩呢——我是不是应该继续保持稍高的要求呢？"这个问题没有绝对的答案，因为这要结合孩子的个性来看。孩子会通过一次次成功获得自信心，这让他想看看自己能否应对更艰巨的任务。如果下一个任务太难，他应对不了，那么他毫无疑问会失败，或许还会丧失自信心。他可能把失败归因于你的高期许。他努力是为了达到你的期待，失败可能让他感到羞愧难当。这个感受会妨碍他做他原本可以做到的事情，他会因为怀着这份愧疚而很难成功。

你的挑战在于，观察孩子对成功和失败的反应，并且对孩子的能力有所了解。你可以想想以下这些问题。

❀某一成就是获得下一个成就的跳板吗？

❀孩子在遇到困难时，是会激励自己再试一次，还是裹足不前？

❀获得某一次成功之后，在向下一个阶段迈进之前，孩子会在很长一段时间内沾沾自喜、保持现状，还是会很快就向下一个阶段迈进？

当孩子准备迎接下一个挑战时，你要看看他想把目标设定得多高。在孩子设定自己可以实现的目标时，你要支持他。如果是你将目标设定得过高，那么他就会让你（对，就是你）失望。因此，目标必须由孩子设定，而不是你。如果你将目标设定得过低，他就会认为你对他的能力了解得还不够。

最重要的是，即使孩子失败了，你也要给予孩子支持。尤为重要的是，你要让孩子知道每个人都会失败，但是每个人也都能够复原，获得真正的成功的人正是那些会"再试一次"的人。鼓励孩子"再试一次"的机会很多——他第一次学走路时跌倒了、他在一次测验上写错了字、他的艺术作品最后变成了杂乱的线条。在孩子的成长过程中，你有很多次机会向孩子示范，当你做事情不成功时，你是如何坦然而乐观地再试一次。你会一次次告诉孩子什么是韧性。

不要强调孩子没有能力

在讨论自信时，我还要提及能力。摧毁孩子自信心的最有力的途径之一就是强调孩子没有能力，让孩子感到羞耻。只要父母老套地对孩子说教，父母就剥夺了孩子自己做决定并汲取经验的机会。说教通常是因为孩子做错了事。说教会使孩子感到自己很渺小、无能、愚蠢、不被理解和羞愧。如果父母想要孩子摒弃消极行为，说教并非唯一的办法。有时，孩子让父母很生气或很担心，以至于父母只关注到他哪里做错了。父母想反复地大喊："别做那件事！"但是期望孩子幡然醒悟只是徒劳。

一些成年人盲目地认为，当孩子开始意识到某些行为的危险性或人性的弱点时，孩子就会改变。我帮助过很多做过危险行为的青少年，发现成年人总会出于好意地指出孩子哪里做得不对。随着对孩子没有改变渐渐感到沮丧，成年人又开始把矛头指向孩子所有的品格缺陷——这种做法就是在诋毁孩子。通常我会听到这样的话："你还没做好改变的准备是因为你不积极主动。你太懒惰了。我怎么能相信你说的你会改变的鬼话？你真让你妈妈和我感到丢脸。"诋毁的话语在孩子的自我认知上增添了一连串的污点，剥夺了孩子本可以用来克服挑战的自信心。

如果孩子感到被否定或被迫不断地关注自身的缺点，那么孩子将不再有能够做出改变的自信心。如果父母提醒孩子，其实他已经做得很好了，那么孩子就会知道，他可以做出改变或改进，他有足够的优势和能力战胜曾经做出错误选择的自己。

立足于孩子现有的优势就是引导孩子做出积极行为的最佳方式。如果父母想让孩子摒弃消极行为，那么孩子只有建立了足够的自信，他成功的概率才会越大。对任何人来说，停止某种危险但会让人舒适的行为或习惯，转而培养某种更安全、但一开始让人不那么舒适的行为或习惯，都需要自信心。自信心源于知道自己有可能成功。而立足于优势让人有了改变的基础。过度关注问题和错误会让人感到软弱无力，而关注每一个长处、每一种能力能让人产生一股积极的力量。这时，问题才会消失在成功的海洋中。

只有了解孩子，父母才能看到孩子所有令人惊叹的成就和优秀的品质，才能时刻提醒自己为什么那么爱他。在父母需要引导孩子改变行为时，对孩子优势的了解会帮上大忙。

利用优势解决问题

在孩子遇到困难时，立足于孩子的优势培养孩子解决问题的能力尤为重要。父母可以回顾过去，看看孩子在克服某一个挑战时或有效解决某一个问题时他是怎么做的。帮助孩子回忆过去成功的经验，并加以利用，就能帮助他解决现在面临的问题。

如果孩子写作业总是拖拖拉拉，那么他是不会回应"你真懒惰！"或"你必须写完作业才能出去和朋友玩"这些话的。他可能感到焦虑，感觉作业很难写完。说他懒惰只会让他感到羞愧，自然也不会让他有自己能写完作业的自信。如果他面对的问题是焦虑，那么不让他出去玩是解决不了问题的。如果他的问题在于缺乏管理能力，那么把他关在家里也不可能促使他步入正轨。但

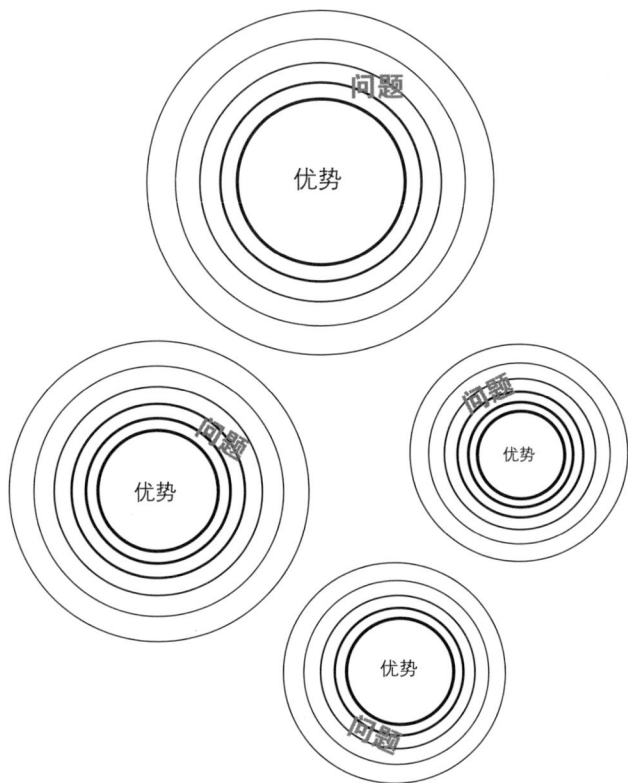

是，父母这样提醒孩子可能有效："想想上周你没有完成你的数学研究报告时有多么慌乱。但是，当你着手去做，把这个大任务分解成一个个小部分，并逐个击破时，你就感觉好多了吧。"

即使孩子有某些令人担忧的行为，孩子也有做得好的地方，父母要积极发现。孩子在课堂上做出了不当的行为，可能是因为孩子感到无聊——他早已掌握了所学的知识。青少年吸烟通常是因为他过于敏感，他在努力应付压力，尽管他用的是一种令人担忧的方式。4 岁的姐姐打了 2 岁的弟弟，可能是因为她在为弟弟没有像她一样遵守规则而感到沮丧。当然，她得知道打弟弟不对，但是仅仅惩罚她，没法让她明白怎么做才是正确的。首先，父母应该清楚地告诉她打人是不对的。然后，父母还要提醒她父母非常以她为傲，因为她珍视规则、以身作则。受到鼓舞后，她才能教弟弟她所知道的正确的行为。父母这样做的目标就是要让孩子的自信心油然而生。当她知道自己有能力时，她就能关注积极的特质，并且远离消极行为。

我曾把基于优势解决问题的办法应用到一个 14 岁患者丽塔的身上。当她开始吸烟后，她的成绩一落千丈。丽塔过去常常提到想去护士学校学习，长大后成为一名儿科护士。当她的妈妈做兼职为她攒学费时，丽塔不得不在午后和夜晚照看她的弟弟妹妹。她没有时间学习，因此变得很焦虑。"我就是想放松一下。"她点燃了一根香烟，接着说，"我只在他们睡觉后吸烟，我从来不在弟弟妹妹面前吸烟。"

我本可以训斥她，或给她罗列 40 个不能吸烟的理由。我本可以诋毁她，质疑她的品格，说她缺乏决心，或没能尊重妈妈的辛苦奉献。但是这些只会徒增她的压力，会使她吸更多的烟。相反，我安静地听她讲述她的故事，没有打断或批评。听了她的叙述，我发现了她所做的正确的事情。等她讲述完，我只是说："我们需要你这样的儿科护士。看看你把几个小孩照顾得多好。你给他们准备晚饭，时刻确保他们的安全。你给他们洗澡，哄他们上床睡觉。你真的很有责任心。你已经证明了你非常擅长照顾人。"说出她的长处后，我又说："但是，我还是有点担心你吸烟的量，而且我担心这样会破坏你的人生规划。咱们谈谈这件事好吗？"我们谈到了更健康的放松方式（见第 36~38 章），这样她就不会感到那么焦虑，还会更好地安排课业。

我经常使用精心设计的对话或以下的对话模式。

第一步："我注意到你有做得对的地方。"（通过总结他刚才提到的点来表明我确实注意到了。）

第二步："我很担心你。"

第三步："我们能解决问题吗？"

对青少年来说，如果父母首先注意到他做得好的地方，那么父母处理他们所担忧的事情就会变得更容易。并且当父母得到青少年的允许去帮助他解决问题时，青少年会认可父母的引导，愿意用实际行动做出改变。

自信是一个关键因素，它能让青少年抓住机会超越自我，敦促青少年勇敢地迈出做出积极行为的第一步。自信源于相信自己有能力，知道自己有优势。许多成年人因为过度关注孩子冒的险、犯的错或做的消极行为摧毁了孩子的自信。虽然成年人这样做是出于好意，但是他们这样做抑制了孩子进步的潜力，使孩子陷入了羞愧、绝望，进而感到无力的循环，让孩子无法从错误中走出来。为了深入理解这一点，请再看一遍第 17 章提到的 5 个促使孩子改变行为的步骤。这些步骤是许多行为改变理论的精简版，不过，我认为那些行为改变理论漏掉了一个要点：除非人自信地认为自己能够改变，否则人甚至不会允许自己开始第一步——意识到自己应该改变。仅仅关注问题会使人感到羞愧，摧毁自信，进而阻碍进步。

孩子会犯错。父母的职责就是让孩子的生活步入正轨，而不是让他肆意妄为，还自我感觉良好。但是，父母只关注孩子哪里做错了，就好像在给他的腿上增添重量，孩子将更难在受挫后复原。如果父母看到孩子的长处，提醒孩子他有能力成功，那么父母就为他注入了活力，帮助了他将失败转化为他可以从中学习、得以复原的经验。第 45 章会进一步讨论父母如何帮助孩子复原。

孩子会从老师、教练和同伴口中不断了解自己的优点和缺点。父母不能帮助孩子过滤一切有损孩子自信的信息，但是父母可以确信的是自己和孩子的联系会是一种保护，它会强调孩子的能力，让孩子建立起良好的自信。

第四部分
联　系

第 22 章

具有保护性的联系

人与人之间的联系给予我们慰藉，即使在艰难时刻，我们也会因为这种联系好起来。此外，它还会给我们深深的安全感，让我们坚信自己可以抓住机会，放手一搏。与他人的联系告诉我们："我们可以一起挺过去。"在他人遇到困难时，我们予以支持，这也让我们自己意识到，当我们需要他人的支持时，我们也有处可去。人与人之间的联系让我们能接受自己的脆弱，我们可以在他人的关怀中重新振作起来。在危机时刻，我们向那些与我们联系最密切的人求助，重整旗鼓，提醒自己，我们是一家人或我们是一体的，我们对生活的热情不变。

人与人之间的联系不仅仅能帮助我们走过低谷，还能让我们获得更多的安全感，让我们感到自在、快乐，让我们敢于拼搏、冒险，从而不断挖掘自身潜力。当父母和孩子建立了安全的联系时，孩子才能毫不动摇地相信父母深爱着他。有了这一坚实的基础，孩子才能更自如地同他人建立联系。反之，孩子则会更向内、更关注自己的需求，或者会不惜一切代价和他人建立联系——即使这样做并不一定符合他的最佳利益。

那么，如今大部分孩子和他人的联系有多么紧密呢？他们生活在各自的家庭里：有的来自单亲家庭；有的由父母双亲养育；有的生活在混合家庭，可能有三四位成年人充当养育者的角色。他们可能和兄弟姐妹、祖父母、叔叔、阿姨或堂（表）兄妹等有联系。此外，他们还有朋友、同学、老师和教练。然而，很多孩子和他人的联系很薄弱，也很有限。薄弱是因为：家庭成员都很忙，在一起的时间很少；亲子共处的宝贵时光总是很短暂，亲子活动的日期常常被潦草地标注在下一周的日历上。有限是因为：现在的家庭频繁搬家，孩子因此不得不离开自己的朋友;大家庭的成员有可能分散在全国各地,相距很远,许多孩子一年也就见祖父母几次而已。

现在许多孩子没有和亲戚、朋友,以及社区里的其他人建立紧密的联系。即使在家里,家庭成员也可能彼此擦肩而过,每个人都在各自的空间做各自的事情。孩子平均每天花上至少 7.5 小时看电视、玩电脑、听音乐和发信息。一旦人们不再需要彼此的陪伴打发时间,人们同家人的联系就会逐渐变弱。

独立还是相互依存?

有高韧性的青少年是自主的、独立的,但是他也需要和他人保持联系。期待孩子在成年前完全独立是不切实际的,也是不合适的。父母希望孩子在青春期时渐渐独立,但是不应向孩子传递“独立意味着切断与他人的联系”的观念。父母需要让孩子认识到健康的成年人都需要与家庭、朋友和社区保持联系。这样,他长大成人后,虽然还被要求独立,但也会默默渴望着与他人保持联系,也会擅长与他人保持温暖、安全的联系。

安全的联系

与他人的联系会给孩子带来不可或缺的安全感。孩子在出生后,父母就是他的世界的中心,随着孩子慢慢长大,他的人际圈子逐渐扩大,他会接触到更广的社会群体。大部分父母都了解亲子关系的重要性,但是可能忘记了,同他人建立新的联系也是孩子从儿童期到青春期的必修课。这些联系对培养孩子对他人的信任感至关重要。

孩子同那些令他感到安心和关注他的人建立紧密的联系,对孩子的健康发展和韧性的培养极为重要。一个成年人可能在孩子的生活中发挥着重要的作用。不断有关于韧性的研究表明,一个关爱孩子的成年人的指导和支持对孩子克服重重挑战至关重要。但愿孩子的一生中有很多人——父母、亲戚、同伴和老师支持他。

当孩子知道其他人关心着他,不管怎样都会支持他时,他就会获得安全感。安全感对培养韧性来说必不可少。如果没有这种社会基础,孩子就不愿突破自我、尝试新事物。如果他不愿承担风险,他就会固步自封、谨小慎微;就会止步不前，无法掌握新本领，无法提升自信。

孩子需要与多个圈子建立联系，这样他才能在家庭、在学校、在社会中感到安全，受到保护。父母不应让孩子贸然建立联系，因为有些人是不值得信任的。但是，父母还应非常谨慎，不能让孩子产生"陌生人焦虑"。如果父母告诉孩子，因为陌生人很危险，所以他绝不能和陌生人说话，那么，当将来有一天他需要建立即时性的联系时，父母过去的教导反而会限制他的能力。其实，如果孩子真的走丢了、被尾随了、被跟踪了，甚至被伤害了，他很可能需要向陌生人求助。如果父母提前让孩子对陌生人感到恐惧，那么孩子就失去了一种向他人寻求必要帮助的能力。最好的做法是，父母既清晰地指导孩子应该在何时、如何向成年人寻求帮助，又教会他如何避开危险。

与孩子共情

共情不是同情他人，也不是为他人感到难过。共情是站在他人的立场，设身处地考虑他人的处境。它指了解他人的经历和感受，进而产生同理心。它指在以他人的立场思考前，不事先评判。它不是"理解"——有时，一个人永远无法理解他人，但是至少会明白某件事情对他人有个人意义。有时，充满善意与真诚的"我无法想象"要比假装理解更有效。有时，说"我在努力；请帮助我更好地理解吧"更奏效。

父母与孩子共情，就是在告诉孩子，他的体会和认知很重要。父母总是把孩子视为自己的延续、需要解决的问题或需要被驯化的小动物。有时，父母想象不出孩子能有什么重大问题。"孩子和朋友间的小打小闹怎么能和我努力赚钱养家相比？磕破了膝盖就让他痛哭流涕了？我的朋友在和癌症抗争都没这样。"

父母总是忍不住说"会过去的"。但是孩子的问题和情绪是真实存在的。如果父母轻视、无视孩子的感受，那么孩子就会产生羞愧感，他就不会再向父母求助，可父母是他最宝贵的资源啊！

孩子的声音需要被倾听，也需要成年人站在孩子的立场理解。成年人要知道，孩子也会有自己的不安和困惑。孩子需要被共情，需要感到自己被倾听、被尊重；他也需要看到父母示范共情力，这样他才能成长为懂得关心他人的成年人。如果孩子没有站在他人立场考虑问题和感受他人处境的能力，那么他在将来也很难与他人建立积极的联系。

　　共情力是保护伞，也是预防针。当父母能与孩子共情时，父母就为孩子编织了一张情绪的安全网。当他遇到问题时，他会感到向父母求助很安全。当他遇到麻烦时，他知道父母会倾听他的心声，而非批评他或责备他。当他犯错时，他知道父母会帮助他改正错误，而非严厉指责他。当他遇到问题来找父母时，因为知道父母会对他的处境感同身受，所以他可能更愿意让父母指导他想出解决方案，他也能更安心地自己想出应对策略，从而避免使问题愈演愈烈。

父母对孩子情绪的回应

　　孩子十分关注你如何回应他的情绪。你看到过孩子跌倒吧？孩子跌倒后通常有两种反应：如果身边的成年人大惊小怪，他就会大哭；如果成年人平静地安慰他"没关系"，那么他就会爬起来继续玩。孩子的情绪是真实而深刻的。举个例子，孩子最好的朋友取笑了他，孩子非常伤心——如果成年人缺乏共情力，忽视或否定了他的感受，说"这有什么大不了的"或"会好起来的"，那么孩子就可能否认自己的感受，他可能不再信任自己的感受。当他感到难过或担心时，他还可能不和成年人说。不再感受自身情绪或不再向他人倾诉，会让孩子缺少极为重要的压力应对策略。

　　如果你让孩子不理会自身情绪，他自然也不会与你分享心声，那么你就剥夺了孩子一种与他人建立联系、让自己从逆境中复原的能力。那些有痛苦经历的人，正因为和他人保持了紧密的联系，所以才拥有了最强大的复原能力。

　　孩子如果在充满关爱的环境中长大，就会学着关爱别人。他衡量自己是否受到关爱的标准，就是看自己是否被倾听，看成年人是关注还是否定他们的情绪。简单的两句"我真的想了解你现在的感受。请告诉我，这样我就能试着理解了。"就会对孩子大有帮助，让他在生活中从其他人身上找到支持。

不愉快的情绪也有用处

　　孩子不必为自己的负面情绪感到羞愧，还有另一个原因：不愉快的情绪也有用处，因为它会提醒孩子，应该小心了。焦虑告诉孩子，孩子已经走出了自己的舒适区，可能正迈入危险的境地。难过提醒孩子，孩子对失败是多么在意，也教会孩子，要感恩自己拥有的一切。恐惧让孩子保持警觉。愤怒告诫孩子，某人已经闯入了他的"领地"，孩子可能需要保护自己。

当父母与孩子共情时，孩子也会学着感受他自己的情绪。当父母帮助他描述他自己的感受时，他的挫败感就会减轻，因为他能够表达自己的感受，能够更准确地告诉父母何时应该担忧他以及父母应该如何支持他。当父母支持孩子处理他觉察到的小问题或危险时，父母就是在帮助孩子成长为在情感上更成熟、更健康的人。但是如果父母不以一颗共情心倾听，甚至轻视孩子的情绪，那么孩子就会压抑自己的感受，甚至失去这些情绪所提供的保护。

关于男孩的特别提示

我必须特别提醒的是，你要允许男孩感受和表达情绪。你可能认为如今这个开明的社会应该已经解决这个问题了，但是研究表明，成年人对低龄的男孩和女孩有着截然不同的看法：女孩要得到更多的保护；男孩要经过一番锤炼，从而变得更坚强。"别表现得像个小女孩"这种话完全没有共情力可言。说这种话的成年人不仅没有站在男孩的角度看待问题，还让男孩因为自己不愉快的感受而蒙羞。如果成年人让男孩不理会真实合理的情绪，那么成年人就剥夺了男孩和他人建立联系、日后从困境中复原的重要能力。

其实，已经有研究成果表明，男孩内心世界的丰富度会随着成长逐渐被抑制。教育学博士尼俄柏·韦（Niobe Way）的《深层次的秘密：男孩的友谊与人际关系危机》（ *Deep Secrets: Boys' Friendships and the Crisis of Connection* ）记载的研究成果表明，中学阶段的男孩会讨论他与他人的友谊有多深，甚至会描述他对朋友的爱。他会谈及自己想要被倾听，渴望能有一个对他无所不知的人。然而，当男孩长大，他在谈及兄弟或描述兄弟之情时多是围绕某些活动，而不再探讨联系的意义。其实，他开始认为他以前珍视联系的做法有些女子气。

没人能够靠一己之力改变世界，也没人能够全力保护孩子不受社会对性别的刻板印象的影响。父母必须确保自己能为孩子创造一个空间，让孩子能够充分地表达情绪。父母要知道，即使情绪没有表露出来，它也是真实存在的。

孩子有着深刻而丰富的内心世界，即便他没有表露出来。有了这个认知，父母就不会对孩子（偶尔或经常）的沉默感到沮丧，父母的看法也会从"他什么也不在乎"往"他需要一点空间处理自己的情绪"转变。你的理解会帮助他构筑情感上的韧性，不会使他强化这种认识——情感不是男人该理会的东西。

我梦想着，男孩不必认为成为男人的标志就是学会压抑自己的情感。敏感也是男子气概的必备特质，它让年轻男性成长为更好的伴侣、合作伙伴和父亲。

所有的孩子都应该充分地享受稳定的联系所带来的种种保护。更自如地寻求外部支持会对人的生存产生积极的影响，会让人在困难时刻更具韧性。

第 23 章

深呼吸，你们在共同调节

　　孩子通过观察身边的成年人判断自己是否安全——他在发火前甚至会先察言观色。试想一个幼儿在小区里蹒跚学步，突然，他摔倒了。他一屁股坐在地上，环顾四周，大大的眼睛里满是惊愕。他嘟起了小嘴儿，想："我现在应该哭吗？"如果他的妈妈跑向他，迅速把他抱起来，紧紧搂在怀里，又仔细检查他的胳膊和腿受伤与否，那么孩子就会放声大哭。如果他的妈妈很平静，迅速判定孩子没什么大碍，对孩子说："站起来！爸爸还等着你呢。继续走！"那么孩子就会站起来，面露笑意，摇摇晃晃地继续走。

　　人倾向于根据周围人的情绪调整反应，而这种倾向并不仅仅存在于学步期。试想你正在搭乘的飞机上读书，飞机突遇气流时你会做出的反应：你的胃部有下坠感，一股强烈的危机感席卷而来。你看向空乘以判断是否应该让自己平静下来。如果他们仍然面带笑容，那么你就会深吸一口气，继续读书。

　　人对他人反应的敏感程度在最重要的关系中最高。比如，我的情绪状态就总是会和我妻子的情绪相互适应。当她心烦意乱时，我的冷静让她恢复平静。而后，在我失去理智的时候，她也会为我做同样的事——在我需要的时候向我展示她镇静的一面。我们已经学会了轮流帮助对方减轻极大的压力。而当我知道她很高兴时，往往我也会感到心满意足。

有关人际关系和压力的科学小课堂

　　本章是以人际关系和应激反应的相关科学知识为基础的。要理解一个人平静或不安的情绪如何影响他人，就要先了解一些关于情绪的生物学基础知识和科学术语，虽然你并不会在日常对话中使用这些术语。

❋ **自我控制**是人对自身心理或行为的主动掌握能力。它关乎一个人能否控制冲动。

❋ **自我调节**比自我控制更深一层，是一种影响情绪状态的能力。当情境令人不安时，它决定一个人能否超越自己的本能反应。这种能力使人能保持适当的专注，处理手头的任务。

❋ **调节异常**指人在极其躁动、警惕或烦恼时，无法让自己稳定下来的状态。在调节异常的状态下，人更容易焦虑、冲动、敌视他人或失去控制。

❋ **共同调节**指一个人因他人的出现而平静下来。它是一种人际情绪反馈循环，有助于人的自我调节。然而，它也具有破坏性。它也可能加重压力，或使人反应过度，从而加剧调节异常。

❋ **大脑的高级功能**指让人保持审慎思考的能力。这些功能由大脑皮层指挥，帮助人根据具体情境自然而然地思考，并为将来做规划。这些功能也帮助人解读困难，决定人的安全感的强弱，让人保持冷静。它们之所以被称为"大脑的高级功能"，不仅因为控制这些功能的区域是大脑中最高级的区域，还因为这些功能可以控制大脑更低级——或者说更本能、更情绪化的大脑区域。自我调节就是基于大脑的高级功能实现的。在人压力极大时，大脑的高级功能无法正常履职，但是人可以培养一些技巧，给身体发出一些信号，确认自己没有面临危险，从而让大脑的高级功能发挥作用。

❋ 大脑的**边缘系统**（主要是**杏仁核**）的功能有时被描述为控制**大脑的低级功能**。它对人的生存至关重要，因为它能检查环境并识别危险，并且让人对潜在的危险做出本能的反应。此外，它也和许多情绪有关。

❋ **压力负荷**指人在某一时刻所承受的压力大小。它影响着人在某一时刻的行为是被大脑的高级功能掌控还是被低级功能掌控。为了让身体正常运转，人在生活中需要承受适当的压力。人承受的压力要保持在自身可以调节的"容纳之窗"的范围内。但是，没有人能确定他人压力负荷的程度或真实度。压力负荷是人体对威胁的主观感受。

❋ **毒性压力、创伤**或**长期性逆境**都是一个人在生活环境中可能承受的压力

因素。这些压力因素会改变大脑的发展，使大脑的边缘系统对环境信号
尤为敏感。

❋ **交感神经系统**是控制战或逃反应的系统，在人察觉到危险的时候启动。
交感神经系统被激活时，人就做好了虎口脱险的准备，无法保持冷静、
理性，无法做计划。大脑的边缘系统此时处于高度亢奋的状态。

❋ **副交感神经系统**也被称为镇静神经系统，帮助人维持基本的身体功能。
人处于正常状态时很容易消化食物，血压也很平稳，心率也慢，这样人
就可以思考、反思、做计划。这时，控制大脑高级功能的大脑皮层占据
主导地位。

孩子的情绪由发展中的大脑调节

第 9 章详细阐述了儿童期和青春期的大脑发展情况，有了这些知识，你就
能根据孩子的大脑发展状态，培养孩子的自我调节能力。在青春期，大脑的情
绪中枢迅速发展，用于做决策、计划的思考中枢——大脑皮层——发展相对滞
后。在内心平静的状态下，青春期中期的青少年大脑皮层的推理能力可达到成
年人的水平。然而，在痛苦或不安的状态下，青少年发达的情绪中枢——杏仁
核——就会占据主导地位，使青少年在极度痛苦时很难保持理智。

平静的父母能够让孩子产生安全感。在收到"现在没有危险"的信号后，
孩子的情绪中枢就会镇静下来并专注于积极的情感和行为，比如同情心、友善
和联系。父母的关爱会让儿童和青少年展现出最好的自我。

最后一点：有过痛苦经历的青少年的情绪中枢极其发达。他很容易察觉到
危险，并且保持高度警觉，进而识别潜在的危害。他能够敏感地察觉到旁人可
能忽略的威胁（有些威胁是真的，有些是夸大的）。察觉到危险时，他大脑的
情绪中枢开始占主导地位，因此他难以周全地思考。但是，在平静的状态下，
他又能体现出高情商，因为负责察觉危险的杏仁核也是包括同情在内的多种情
绪的起源之地。因此，你可能注意到当孩子的压力负荷很高时，他的情绪反复
无常，但是当他感到安全时，他又很敏感、有爱心、对他人呵护备至。

自我调节是一项需要锻炼的能力

孩子需要具备一些让他能够调节自身情绪、进行周全思考的技能。掌握这些技能是无法一蹴而就的，孩子需要不断练习。学习自我调节是一项重大而困难的任务，孩子要克制本能的冲动，就需要遵守很多规则！苏珊·菲尔普斯是美国印第安纳州范德比尔特大学神经学教育中心的主任，我从她那里了解到，要让孩子掌握这些技能，成年人需要付出很大的努力。然而，很多成年人把孩子无法自我调节归结为孩子有品格问题或先天缺陷，以至于错失了成为最佳指导者的机会——如果父母认为孩子没有控制情绪的能力或不遵守规则属于品格问题，那么他们就会对孩子的调节异常感到气恼（从共同调节的角度来看，这是非常不好的！）。苏珊指出，知道规则和遵守规则本身就是两回事。只知道汽车应该在车道上行驶、不要超速、变道要发出信号示意并不能让人成为一个好司机。就像学开车一样，孩子掌握一项技能的确要先了解知识，但是只有经过成年人平静的指导，在练习中不断精进，这项技能才能被牢牢掌握。

先暂时忘掉规则，想想成长本身的痛苦吧。成年人经常认为，儿童期和青春期是人生中无忧无虑的阶段。这种过于单纯的想法让成年人想当然地认为青少年的生活不会很复杂。然而，在努力回答人生中最基本的问题——"我是谁？"时，青少年极易受到一些信息（比如自己不够好、自己可能不适合等）的影响，这些信息对自我意识的发展极为有害。平静的成年人给予的坚定不移的支持正是青少年所需要的，这让青少年知道自己现在的样子就很好。

每个人都会遇到阴霾

没有完全调节得当、从未发生过调节异常的成年人。所以，儿童和青少年也会有调节异常的时候。他们在压力过大时最可能发生调节失常。在最需要成年人发挥镇静作用的时刻，儿童和青少年也很可能做出种种把成年人推开的行为，这虽然有些奇怪，但是并不难让人理解。

最糟糕的日子同时也是最需要练习自我调节的时候，然而，此时的儿童和青少年很可能拒绝成年人的指导。此时的他们正在"逃离虎口"。他们专注于"逃生"时，就很难在成年人安排的各种学习活动中学到知识和技能。

共同调节

当孩子处于调节异常的状态，并且对危险信号十分警觉时，他最需要你坚定不移地在他身边支持他。他需要你镇定自若。就好像幼儿用环顾四周来判断跌倒是否会让他陷入危险那样，你必须向孩子发出安全信号。你的出现意味着向孩子发出了语言信号和非语言信号，向他传递了安全感，告诉他没有危险。一旦他的神经系统捕捉到了安全信号，由应激激素引起的调节异常就会消失。

你要保持冷静、注意力足够集中，让孩子因为你的存在冷静下来，这对你来说并不容易。当孩子感到压力很大或发生调节异常时，你保持冷静更是难上加难。在这些时候，你即使不感到恐慌，也无法集中注意力。记住，就像自我调节是一项需要练习的技能一样，共同调节也需要刻意练习。在某些时刻，你需要在你的技能库中搜索、选用一些你还不熟练的共同调节的技能。你可以在心情平静的时候反复练习这些技能，让它们在你真正需要的时刻成为你下意识的习惯。

平静下来

共同调节这个术语经常用来描述一个人的镇定会给他人提供怎样的帮助。然而，反之亦然。你的愤怒、傲慢或害怕会使情况恶化，使青少年更难振奋起来。因此，对你来说，让自己保持冷静很重要。学会让自己保持冷静给你带来的好处不仅是让你成为更好的父亲或母亲，它会让你拥有自我调节的能力，让你的思维更清晰，让你掌握放松的要义，最终改善你的健康状况。当你大脑的高级功能占据主导地位时，你知道自己能够完成更多的任务，而且做起来也更有效率。当你学会减轻你的压力负荷时，你的身体会注意到这一点，这时你的交感神经系统会为副交感神经系统让路。这对你终身的健康有益。

在本书的第六部分，我详细阐述了一些让你平静下来的策略。当你细读该部分时，请着重记住以下这些要点，它们会帮助你提高共同调节能力。

※**脱离危险**。如果说调节异常指感觉危险就在眼前，那么让自己平静下来

的一个最好的方法就是让你感觉脱离了危险。运动是一种消耗应激激素的有效方式，可以安抚被应激激素激活的交感神经系统和大脑的边缘系统，会向你的身体发出你已经脱离危险的信号（见第 36 章）。

❖ **控制思考。**你可以控制自己的思考方式。你可以叫停由恐惧驱使的灾难化思维。这是走向平静的第二步——在你消耗了激活交感神经系统的应激激素之后。第 14 章详述了如何清晰地思考，第 34 章会进一步讨论如何控制压力。

❖ **激活镇静神经系统。**副交感神经系统和交感神经系统是交替工作的。换句话说，其中一个系统处于激活状态时，另一个系统就处于待命状态。因此，本章的标题是"深呼吸，你们在共同调节"。只要激活副交感神经系统，交感神经系统就会偃旗息鼓，你就会平静下来，这时大脑的高级功能就会占据主导地位。这样，你思虑周全的一面就占据了上风。你确实有这样的"开关"！读完第 36 章后，你就会知道为什么深长而缓慢的呼吸是一个充满魔力的开关——它可以激活副交感神经系统，让你保持平静。

给自己一点时间，让自己平静下来，不管是对 3 岁的孩子还是对你来说，这样做都是有效的。让自己休息一下吧。记住，你最需要平静的时刻正是你最不可能让自己平静下来的时刻。像这样给孩子做示范是个不错的选择："你需要的是状态最好的我。但是此刻我不在最佳状态，我需要缓一缓来休整一下。"然后，告诉孩子你会做什么事让自己平静下来——跑步、看书、给朋友打电话、冲个澡。了解了吗？这就是在教孩子自我调节。（作者寄语：每个人都需要时间让自己平静下来，即使是在心理调节方面经验丰富的我也需要这样做呀。）

使用语言及更多

好吧，你已经调整好了。现在再来谈论一个能帮助孩子平静下来的技能——使用你的语言。你的语言也是一种示范，它能让孩子意识到语言具有表达思想和情绪、最终让人恢复平静的力量。

　　但是，你只有用正确的方式和方法，你的语言才能起作用。因此，在你考虑具体说什么话之前，你还要考虑用什么非语言信号（比如肢体语言）。只有在肢体语言没有威胁性的情况下，让人平静下来的话才是最让人信服的。在你说话前，像坐下来这种最简单不过的肢体语言就不会让孩子产生被压迫感，但如果你站着，孩子就可能感到被威胁。肢体语言应该传递出"我在真诚地倾听"，而非"我急于进行下一项任务"的信息。接下来，在你说话时，你要注意语速、语调和音量。这意味着，你说话的速度要更慢，要用温柔、抚慰人心的语调——即使（哦不，特别是）在你说话时孩子传递出了与你期待的截然相反的非语言信号。一旦你有效地使用非语言信号与孩子交流，你就可以关注自己具体要说什么了。

　　考虑具体要说什么时，你需要记住以下几点。首先，设身处地考虑孩子当时面临的困难，因为孩子需要看到，你理解他正在经历的事情对他来说真的很难。这种确认可以加强你和孩子之间具有保护性的联系，进而减轻孩子的压力或降低调节异常的程度。其次，在你确认了孩子面临的困难后，安静地和他待上一会儿，他需要时间开始进一步自我调节（见表 23.1）。记住，你镇定地出现在孩子身旁，就会向孩子传递非语言信号，告诉他现在没有危险。他需要几分钟的时间让自己的镇静神经系统充分运转起来，所以，请给他一些时间。最后，等待的时候，除非孩子提问，否则你就不要试着纠正什么或给孩子提供解决方案。这时的压力负荷是孩子可以承受的，在你的支持和共同调节下，他会学着解决问题，进行更复杂的思考，创造一扇新的"容纳窗口"，并且自己把问题想清楚。这样有助于他提高自我调节能力。

　　急着帮孩子解决问题，虽然可能减轻了你的不适感，但是剥夺了孩子学习的机会。你不需要多说，只需要陪在孩子身边，就是对他的保护。你试图"纠正"某个问题，会在无意中向孩子传递这样的信息："我认为你自己没办法处理好它。"你意识到问题并镇定地陪在孩子身边，但不直接解决问题，意味着你相信只要他感受到了你的支持，他就有能力应对。你可以再回顾一下第 7 章的相关内容。

表 23.1　培养孩子自我调节时，父母可以说的话和要避免说的话

请这样说，表明你对当下困难的理解	避免这样说，不要试图"快速纠正"
这个数学问题看起来很难啊。	这个问题很简单，你可以做出来的。
我注意到你的朋友今天和迈克尔坐在一起。	他和迈克尔坐在一起没什么大不了的。他们只是在做小组作业。
我知道你认为我的做法不公平，因为我说你弟弟可以出去玩，但是你必须做完功课才可以。	你只要做完功课就可以出去玩了。
刚才你爸爸对你感到失望，我知道这让你很难过。	别担心，你爸爸会原谅你的。你告诉他下次你会更努力就是了。
我知道你今天想玩那个新篮球。它漏气了可真让人恼火。	我们明天再买一个新的就是了。你今天可以玩点别的。
你只是想帮助你的朋友，没想到他把你推倒了，这真让人难受。	他不是有意推你的。这只是个意外。
我今天去学校接你接晚了，你害怕了吧。	你不必担心。我肯定会去接你的。我不会把你丢在学校的。
我在这儿呢。我哪儿也不去。	会过去的，你可以应对的。

像水里的鸭子

前文提到了成为灯塔型父母、成为海岸上的一股稳定的力量对孩子有多么重要；孩子不仅会对照着你评估自己，而且不管离你有多远，孩子都会把你视为稳定的力量之源。这就是共同调节。但是事实上，生活比这样的比喻复杂得多。有时，你可能想成为稳定的灯塔，却常常感觉自己更像水里的鸭子，看起来像在沿着河流毫不费力地游动，但是水面下的双蹼在拼命划动。从短期来看，在困难来临时，试着像那只水面上优雅滑动的鸭子一样看向你的孩子吧。从长期来看，向孩子示范解决问题的方法，培养孩子的自我调节能力，帮助孩子理解生活虽然看起来毫不费力，但是解决生活中的问题其实需要下很多功夫。

第 24 章

倾听的艺术及其重要性

"我的父母从来不倾听我的心声。"孩子不仅仅想让父母带他去游乐园,更想让父母倾听和尊重他。他希望得到父母的关注,即使他有时似乎是要把父母推开。倾听是每一次良好人际互动的出发点。父母可能认为自己在倾听孩子的心声,但自己其实只是在听孩子说的话。倾听话语背后的意义和听声音是截然不同的。

有些父母告诉我,他们在孩子感到困惑时经常不知道该对孩子说些什么。他们担心自己给出错误的建议,会使事情变得更糟糕。我的回答始终如一:"别担心,听就好了。如果你能与他产生共鸣,那么你就能帮助他把事情想明白。"

放弃自己应该无所不知的幻想吧。摒弃"好父母总是能够拿出现成的解决办法"的谬论吧。如果你相信这样的谬论,那么你就会觉得自己作为父母永远不够格。然而,没有哪个人知道所有问题的答案。相反,如果你认真地倾听,那么你的孩子就知道他的身边总是有人支持他,他就能卸下思想上的包袱,自己想出解决问题的办法。有的问题是没有解决办法的,只有时间能解决问题;即使如此,倾听还是会让孩子感到自己获得了无条件的尊重。

"耳塞"

父母应该识别并克服倾听的重重障碍。没有倾听,就没有坦诚的、深入的讨论,从而丧失了增强家庭凝聚力的绝佳契机。最常见的障碍之一就是父母总是太早就戴上了"耳塞",企图发挥为人父母的智慧,而这样做会让父母无法倾听孩子说的话。"耳塞"只会阻碍讨论正常进行。以下是三种父母需要摘掉的"耳塞"。

❀ **父母警报**——"我的孩子遇到麻烦了！"。"妈妈，布莱恩作弊……"在孩子还没说完时，父母马上带着解决办法开始插话："我告诉过你他对你的影响很坏。我得给你的老师打电话。你不能坐在他的旁边了。"这样做会让父母失去一次和孩子讨论诚实的重要性、努力学习的价值，以及独立完成某项任务能获得满足感的机会。也许对孩子来说，他也失去了一次向父母表明他对欺骗的看法的机会。

❀ **父母对沉默的不适感**。大部分成年人受到的教导是，沉默是为了准备进一步的谈话，但是他们还是觉得沉默令人难堪。当孩子正在努力找寻正确的词语，试图告诉父母困扰他的事情时，或当他只是思考接下来该说什么时，父母总是想用满含智慧的箴言填补沉默。最好给孩子留出一些时间，让孩子把思想转化为话语。如果他看起来百思不得其解，那么父母就可以试着用一些简单的引导语，比如："嗯，你真的在仔细思考呢。"

❀ **对孩子的错误感到不满**。当孩子犯错时，大部分父母都会感到不满。父母往往不会让孩子自己把事情想明白，而想要纠正孩子的想法，以免局面失控。因此，在孩子自己找到解决问题的办法前，父母会告诉他如何避免或纠正错误，而非倾听孩子的心声。

怎么知道孩子何时想要谈谈？

要是孩子和你能有专门进行深入讨论的时间该多好；要是孩子开始谈话前会说"现在我想谈谈了，你有时间吗？"该多好。

孩子很少直接说想要谈谈。他不会拿着一个条理清晰的重要事项安排表来找你。相反，由于每个孩子的情况和个性不同，在不同时刻的心境不同，所以孩子接近你的方式也有所不同。有时，他可能皱着眉头，悄悄地走向你，这就说明他内心不安。有时，他可能假装漠不关心地说"我能在乎什么呢？"来看看你是否有兴趣听他讲话。他可能开口说这样一个故事："我有一个朋友，他……"这样他就可以在不用坦白的情况下向你寻求建议了。

他可能采用循序渐进的方法——只说出故事的一小部分，来试探你做何反应。如果你轻易地批评他或给出糟糕的建议，你就不会通过孩子的测试。当然，孩子也会抛给你重磅炸弹："来吧，爸爸妈妈，你们现在打算怎么惩罚我？"如果你马上惩罚他，你就无法倾听孩子抛出重磅炸弹的原因。

愤怒最难以应对，但是它常体现在青少年的行为中——他怒火中烧，因为出现问题而责怪父母。为什么责怪父母呢？因为父母是青少年能够怪罪的最安全的人选，父母是唯一能接纳他的愤怒，并且依然爱他的人。让青少年把怒火发泄出来，告诉他他的做法是否欠妥，但是要保持平静，不要惩罚他。父母可以这样说："你好像需要把心里的想法说出来。我会听着的。"有时，父母可能需要给自己时间平静一下才能保持冷静和客观。这就让父母有了人情味。父母可以说："我听到了你的愤怒，但是如果我现在就回应，我们都没办法解决问题。我要出去走走。我回来时，我就能做好准备倾听你说的话了。"父母这样做可以成功避免事态进一步恶化，并且向孩子示范积极的压力应对策略。

总能找到你

如果你对孩子传递的大部分信号很敏感，那么你就完成了有效倾听的第一步。有效倾听的第二步就是让孩子知道他总能找到你。孩子需要和你谈谈的时间，通常不一定符合你的日程安排，所以，灵活是这一步的关键。无论你计划怎么和孩子沟通，倾听都是你能够做的最重要的事情。当然，孩子也得尊重你的日程安排。比如，你不需要允许孩子在你打电话的时候打断你和他人的谈话。你可以说："你先思考一下。我3分钟内打完电话就来。"每时每刻都灵活安排时间是不现实的。当你感到孩子需要你，但是你暂时脱不开身时，你可以向孩子解释，你知道他需要你的时间和关注，然后明确告诉他何时可以来找你。如果你已经知道孩子有心事，而你又推迟了你们的讨论，那么你可以在晚些时候（在他放学后或由他人托管时）给他打电话，让他知道你一直想着他。

自然而然的倾听机会

家庭会议不仅为父母提供了倾听孩子心声的机会，也是解决问题、增强家庭凝聚力的绝佳方式。其实，孩子想要谈谈的时间通常和父母规划好的时间不一致。一些最富成效的对话可能在某些时候自然而然地进行，比如在你们一起搭建模型时、你们烤生日纸杯蛋糕时或你开车时。尤其是对男孩来说，当他可以看向四周，表现出一副满不在乎的样子时，他可能更愿意说出自己的感受。那么，开车带他出去玩就是进行对话的好时机，玩球或打比赛也可以让他不假思索地打开话匣。记住，在那些有眼神交流的情境中，许多男孩没办法敞开心扉。

时间的质与量

在奔忙的生活中，父母总是提起"要给孩子高质量的陪伴"。我同意——有些时候，父母心无旁骛地陪伴在孩子身边，就是最有意义的陪伴。如果要说点不那么普遍的看法，那么就是，陪伴的时长也很重要。所有父母都不得不履行多重责任，但是也要尽可能地给孩子留出更多的时间。在某种程度上来说，父母陪伴的质量是受陪伴的时长影响的。我并非要你辞去工作。我想说的是，如果父母花更多的时间陪伴孩子，那么父母就有更多倾听到孩子心声的机会。父母并不一定会在孩子每一个遇到困难的时刻或需要贴心交流的时刻陪在他的身边，但是和孩子待在一起的时间越多，父母就越可能在重要的时刻倾听到孩子的心声。

抑制打断孩子讲话的冲动

父母打断孩子讲话出于两个原因。首先，大部分人都觉得沉默让人不舒服。其次，抑制父母表达教养智慧是很难的。父母可以学会控制自己不公然评论重大事件，但是在试图倾听孩子、给孩子以支持时，父母通常无法意识到，自己释放出的微妙的信号会产生多大的影响。在日常对话中，父母会留下评判、教化、贬低、否定、灾难化、轻视和羞辱的蛛丝马迹。以下的例子说明了孩子会如何解读父母的不同反应。

　　9 岁的玛德琳上完芭蕾舞课回到了家，泪眼婆娑。渐渐地，她开始道出事情的原委。原来是她的老师说她虽然有进步，但是可能依旧无法在演出时做好屈膝的动作。

　　如果母亲说："她怎么会知道你做不好？"老师在玛德琳眼中的威信就会降低，母亲没有重视问题，也无法帮助她做好屈膝的动作。

如果她的母亲说:"小宝贝儿,你会成为舞台上的明星的。"玛德琳就会对母亲的言过其实表示质疑,并且认为母亲没有把她真正的恐惧当回事儿,进而因为想要表现好而承受更大的压力。

如果她的母亲说:"好吧,如果你想停掉芭蕾课,那就停掉吧。"母亲就把情况转化成了一场本来并不存在的灾难。

如果她的母亲说:"哦,别哭了,亲爱的。没那么糟糕。"那么,母亲就是在轻视问题,虽然女儿真的感到很难过。

如果她的母亲说:"你的老师没有权利这么说你!"那么母亲就在进行道德评判。如果玛德琳认为她的老师还不错,那么她们下一步的讨论就无法进行了。

在以上的例子中,母亲没有安静地倾听,反而随口说出意见。父母可能认为自己并没有直接表明看法,因为父母发表评论只是为了让讨论进行下去罢了。但是孩子对父母的意见和态度极为敏感,特别是父母的批评性意见,他会努力捕捉那些细枝末节的线索,对父母的感受一探究竟。

鼓励孩子继续说下去

让孩子开口的关键是你要少说话,并运用简单的短语把讨论进行下去。这两点在一开始极为重要,因为你想让孩子足够畅快地表达他的想法。为此,孩子必须知道你在认真地、心无旁骛地听他讲话。

下面的谈话方式可能使你在初次使用时感到有点别扭,因此你需要练习才能让自己的话真实可信,而非让人感觉你在试图扮演心理治疗师(心理治疗师在接受训练后才能控制自己评论的冲动;不评论会让患者感觉自己不管说些什么,都会被倾听和接纳)。相信我,这很重要。我建议你和其他成年人一起练习以下谈话方式,直到你可以自然而然地让讨论进行下去。

第一点:谨记沉默是金。什么都不要说,就是在大声地告诉孩子,你正在接纳说话的这个人。但是,这并不意味着你认可他说的一切,这只是表明你很乐于倾听他说的话。

第二点:如果你在安静且全神贯注地倾听时非常想展现你的聪明才智,请克制住!继续简单地回应,让孩子知道他说的话引起了你的注意,你还想听到更多的内容。你可以这样说：

* ❁ "再和我说说吧。"
* ❁ "看来你真的有很重要的事情要和我分享。"
* ❁ "请继续。我真的非常感兴趣。"
* ❁ "看来你的小脑袋瓜里有很丰富的思想呀，你能说出来我真高兴。"
* ❁ "你能如此坦诚地和我分享你的感受，让我很欣慰。"
* ❁ "你能自在地和我聊天，这对我来说真的太重要了。"
* ❁ "你能描述出来发生了什么，可真了不起。"
* ❁ "你能再说一遍吗？对你所经历的事情，我得确认自己是否真的理解了。"

你会知道孩子在什么时候卸下了思想包袱。他说完想说的话之后，就会感到如释重负。这时，孩子的语速会放缓，他的肢体语言会变得柔和，他甚至还会反过来问你："你怎么看待这件事呢？"

这时，你要确定的是，你完全清楚你们的讨论进展得很顺利。如果你不是很清楚，你可以复述一下你听到的内容，然后说："这就是我所听到的。我理解得正确吗？"如果想确认他的感受，你可以说："看起来你觉得……对吗？""如果那件事发生在我身上，我觉得……你是否多少也会这么想啊？"对同一件事情，12 个人会有 12 种解读。理解孩子的话，才是讨论的要义。你如果能正确理解他的话，在倾听时非常认真，甚至可以复述他的想法，那么他会非常感激你。

如何给孩子建议？

孩子偶尔会来向你征求建议。这时，说出你的建议就是了，但是，永远不要试图对孩子说教和给出批判性的评价。把你的建议分成孩子可以消化、吸收的若干小份，再用孩子可以理解的语调和节奏把它们说出来。如果你一股脑儿地给出 10 条绝妙的建议，孩子会不知所措或感到困惑，那么你所说的大部分内容他都无法理解和吸收。

有时，你只需要充当孩子的"共鸣板"就可以了，至于其他的事，你完全可以什么都不做。但是，孩子有时需要你的直接指导。此时，你最好直接问孩子："我怎么做才能真的帮上你的忙呢？"当你察觉到孩子需要指导时，你可能认为说出自己的想法其实无法帮他走出困境，但是你可以这样说："呃……你会怎么处理呢？"

注意你的肢体语言

即使掌握了有效倾听的全部技巧，如果你的肢体语言传递出了不同的态度，那么你还是会把讨论搞砸。一个僵硬的姿势、皱一皱眉头或眉头紧锁，都透露出听者虽然没有进行任何评判，但是不愿意倾听。当孩子试图谈论某一个令他担忧的情境时，你如果没有身临其境的感受，就很难倾听下去。成年人常常关注自己的话语，但是不注意自己的肢体语言。令人不快的肢体语言和冷漠的话语一样，会让谈话戛然而止。当孩子感到你生气了或你对某个问题感到畏惧时，他就会闭口不谈。

❋如果你告诉孩子你有时间倾听，那么就表现出来：坐下，坐到孩子可以平视你的高度，不要高高在上；消除干扰，关掉电视和手机，就坐在那里。

❋深长而缓慢的深呼吸可以让飙升的肾上腺素水平降下来，因为过高的肾上腺素水平可能使你因为焦虑而出汗、双腿颤抖。诱导你的身体，让它认为你正处于很放松的状态。这会帮助你更清晰地思考，避免情绪突然爆发，阻碍讨论的进行。有时，深呼吸也不管用，特别是当孩子的问题使你感到畏惧或焦虑时。这时，先离开一会儿，在附近运动一下，跑一跑。记住，压力会使你感到像受到了攻击。有时，你在逃离危险前是无法思考的（见第36章）。

❋避免做出各种具有防御性的肢体动作，它们表明你对当前讨论的内容感到不适。避免环抱双臂、用手指点桌子或抖腿，这些动作都表明你感到焦虑或厌烦。

❋要多抱抱孩子，因为拥抱让每个人（包括你）都感到更好。孩子把拥抱视为安全和受到保护的标志。

　　我的经验是，要做到有效养育，没有什么比让孩子知道他被真正地倾听更重要的了。这并不意味着你必须赞同孩子说的一切以及容忍他的所有行为。在你给出任何有用的指导之前，你必须向孩子传递明确的信息——你在真诚地倾听孩子的话，并且在试着理解他的情绪。在和任何年龄段的孩子沟通时，你都需要创造一个舒适区，让孩子知道你是值得信赖的。否则，他可能闭口不谈，甚至通过撒谎来保护自己，让你不要再烦他。无论孩子来找你是因为遇到了严重的困难还是日常琐事，你都要耐心地倾听、不做任何评判、不刨根问底、不直接给出解决办法或建议来打断孩子讲话，这样你才能为孩子创造舒适区，从而向孩子传递明确的信息——你无条件地爱着他，你一直都在，孩子可以无条件地接受你的爱。

第 25 章

增强家庭凝聚力

你已经知道，倾听是一个主动而非被动的过程。它让人（无论年龄多大）知道自己受重视、被关爱、被在乎，自己是值得被理解的。因此，倾听才是增强家庭凝聚力的关键。当然，你还可以采取其他积极的方法增强家庭凝聚力，进而培养孩子的韧性。本章会提供一些方法以增强家庭凝聚力，促进亲子坦诚沟通。采用第 3 章提到的灯塔型教养方式也有助于增强家庭凝聚力，它会促成这样一种亲子关系——孩子理解父母在他生活里的重要意义。

低产时间获得最高产出

当孩子还小时，父母会对他每一个不同寻常的举止都表示惊叹，父母会为孩子的游戏鼓掌，会为孩子的每一个进步喝彩。随着孩子长大，父母陪伴孩子的时间开始减少，而孩子有时也没那么可爱了。当他说不太愿意和父母待在一起时，他看起来就特别不可爱。结果便是，父母想要通过进行关于分数、表现和结果的"高产"对话，让亲子时间被高效利用。这是父母犯的最大的错误之一。

父母在更少的时间里给孩子不断加码，就相当于在推开孩子。在有限的时间内获得高产出，这件事本来就让人焦虑万分。父母想让孩子享受亲子时光，而非对此感到恐惧。父母过分关注孩子的产出，会使孩子觉得自己是一件产品。父母知道孩子表现得如何，但是不知道孩子作何感受。父母知道孩子的分数，但是不知道孩子面临的挣扎苦痛。过分关注孩子的产出会让父母错失教养的最佳机会。

当我和不同的青少年交谈时，他们通常会抱怨自己的父母只关注他们的分数或表现，好像不再关心他们本身。我就会问他们，除了他们产出的结果之外，他们会和父母分享多少关于自己的事情。青少年们通常的反应是什么呢？"那些就是我们聊的全部内容了。我的个人生活是我自己的事儿啊。"了解了吗？这是一个循环。首先，父母想要通过关注所谓的"重要的事"，来最有效地利用和孩子的相处时间。然后，孩子认为这就是父母关注的全部内容，所以他就不会和父母再谈别的了。结果就是，父母对孩子的不分享感到难受。父母想要教养孩子，就必须了解他。父母想要了解孩子，就必须让孩子袒露自己的心声。

我告诉青少年们，主要应由他们自己来打破这种循环。如果他们能为亲子双方找到时间、创造机会，用于进行坦诚的讨论，那么父母很可能也能做到对他们坦诚。如果他们只和父母分享自己的分数，那么他们真的不应该期盼父母能够看到他们在生活中丰富多彩的另一面。

父母虽然确实很想知道孩子的分数，但是了解孩子的内心世界更重要。这样并不妨碍父母给孩子提供指导。当父母和孩子都期盼着共度亲子时光时，父母就会发现更多可以和孩子共度的时间。在新发现的共处时光中，有一些时间可以用来解决功课和其他重点事项，但是大部分时间都要用来维系亲子关系。如果你认为自己本可以用这段时间帮助孩子获得成功，担心维系亲子关系会浪费重要的时间，那么我向你保证，给予无条件的爱才是帮助孩子获得长远成功的真正要素。

创造一些家庭仪式

即使时间有限，你也可以创造一些特别的时刻，建立简单而珍贵的家庭仪式。你不需要每晚花两个小时或用整个周末和孩子一起进行某项活动，只需要和孩子一起规律地做一些事情（比如一起准备餐食、遛狗、洗衣服）就足够了。你可以以此为契机倾听孩子的想法，鼓励他和你交谈、讲笑话、唱歌、围着餐桌跳舞——任何能让你们享受其中的活动都可以。

每周至少一起吃一顿饭（当然，多多益善）就可以增强家庭凝聚力。时间可以定在下周的某个夜晚，所有人都在家的时候。每个人无论多忙，都要留出一个固定的与家人共同用餐的时间。你要尊重青少年的社交安排，因此，你可以灵活安排用餐时间，但是要提前做计划，并且保证如期进行。你也可以设定用餐要求，比如关掉所有分散注意力的设备（手机或电视）。不要找任何借口推脱这项活动，特别是不要临时说"但是我得去我朋友家"或"我忘记了"。你如果真的特别忙，可以提前准备一些东西或带一些外卖食品回家吃，总之，你要让每周共同用餐成为一种家庭仪式——你甚至可以在桌上点上蜡烛，做些大家喜欢的食物让共同用餐变得更特别。

另一些重要的家庭传统活动有睡前读故事书、分享彼此的爱好、设定规律的亲子活动（可以父母双方一起陪孩子，也可以父母轮流陪孩子）。你可以每晚指定 10~15 分钟，或者每晚分别陪伴一个孩子（针对多孩家庭）。这听上去也许有悖于增强家庭凝聚力或大家聚在一起的理念，但是这样做的重点在于，你每次都能给孩子全部的关注。要避免手足相争，就要让每个孩子理解，你在周二和另一个孩子一起度过多长时间，就会在周三和他一起度过同样长的时间。

在我家，和每个孩子度过特别时光非常重要，因为我家有两个双胞胎女儿。我和妻子每两周就会拿出一天分头行动。在这一天，我的妻子和伊拉娜一起度过，我和塔莉娅一起度过（或反过来）。这就让我们关注到了每个孩子的独特性。这种做法在双胞胎家庭尤为重要。但是，许多父母告诉我，当生活变得混乱无序时，他们的双胞胎就难以被区分开。这对孩子和父母都不好，也会引起手足相争。

一些增进亲子关系的特别技巧

当孩子还是小宝宝时，你可能有某些习惯，比如在孩子睡前给他洗澡或讲故事。随着孩子长大，孩子逐渐可以自己洗澡，自己读着故事睡着。

我有一个建议：换个花样重新培养亲子间的习惯。孩子可能感觉自己长大了，你不用给他们读故事了，而且 10 岁或 11 岁的孩子也不需要你给他洗澡。那么，你们可以每晚一起做点其他的事情，即使这会花点时间——一起猜谜、讲笑话或唱首歌，都会成为一个规律性的活动。要一直在孩子睡前和他说晚安，或让他过来和你道晚安——当他进入青春期后，这一点尤为重要，我强烈建议你尽早建立这种睡前模式。

　　每晚报到就是一个我多年来一直对孩子和父母倡导的增进亲子关系的技巧。这并不是一种惩罚孩子的方式，但是它对青少年来说的确是一种有效的管教工具，因为它能够确保孩子外出后会安全回家。看看它是如何发挥作用的吧。

　　确保孩子深知你对他归家的期盼，并且知道到家后要通知你；即使你睡着了，他也要把你叫醒，告诉他你他已经安全到家了。让他和你聊上一会儿。不要问他在外面时的各种细节——在他看来，这像是一种审问——但是如果他想和你分享各种细节，那么你也乐于倾听。不管你多累，都要告诉他，你很乐于听他讲话。

　　严格一点，不要允许孩子有任何例外或借口，比如"我没有叫醒你，是因为我知道你很累了"或"我昨天太困了，所以忘记了"。如果你很早就立下了这样的规矩，并且让孩子坚持做，那么他就会明白，如果他打破了每晚报到的规矩，他就要承担预先决定好的后果，比如失去某些权利。

　　这条规矩有几点好处。其一，它是你监督青少年的一个有效途径。孩子一到家，你就可以了解孩子的状态，不用那么担心孩子在外会饮酒、滥用药物。其二，这也让孩子可以利用它拒绝朋友的邀约。"我不能和你们饮酒，因为我一回到家，父母就会检查我的。他们会在我身上闻来闻去！"因为你立的"愚蠢"的每晚报到规定，朋友会同情他，这也减轻了他承受的同伴压力。基本上，立这条规矩是一种极好的方式，它让孩子能够自我监督，确立自己和同伴的界限。

　　监督可以保证孩子的安全。它和所有的管教方式是一样的，而管教的目标在于教，而非控制。其实，只有你不过分控制孩子，监督才更有效。和许多管教方式一样，当孩子感到自己没有足够的空间时，孩子就会拒绝被监督。好的监督就是以"你对我很重要"的态度关注孩子，并且告诉孩子"这对你的安全很重要"。

　　如果你以一颗关爱的心施行每晚报到的规矩，比如对孩子说："你安全回家了，我很高兴。你是否一切都好？我爱你。"那么孩子就会把每晚报到视为一种习惯，他感受到的就是你的爱，而非控制。他会把你的关心当作对他积极的关注，而非讯问或怀疑。这也会让他觉得他和你的联系更紧密了。

无处不在的小假期

玩耍是增进亲子关系的最佳方法之一。孩子不会因为长大而觉得和父母一起玩没意思；其实，玩耍对加强青少年和父母的关系极其重要。试着挤出时间和孩子玩一会儿吧，即使只做一个简单的游戏也好。父母不必带他去专业的球类活动中心，动辄花上 200 美元和 4 小时。无计划、自发的玩耍（比如绕着操场快速骑行、玩棋类游戏或一起烤饼干）所花的金钱和时间更少，通常也更有趣。

和孩子一起玩耍除了可以让父母更了解孩子，注意到其能力和韧性的发展情况，还有很多很多好处。玩耍会带来纯真的快乐。当孩子玩耍时，他会提醒父母一个最简单的道理：享受当下，感恩所有。

我是在一次全家度假时想到这一点的。当时，我们全家该整装出发，开车前往下一个地点了，但是我的女儿们还在沙丘那儿玩得入迷，她们把沙丘当成滑梯，玩得不亦乐乎。我开始催她们。但是我突然意识到——为什么我要在孩子们玩得正高兴时，担心下一刻我们要去哪里呢？于是，我马上开始重新审视自己的要求，发现它和孩子正享受着的快乐比起来简直微不足道。

我回忆了一下家人一起进行的公路旅行。当然，孩子总是在问："我们到了吗？"但是不管在哪里，只要知道孩子在身边就好啊！每一站都是最好的安排。要孩子们抛下最完美的沙丘滑梯，前往下一个站点，对她们来说简直无法想象。父母的成年人思想作祟，让父母错失了当下的快乐，因为这时父母只关注未来（"我们到那儿会花多长时间？我们在哪里住？我们什么时候可以把车上的垃圾倒掉？"），并没有享受每一刻。所有的民间智慧（比如"花点时间闻闻玫瑰的花香！"）都在告诉父母慢下来，珍惜当下的美好与愉悦，可父母通常忽视了这一点。然而，孩子真正懂得这一点！要是父母能让孩子这样做该多好。

能从点滴小事上发现乐趣的孩子和成年人，会更容易从困境和逆境中复原。复原的灵感无处不在，人们在感到难过、沮丧时，只要愿意发现这些灵感，就能恢复活力。这一点在你和孩子玩耍时会变得更明显。当父母融入孩子的世界——在孩子的游乐场里，受孩子的规则统治——只要父母不强迫孩子改变，父母就会发现孩子会自发地使用这种恢复活力的方法。而作为成年人的父母，如果能发现生活中无处不在的小假期，那么父母的韧性也会提高。

手足：家庭团队的重要成员

有很多家教类图书都是关于手足相争的。我就不再重复相关的建议了。为了增强家庭的凝聚力，使之成为构筑孩子韧性的重要一环，基本的一点是：手足相争不仅不可避免，而且还能让孩子在家庭的安全范围内有机会找出人与人之间的差异，练习谈判的技巧。和兄弟姐妹辩论是孩子发现自身优势与劣势，认识各自特质的正常方式。换句话说，孩子的个性和独立性会在与手足的辩论中得到锻炼。

当然，父母会对孩子们吵架感到头疼，但是如果能避免偏袒和指责，争取做到公平，那么父母就能让孩子发现各自的不同点。这样有助于孩子提高解决问题的能力，并且增强家庭的凝聚力。

医学博士苏珊·贝里斯（Susan Beris）在《来访之外：从安抚奶嘴到打耳洞，从如厕训练到文身》（*Beyond the Visit: From Pacifiers to Piercing, Toilet Training to Tattoos*）一书中分享了一些自己经常给患者的建议。父母要鼓励家中每个孩子都发现自己所擅长的领域或不同的爱好：大儿子可能喜爱摄影；二女儿在足球场上英姿飒爽；小儿子喜爱打棒球。孩子们可以有共同爱好，比如游泳。但是如果他们的喜好不同，那么他们就不太可能受到手足相争的消极影响。比如，小儿子就不必面对多年以来令他难以忍受的品头论足："瞧瞧你哥哥，当年可是可以和我组队的……"（他会这样理解："你永远也赶不上你哥哥。"）此外，鼓励孩子们有不同的兴趣爱好也会让孩子们有机会成为各领域的明星。这样，兄弟姐妹就都有机会为聚光灯下的其中一人呐喊助威。

保持成年人之间的联系（特别是和你的伴侣）

你太关注孩子了，当你觉得给孩子的帮助不够多时，你尤其会感到愧疚。这就导致有时你会忽视保持与其他成年人的联系，特别是与伴侣的联系。记住两个重点，这样你就能理解保持成年人之间有意义的互动，特别是你和你的伴侣之间的互动是多么重要。第一，当孩子长大以后，最终留在你身边的是与你有联系的成年人。所以，如果你不去和伴侣"约会"只是因为你觉得和孩子在一起更有趣，那么你就要换种做法了。珍惜和尊重你和其他成年人的联系吧。

第二（如果我还没能说服你，如果你觉得上面的观点有些自私），你可以这样提醒自己——你要让正在养育的孩子在 35 岁、40 岁、50 岁时依然快乐、成功。当你太关注孩子，以至于放弃了充实与其他成年人的联系时，你的成年生活看起来就不够有吸引力，你就不能为孩子树立一个良好的榜样。所以，为了孩子的未来，像你关爱孩子一样，去呵护你自己以及你与其他成年人的联系吧。

第 26 章

扩大圈子

在家庭之外，孩子还要与多方——朋友、亲戚、邻居等建立联系。把每一方中的人都想象成一个个强大的、紧密连接的圈子，圈子相互衔接组成不同的链条，圈子越多，相应的链条就越长、越稳固，孩子的归属感就越强，得到的帮助就越多。

友　谊

孩子在儿童期和青春期的朋友圈如潮汐般变幻。学校里的朋友可能突然转学或为了接触更酷的同伴而疏远孩子。邻家的伙伴会到不同的学校读书，结成不同的小圈子。快进入青春期的女孩的朋友圈好像每天都在发生变动。周二，塔莎还是你孩子亲密无间的最好的朋友。到了周五，塔莎就不和你孩子讲话了，转而加入了另一个排斥你孩子的团体中。到了下周三，塔莎又来你家做客了。

孩子在被一个亲密的朋友或团体疏远时，会感到十分难过和孤独，会想尽一切办法融入。要避免孩子面临被孤立的风险，你就要确保孩子拥有不止一个朋友圈——孩子无论在学校、在社区，还是在夏令营、课外兴趣班、运动场，都要有朋友。

亲戚和邻居

在各种联系的链条中，亲戚是强大的一环。在孩子遇到与交友或学校相关的问题时，他可能更愿意和他喜爱的堂（表）兄或堂（表）姐倾诉、探讨。同龄的兄弟姐妹会建立一生的友谊。年龄稍长的邻居——有可能是 19 岁在外做兼职的大学生，也有可能是做志愿服务的临时保姆，也可以成为孩子的好榜样。如果你请他们关照一下你的孩子，以便从他们那里了解孩子的动态，那么你也会为他们彼此提供宝贵的交流机会。对邻居家大一点的孩子来说，这是一次让别人仰慕他的好机会。对你的孩子来说，你让他有机会接触到积极的青少年榜样。

代际关系同样也会让孩子与亲戚的联系更紧密。喜爱孩子的祖父母、孩子喜爱的姑姑、一个很酷的舅舅都会给孩子提供宝贵的支持，也会让孩子感到自己更强大。几个世纪以来，孩子都是在几代人的眼皮子底下长大的。他在家族农场里或在祖父母、父母和其他亲戚共同经营的家族工厂里帮忙，随着孩子长大，他掌握的能力越来越多，开始承担更多的责任，为成年做好准备。

如今，很少有孩子在联系紧密的家族环境中长大了。父母无法再创造出家族农场或开一间杂货铺，但是父母还是要增强孩子与家族中其他亲戚的联系。父母可以鼓励孩子和住在大洋彼岸的祖父用电子邮件沟通，把自己画的画、做的小手工作品送给亲戚们。与孩子联系紧密的亲戚越多，孩子的安全感就越强烈，他越感到安全，在遇到困难时就会复原得越好。

建立联系

孩子从十一二岁到长大成人前，大概都会经历讨厌父母的阶段。这虽然令人苦恼，但也是孩子发展独立性的正常阶段。要记住，大部分孩子的这种反应都源于他们其实非常爱父母。青少年要找到"我是谁""我想成为谁"的答案，就必须否定父母几乎所有的观点，并试着提出一些自己的新观点。但是请放心，他们不会讨厌所有人。

如果你能够明智地支持孩子，助力孩子建立多种积极的联系，那么孩子在青春期听不进你的话时，就可以向那些他信任的人寻求指导。

在建立这类联系时，你要含蓄点。如果孩子感到被强迫或被指挥时，他就可能认为这些人是你的帮手。所以你不要提议："为什么你不和咱们街上那个大学生一起出去玩？我看他挺成熟的。"相反，你要设定一些情境，就比如你希望模范邻居和孩子自然地建立联系，那么你可以安排两个家庭周末一起出去玩，让孩子们自然地变得熟悉。如果你的孩子喜爱某一个堂（表）兄姐、姑姑或舅舅，那么你可以尽可能让孩子和他多待在一起。

与社会团体和社区联系

通过参与学校活动、社会活动，孩子就知道自己在大一点的团体内也能有一席之地。而且这类团体——运动队、男孩 / 女孩俱乐部——会把他当作成员看待。如果父母帮助孩子选择和加入的那些团体和父母奉行的价值观相同，那么父母就能够通过这些团体为孩子灌输自己奉行的价值观。加入这些团体的孩子知道父母不是唯一期望他能够公平竞争、善良守法、有担当的人，其他人也期待他达到这样的标准。后文会讨论这类联系会如何塑造孩子的品格。

许多孩子觉得自己和家庭之外的人没有什么联系。许多孩子甚至不认识他们的邻居。放学后，许多孩子回到空无一人的家里，闭门不出。无论他们是住在城市的高楼里、乡下的农场里，还是城郊的小胡同里，他们都是与周围人隔绝开的。建立某种联系的途径之一就是在社区内设置一个"安全屋"。这样，如果父母不在家或孩子感到有任何危险时，孩子就有地方可去。如果他知道住在家对面的消防员退休了，通常每天下午都待在家里，那么他就可以在这个时间段敲开邻居的家门，拜访一下邻居。这样，孩子就会觉得和邻居建立了更安全的联系。

毫无疑问，你还会想到其他帮助孩子与社区中的成年人建立联系的方式。在这个步履匆匆、纷繁复杂的世界里，青少年需要尽可能多地同成年人建立联系。想一想，在社区里，做些什么是对所有青少年居民都有益的事情呢？试着做起来吧：你可以对每一个从你身边走过的青少年打招呼，让他知道你注意到他了。当青少年知道社区里有关怀他、保护他的人时，青少年就会获得成长。希望社区里的其他成年人也会对你的孩子做同样的事情。

谁在守护着孩子？

所有的成年人都有责任看护好社区里的孩子。我居住在美国南达科他州夏延河苏族保留地时，我看到了社区居民非常积极地参与孩子们的养育过程。孩子们在社区里闲逛，早已超出了自己家周边的范围。那么，是谁在守护着他们呢？答案是，每个人。每个人都有责任照看好他们。父母辈的成年人都是孩子们的叔叔或阿姨，再年长一辈的成年人被尊称为孩子的祖父母。每一个成年人都会照看孩子，纠正他们的错误，让他们远离危险。这种理想状态让我幡然醒悟：我们必须重新认真评估成年人守护孩子的安全和幸福的重要意义。

和学校的联系

孩子有近一半的时间是在学校里度过的，在学校里，孩子不仅要学习知识，还要适应社会生活。孩子和学校的联系越紧密，就更有可能在学业、情绪和社交方面获得成长。这就意味着学校在孩子眼中不仅是学习知识的地方，还是他建立有意义的同伴联系、成年人联系的地方，是他参与选修课和课后活动，展现非学业优势与天分的地方。如果孩子视学校为安全的地方，知道学校里的成年人关注着他的快乐与幸福，那么孩子就更有可能汲取知识中的营养，获得宝贵的人生启示——学习是一件令人愉悦、有意义的事情。

在学校里，有时孩子遇到困难会需要他人的帮助。和老师保持联系的父母会知道孩子在学校里发生了什么，从而帮助孩子做更充分的准备，以应对学校里的状况。老师是父母很重要的盟友，因为老师会注意到父母可能忽略的一些问题，特别是孩子在社交方面遇到的困难或学习差异。作为专业人士，老师可以帮助父母评估他们关心的某些问题，辨认严重的发展问题。

同大自然的联系

同大自然的联系可以增强人的韧性。如今，许多孩子与大自然越来越脱节，接触大自然的机会十分有限。他们即使去大自然中游玩，通常也是由成年人安排的。很少有孩子有闲暇时间自己探索大自然。你的孩子最后一次在丛林中漫步，站在布满青苔的岩石上俯视河流、将一根木棍戳进池塘或观察小蝌蚪是什么时候的事情？

那么，大自然和韧性之间有什么关系呢？孩子需要知道的是，他不仅是人类社会的一分子，也是大自然的一部分。大自然可以滋养他的归属感，让孩子懂得自己是地球未来的保卫者。在观察大自然的时候，孩子会看到韧性无处不在——在森林大火中幸存下来的松果种子会长出新的幼苗，四季交替会带来初生、成熟、死亡和重生。大自然就是一位伟大的培养孩子韧性的老师。

第 27 章

用无条件的爱支持孩子

　　本书开篇就歌颂了充满爱的联系所蕴含的力量。它强调正是父母对孩子无条件的爱才是孩子一生的安全感的根源。在无条件的爱的滋养下，孩子知道自己本来的样子就很好，就这样一点点长大成人。建立稳定的亲子关系是非常重要的，但是只有当父母帮助孩子在困境中找到正确的方向时，亲子关系才能对培养和提高孩子的韧性产生最大的影响。要做到这一点，孩子就要在遇到困难时自然而然地向父母寻求帮助，就像他主动和父母分享成功的喜悦一样。本章的主题是，怎样才能让孩子在需要的时候主动寻求父母的帮助。

　　多年来，青少年们总是告诉我，他们真正需要的是有人能够"挺他们"。这是什么意思呢？为什么青少年们要着重强调这一点呢？当然，父母或专业人士希望自己能一直陪在孩子身边，特别是在孩子最需要自己的时刻。然而，很多儿童和青少年认为，当一切顺利的时候成年人在他们的身边，但是当情况变得糟糕时成年人常常缺位。

　　要让孩子拥有终身的幸福和极高的韧性，你可以采取一些关键的策略让孩子明白，不管是顺境还是逆境，你都会陪在他身边。这些策略的重点在于你如何应对困难，让困难不影响到你或亲子关系。大部分的策略会在本书的其他部分讨论。本章深入探讨的是，青少年为何因为担心自己会令父母失望，而选择不寻求父母的帮助；父母在此时如何给孩子提供最大的支持与帮助。

向孩子传达你能应对困境的关键策略

　　说出来。当孩子知道成年人即使在孩子遭遇困境时也愿意出现在他身边，会对他的成长大有裨益。即使在随意的交谈中，你也要轻松地向孩子表达：

"你知道我会一直在你身边的。你可以随时来找我，你要始终相信这一点。"遇到困难时，你要平静地说："我会在你身边的，你会挺过去的。"

用倾听代替回应。 第 24 章讨论了倾听对青少年非常重要，真诚地倾听会让他认为自己可以一吐为快。当你对他分享的内容做出回应时，他通常会欲言又止。这是因为你的回应使他压力倍增，特别是当他为你的情绪提心吊胆的时候。如果感到自己被评判，他就会停止和你分享心事。

告诉孩子，参与其中让你感觉更好。 青少年担心你会不高兴，所以会对分享的信息有所保留。你不能，也不应该假装他遇到的困难不会影响你。但是你可以明确表示，当你参与其中时，你感觉更好。参与其中并不意味着你要时刻守着孩子或替他解决一切问题，而意味着你有意地站在他身边，在必要时支持他。

你知道如何为自己和孩子寻求支持。 接着上一点来说，孩子不想伤害你，也不想让你心烦。但是他必须知道，你有办法应对自己的压力，在需要之时你也会向朋友或专业人士寻求帮助。当他知道，如果你需要支持，你就会给专业人士打电话，他可能就不会那么担心你了。你可以让孩子明白向专业人士寻求帮助不应让人感到羞愧和耻辱。第 46 章介绍了与孩子讨论这类问题的方法。

成为灯塔型父母。 第 3 章讨论了灯塔型教养方式在孩子情感和行为发展上的诸多优势。其中最重要的一个优势就是用这种教养方式养育出的孩子可能更愿意选择和父母分享生活中发生的事情。

明智地管教。 如果孩子认识到，告诉父母自己遇到了麻烦，自己就很可能受到惩罚，那么孩子很快就不会再向父母寻求帮助了。记住，管教的实际意义在于教，而非控制或惩罚。而且，只有在孩子选择和你分享生活中的点滴时，你才能实现最有效的监督。第 38 章和第 39 章会着重讨论这一部分内容。

让孩子明白他是不会让你失望的

当事情进展得不顺利时，孩子永远不应担心他会令你失望。要实现这一点的关键就在于你要有意识地、认真地告诉孩子，他能来找你让你感到非常开心，不要把关注点放在他为什么来找你、到底有好事还是坏事等具体的内容上。在我和许多青少年患者还有他们的父母进行的多个访谈中，我感到父母应该进一步了解，让青少年知道父母支持他是很重要的。那么，让我们具体谈一谈这个话题吧。

人们通常会庆祝成功

孩子在你的关注中获得成长。想象一下，你的孩子得到了一张闪闪发亮的成绩单。你自然想告诉他，你为他感到非常自豪。这样，下一次他考了高分时，他就会飞奔回家告诉你。当他因为社区工作受到奖励或在球场上进球得分时，他的脑海中闪过的第一个想法就是他等不及和你分享这个好消息。

如果你是一名专业人士，当一个青少年来找你，告诉你他几乎所有科目都得了 A 评价，你也表达出了你为他感到骄傲。在你的肯定下，每次一有好消息，他都会和你分享。

只关注成功会带来的问题

你对孩子的骄人表现赞不绝口，这也可能导致他在最需要帮助的时候不来找你。试想，如果孩子注意到当他所有科目的成绩都是 A 评价时他的父母或专业人士就会十分关注他，那么，当事情失去控制，压力大得使他睡不着觉，无法专注于学业，成绩直线下降时，会发生什么呢？他能找谁诉说自己由于抑郁无法集中注意力，只能勉强及格呢？想象一下，如果一个孩子因为入选运动队而受到表扬，而且他知道自己的父母从没有如此以他为傲过，那么，当他被运动队开除，感到万分沮丧时，会发生什么呢？他最好的两个朋友此时作为投手入选了，他担心自己受到同伴的评判，这时他和谁倾诉呢？

很多人天生就是"啦啦队队员"。当一切顺利时，这似乎是一件好事。问题在于，有时孩子对不幸或压力做出的反应是"倒退"，你如果是"啦啦队队员"，那么你可能永远都不知道这一点。孩子担心你会失望，当他真正需要你时，这种担忧会令他把你排除在外。他可能认为和你的联系是建立在你为他感到骄傲的基础之上的，他不会冒险破坏自己在你心中的正面形象。顺境时，"啦啦队队员"的存在让人受到鼓舞，但是在青少年有情绪需求时，他无法预测这些"啦啦队队员"是否仍然会支持他。

试想以下这些情境。

情境 1："教练，我得了全 A 评价。"

"我真为你感到骄傲，你是队里最好的学生。"

这个教练可能永远都不知道：这个队员在父母离婚后需要将时间分配给两个家庭，他的成绩会下降到 C 评价，偶尔还会得 D 评价，但他那时不会告诉教练这些消息，因为不想让教练失望。

情境 2："妈妈，老师把我的照片挂在'月度学生'一栏了，因为她为我的环保作业成果感到非常骄傲。"

"你能为他人还有整个地球考虑，我真的很佩服你。我养育出了一个多么体贴又无私的女孩啊。"

这位母亲可能永远都不知道，当女儿被一群朋友排挤时，女儿一反常态，对其中一个女孩恶语相向，当众曝光了那个女孩的隐私。几个女孩由于卑劣的行为都被叫到了辅导员的办公室，直到学校通知这位母亲来学校时她才知道这件事。而她的女儿太过羞愧，不敢表露出自己并非总是那么善解人意。

"并非你做了什么，而是你愿意和我分享什么。"

表扬固然重要。孩子都期待得到表扬。他吸引成年人的注意，就为了得到表扬。然而，你的表扬应该着眼于你和孩子之间的联系：孩子选择让你走进他的生活，你会有多高兴。要有意地努力改变你对孩子所说的消息的回应，这样，在孩子遇到困难时，你就会见到努力的成效。试着将上一节情境中成年人的反应进行细微但有力的转变。要注意，孩子在情境中依然会得到表扬，但是令成年人兴奋的点在于孩子对彼此联系的回应。

情境 1："教练，我得了全 A 评价。"

"我希望看到的是，你生活中有什么消息都能和我分享。这对我太重要了，你知道我在乎你，并不仅仅是你在队里的表现。"

那么，当这个青少年的生活有任何变故，他需要一个关爱他的成年人帮助他排解情绪时，他就会去找这个教练。

情境 2："妈妈，老师把我的照片挂在'月度学生'一栏了，因为她为我的环保作业成果感到非常骄傲。"

"我愿意了解你生活中发生的一切。你能尽己所能保护地球，我为你感到骄傲；你只要做自己，我就为你感到骄傲。"

当女儿因为自己没有达到自己的道德标准而烦躁不安时，她就会来找妈妈谈一谈。

做到这种转变需要不断练习，但是你一旦做了，你就会感受到赞美你和孩子之间的联系比赞美孩子的表现更好。别担心，当孩子取得全 A 评价的成绩时，他仍然会享受你充满爱的怀抱。他不会突然意识到你的细微转变，只会明白你非常在乎他。

你已经在支持他了

孩子需要你注意到他在生活中获得的成功，并且在他遇到困难时提供指导。顺境也好，逆境也罢，只要能够一直在孩子身边，你就应该感到无比幸运。你的回应从"因为……我为你感到骄傲"变为"谢谢你总能和我分享你生活中的点点滴滴"，这样一个简单的转变就能让孩子在最需要你无条件支持他的时刻来找你。他不再担心自己会令你失望，因为他知道你想要陪在他身旁。他会更自如地应对生活中的跌宕起伏，因为他知道总有人支持他。

第 28 章

让家人一生相偎相依

如果我问你，你是否想让孩子完全独立，我猜你会点头表示肯定，同时抑制自己哽咽的冲动。你想让孩子能够探索世界，但是，你最终的目标其实是希望孩子在足够强大的同时，也选择和你相偎相依。人在保持同他人的联系时才会获得成长，在家庭内部如此，在代与代之间亦如此。

孩子面对的挑战是获得自信心，进而能够独立自主，而这一挑战在青春期变得更难了。尽管在看着孩子一点点长大的过程中慢慢放开孩子的手很难，但是尊重孩子日益增长的独立性对孩子一生的幸福和健康都大有裨益。当你阻碍孩子前进时，孩子会把你推开。如果你确保孩子的安全，同时引导他走向独立——有时积极主动，有时为他让路——孩子就会感激你。

当孩子长大了，知道你尊重他对独立性的需求时，他就会回到你身边，想和你相偎相依。相偎相依正是一代又一代有爱的家庭的特征。

日常生活中的各种问题会引发你和孩子的诸多冲突，但也会为培养孩子的独立性创造机会。孩子可能认为他应该拥有一项新特权，只是因为他到了某一特定的年龄或他的朋友也那样做了，但是你认为他可能缺乏控制局面的必备技能。如果你能将重点放在帮助孩子做足准备上，那么你就会把潜在的冲突和孩子的叛逆行为转变成孩子掌握新技能、增强责任感的机会。

儿童和青少年天生就有各种试错、获得成功的机会。你的挑战在于，要确保孩子从日常的错误中汲取经验，而非把错误看成灾难。同时，你必须注意，要帮助他避免犯那些会造成不可挽回的伤害的错误。同样重要的是，不要让他错失获得成长的机会。你如果对孩子过于保护，就会限制孩子获得宝贵而积极的人生经验，同时也会使孩子错失从错误中学习"反弹"、复原和整装前行的机会。你可以让孩子在你的看护范围内犯错，这样孩子就能获得人生经验、增强韧性。

不要安装"控制按钮"

想一想，当你有了自己的孩子之后，你想让你的父母参与孩子的成长过程吗？你是想让他们尽量少来，还是想和他们住在一个社区里？我敢打赌，答案与你在青春期时是感受到父母的控制，还是获得父母的支持有关。如今，他们是把你当成一个成年人，还是想要掌管一切？"控制按钮"在青春期时就已经安装好了。如果你希望未来和孩子拥有健康的联系，那么你现在就不要安装这些"按钮"。相反，你要为了孩子不断提高的能力发自内心地感到兴奋，真正地支持孩子。

如果孩子知道你意在帮助他实现他的最终目标，那么他在你帮助他的整个过程中，对你细致的监督就不会那么抵触了。他甚至会感激你在他的生活中保护他。第 38~40 章提供了关于有效管教的策略，以及对扩大边界进行适当监督的策略，它们强调引导，而非控制。

实现独立，要一步一步来

孩子何时准备好应对一个新挑战？当一幅拼图有较多的碎片就位时，挑战成功的概率才会提高。

14 岁的孩子提出下午想和朋友一起逛商场时，你心里可能有疑问："他长大了吗，可以应付吗？"如果你已经教会孩子理性消费、抵挡诱导性的营销信息，那么你就不必囿于这个疑问的答案了。如果你已经向 18 岁的孩子示范了安全驾驶行为，并表明即使在他获得驾照以后，你依然会监督他的驾驶行为，那么他开车就不会令你紧张了。在你的女儿第一次和异性出去玩前，如果你已经将女儿培养得懂得自尊自爱、有能力识别和应对压迫，并且知道如何保护自己，那么你就不会为女儿与异性交往感到那么忐忑不安了。

每一个挑战都需要不同的应对策略。我和苏珊·菲茨杰拉德（Susan FitzGerald）合著的《带着爱与信心放手》（*Letting Go with Love and Confidence*）一书，针对孩子遇到的多种多样的问题，循序渐进地给出了特定的应对策略，旨在让父母在培养孩子的独立性时能够更轻松。其实，对孩子的成长过程中诸多的任务或挑战给出相应的应对策略超出了本章的讨论范围，但是，在应对所有任务或挑战时，你可以遵循以下几个共性原则。

首先，先观察。回想一下孩子小的时候你如何在家里保障他的安全。如果你只是猜想具体的保护措施，那么你就没办法真正保护孩子的安全。假如你要保护一个蹒跚学步的孩子，你第一步要做的就是跪在地上四处爬，以孩子所处的高度环顾四周。一旦你从他的视角来看世界，你就知道要把锅的把手朝内、给电源插座套上保护套。同样的观察方法——以"孩子的视角"——会提高你对孩子可能遇到的挑战的认识。你也会更充分地思考怎样逐步给孩子新的特权最合适、应该怎么支持孩子，以及如何监督孩子。

其次，要给孩子提供个性化的指导，就必须考虑到孩子的个性和他独特的发展需求。虽然这听起来可能有些难，但是没有人比你更了解孩子、更知道怎么指导孩子。要做到这一点需要倾听孩子。以尊重的态度倾听孩子，了解哪些事是孩子认为自己能够处理的，问问孩子他希望得到什么样的指导或支持。请孩子和你一起制订计划。对话要以这样的态度进行——即使他还小，他也是最了解自己生活的专家。

最后，制订一张路线图，孩子需要掌握的技巧和获得自信心的每一步都要一目了然，这样孩子才能够做好准备面对一切挑战。帮助他明白，只要他有责任感、有担当，他就会获得更高的独立性和更多的特权。当他知道你的目标是帮助他实现他的最终目标时，他就不太可能抱怨你总是细致地监督整个过程了。最重要的是，他会对你的参与心怀感激，你也不用再安装"控制按钮"了。

孩子可能还会把你暂时推开，这是他实现独立的必经阶段。这里的关键词是"暂时"。当他能够满怀信心地实现独立，他自然而然就会寻求相亲相爱、相偎相依，这正是需要你在这个纷繁复杂、飞速发展的世界努力帮助他实现的。

"空中飞行"和安全回巢

如果你把孩子想象成依赖你才能生存的幼鸟，那么你就能把青少年阶段看作幼鸟学习展翅，最终飞离巢穴的过程。然而，你不想守着空巢。你想让孩子既能"空中飞行"——自如地在天空中翱翔，也能自信地返回巢穴。

语言很重要，它能为人的想法定下基调，从而驱动现实。以"空巢"这个词为例。"空巢"真是一个令人讨厌的词啊。它让父母在巢穴中徒生悲凉、孤独之感。父母一提起即将到来的"空巢"，就会害怕孩子起飞离巢的那一天。这会使孩子在迈出下一步前更焦虑，因为他担心自己的离开会让父母感到悲凉、孤独。

在孩子迈出下一步后，你可以通过改变描述家中状况的用词，开始改变自身的感受，进而改变你对孩子离开的感受。下一次，如果一个朋友出于好意问起我："你做好准备徒守空巢了吗？"我会回答："我正准备让我的孩子们'空中飞行'，而且我一直期待着她们安全回巢。"

第 29 章

关于联系的一些注意事项

　　父母给孩子的爱会不会太多了？不会，但是父母有可能过于关注孩子了。孩子虽然应该是父母生活的中心，但是不能成为父母唯一的焦点。许多父母太关注教养孩子，以至于自己的生活和孩子的生活之间的界限模糊不清。这是一种叫"我们担心周四的考试"的现象。孩子需要依赖父母，但同时也要有独立性。

　　当孩子意识到自己是父母世界里的太阳、月亮和星星时，孩子便会倍感压力。他常常觉得自己应该是完美的（见第 13 章）。他会放大每一个短处，因为他担心自己让父母失望。过分担忧父母情绪的孩子可能不太愿意涉足新的领域。他如果认为自己的行为完全决定了父母幸福与否，便会竭力朝着"模范孩子"的目标努力，一旦求而不得，就会感到沮丧和羞愧。他害怕自己令父母失望，这种畏惧会阻止他获得成功；他对自己的韧性缺乏信心，以至于无法抓住获得成功的机会。

　　父母当然想让孩子有安全感，并和自己保持着紧密的联系，但是与此同时，父母也要保有自己的生活——有自己的时间和人际关系，同社会保持联系。父母如果保持着同配偶、朋友和同事的联系，就会为家庭的幸福和睦做出极大贡献。同时，父母也能向孩子示范各种有意义的人际关系。

　　作为一个儿童权益维护者，我迫切地呼吁父母珍惜与孩子为伴的日子，但是我也大力主张父母要照顾好自己，尽情享受自身的成就和滋养自己的各种人际关系，这既是为了孩子，也是为了父母自己。至少，当孩子长大成人，过上父母希望他拥有的独立生活时，父母可以迅速回归自己的生活。

当联系演变为控制

当孩子还小时，父母自然要保护他。当孩子逐渐长大，更有能力了，父母就可以松一松手里的绳索。当他在过人行道之前可以自己观察两侧交通情况时，父母就可以准许他自己过马路。之后，当他可以打电话给父母报平安并且按时回家时，父母就可以准许他和朋友一起出去玩。

在孩子的成长过程中，父母一直在试着平衡孩子日益增长的独立性、分离需求与父母想知道孩子是否安全的需求。这是为人父母最大的挑战之一——是给足孩子自由还是加紧控制孩子。如果父母把控制的绳索绑得太松，绳子就可能脱手；如果父母把控制的绳索勒得更紧，形象点说，孩子就可能窒息。

孩子和父母的分离是渐进的。你知道，青少年的任务是构建自己的身份，最终和父母分离，长大成人。但是父母通常想要紧紧抓住绳索，试图介入并修正孩子的生活。

手机就是现成的控制绳索，而且可以很容易地被拉紧。手机给联系提供了诸多便利，但是这种联系可能被过度使用。如果父母想让青少年或上大学的孩子每天打电话事无巨细地报告生活（"我刚吃午餐"），那么这种亲子关系或许就过于紧张了。父母必须意识到这种"联系"近乎控制。

在步入青春期之前，孩子大部分的价值观和看问题的视角都是靠观察父母的言行直接形成的。青少年只有在直面父母的价值观，否定父母的某些价值观，并形成自己的价值观之后，才能成为独立的成年人。经历这一正常的过程时，青少年需要父母提供稳定的支持，让他总能说："那不是我。我可一点都不像妈妈或爸爸。"父母就像是一种准绳——青少年可以以此为参照评估自己。

当父母说自己并不担心孩子在生活中可能遇到什么困难，"因为他什么都告诉我——我们就像是最好的朋友"时，我就会担心。记住，青少年的任务是成为与父母有所不同的独立的个体。

父母如果试图成为青少年最好的朋友，比如和青少年穿一样的衣服，使用青少年用语，和青少年以及他的朋友一起吸烟、饮酒，那么青少年怎么知道自己何时才能拥有独立的价值观和标准呢？我担心的是，父母虽是出于好意，但是步步紧逼可能迫使孩子一步步走向行为的悬崖，做出种种令人惊讶的选择，而这都是为了让自己有别于父母。换句话说，父母想要通过做出不明智的行为——比如和孩子一起饮酒——变"酷"，可能也使孩子想要通过做出其他危险行为来表现自己的与众不同。孩子需要有关爱他、和他保持联系的有趣又友好的父母，但是他不想让父母成为他最好的朋友。如果孩子说你太无趣，你可以提醒他，他有很多朋友，但是只有一个爸爸或妈妈。

是什么阻碍了联系？

让我们从另一个视角看看联系。是什么阻碍了父母和孩子从小到大保持的联系呢？在前文对韧性的讨论中，我描述过父母如何温柔地抱着可爱的小婴儿，抚弄着他的小手。但是多年以后，究竟发生了什么让父母压力重重？是什么带走了父母许许多多的欢乐，而让严肃甚至愤怒取而代之呢？我无法回答所有的问题——没人可以。父母要找到如何与孩子保持理想联系的答案，就有必要进一步探究这个问题。父母可能不一定会与孩子保持理想的联系，但可以把它当作目标。

以前，一想到两个双胞胎女儿要离开我去上大学，我就会泪流满面。家里会一下子变得空荡荡的，我和妻子会觉得特别孤独。我的宝贝们在大学里会过得怎么样呢？有过这种经历的明智的父母会安慰我说："别担心。你很快就会适应的。"我想，他们会不会是这个意思："她们走了，你会很高兴的。"事实上，她们走了我并不开心。我想告诉你的是，你并非撵走了你的孩子。他会变得不同——至少会长高，还会变得更睿智。而且他可能是在向你证明，他已经做好准备要出发了！

向独立进发

或许这是一种生物的共性。所有动物都要长大，然后离开巢穴：它经历过贪恋玩耍的时期，为了成年后的生活不断练习，然后独立生存。人类孩子只是玩耍的时间比动物的长，人类父母只是比动物父母忧虑得更多。

如果孩子没有向你证明自己已经做好了离巢的准备，你会放手吗？不止是去上大学或搬出去开始工作，在整个童年期，孩子会变得越来越独立。从他的双腿可以站立行走，你不用去哪里都抱着他时，独立的进程就开始了。你失去了很多和孩子依偎在一起的时光，因为他总是拔腿就跑，总是在探索的路上。这个过程一直持续到青春期。到了青春期，很显然，他认为自己不需要你了，他可能直接告诉你这个想法，这可能让你感到痛苦。

孩子在向独立前进的过程中，可能遇到的情况是，他真的不需要你太过束缚他，即使你的本意是保护他。他需要挣脱这些束缚，创造独立的表象，哪怕只是为了应对他采取下一步行动时产生的焦虑。

是的，孩子在人生道路上抵达新的里程碑时可能很兴奋，但是他也是人。他也担心自己能否成功，但他可能不会明确地告诉你。他担心自己会失去父母的支持。还记得越过峡谷般的大裂隙那个比喻吗？你可以把孩子每一个人生的里程碑（学会走、学会说话、第一次在朋友家过夜或去上大学）都想象成是孩子需要跨越的一个又一个大裂隙。

孩子不会小心翼翼地小步往前挪，这样会使他跌入裂隙。他必须跳过去才有机会到达对面。摆动双臂无法帮助他跨过去，他必须退后几步，来一段助跑。他必须心无旁骛，克服自己的畏惧，纵身一跃！在孩子到达每一个里程碑前，他似乎都会退后几步。比如，孩子马上要转入一所新的学校或马上要上高中（这些是孩子必须跨越的大裂隙）之前，你是否会感到奇怪，他怎么有时候看起来古怪又无理呢？

那么，满怀爱意的你可以做些什么呢？为什么孩子就不能来找你，让你帮助他搭起跨越大裂隙的那座桥呢？答案有两个。其一，他想让你帮助他，他总是这样做，只是他不会直接问你。他有时会通过惹你生气或让你感到沮丧来获得你的关注，而且他确实获得了你的关注。不要愚蠢地认为孩子在到达成长过程的重要转折点时不那么需要你。其实他在那个时候更需要你。其二，如果他告诉你，他有多需要你或他感到非常不安或害怕，那么他就不能向前迈出重要的步伐。即使是那些情商最高的成年人，在变化或危急时刻，他们也会压抑自身的情绪，很难明确地表达自己的感受。人虽然都本能地渴望舒适与熟悉，但还是会运用理性来帮助自己迈步向前。

还记得孩子学走路时做好准备迈出的第一步吗？他是不是摇晃着双腿，扭动着屁股，努力用他的两条小腿让自己站起来？当你走过去要帮助他时，他会哭或把你的胳膊推开吗？他想说："天哪，谢谢爸爸／妈妈。我确实很感谢你的帮助，但是此刻我正在努力向着独立迈出新的一步呢。"当孩子学说话时，他知道他想说什么，但是他说不出来。他不能表达："你看！我将要进入一个崭新的世界了——我马上就可以说话了！我就不用那么依赖你帮我干这干那了，我可以用其他方式引起你的注意了。"相反，他会沮丧地哭起来，会发出哼哼声，指着某个他不知道怎么念名称的物体。

那么，孩子第一次和异性出去玩又意味着什么呢？这是一个非常好的机会，你可以借此和孩子讨论两性、青春期和道德——这是你从孩子幼儿园开始就梦寐以求想进行的对话。你开始了："我想你现在成长为一个年轻的淑女／绅士了，有些事情我觉得你要开始了解了。"这个开头不错。可为什么孩子会回答"爸爸／妈妈，你的思想真迂腐。我可不需要你来告诉我"？对孩子来说，这么说要比承认这样的事实容易得多："我真的很害怕，爸爸／妈妈，但我很难抗拒自己内心的想法。"

当孩子准备上大学时，你会想让孩子在家的最后一年变得特别一点。这是一家人能够聚在一起的最后的机会了。这一年应该过得完美无憾（顺便说一句，这当然不是最后的机会；亲子关系贯穿人的一生）。

你想让孩子离家前的最后一次全家度假完美无憾。可是，为什么孩子会说："爸爸／妈妈，我讨厌你。我宁愿和我的朋友待在一起。幸好我8月就要离开家了，在这个监狱般的家里，我一分钟都不想多待了。"他为什么会这样说？因为这么说要比承认这样的事实容易得多："我太爱你了，以至于我找不到正确的词汇来形容它。你为了我做的一切让我诚惶诚恐。你认为我已经做好准备开启自己的生活了吗？你会像我思念你一样思念我吗？"

孩子挑战你，是因为你对他的生活全权负责，所以他要让自己与你的联系更松弛一些。当他挑战你时，你会受伤，甚至生气。这完全是可以被理解的，也是可以被预见的，在一定程度上，这甚至也是必要的。但是如果你明白孩子为什么会这样，学会为孩子的日渐独立而庆祝，那么你就会变得更明智。如果每次孩子把你推开时你都加紧对孩子的控制，孩子一定会怨恨你。当孩子对你的帮助表示抗拒时，你要设定合理的规则和边界，确保孩子的安全。孩子需要明白的是，当他展现出责任感时，这些边界会更宽松。你需要提醒自己，孩子正在变得更独立，这就意味着你的工作做得很好。如果你能这样做，你就会对亲子关系中的变化感到高兴，也会更坦然地面对这些变化。

我不能说每次孩子做出糟糕的行为或刻薄地和你说话，都反映出他的独立性在提高——他无法温和地说话可能是因为他的各种想法相互矛盾。有时，孩子可能表现得很刻薄。他知道你的软肋，不管他有没有理由生气，他都擅长说那些伤人的话，通常会大喊："听我说！"其实，有时孩子确实会把控制欲过强的父母一把推开，那是因为他感到窒息或无法无条件接受自己的父母。

或许，在他说出某些令他困扰的事情之前，他会先行试探，企图获得你的关注。如果你生气地回应，对他大吼，那么他就有理由相信你无法和他感同身受："记住，我是要告诉你的，但是……"是的，你的小天使也会变得善于操纵他人。当孩子伤害了你的感情时，你大可以告诉孩子——但不是以一种使他有负罪感的方式，而是清楚地表明他的行为不合适，伤害到了你。这是你塑造孩子品格的重要方式之一。你要让孩子知道他也要理解你的感受。

即使孩子在挑战与你的关系，你也必须坚持一点——你对孩子的爱坚定不移，你会永远陪着他。这样，你就可以和孩子说："去吧——成长吧。我会挺你的。"

关于与孩子建立稳定的联系的注意事项

再强调一下，为了让家庭拥有牢固的、持久的凝聚力，你期待建立以下这样的联系。

❀ 你的目标是和孩子相互依存，而相互独立是实现相互依存的前提。当你安装了"控制按钮"，你就对孩子提高独立性造成了干扰，也会把孩子推开。

❀ 不要总想着你会"空巢"。你要让孩子能够安全地"展翅翱翔"，并且让孩子可以在这个世界找到正确的方向，但是还想要安全回家。

❀ 成为孩子的朋友并非教养孩子最好的方式。但是如果你能和孩子保持稳定的联系，把握好边界，爱孩子但不干涉孩子，那么你就有可能发现，你和你长大成人的孩子拥有你们一生中最亲密的关系——他甚至会成为你的挚友。对他来说，你亦如此。

第 30 章

用亲子关系保护孩子远离毒性压力

良好的亲子关系是对孩子有力的、有意义的保护，能帮助孩子抵御困难带来的消极影响。有压力是每个人都要面临的一种状态。其实，人们在生活中需要低程度的压力，这样有助于人们呈现最佳表现。可接受的压力虽然会给人们带来负担，但人们还是可以应对的。而毒性压力则对生理、心理和情绪健康有害。

童年创伤也被称作童年不幸经历。近 20 年来，童年创伤会对孩子的一生产生消极影响的认知在迅速传播。现在，人们清楚地知道，童年不幸经历之所以影响孩子一生，是因为孩子身体中用来应对毒性压力的激素、大脑结构和神经回路发生了变化。

好消息是，经历了童年创伤的孩子仍然可以发展韧性。正是由于人们认识到童年创伤会对孩子产生消极影响，人们才会进一步关注成年人在孩子的成长过程中所能发挥的保护性作用。

毒性压力对身体、大脑和行为的影响

想要保护孩子，成年人就必须认识到，有些孩子所处的环境已经到了使孩子承受毒性压力的程度。成年人可以改变孩子看待和应对毒性压力源的方式。

有确切的研究成果显示，童年不幸经历会对人一生的生活经历产生消极影响，比如有童年不幸经历的人更可能离婚、滥用药物或被监禁，这并不奇怪。也许令人惊讶的是，童年创伤可能诱发肥胖症、糖尿病、癌症和心血管疾病。童年的经历甚至会影响孩子成年后抵御感染的能力。

童年创伤还会对大脑功能产生消极影响，进而影响到孩子的行为。忍受毒

性压力的孩子可能一生都会保持高度警觉，总是在搜寻潜在的危险，而且更难信任他人。同时，他的反应性可能更强。对某些事物，他会做出强烈的反应，而其他人可能几乎没有留意到或简单评估一下就不在意了。比如，人们在安静的电影院里看电影时，当有一个人走过过道时，大部分人可能注意到了他，但是经过迅速评估，确认此人没有受伤或不会带来危险，他们就会迅速将注意力转回到电影上。然而，一个有童年创伤的人可能要花更长的时间才能让自己平静下来，重新集中注意力。甚至在其他人知道自己是安全的之后，他的危险信号还在持续发射。还有一个例子，有童年创伤的人可能在压力大的时候看上去像游离在状况之外，因为在过去，脱离痛苦的现实是一种极具保护性的情绪工具。

在谈到童年不幸经历对身体、大脑和行为可能产生的影响时，我必须强调"可能"。虽然孩子有糟糕的经历，但是他的命运还没有被确定，这就意味着他应该得到重点关注，成年人应该对他采取预防性的行动。这样，保护性因素会和危险性因素同时存在，而且保护性因素会胜过危险性因素。比如，有童年不幸经历的人长大后更可能得心脏病，所以成年人应该引导他加以锻炼、吃健康的食物、学会应对压力、避免吸烟。同样，对一个已经做到时刻对危险保持警觉的小女孩来说，她的身边需要有关爱她的成年人，而这些成年人不仅要意识到她的反应性行为是源于她过去的某些经历，还要努力为她提供一股稳定的精神力量。

忍受痛苦的生活的青少年同样也可能具有同情心。这是因为高度警觉源于负责审视危险、对危险做出反应的杏仁核。当一个孩子长期处在危险的环境中时，其杏仁核必然高度发展。然而，当杏仁核没有意识到危险时，它还在发挥着作用，因为它和包括同情在内的各种情绪息息相关。我们发现，有痛苦的经历的青少年通常也是最能够鼓舞他人的、最善良的人。例如，我记得，一个在福利院生活的 18 岁的青少年曾告诉我："在遇到令人愤怒的问题时，我喜欢把自己想象成特蕾莎修女。"

成为解决问题的一分子

如果你要培养身体和情绪都更健康的下一代（远至成年），那么你必须尽全力保护孩子免受毒性压力的伤害。**如果孩子在儿童期有创伤经历，但是他的身边有充满爱意、关怀他、值得信赖的成年人在，那么他的身体和情绪就不太可能受到消极影响。**这里的重点在于：爱和关怀是有保护性的。在面对创伤时，如果孩子身边的成年人能够倾听他、信任他，并且支持和帮助他认识到自己是可以渡过难关的，那么孩子的韧性就会提高。

如果你是一位父亲或母亲，而你的孩子正经历着一些超出你控制的事情，那么你读到此时，应该已经意识到了你仍然是帮助孩子顺利渡过难关的关键所在。正是因为你的存在，他才能够继续成长。如果你是一位专业人士，你可以从创伤敏感的角度提供更有效的服务。父母在养育孩子时可以为孩子提供无条件的爱，专业人士可以为孩子提供额外的保护。当父母不能满足孩子的成长需求时，专业人士的作用就变得极为关键。

你必须明白，对有童年不幸经历的孩子来说，他受到的最主要的伤害就是，他感受到了无法掌握自己生活的失控感，以及安全感的缺失。这就说明，要治愈他，你就必须保证他的安全、获得他的信任、让他获得掌控感。

专业人士如果想要深入探究如何最大限度地支持与帮助青少年，可以从这本专业工具书中找到答案:《触达青少年：用基于长处、创伤敏感、培养韧性的沟通策略促进青少年正向发展》（第二版）。

保护性联系的力量

为什么成年人的存在会缓解孩子受到的毒性压力的消极影响？"缓解"这个词并不意味着你可以完全保护孩子免受任何伤害。你必须记住，预防是你的目标，但是，如果孩子已经受到了伤害，你就需要用早期干预手段（包括帮助孩子与关爱他的成年人建立联系）帮助孩子。与此同时，你必须知道，何时开始预防或干预都不晚。当孩子的身边都是支持他、帮助他的人时，他就具有了惊人的复原能力。

与他人的联系对孩子的健康发展，特别是对孩子提高应对逆境的能力极为重要。以下列举了多个层面的原因。

❋孩子能从成年人身上获得安全感。当他知道成年人很平静时，他也会安定下来。成年人要用语言信号和非语言信号让孩子知道成年人内心平静。第 23 章具体介绍了这部分内容。

❋童年不幸经历会让孩子产生失控感。因此，任何能够提醒孩子他对自己生活有所掌控的事情，都能够帮助他缓解毒性压力带来的破坏性影响。在人生的最初阶段，孩子和照料者之间"发球和回球"的推拉让孩子产生了掌控感。孩子用面部表情、哭泣或语言来向照料者发出信号。当成年人回应时，孩子就会明白自己对自身需求是否能够得到满足这件事具有掌控力。

❋至于青少年，如果成年人给青少年一定的空间，让青少年在成年人的关照下探索自己的边界，那么青少年就会自信满满地收获自控感。

❋当成年人对孩子发出的信号做出回应时，孩子自然也会学着读懂成年人的信号。如果孩子洞察他人思想和感受的能力不断提高，他就能够培养出同理心，并且有能力建立合作型关系。

❋孩子在遇到压力时，他做出的反应通常是为了减轻自己的不适感。他选择健康的还是不健康的压力应对方法，在很大程度上取决于成年人向他示范的行为，以及成年人能否坚持认可他的感受，能否帮助他学会如何正确应对压力。（见第六部分相关章节。）

❋遭遇人生中最严峻的一些挑战，比如在被虐待或欺凌后幸存下来，会让孩子怀疑自己与生俱来的价值。同样地，承受低期许和被歧视的孩子会内化恶意的信息，并且错误地认为自己可能在某种程度上就应该受到侮辱。这可能就是毒性观点造成的最具危害性的后果。因此，最重要的是，那些值得信任的成年人应该明确表示，孩子本来就是美好而优秀的。

❋有童年不幸经历的孩子会保持高度警觉，时不时进行危险评估。这样，他身体内使他保持警觉状态的激素会增加。另外，负责感知和应对危险的大脑部位会被强化，大脑结构和神经回路因此受到影响。激素和大脑发生的变化会使孩子更容易情绪受困或做出不健康的行为。成年人如果能为孩子详察风险并提供保护，就能避免孩子身体内的激素水平骤升，避免孩子的大脑结构改变。换句话说，孩子如果借由成年人的警觉保护自己，自身的激素水平和神经回路就不必改变。**这就是充满力量的爱与保护所发挥的作用！**

资　源

1. 关于童年不幸经历和毒性压力的研究非常广泛。我对所有原创研究成果表示感谢，它们帮助我认识到童年不幸经历对孩子产生的长期影响，如：

Felitti VJ, Anda RF, Nordenberg D, et al. Relationship of childhood abuse and household dysfunction to many of the leading causes of death in adults. The Adverse Childhood Experiences (ACE) Study. *Am J Prev Med*.1998;14(4):245–258.

2. 另一主题的研究成果也值得父母注意，它们描述了与周围环境有关的童年不幸经历，以及来自家庭以外的力量对毒性压力大小的影响，如：

Wade R Jr, Shea JA, Rubin D, Wood J. Adverse childhood experiences of low-income urban youth. *Pediatrics*. 2014;134(1):e13–e20.

3. 让我们儿科医生感到自豪的是，美国儿科学会在 2012 年发布了声明，明确了保护青少年免受毒性压力的必要性。

Shonkoff JP, Garner AS. The lifelong effects of early childhood adversity and toxic stress. *Pediatrics*. 2012;129(1):e232–e246.

Garner AS, Shonkoff JP, Benjamin S., Siegel BS, et al. Early childhood adversity, toxic stress, and the role of the pediatrician: translating developmental science into lifelong health. *Pediatrics*. 2012;129(1):e224–e231.

4. 哈佛大学儿童发展中心（Center on the Developing Child at Harvard University）。该中心提供关于毒性压力，以及成年人在孩子最困难的时期支持孩子的健康发展的信息。

5. Garner AS, Saul RA. *Thinking Developmentally: Nurturing Wellness in Childhood to Promote Lifelong Health*. Itasca, IL: American Academy of Pediatrics; 2018.

第五部分
品格与贡献

第 31 章

品　格

如果没人看着你，你会做什么呢？在某种程度上，通过这个问题的答案能看出你的品格。它回答了人的本质——"你究竟是谁"这一问题。你想要养育出的孩子是能够在 35 岁时引领他人共创未来的孩子，所以你想让他做任何事情时都能表里如一，体现他对自己和对他人的尊重。

品格影响着孩子与他人的联系的质量，深深影响着孩子同世界交流的方式。品格会对孩子一生的幸福产生深远影响。他会对拥有的一切心怀感恩，还是对自己没有的东西耿耿于怀？他想过有意义和目标的人生吗，还是只顾眼前？他诚实、正直的品格将会深深影响家庭、工作和生活的质量。他坚守公平、尊重差异的品格也将深深影响他为社会做贡献的能力。

反馈和引导

每个家庭都有培养品格的独家"秘笈"。不同的家庭侧重的品格也有所不同。有些家庭更可能重视谦恭，有些家庭可能更侧重培养孩子强烈的进取心。有些父母最重视的是孩子尊重他人，有些父母最看重慷慨，而有些父母重视独立。但是，父母们可能达成共识的是：他们不希望孩子仇恨他人、偏执、自以为是和冷漠；他们都想让孩子有道德感、责任心，并且宽厚、和善。

孩子听到了太多信息，告诉他应该成为什么样的人：媒体告诉他，他应该是什么样子；同伴告诉他，他应该如何表现；老师为他设定一种期许，教练为他设定另一种期许。孩子会对这些信息感到困惑。

父母要知道，孩子的品格发展会受到他人的影响。孩子获得的引导应该来自父母以及那些可以帮助孩子构建强大品格的人。也就是说，父母不能让孩子的品格随意发展。第 10 章强调了父母不要挡住孩子的路，这样父母就不会因为太早干预而阻碍孩子与生俱来的能力与韧性的发展。但是，在品格发展方面，父母必须积极引导。

没有人比孩子更纯粹，也没有人会比孩子的潜力更大，但是孩子也有自私的本性。他有需求，而且他会努力满足自己的需求。当他大发脾气或把书一页页撕掉时，父母就要修正他的行为。父母必须让他明白，合作比争斗更有价值，按顺序来比推推搡搡更好，说出来比乱发脾气效果更好。父母的职责就在于让这些可爱但是以自我为中心的孩子变成关爱他人的谦卑有礼的人。为了避免将孩子培养成以自我为中心的人，父母还必须认识到，孩子从很小的时候开始就看中公平，并且他天生就想要保护更弱小的孩子或生物。孩子身上这两种截然不同的特点体现了父母给孩子反馈的重要性。父母不仅要引导孩子远离自私的倾向，还要有意培养和强化孩子的公平意识和为他人考虑的意识。

品格培养面临的挑战

父母在快速发展的社会培养孩子的品格时，会遇到很多挑战。现代文化崇尚个人成功，所以父母如何确定自己的孩子既是努力工作的人，同时又崇尚友善、合作、共享、对他人有同理心呢？在复杂的社会里，父母如何向孩子强调，正是因为我们的行为方式，我们才能被定义为人类？在这个将独立视为成功的特征的世界里，父母如何告诉孩子，最优秀的人也需要他人的帮助才能获得成功？

这些问题道出了这个时代所面临的某些最重大的挑战。请你和我一起努力克服这些挑战吧。我知道——品格发展并非一蹴而就，也不是仅仅通过说教就能实现的。告诉孩子如何对他人的行为做出反应（"对妹妹好点。"）、如何照顾他人（"你应该对你班上的新同学再友好点。"）、应该崇尚什么价值观（"诚实是很重要的。"）是远远不够的，通常也不会有效果。

孩子不仅会通过你教给他的价值观、表扬他的话语或对他的纠正来发展品格，还会通过观察你在家庭以外的日常交往中如何恪守价值观和正确的行为，以及观察成年人在家庭中如何对待彼此来发展品格。

抛砖引玉的品格培养方法

虽然我并不能回答上一节提出的所有问题，但是我能为你提供些许建议，告诉你怎样开始一场对话。在培养孩子品格的过程中，这些建议并非你一定要遵守的权威意见，但是我希望你能运用它们和那些关心孩子品格发展的成年人进行对话。在这里，我冒昧地把我和妻子西莉亚解决女儿们养育问题的 15 种办法列了出来。这些办法仅仅是抛砖引玉，请你以此为参照，列一份适合你的办法清单。你可以对照这份清单进行反思，同时也可以和其他的养育者，还有那些深切关心孩子品格发展的成年人一起讨论这些办法。这并非一项简单的任务，而是一项艰巨的工作——你不仅需要阐明你的价值观，还要告诉孩子你希望他继承并发扬的品质。

1. 注意到孩子的善举。你经常因为孩子完成了一项任务或取得了好成绩而表扬孩子吗？也许你经常表扬孩子。当孩子有成果时，他就会获得成年人极大的认可。你也要注意到孩子善良的、慷慨的、体贴的举动，并且告诉他，你为这些举动感到多么高兴。

2. 注意到他人的善举和得体的行为。什么会成为热搜话题？在办公室的休闲区，你和同事们都喜欢谈论什么呢？你会和邻居们聊哪些八卦？那些骇人听闻的事情难道不会引起你的注意吗？孩子也在观察、在倾听，但是他不知道的是，你可能在聊天中带入情绪，夸大事实。你不小心就会把孩子带入一个比现实更糟糕的世界。你要在孩子的面前这样做：和他人谈论亲朋好友所做的积极的事情（即使这些事情不为人所注意），比如，你的同事每天都去探望他的母亲、孙子会给奶奶带饭、社区工作者会确保孩子在小区有活动可以参与；少评论是非，转而重新定义身边的英雄们。

3. 善待彼此。孩子会密切关注成年人是如何对待他人的。无论父母是感情和睦、分居、还是离婚，孩子都会注意父母与他人是怎样联系的。成年人在最好的关系里也会有分歧，有时分歧会出现在教养方式上。当然，离婚可能产生更多的矛盾。年纪小的孩子可能惧怕分歧，青少年可能就不那么担心了，青少年更关心的是成年人如何解决分歧。如果父母能够尊重彼此，那么青少年就会看在眼里、记在心里。如果成年人遇到问题时能够毫无敌意、开诚布公地讨论并解决问题，那么孩子就会知道发表意见是安全的。

4. **善待陌生人**。当孩子看到成年人富有同情心地对待他人，孩子也会珍视这一品质。没有什么话语比父母的行动更掷地有声。例如，对我家来说，如果世上有真正的男子汉，那他非我的岳父伊莱·普莱特（Eli Pretter）莫属。在给他的悼词里，我讲述了那个影响了我的妻子西莉亚整个童年的故事。在一个寒冷的冬天，一个衣衫褴褛的人在荒无人烟的路上游荡。那时，六七岁的西莉亚远远看见了那个人，于是问开车的父亲能否载他一程，但是伊莱解释道，载着陌生人不安全，而后就从那个人的身旁开过去了。西莉亚哭了。接着，伊莱掉转车头，载上了那个陌生人，并把他送到了他的目的地。之后，伊莱告诉西莉亚："有时，一个成熟的男人也得向小女孩学习。谢谢你能这么善良。"载一个陌生人可能打破了"陌生人定律"，但是这件事对我的妻子产生了深远的影响。她一直在思考这样的举动对一个陌生人来说意味着什么，以及对乐于助人的人来说有多么重要。

5. **不将任何孩子排除在外**。孩子似乎是天真无邪的，但是有时，他也会面对进出团体的问题。加入团体的最好办法通常是拒绝"外界的一切"。父母要帮助孩子意识到在维持友谊的前提下，其他孩子的感受也要得到重视。这就意味着，孩子要知道谁被邀请加入团体，而谁没有。这就意味着，他在和不那么受欢迎的孩子交朋友时，也要表现出善意。这就意味着，当孩子突然大喊"朱莉娅真奇怪，我再也不喜欢她了！"时，你要问问他发生了什么。这就意味着，你要放手让孩子和那些可能具有生理障碍或不能像他人一样自如活动的人一起玩。如果孩子能和那些与他有差异的孩子建立友谊，那么孩子可能就会接触到一些强大的品格。因为具有生理障碍的人通常在心理上和情绪上具有强大的调节能力。朋友是一笔宝贵的财富，孩子自己选择朋友，要比受他人想法左右而选择朋友更好。孩子会带着这笔宝贵的财富长大成人。孩子在同伴们有困难的时候和他们成为朋友并帮助了他们，同伴们也会在孩子需要的时候伸出援手。

6. **提升责任感**。有韧性的人会对包括失误在内的行为负责，并且会付出行动进行改进。这种重要的品格会对一个人日后的工作和生活产生重大的影响。要让孩子变得有责任感，父母有很多工作要做。（见第七部分相关章节。）

7. **不溺爱孩子**。父母非常希望自己能给孩子想要的一切——孩子简直可爱得要命！但是如果一个成年人总是想立刻得到想要的一切，想要一切都按照他的想法进行，那么这个成年人就不"可爱"了。为了不把孩子宠坏，下面是一些可供参考的意见。

❋ 当孩子还是小婴儿时，父母可以满足他的所有需求，不用担心把他宠坏。

❋ 爱并不会把孩子宠坏；只会让他更惹人喜爱。

❋ 如果孩子意识到一些人正在遭受苦难，那么他可能就不会要求过多。要让孩子知道他不是世界的中心。如果父母教会孩子为自己的行为负责，那么孩子就会理解为什么他要做出积极行为，以及这些行为的影响。这样，对没有得到的东西，孩子就不会觉得自己必须得到它了。

❋ 给孩子提供一个安全的家，让孩子有衣服穿，有富含营养的食物吃，并且给孩子很多很多的爱。孩子需要一些玩具，但是他并不需要所有玩具。帮助孩子学会用想象力把旧玩具玩出新意，或用叶子或纸盒等物品自制玩具。让孩子动手做点特别的物件。告诉他买东西要花钱。让他靠自己的努力去挣得想要的东西。在家里多做一些家务，即使四五岁的孩子也能用劳动换来特别的东西。对再大一点的孩子来说，父母可以将那些你需要花钱请别人来做的工作交由他来做（比如粉刷栅栏或除草），这样他就会建立一种清晰的联系，钱是可以用劳动换来的。

❋ 父母认真地倾听孩子、全身心地关注孩子，就不太可能有一股脑儿地给孩子各种东西或实现孩子全部愿望的冲动。

❋ 帮助孩子学会保持耐心。他可能需要等待才能达到自己的目标，获得所想的物品。

❋ 父母完全可以和孩子解释某些商品太贵了，父母买不起。

❋ 当孩子不顾父母付出的代价来获得某些东西时，孩子就学到了危险的一课——自己的需求比他人的需求更重要。这也是为什么当孩子大发脾气时，父母听之任之，反而对孩子不利。

❋ 如果孩子对自己拥有的一切心怀感激，他就更有可能成长为懂得知足的成年人。

8. **无论是看电视、上网，还是听音乐，当孩子要接收未过滤的信息时，父母要在他的身边。** 因为大部分孩子使用媒体的时间和上学的时间一样多，所以他们可能深受自己看到的和听到的内容的影响。他们可能相信他们在电视上或网上看到的内容是正常的且可被接受的。音乐可以暗暗地煽动或舒缓人的情绪，但是某些歌词包含暴力或其他恶意信息。无论何时，父母都要尽可能在孩子接触各种信息前先行过滤信息。歌词里出现性别歧视或狭隘偏激的词语是很常见的。成年人如果没有留意歌词内容，就无法意识到歌词会潜移默化地影响儿童对世界的认知。此外，不要允许孩子购买那些父母认为不合时宜的东西。当孩子再长大一点，他可能拒绝父母为他过滤他所收听和观看的节目，因此，父母的引导要具体、有针对性才有说服力。父母说的"快把那糟糕的音乐关了。这歌就是垃圾！"会加深亲子之间的代沟。相反，父母要准确说出自己的顾虑："你听到这首歌的歌词了吗？你能听出来它表达的对女性的歧视吗？"享受和孩子之间的娱乐活动吧。和他一起看节目；模仿剧中人物的声音和行为以开启家庭讨论。

9. **为了一个更美好的世界而努力（下一章的主题是青少年为世界做的贡献）。** 父母能为世界做什么贡献呢？父母不一定有时间专门做慈善，但是一定有时间捡起脚下的垃圾，而非不管不顾，径直走过。在公交车上，父母可以给老人让座位。父母可以花点时间给亲戚们打电话问候一下。父母的一举一动，孩子看在眼里，也学在心里。当父母向孩子示范只要做出小小的善举或正义的行为就会给事情带来改变，孩子就会感到精神振奋。父母可以和孩子讲讲不公平的事，教孩子即使不能修正所有问题，也不需要保持沉默。没有人能靠一己之力解决所有问题，但是人们也不能回避那些有待解决的重要问题。父母要让孩子知道，有重要的问题尚待解决。

10. **以公平的名义做慈善。** 如果父母想让孩子意识到自己很幸运，那么他就必须意识到许多人没他那么幸运。在这个以获得成就和个人成功为目标的世界里，你要让孩子意识到他对他人也负有责任。让做慈善成为家庭开支的一个中心主题。金额的多少并不重要。小一点的孩子并不理解 10 美元和 1000 美元的捐赠有什么区别。父母和孩子说要把钱捐给慈善机构时，要让孩子知道父母这样做并非出于父母的好意，而是因为这是应该做的事情。比如，我家客厅的中心位置就放了一个捐赠箱。孩子们并不知道箱子里有多少钱，但是她们知道确实有。当她们感到自己很幸运时，她们就放点东西到箱子里，这样别人可能就有更好的运气。当她们长大一点，她们会决定给哪里捐赠。我和妻子会缩小选择的范围，这样她们就可以考察各个慈善机构，之后我和妻子就按照她们的选择捐赠。

11. **尊重多元化**。在多元的社会里，人们可能出于某些相似点和某些团体联系在一起。父母可能也想让孩子和特定团体紧密联系，因为它们和父母的价值观相同。但是父母对建立这种联系的期许，从来不应该成为教孩子不要接纳他人或允许孩子对他人有偏见的借口。把不属于特定团体的人当成"其他人"的危害极大。尊重多元化意味着尊重这样的事实：他人也有强有力的价值系统，并且人们可以秉持开放的心态进行细致的讨论。在观点得到发展、思想得到尊重的前提下，品格才能得到发展，而国家正是由那些有这种品格的人建设而成的。

12. **避免偏见，抵制歧视**。一个令人遗憾的人性的一面是人们倾向于把"我们"和"他们"分隔开来。和那些与我们相似的人在一起，我们可能感到自在，这样如果能增强一个人的文化价值观，也是一件好事。但是，如果一个团体希望、需要或消极地使他人拥有的资源变少，甚至使他人忍受苦难，从而让自己获利，这时，这个团体对社会就是有害的。认为自己就是比他人优越也是十分危险的想法。

几年前的一个夏日，那时我正在写本书的第一版。当我正努力翻阅一本书，想更好地了解这一部分的内容时，塔莉娅提出自己把那本书的内容读给我听。读了几页以后，我不确定她是否理解了那本书的意思，所以我让她解释给我听。"这是关于歧视的书。"她说。我问她"歧视"意味着什么（尽管我们以前讨论过）。"就是一些人因为不喜欢另一些人本来的样子而讨厌另一些人。"我问她这对她意味着什么。"它意味着如果我是一个种族主义者，我就不能和我的一些非常好的朋友继续玩了。那样就太让人难过了。"不要犯歧视他人这样的错误，歧视会伤害所有的人。

社会每天都在变得更多元，人与世界的联系日益紧密。如果父母想让孩子在世界中立足，那么父母必须培养孩子欣赏多元文化的能力。偏见不利于孩子接纳多元化。偏见在很多地方都有"抬头"的趋势，而且通常都不易被成年人察觉。但是，无论多么隐晦，小孩子也能注意到偏见的存在。

其实，理解自身存在的内隐偏见可以让父母在多元的世界中更高效地养育孩子。内隐偏见是一个人下意识地对他人做出的假设。这里并非让父母责怪自己或为自己感到惭愧，人都是自己所接收的多方信息的产物，许多信息都来自家庭以外。人对此进行反思就会进一步了解自己的偏见，在深思熟虑后就可以一往无前。

孩子就像海绵，可以吸收身边每个人的观点和态度。他会注意到父母、同伴的言行举止，并受之影响。公然带偏见的言行可能很少见或已经被父母过滤，但是不易察觉的有偏见的信息充斥在各种媒体、音乐和图书中。父母必须仔细检查这些内容，确保孩子接触的内容不包含有害的、隐晦的偏见。

不要只是简单告诉孩子，有偏见的信息是不真实的；抵制这些扭曲的信息的方式就是让孩子接触积极的、多元的事物。多元的书籍、媒体、玩具和博物馆可以帮助孩子理解人类的历史和不同文化的优势。要让孩子接触那些包含多元观点的书籍、媒体和娱乐项目。最重要的是，让孩子有机会和有着多元的文化背景的人建立联系。如果孩子能够接触到多元的世界，那么他就会对全人类有更深刻的理解。然而，如果他不和那些具有多元的文化背景的人建立联系，那么他就极可能在有限的接触范围内因为了解不足而快速做出泛化的评价。

让孩子接触多元的文化和观点。父母这样做是在着重强调每一个民族、每一种肤色的人都为世界的发展做出了很大的贡献。确保孩子理解，包容多元的事物会让孩子更强大、更睿智。让孩子意识到经历不同、视角不同、背景不同的人会让孩子在思考时跳出思维定式，从而变得更强大。

不是只有媒体才会塑造有偏见的形象。当父母生气或忧虑时，孩子会听父母说的话，捕捉父母身上不易被察觉的肢体语言。父母说的话对他来说很有分量。某些事物对父母来说可能是一个轻松的玩笑，但是对孩子来说可能是对某些偏见的概括。如果父母对某个陌生人感到担忧，那么孩子就会注意到父母的顾虑。在某些情况下，激活自身的防御系统可能是睿智和合理的；而在另一些情况下，这可能是父母的内隐偏见在作祟。我并非要求父母对抗自己的本能，但是我建议父母和孩子讨论一下令父母感到焦虑的问题，并且明确父母要怎样采取行动，比如："那个人让我感到紧张，因为……（父母可以给出任何具体的原因），所以我们要离开商店。"这能避免孩子认为你的反应是基于对那个人的偏见做出的。

不要害怕和孩子谈论贫富差距和种族歧视等问题。如果孩子不了解这些，那么以后有谁能修正它们呢？告诉孩子，尽管世界上存在贫穷和富有，但是孩子仍然要努力建立一个每个人都能吃饱穿暖的世界。

许多父母都极力让孩子忽视各个群体的差异。如果孩子问起自己和他人或其他群体的差异，父母可能会告诉他："没什么不同，所有人都一样。"这个答案虽然出于好意，但是并不真实。在生物学层面上，人和人确实没有区别；在精神层面教孩子"人都是一样的"也无可厚非。但是，事实上，这个世界上的每个群体和每个人都存在着巨大的差异。差异让这个世界变得丰富多彩。这就是为什么通过了解他人开阔眼界非常重要。父母不能让孩子对差异视而不见，相反，父母必须让孩子尊重和欣赏差异。

遗憾的是，承认差异往往意味着意识到那些对自己、对他人的偏见和不公平的对待。虽然父母想让孩子的世界变得非常公平，但是在生活中，并非每件事都是公平的。不管孩子的背景如何，他在生活中的某些方面还是会遭受不公平的对待（也许不公平的事情在某些人的身上发生的概率更高）。否认这个事实就是在剥夺孩子为自己和他人争取权益的工具。不要等着学校给孩子上抵制歧视方面的课程。父母要和孩子谈论一些社会问题，比如一些不公正的事件。当你提到这些事件时，你也要同时强调人们为了生存所展现出的力量。如果父母选择沉默，那么孩子就必须独自在人生道路上探索，这个过程是痛苦的。

记住，孩子可以听到父母的沉默，因为它响亮而清晰。

每位父亲或母亲都面临的问题是如何把令人痛苦的问题，根据孩子的发展需求，以一种恰当的方式告诉孩子。和孩子说得太多或者说得太早都是有害的。但是，向孩子示范你希望他成为的那种成年人，再早也不为过。

13. **关注大自然。**有哪个孩子不喜欢爬树或在水里嬉戏？孩子很容易想要为保护自然尽一份力。种植小树苗或清理小溪里的垃圾都会让孩子即刻获得满足感。因为大部分孩子都喜爱动物，所以他们想要保护濒危物种。参与保护大自然的行动对社会有益。让孩子知道你非常关注大自然。地球是人类唯一可以生活的星球，所以，人类必须保护它。

14. 有信仰。我不会冒险告诉你要信仰什么，我只能说有信仰的人在日常生活中，特别是在遇到危机时，会变得更强大。父母和那些与自己有着相似信仰的人建立联系，可以确保孩子不只从父母的身上获得塑造品格的经验。让孩子明白，虽然人们的信仰不同，但是不同信仰的核心理念有相同之处，那就是要关爱他人，明白这一点会避免孩子产生偏见。

15. 接纳自己的弱点。每个人都有负面情绪和性格弱点，包括气愤、缺乏耐心、自私和贪婪。父母面对的挑战在于必须确保更好的自我可以控制和超越不美好，甚至有破坏力的冲动。孩子也面临同样的挑战。和2~4岁孩子一起待过的人都见识过这样的挣扎，孩子们一边想要护住自己的东西（"我的！"），一边又想要取悦主张分享和合作的成年人。通过假装完美，成年人让孩子受了委屈。让孩子知道，成年人也在为成为好人而挣扎。成年人可以允许孩子进行自我挣扎：当孩子太过人性化的情绪浮出水面时，自我挣扎会帮助孩子减轻罪恶感。成年人可以和孩子分享自己如何努力让更好的一面占据上风，即使会有情绪失控的时候，成年人也可以向孩子示范如何在之后做得更好。成年人要提醒孩子，无法控制自己的感受，并不意味着世界的终结。

人们需要青少年质疑问难

人具有强大的品格，就有能力在危机时刻仍然秉持其价值观，这让人们在最艰难的时刻更具韧性。父母需要培养孩子的品格，这不仅仅关乎孩子的适应力和复原力，还让我们有机会建立一个这样的社会：人们会进一步关注地球的需求，更坚定地用正直、诚实和公平的品格对待彼此。人们需要下一代来指出这一代的人哪里做错了，需要下一代来质疑这一代的决定。年轻的一代是地球的资源，他们需要强大的品格，做出伟大的贡献。

第 32 章

坚毅：一种能助人成功的品格

父母想让孩子拥有第 31 章提到的那些道德品质，这样他就会成为那些随时准备鼓舞他人、建设世界的人中的一员。此外，父母也想让孩子获得个人成功，从而实现人生价值。

长久以来，人们认为智力高低是成功与否最重要的因素。这样想是顺理成章的（尽管这是对某些边缘化群体的偏见！），因为智力是容易被测量的，而且人们可能知道如何用知识强化智力。同样，人们一直认为有无天赋是成功与否的首要因素。然而，多亏了安吉拉·达克沃斯博士的研究，人们越来越清晰地认识到，虽然智力很重要，有天赋是好事，但是智力和天赋并非成功的首要驱动力。达克沃斯博士是美国宾夕法尼亚大学的一名教授，也是美国品格实验室的发起人和首席执行官，通过进行广泛的研究，她证实了毅力、勤奋、坚持努力和训练可能在很多情况下，更容易让人获得成功。达克沃斯博士将这些品格总结为坚毅。她承认，智力和天赋有助于人们发挥潜能。但是，在她的著作《坚毅：释放激情和坚持的力量》(*Grit: The Power of Passion and Perseverance*) 中，她提到："我们的潜力是一回事。我们用潜力来做什么又是另一回事了。"

这对青少年来说是一个好消息。它意味着过去青少年认为只能依靠智力或天赋才能获得成功，而现在青少年更能掌控自己的人生。达克沃斯博士指出，坚毅的青少年把生活看成一场马拉松，而非冲刺跑。为了达到某个目标，他会展现出毅力和激情，会做好规划，并且立刻付出努力和行动，不惜牺牲即刻的满足感。

短跑运动员在短跑时会向前看，看向终点。他可能不仅玩命向前冲，也知道自己要跑向哪里——终点是清晰可见的。而马拉松运动员在沿着弯道跑，不断上坡、下坡时，只能在脑海里想象终点（目标）在哪里。他在跑步的时候就知道成就和奖赏并不能即刻被看到，但是一定存在。坚持本身就是一种成就，进步就是一种奖赏。目标驱动人们付出努力。

我想把这个比方再延伸一下。人如果想要获得成功，就要学会在跌倒后复原。短跑运动员在短跑时跌倒了，比赛就结束了。而马拉松运动员在跑步时可以跌倒，并且有足够的时间完全恢复。

注意：我最不想看到的是父母过于执着地想让孩子更坚毅，这样反而是给孩子一种压力，或者说父母这样做是在孩子的失望清单上又添了一笔。我说得更直接一点：如果父母"盘旋"在孩子头顶，不断地重复"集中注意力，集中，为什么你那么容易放弃呢？"，那么这一改善孩子表现的行为就会适得其反，不利于孩子挖掘自身潜力。

不要认为"坚毅"是孩子将来要获得的标签。父母应该重视孩子在生活中的热情，并帮助其从中获益，让孩子愿意对所做的事情付出努力。如果父母这样培养孩子，那么我可以自信地说，每个孩子都能在努力的过程中获益，变得更坚毅。

我知道你一定在想："如果坚毅的品格对成功如此重要，那么我该怎么做才能让孩子拥有这种品格呢？"本书的其他部分讨论了很多培养坚毅这一品格的方法。以下我简要概括一些主题，然后着重介绍达克沃斯博士在其书中提出的模型的要素。我强烈建议你好好阅读那本书，深入探究书中的各种概念。

成为让孩子更坚毅的父母

在本书第一部分，我用前 3 章阐述了有效养育的基础。讨论的每个主题都有助于你提升你的能力，在孩子的成长过程中给孩子提供指导，并且可以让你对孩子的未来产生持续的、深远的影响。

第 1 章讨论了充满爱的关系的力量，以及无条件的爱是如何将安全感深深地植入孩子心中，从而助力孩子长大成人的。我强调了，虽然爱一定是无条件的，但是它必须和高期许相平衡，而高期许可以让每个孩子努力成为最好的自己。

第 2 章探讨了有助于培养孩子的优势的教养方式，从而帮助孩子在 35 岁、40 岁甚至 50 岁时获得成功和幸福。我还谈到了目标感和长远的满足感之间的联系。我也讨论了努力、坚韧和毅力的重要性。重点就是，当你以孩子 35 岁时的样子为目标教养孩子时，你就是在培养孩子坚毅的品格。你如果能心怀愿景，想象孩子成年后的健康和成功，你就是在以一种坚毅的方式思考教养这件事。换句话说，你如果以一种国际公认的可以创造更好未来的方法养育孩子，你就是在向孩子示范如何变得坚毅。

第 3 章颂扬了灯塔型教养方式的诸多优点。你如果既能支持孩子，给孩子温暖，对孩子充满爱意，又愿意称赞孩子的努力，坚持保障孩子的安全，那么孩子就会在学业上更成功，情绪状态更健康，做出更安全的行为，孩子也愿意让你参与他的生活。达克沃斯博士强调，如果父母自己也能向孩子示范坚毅的品格，那么他们很有可能养育出最坚毅的孩子。换句话说，向孩子示范坚毅的品格会促使孩子想让父母参与他的生活，而且更可能效仿父母的做法。如果你热爱自己所做的事情，满腔热情地投入，努力把事情做好（即使这样做很辛苦），你就能潜移默化地影响孩子。这似乎是一个双赢的局面。你会对自己的生活感到快乐、充满热情，而且孩子更可能把你当成榜样，想要成为你这样的成年人。

以目标为导向

如果一个人付出高水平的努力，不断实践，坚持不懈时，他就能获得最大的成功。那么关键的问题是：究竟是什么在驱动一个人这样做呢？我不希望是外部压力使然。那样就会催生出完美主义者，而非高成就者。基于第 13 章阐述的所有原因，完美主义者并不能获得真正的成功。我们想帮助孩子成为以目标为导向的人：有特别想实现的目标，从而满腔热忱地追寻；既有内在动力驱动，又明白成年人会支持他全力实现他的目标。

达克沃斯博士指出，拥有大目标十分重要，这个目标不仅要让人觉得是真的重要，而且还要值得人为之努力奋斗。她表示，坚毅就是在很长一段时间内都能坚守大目标，并且能为了实现这样的目标而付出努力。同时，一个人还应该拥有小目标，它们是能帮助实现大目标的日常任务，是达到最终目标的手段。一个人可以既如激光般专注于大目标，也能灵活应对小目标。其实，人们应该灵活设定小目标，因为人们在实现大目标时可能遇到障碍，经历失败。而在实现小的和中级的目标时，遭遇的挑战会给人们提供学习和重新整装待发（构建韧性！）的机会，从而最终让人们更可能实现自己的远大抱负。

以下是一些要点，它们既能让孩子时刻专注于自己的热爱与追求，又能让孩子在失败中成长，不因失败而偏离轨道。

❋ 在实现自己远大抱负的过程中，能延迟满足的孩子更容易放弃那些让人分心的消遣，也更容易集中注意力处理包括学习在内的枯燥的任务。第41 章会对延迟满足展开讨论。

❋ 热爱学习的孩子更能获得终身成长。当学习是有趣的、令人兴奋的，并且学习内容和孩子关注的某些事物有关时，他就会开始热爱学习。孩子天生具有好奇心，并且会对新环境和冒险感到兴奋。你如果想让孩子长大以后热爱读书，那就让孩子在很小的时候和书建立联系，让他最大的快乐与书相关，并且是和你一起，享受你全身心的关注。你如果想让孩子对宇宙的奥秘着迷（比如成为一个科学爱好者），那么就带他多去公园走走，观察公园中的各种生命；和他躺在原野里，看着满天云朵变幻出各种各样的形状，然后回到家里，研究云朵是怎样形成的。这些互动会让孩子爱上探究宇宙的奥秘。

❋ 孩子发展坚毅的品格，是通过在失败后学习如何复原实现的。孩子会明白第二次、第三次（或第七次）尝试通常都比第一次有更大的改进。你必须让孩子学会优雅地失败（有时不那么优雅），这样他才能学会复原。他必须弄清楚自己的局限，这样他自己才能想出变通的方法。如果孩子不了解自身的不均衡性，并且不知道如何弥补短板，那么他长大成人以后，在面对更大的风险时就会犯错。

❋ 儿童期和青春期是孩子学习如何走过生活中的坑坑洼洼的时期。所以你不应该完全放手。你应该保护孩子远离那些可能危及孩子安全或长远幸福的逆境。但是，如果一次挑战能教会孩子吸取失败的教训和如何复原，而且并不会给孩子带来终身的伤害，那么你就应该给孩子让路。孩子通常有能力扭转局势；你相信他有这样的能力，就是在坚定地向他表明，你对他的能力有信心。你这样也会给他自信心，他会相信只要付出努力就能复原，挫折是暂时的。

✽ 能够利用具有建设性的批评意见的人，可以不断改进工作，在实践中学习，并且获得更大的成功。卡罗尔·德韦克博士的作品完美回答了"如何培养孩子，让孩子做好更充分的准备以从具有建设性的批评意见中受益"这一问题。简单来说，孩子如果没有付出就轻易获得了赞美，而你也只关注结果（比如分数、学分、比分），而非孩子的努力或学习的过程，那么孩子就更有可能把具有建设性的批评意见看成一种攻击。本书的第 12 章和德韦克博士的《终身成长：重新定义成功的思维模式》一书更详细地阐述了这一观点。

实现目标的四个关键品质

人们在实现重要的目标时，总会受到各种力量的拉扯。有时它们可能以"内心的声音"的形式出现，试图说服人们付出努力实属不值或热情并非那么重要。这种内心的挣扎是人性的一部分。达克沃斯博士的研究表明，坚毅的人具有的四种关键品质可以让他跨越障碍或抵抗内心动摇的想法。

✽ **兴趣**。对某个目标充满热情必须始于真正喜欢所做的事情。然而，产生兴趣是一个探索与发现的过程，兴趣是人们在同世界的接触中，在发现能吸引注意力的事物的过程中形成的。这是一个过程，并非结果。人们在发现新事物，并且意识到自己想要更深入地探索——想要理解其中更细微的差别时，兴趣就转变成热情了。

✽ **实践**。达克沃斯博士在她的书中表明，一旦一个人认为某种兴趣值得关注，那么"你就必须全身心地投入实践，你要目标明确、充满热情，在应对了重重挑战之后，最终才能精通"。实践就是认识到自身的不足，通过一次又一次的努力弥补不足的过程。与此同时，实践也是打磨优势的过程。

✽ **目的**。如果某件事值得一个人投入全部的时间和注意力，并且有时还要牺牲当下的欢愉，那么它一定是重要的；而且它一定具有更大的意义。认为自己做的事情很重要——对自己也好，对他人也罢——的人能在付出中找到意义，并且更容易保持目标明确。

❋ **希望**。达克沃斯博士强调，保持希望并非次要的品质，相反，它是支撑其他三大关键品质所必需的品质。它会让人在遇到挫折时依旧坚持不懈，让人在目标遥远时保持使命感。希望的核心是相信自己如果付出努力或不断练习，就会带来改变。保持希望并非相信好运将会降临，而是坚定地认为自己的行动一定会改变自己的命运。

找到热情是一个过程，不是结果

"那就找到你的热情所在吧！"这是许多励志演说家的善意的建议。它听起来就好像是某块石头下藏着什么东西，而你只需要找到正确的石头，再把它移开就好了。在第 2 章，我提醒了你，过于关注未来会给孩子非常大的压力。基本上，父母会和孩子这样说："找到你的热情所在吧，它将决定你的生活，但是在它完全展现在你面前之前，你要充分发挥创造力，在这个过程中一定要放松。"坚持这种想法——只要你早日找到热情并且跟随热情的指引，你的生活就会变得更明确——会给人带来太大的压力。

然而，人如果一直朝着某个目标充满热情地努力着，他就会更成功。达克沃斯博士提出了一个更健康的观点。她建议孩子用一定的方法"培养自己的热情"。这就意味着孩子在生活中必须关注自己内心的声音。他会选择探索哪些问题呢？他想要解决哪些问题呢？他把谁当成自己的榜样呢？他擅长做什么，但是又想在哪些方面做得更好呢？他喜欢什么，讨厌什么？他的优势在哪里，又有哪些局限呢？他什么时候最希望得到反馈，又在哪些领域最迫切地需要他人指导呢？达克沃斯博士提醒所有人（无论长幼），只有在广泛而充分地体验了生活之后，孩子才能找到并开始培养自己的优势。

韧性与坚毅

如果坚毅的品格和韧性息息相关，那么在那些克服过最大挑战的孩子中，可能有一些就是坚毅的代表。当然，那些在最负盛名的学府中热情地追求卓越的人也是坚毅的表率。最成功的发明家和创造性思维者也是坚毅的榜样。那些虽然知道成功的机会渺茫，但依然不服输、不放弃的孩子，也应被认为是坚毅的榜样。当他们得知自己无法实现自己的目标或遭遇歧视使他们更难以实现目标时，他们选择加倍努力。他们激情满怀，努力成为最好的自己，心中只有一个信念：当他们为了一个更公平、更正义的世界而努力时，他们也可以成为其他人的榜样。

资　源

1. Duckworth A. *Grit: The Power of Passion and Perseverance*. New York, NY: Scribner, Simon & Schuster; 2016.

2. 美国品格实验室将与培养品格的思维模式和技巧有关的科学研究成果转化成了对父母和老师来说切实可行的建议。该组织提供以培养品格优势为目标的手册，还有基于严格的科学研究成果的信息和活动，既涉及坚毅，也涉及其他的品格优势。

第 33 章

贡　献

自信的孩子能够认识到自身的能力，与他人保持着联系，并具有鲜明的个性，随时准备为世界做贡献。做贡献这一韧性的要素可能源自韧性的其他要素，另外，积极做贡献的人会增长阅历，获得成长。如果父母和社区能够为孩子提供充分的机会做贡献，那么他们一定会培养出具有领导力的下一代。

孩子在努力地改变社区时，心中会充满着意义非凡的使命感。他会收到积极的反馈，这种反馈会保护他免受那些针对孩子的负面信息的侵害。他会从包括父母在内的许多人的口中听到"我认为你很棒"，从而收获一种重要的信念——"我对你有高期许"。他的周围环绕着"谢谢你"的声音，而非严厉地指责。不管孩子是否达到了父母的期许，这一声声感谢都会为孩子提供极大的保护。

我的妻子和我想在女儿们很小的时候就教给她们，为世界做贡献是一种重要的价值观。我们想让她们知道，因为她们的存在，世界会变得更美好，所以我们的女儿们在 3 个月大的时候就开始做贡献了，她们在一家养老院做了老人们的开心果。她们不记得自己的笑容为多少老人带来了欢乐，但是那段经历是她们志愿服务的开始。

她们在 4 岁时看到报纸头条上出现的忍受饥饿的孩子的照片，会问我为什么照片中的孩子是那样的，我用她们能听懂的话解释说："因为他们没有足够的食物。"女儿们问："我们能给他们送食物吗？"我告诉她们送食物可有点困难，但是我们可以送钱给他们。在她们的鼓动下，我花了一天搭建了一个卖柠檬汁的小摊（搭建这种活儿我可并不在行！），而后她们就通过卖柠檬汁赚了 3.75 美元。真值！孩子们觉得自己的努力很重要，她们可以为地球另一边吃不饱饭的孩子带来改变。

　　在整个童年期，她们一直在探索建设世界的各种方式。她们知道这样做让我很高兴，但是这似乎更是她们发自内心想要做的事情。邻居也将她们视为榜样，她们又从邻居的反馈中进一步肯定了自己的做法。我相信当她们遇到困难时，她们会有减轻压力的方法，因为她们知道自己可以全神贯注地完成一件能够彰显自身价值的事情。

　　当她们进入青春期，贡献的形式又发生了变化。她们成了家附近许多小孩子的榜样。她们很活跃，关注的点都会得到重视，她们的价值观也会被注意到。她们是备受小孩子青睐的临时保姆。她们总是接收到这样的信息——小孩子以她们为榜样。其他父母们也喜欢看到她们塑造的青少年榜样。我知道，家附近的其他父母给予我女儿们的关注，也会为她们提供一层额外的保护。因为大家都把她们当作好榜样，她们也不太可能做出有悖于榜样形象的行为。

超越自己

　　如今的文化太过注重物质，孩子也深受这股潮流的影响。为了抵制这种影响或更客观地看待这股潮流，父母可以为孩子提供各种去给予，而非去索取的机会。孩子应该了解到，宇宙并非以他为中心旋转的，世界也并不应该给他他想要的一切。当他为抗震救灾筹款、收集可回收物品、辅导小孩子写作业时，他能够从更现实的视角出发看待世界、看待自己在世界所处的位置，能跳出故步自封、以自我为中心的思维定式，看得更远。他认为自己属于更大的群体，而他可以影响和改变群体。孩子可以用多种方式为社会做贡献——为灾民筹钱以提供食物、保护环境、主动帮助生理有障碍的孩子，甚至还可以用简单的、自发的方式行善，比如为推着婴儿车的父母开门。

　　做贡献对提高韧性有直接的积极影响，因为它能帮助孩子产生使命感，从而驱动孩子积极努力、有所成就。我曾去过美国伊利诺伊州的巴林顿高中，我从学生们的口中了解到，一位叫雷·皮亚杰提尼（Ray Piagentini）的辅导员25年来一直带学生们到美国南达科他州夏延河保护区附近的乌鸦溪自留地参加一个志愿服务项目，这深深地影响了我对人的内在力量的看法。学生们和我说起了服务他人的意义，也谈到了关于人的精神所具有的韧性，以及他们汲取到的经验。他们明白了，虽然自己在服务他人，但是他们收获的远比他们所给予的多。他们懂得了，经历就是最伟大的老师，他们还可以在听别人分享自己的故事时收获最宝贵的人生经验。他们学会了，即使在面临重重挑战的群体中，如果群体成员与群体的文化紧密相连，那么群体成员也能用文化所蕴含的智慧找到最适合自己的应对挑战的办法。此外，他们会由衷地尊敬不同文化背景的人，并且知道这堂多元文化课程会令他们受益终身。这些学生虽然还不确定自己为什么会被带来参加这个志愿服务项目，但是他们感到这段宝贵的经历会永远滋养他们的思维方式，让他们想要积极投身于建设世界的行动中。我来到巴林顿高中是想激励这里的学生，结果反而是我深深受到了他们的鼓舞。

贡献和能力、自信、联系、品格紧密交织，共同编织成韧性这张大网。让我们快速浏览一下，看看贡献是如何与能力、自信、联系、品格紧密相连的。

能力。积极参与志愿活动的孩子会发展出新的能力。他会发现自己以前没有察觉的新的兴趣和天分。如果孩子参与一个为了做好事而筹钱的项目，比如孩子组织网络力量，以礼貌且令人信服的方式和成年人交流，帮助成年人清点募捐物品，再把物品寄送出去，那么他不仅收获了包括组织能力和责任感在内的个人能力，还上了更重要的一课——他有能力做一件有意义的事。他进一步加深了对自身能力和价值的认识。

自信。当孩子付出了上述的努力，他会变得更自信，因为他展现了自己的能力。他可以看到或听到实实在在的成果：收集到的钱或罐装食品、养老院的老人们感激的掌声、许多为收容所做的三明治或许多从被污染的小溪中清理出的垃圾等。当孩子做贡献，为世界或他人的生活带来改变时，他通常会得到正面反馈，这会进一步增加孩子的自信，提高孩子的韧性。

做贡献、做好事的孩子不仅会获得自信，还能避免出现很多问题。总部位于美国明尼阿波利斯市的探索研究所（Search Institute）是一家非营利组织，旨在让儿童、青少年和社区健康发展，该组织发布的报告称，每周至少进行 1 小时志愿服务的儿童和青少年，其滥用药物、酗酒、吸烟或做出危害行为的可能性会减小 50%。

联系。做贡献也会帮助孩子推进同邻里、学校和世界的联系。在参与志愿服务的过程中，孩子能够打开眼界，意识到他在人类大家庭中和在地球上所处的位置。这种联系感越强烈，他的韧性就越强。孩子会开始感恩自己的幸福生活，学着回报社会。他会学着给予、接受和分享，并且在困难时寻求帮助，这也是人类可以做的正常而健康的事情。孩子必须知道，只有他真诚地给予，才能在遭受厄运时获得帮助。这是一个重要的人生经验，能够让孩子在面对不可预知的不幸时有韧性。

在和孩子寻找志愿服务机会时，你要先和孩子谈一谈，了解他的兴趣，然后试着根据孩子的兴趣寻找合适的志愿服务。不要大包大揽，要全程指导。鼓励孩子问问学校或当地的图书馆，看哪里有做志愿服务的机会。如果孩子对动物感兴趣，那么他就可以去当地的动物保护区、鸟类保护区帮忙，或到动物收容所和兽医诊所做志愿者。

孩子在做志愿服务时，会和很多成年人一起共事，他们很可能是孩子效仿的榜样。孩子和这些成年人一起工作时，不仅能学到一些特定的本领，还会和努力改变世界的成年人建立联系。这会对孩子产生深远的积极影响。

品格。做贡献有利于塑造品格，因为做贡献有利于培养有担当、慷慨和体贴的品质。当孩子知道还有其他人依赖着他时，他就学会了有担当；他必须守时，必须做好自己分内的事情。他的努力获得的正面反馈，以及他自身产生的成就感，都有利于培养品格。认可他的慷慨和体贴的人越多，他就越可能变得更慷慨、更体贴。

贡献就好比一条双向通道。孩子为了癌症研究筹款或为生活条件差的孩子筹集书籍，在这个过程中，他不仅付出了，也会有收获。他意识到自己有目标和价值，世界能够因他而变得更美好。成年人也要记住，成年人也需要孩子做贡献：孩子是成年人面向未来最宝贵的资源；成年人的生存和孩子的贡献息息相关。

留一些喘息的空间

父母、老师和其他成年人有时候会接管孩子的志愿服务项目。成年人可以在一旁提供支持和帮助，而孩子则应该尽可能独立地选择和完成这些项目。当孩子本来可以自主完成项目时，没什么比一个成年人走过来说"让我帮你做吧"更让孩子泄气的了。虽然孩子完成项目的效率没有成年人在旁边帮忙时那么高，但成年人还是应该放手让孩子自己做，并让孩子从中有所收获。

做贡献会丰富孩子的生活简历，但孩子做贡献的动机不应该是有利于申请大学或会给奖学金评审委员会留下好印象。做贡献的动机应该是做正确的事情，而这件事只是顺便能丰富简历。

一些组织会给那些为自己社区做出卓越贡献的孩子或做出无私善举的孩子颁发奖项或奖学金。这些奖励很棒，但是成年人不应该鼓励孩子为了赢得奖项或奖学金而做贡献。成年人鼓励孩子做贡献应该仅仅因为它是一件值得做的事。

善行之外

贡献不局限于善举和高尚的行为。孩子要知道，他也可以提出会被认真对待、被尊重的观点和看法。当成年人邀请孩子发表观点和看法时，特别是针对他关心的问题时，孩子的掌控感将增强，韧性也会提高。比如，在组建社区游乐场时，谁会比要使用它的孩子更了解应该安置哪种设备呢？谁会比住在本社区的孩子更了解应该采取什么措施让孩子远离烟酒呢？在成年人设计项目的时候，成年人会发现，最棒的点子通常来自年轻的消费者。在我的研究中，我发现孩子总是会想到一些成年人从未考虑到的明智的答案。

就家庭而言，父母可以让孩子参与家庭会议，听听孩子对解决矛盾的看法，了解一下孩子为实现自己的目标需要父母提供哪些特别的支持或采取哪些行动。当孩子的想法被倾听、被尊重时，孩子不仅学到了技能，获得了自信心，也开始了解他可以为自己和家人的幸福做出贡献——这些都是不可估量的好处。

谈到为家庭做贡献，孩子可以通过做自己分内的家务来为家庭做贡献。家务这个词可能让你想起自己童年不愉快的经历。你可能还记得你的父母唠叨你带走垃圾或叫你去除草。如今的家庭不会分配给孩子很多家务了，可能是因为家里有了许多节省人力的设备，也可能是因为一些父母认为孩子应该把有限的时间花费在做功课上面。但是，做家务可以从多个方面培养孩子的韧性。它让孩子知道，自己是家庭不可或缺的一分子，也要为家庭做贡献。家务还会拓展孩子的技能，培养责任感，进而转化成新的能力。

　　年纪小的孩子可以做一些简单的家务，比如把不玩的玩具收起来放到篮子里。学龄前的孩子可以把脏衣服放到脏衣篓里，把自己的碗筷放到水池边。随着孩子长大，家务的内容可以有所扩展，以增强孩子的责任感。为了让家务更容易被孩子接受，你要确保孩子理解相应的步骤，不要说："你的工作就是照看好你的猫。"你要给出清晰、明确的指示："倒出猫粮，清理猫砂盆。"如果孩子已经会读书了，你可以写一份家务说明，还有一张用来核对他是否完成了各项步骤的清单，这样他就不能找借口了（"我不知道那是我的工作。我以为那是凯拉的工作呢。"）。许多孩子喜欢在表格上画钩或在图表上贴上小星星，因为这样是他们完成了任务的肉眼可见的证明。

　　不要把孩子的付出认为是理所当然的。当他完成了他的家务时，你要向他表示感谢。感谢是一种有力的联系，也是自信的助推器。另外，不要总是期待孩子能做出完美的家务。当孩子用海绵擦拭门框时，即使有些手印没有擦干净，你也不要抢过海绵，再重复一遍他的工作——这样只会打击他的自信，而且也不利于他改进自身技能。

　　不要给孩子分配艰巨的家务。你应该努力让家务匹配孩子的年纪、能力和时间安排。举个例子，如果遇到了考试周，你在分配家务时就要灵活一点，可以和孩子说："我知道你这周学习很刻苦，所以你的家务今天就由我代劳吧。"类似的表达和大方的姿态会为孩子做出合作的表率。下次你特别忙时，他也会提出帮助你的！

　　和孩子一起做家务也会增进你们之间的联系。一起洗车就是一项有趣的家务，你们也可以一起给花园浇水、清扫落叶或除雪。即使是像遛狗等日常必做的事情也是家人们在一起增进联系的好机会。遛狗时，不要把牵引绳交到孩子的手上，让他自己出去遛狗，而要和他一起去。你们可以借此机会一起做运动，聊聊天，倾听彼此的心声。

在最需要帮助时的韧性

　　在最需要被帮助的时候，能够对他人说："兄弟（姐妹），我需要帮助。"这个行为非常能体现韧性。这可能并不容易，但是非常必要。父母希望孩子成长为在向他人寻求帮助时不感到羞耻的成年人。其实，父母想让孩子知道，在困难之时和他人联系是有力量的表现，这源于对自身需求的觉察。如果孩子有服务他人的经历，他就会学到一个至关重要的人生哲理：给予的感觉很棒，帮助他人也会让自己有所收获。为他人的幸福做贡献的人不会感到有负担或被占了便宜；他会感到很荣幸，甚至怀着一颗感恩的心——或许正是由于受到了正确的训练，他才能够在正确的时间、正确的地点做出自己的贡献。他得到的通常比给予的更多。有这种经历的人能更自如地向他人寻求帮助，因为他十分清楚，指引着他走出困境的人之所以出现，是因为那个人想要帮助他，并非出于怜悯。孩子应该通过为社会做出实际的贡献学到这个人生经验。他会明白，伸手寻求帮助并不可耻，只是人性的真情流露。

第六部分
应 对

第 34 章

压力和应对策略

生活使人倍感压力，父母必须帮助孩子做好准备，有效地应对压力。如果要让孩子有韧性，孩子就必须有能力应对压力。父母当然愿意相信童年如田园生活般美好，但是孩子在生活中不可能没有压力。孩子会为课业、同伴、未来担忧，也会为自己的身份和外表担忧。孩子想要取悦父母，有时又会担心父母。孩子在很小的时候就能够感知父母承受的压力。当父母看上去神色不安时，孩子也会感到焦虑。大一点的孩子担忧的事情似乎超出了他所熟识的范围，而这些事情通常是父母认为他不会注意到的，比如战争、暴力，甚至是经济形势。他没有经历过这类事件，也不会像成年人那样用"一切都会过去"的信念保护自己。

"我怎么知道孩子压力太大？我该做什么？"

压力大让人十分难受，让人感到紧张、危险、心烦意乱。压力大的人无法清晰地思考，会变得不安、疲惫，会失眠、头痛。压力大让人感到肌肉酸痛、肚子胀、心跳加速。压力大让人变得易怒、不耐烦，更别说理解他人了。孩子在面对压力时也会有与成年人相同的感受，但是他通常不理解压力是如何让自己喜怒无常、烦躁易怒的。这就是为什么父母需要考虑到孩子心情不好、自我封闭、发脾气、有敌意，甚至是情绪失控，有可能意味着孩子有较大的压力，甚至有抑郁倾向。这对父母来说很困难，因为小孩子偶尔会发脾气，青少年也常常情绪化。

孩子和成年人一样，身体里的压力会不断累积。经常头痛、肚子痛、感到疲乏，这些不舒服的感觉就有可能是压力大造成的。当孩子的一切医学指征都正常时，父母尤其需要考虑这种可能性。父母可以问问医生，自己注意到的孩子的体征是否和压力大有关。健康专业人士会考虑生理问题，但这会有助于弄清楚症状的根源（见第 46 章）。

我永远也完不成这个作业！

我够聪明吗？

爸爸妈妈为什么会争吵？他们会离婚吗？

为什么我不能拥有电视里的小孩拥有的东西呢？

为什么我就进不了球，得不到分呢？
我的朋友们有消极行为，我该怎么办？
为什么她今天不和我玩了？

为什么会有战争？
如果我爸爸失业了可怎么办？
妈妈赚的够我们花吗？

我够漂亮吗？

人怎么会挨饿呢？

我没办法做完这么多事情！

塔莉娅·金斯伯格
10 岁

我是谁？

我的身体在发生变化！真是太奇怪了！

我会成为什么样的人呢？

我不是小孩子了！

热带雨林如果消失了会怎么样？

为什么姐姐什么都做得比我好？

图 34.1　可能会使孩子感到压力大的想法

本书的许多压力应对策略都能够帮助儿童和青少年应对压力。这些策略也能够起到预防作用。我希望那些有能力应对压力的孩子一开始就可以少承受一些压力。如果你担心孩子没有能力应对压力，或你知道孩子最近压力比较大，那么请你向孩子的老师、辅导员、医生寻求帮助，他们会帮助你衡量孩子需要多大程度的支持。

压力应对策略

人们都讨厌不舒服的感觉，不管是情绪上的还是生理上的。为了避免产生这种感觉，人们想出了一些让自己回归舒适状态的方法。只要能驱散不适感，哪怕只有片刻，人们都愿意尝试。

压力应对策略既有积极的，也有消极的。积极的策略并非永远奏效，消极的策略也不是毫无用处（相反，某些消极的策略能即刻缓解不适）。两者的不同之处在于，积极的策略会提升人们的幸福感，最终会让不适感至少得到部分缓解，而消极的策略可能即刻见效，但是最终会伤害个体、群体，而且压力大的情况会不断出现，且更频繁。

事实上，父母所担心的孩子的消极行为，都是孩子为了减轻自身的压力而采取的错误方式。拖延症、假装懒惰和无所事事是孩子采取的应对学业压力的办法。孩子只是暂时把压力抛到脑后。霸凌、吸烟、饮酒、拉帮结伙、饮食失调等行为都体现了孩子在试图应对压力。父母的挑战在于要培养孩子掌握许多积极的压力应对策略，提高他应对压力的能力（见图 34.2）。只有让孩子掌握各式各样的有替代性的、有效的且安全的应对策略，父母才能充分发挥自己的作用，帮助孩子规避危险行为。

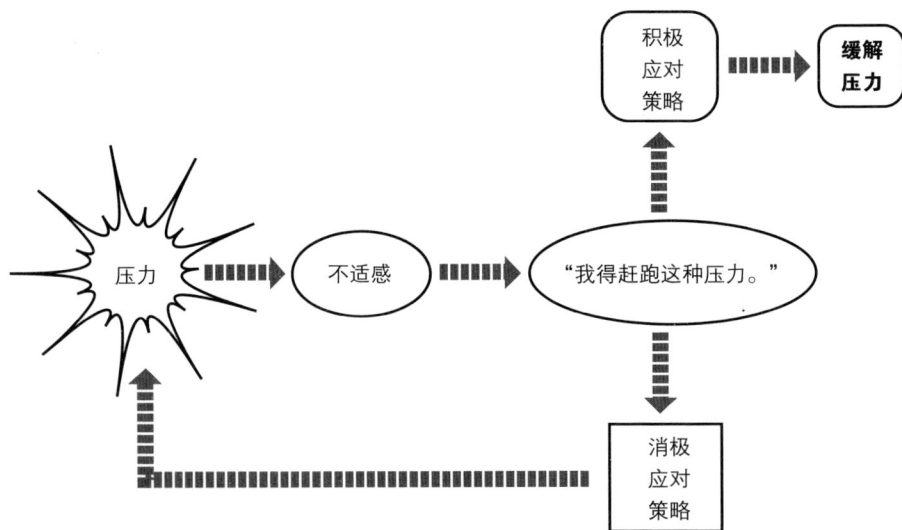

图 34.2　不同的压力应对策略对压力的影响

不同的应对策略

每个人都有自己独有的应对压力的策略。已经有研究关注到不同的压力应对策略如何帮助不同的人最有效地解决问题。一些人遇到问题时，选择迎难而上，努力解决。另一些人更专注于因问题产生的情绪；他们常常选择做那些让他们感觉更好的事情来降低自己的不适感。两种方式分别以问题为导向和以情绪为导向，都是主动试图解决问题的策略。还有一些人会通过否定或回避来逃避问题。

想要积极解决问题的人常常会选择两种策略中的一种——他努力改变应激源本身，让自己更好受；他努力改变自己，让自己能够适应应激源。

孩子也有这样的应对策略，虽然他可能并没有意识到。萨拉感到自己快被作业压垮了。当她把作业分成可以逐个完成的小部分时，她使用的是以问题为导向的策略。当阿米特的朋友们挑战他，让他吸烟时，他和最好的朋友聊一聊他为什么不想吸烟，也是在试图解决问题。

如何应对压力？

思考如何应对压力时，孩子必须做出一个基本决策：我愿意做出多少改变？有时孩子试图改变环境。例如，如果阿米特可以创造一个问题更少的环境，即阿米特在和一个吸烟的朋友凯尔谈话后凯尔决定戒烟，那么阿米特承担的压力就会减少，因为他至少有一个不吸烟、可以一起出去玩的朋友了。他在不妥协的情况下改变了环境。然而，如果凯尔劝说阿米特"就抽一根试试"，阿米特可能认为应对这种压力的最好办法就是抽几口试试，这样就能摆脱凯尔的纠缠。父母担心这样会使孩子误入歧途，但是做些让步可能是某种情境下最明智的决定。

上文讨论的应对策略都和问题或和孩子对问题的反应有关，还有一些应对策略是回避问题的。小一点的孩子通常用否认或回避来应对压力。他没有注意到问题的成因是他的认知能力有限或他发现进入一个幻想世界是最安全的。幻想是有趣的，但是当人们用它来应对压力时，就可能是在否认压力。大一点的孩子和成年人用否认说服自己和他人问题不存在（你听过多少次"没问题"？）。人们有时意识到了某个问题，虽然没有真正地否认，但是要么选择淡化其重要性，要么避开那些让自己不舒服的人（即回避策略）。在最坏的情况下，回避策略会导致孤立或抑郁。使用药物也属于回避策略，因为使用者会逃避现实。

认为应该直面和恰当应对每一个问题的观点是错误的。当然，长期回避某个问题将永远无法克服这个问题造成的障碍。可是有时，某个问题实在是让人难以应对或令人害怕，以至于只有暂且说"我真的不在乎，这并不困扰我。"才是明智的做法。我屡次从某些患者的身上发现，当他们有充分的理由对经历的问题狂怒不已时，他们恰恰会表现得漠不关心——因为这就是他们应对压力的全部策略。不要仅仅因为知道孩子应该在乎，就强迫孩子表现出他在乎。给孩子时间和空间，让孩子培养技能，他才能够恰当地应对压力。

虽然人们很难用一种方式来帮助自己应对所有压力，但是人们普遍认为，能够面对问题的人做得要比那些否认或回避问题的人更好。那些运用以问题为导向的应对策略的人能够解决问题，而非解决因问题产生的不舒服的情绪。这样的人通常表现得更好，是因为他们把解决问题的难度降低了。如果人们只处理情绪，那么问题还会卷土重来。然而，积极的、以情绪为导向的压力应对策略同样有用，因为它们让人们在短期内更舒服，而且如果人因此寻求外部支持，还有助于培养人际关系。

有韧性的孩子有能力解决问题，并且能应对因压力产生的生理上和情绪上的不适。当然，他也需要通过离开或避开问题让自己舒服一些，这样他就能保存力量，在做好准备时改善或解决问题。运用有效且以问题为导向的压力应对策略、健康且以情绪为导向的压力应对策略，以及安全且考虑周到的回避策略培养孩子应对压力的能力，是父母的挑战之一。

应对策略要随着孩子成长而变化

越来越多的研究正在探索，对不同发展阶段的孩子来说，哪些压力应对策略在不同的情况下效果最好。这类研究成果超出了本章讨论的范围，我想要强调的是，压力应对策略是随着时间变化的。3 岁孩子所需的压力应对策略和大一点的儿童和青少年的一样，这种看法是错误的。

　　婴儿也会有压力，并且他有自己的应对策略。他通过大哭来让成年人满足自己的需求。他在吃奶时会变得平静。成年人在身边就足以让他安静下来。对大一点的孩子来说也是如此，一个拥抱就能让他安静下来，让他从父母身上获得安全感，而后回归正常状态。还有的孩子走到哪儿都带着一个安全篮或玩具，这样他就能在满是陌生人和陌生物件的环境中，因为熟悉的东西在身边而得到安抚。学龄前的儿童会用幻想来平复自己不安的情绪。想一想，有多少寓言和童话故事是关于脆弱无助的孩子被超级英雄或奇幻人物解救的？

　　另一个儿童普遍采用的压力应对策略就是回避策略——看不见问题、逃离问题，问题就不存在了。当孩子到了上学的年龄，他就会开始明白压力如何影响着他的情绪，而且他能够在平复这些情绪之后做得更好。随着他再长大一些，他开始使用自己的解决问题的技巧，采取积极措施应对他所关注的问题。他会学着放松，但不再通过想象奇幻人物的帮助来解决问题。他会安慰自己，父母此刻不在身边没关系，他们会很快赶过来的。他学会重构情境，通过对自己说积极的话来安慰自己，安抚情绪。当孩子快进入青春期时，他的压力应对策略会变得越来越复杂。

　　我并不想让你为不同年龄孩子所采用的不同策略而困扰，而想帮助你认识到孩子的技能在随着时间不断扩展、提高。如果你刻意或执着于要求一个年幼的孩子努力应对压力，那么你可能只会增加孩子的忧虑。因为他总是会想，自己在克服恐惧时是否做得足够好。相反，你应该把注意力集中在如何为孩子做出表率、为孩子示范恰当的压力应对策略上。你应该帮助学龄前的儿童和年龄再大一些的孩子明白，他们大部分的焦虑都代表着生活中存在着某个问题，而他们可以采取措施解决问题。在帮助孩子扩展他的压力应对策略时，你需要让孩子接触那些能够对他日后有帮助的事物。尤其是青少年，他需要看到你做出的明智的应对压力的决策。如果他觉得你的话不符合你做的事，那么他就不会听你的话了。

第 35 章

采取行动

在和孩子讨论特定的应对策略之前，你要先思考压力在孩子心中的分量有多重。有时，压力来自真实存在的危险，这时你就应该帮助孩子做好充分准备以应对压力。但是在大多数情况下，你和孩子对压力的感受和你们对它的认知有很大关系。运用思考能力（见第 9 章）精准评估压力，并且在合适的情况下淡化压力对生活的影响，就是最好的压力应对策略。

采用正确的思维模式

每当挑战出现时，孩子可以学会问自己 3 个问题，帮助自己使用恰当的视角看待压力。

1."这是一只真老虎还是一只纸老虎？"

回忆一下人类的祖先萨姆，人类有逃离凶猛肉食动物的潜力。应激反应能即刻让我们的身体做出战或逃反应。在这种求生模式下，人很难理性交流、集中注意力思考。孩子总不能这样和老虎说："你看起来很烦躁，有什么办法能让我们一起解决这个问题呢？我真的得集中注意力完成数学作业。"这样就意味着孩子无法在求生模式下解决问题。但事实上，陷入逆境很少意味着面临真正的危险，所以，孩子要先提醒自己"没有受到攻击"，让自己平静下来。

2."虽然这件事现在令我感到十分困扰，但是在明天、在下周、在明年，我会怎么看待这件事呢？"

我的祖母贝拉·摩尔让我在心里默念一句话来安慰自己："它总会过去的。"她说："不管某件事现在伤你伤得有多深，随着时间的推移，你总会感到越来越好。"马丁·塞利格曼博士在《教出乐观的孩子》一书中也表达了相似的观点，他提到，人们将问题看成暂时的、可以克服的就能够更好地适应当下的处境。

3."这种良好的局面是永久的吗？"

有时，即使是在好事发生在孩子身上时，孩子也会感到焦虑或担忧。"我会失去这个机会吗？我最初是否就不应该得到它？这种好运是不是事出反常？它会是转瞬即逝的吗？"停！这个时候，孩子要停止酝酿这些自我挫败的想法，只要享受好运就好。或许这就是孩子应得的。

对生活一直艰难的孩子来说，如果好事发生在他的身上，他就应该把它看成长久的，这一点尤为重要。举例来说，如果他从一项课外活动中得到了好处，那么他可能担心现在的好运是依赖于某个人或某个活动的。他担忧好运只是暂时光临，这可能让他在活动结束前就开始刻意地自我破坏——搬起石头砸自己的脚。他担忧好事不会一直发生在自己的身上，因此他自作主张选择了失败。因此，有一点很重要：孩子要明白，他可以让好事和惊喜出现在生活中，同时也要享受好事和惊喜所带来的好处，而且，他还要相信这种状态是长久的。

一项由 10 个部分构成的压力管理计划

我遇到过一些特别出色的青少年，他们承受着巨大压力，但仍然获得了成长。我问过他们是如何设法艰难度过逆境并获得成功的。通过整理他们的智慧和关于有效应对压力的科学知识，我创造了这个由 10 个部分构成的压力管理计划。它并非一个"10 步骤"计划；各个部分之间没有特定的顺序。它就像一个技能库，人们可以在恰当的时机选择若干部分实施。例如，一些部分涉及思考能力，但是在极度紧张的时候，人们可能无法冷静地思考，在这种情况下，在思考如何解决问题以前，通过做运动缓解压力更有意义。

本章、第 36~37 章会进一步说明表 35.1 的 10 个部分。

表 35.1　压力管理计划

1. 识别并处理问题。
2. 在可能的情况下，避免承受压力。
3. 对某些事情选择放手。
4. 为世界做贡献。
5. 发挥运动的力量。
6. 采取积极的放松方式。
7. 吃得好。
8. 睡得好。
9. 即刻享受假期。
10. 释放紧张情绪。

　　每一个部分都包含应对压力的多种活动或行为——这个计划的目的就是尽可能多地提供有用的压力应对策略。虽然该计划相对全面，但是任何人都不该期望能用得上所有的技巧。从每一个部分中选择 1~2 种活动或行为，看看哪个更适合自己。比如，虽然艺术创作是一种至关重要的表达出口，但是并非每个人都需要擅长绘画、音乐、舞蹈和摄影。在帮助孩子制订压力管理计划时，你要记住，压力应对策略会随着时间的推移而改变。我想提醒你："不要想着实施全部的压力管理计划。"这个计划里有太多内容，一个人无法全部做到。压力管理计划应该是个性化的和具有可变性的，要随着孩子的发展情况和所处情境的变化而变化。

　　你会注意到这个计划没有特别强调童年期。该计划既可以帮助成年人应对充满压力的生活，也可以帮助孩子，这也引出了一个要点：能够使用并且积极示范该计划的父母，不仅能够帮助自己缓解压力，也能更有效地影响孩子，示范该计划甚至比父母说的任何话都有用。

　　即使是最小的孩子也能意识到信息之间的矛盾之处。他知道父母说的和实际做的之间的差别。青少年会揪住成年人言行不一之处不放，并且据此解释为什么父母不是制定行为规范的权威。所以，如果父母不想让孩子靠打架、吸烟、滥用药物等消极策略应对压力，那么父母自己就必须使用积极策略。父母如果每次感到压力大时都选择回避，那么就无法向孩子示范问题的解决办法。如果父母把自身情绪深埋心底，那么父母也无法告诉孩子，说出自己的感受是有好处的。如果父母通过饮酒来应对情绪，那么父母就无法教给孩子成瘾的危害。

我想给你一副让你照顾好自己的"处方"。不要认为有自己的兴趣爱好、花时间放松或用创造性方式释放情绪是自私的行为。当你能照顾好自己时，你才能向孩子示范何为情绪健康以及如何进行压力管理。当你能大声地讲出你在做什么时，榜样的作用才是最大的。以下这些话语能够为你做示范。

"这项庞大的工作任务只留给我一个星期来完成。我要把它分成我能处理的几个小部分。"之后你可以说，"我感到好多了。我真的完成了很多事情。"

"我真的太紧张了。我要出去跑一跑。跑步总能让我好受些。"

"我真的需要放松一下大脑。我要做几次深呼吸，然后想象一下自己仿佛回到了去年夏天那个美丽的海边。"

"我工作了这么久，我真的需要一点时间放松一下。我要泡半个小时的澡。"

"我太饿了，都不能清晰地思考了。对于你的行为，如果你现在就让我做出如何应对的决定，我相信你不会喜欢的。现在，我需要一些时间冷静一下。我要出去散散步，放松一下。然后我们再来处理这个问题。"

"我今天很难受。过来抱抱我吧。我和我爱的人在一起时，总会感觉好受些。"

"我需要和邻居们一起想办法应对这个局面。我要给玛蒂阿姨打电话。说说话能让我更冷静，而且她有时还能帮我发现一个全新的看待问题的角度呢。"

"我可不想再靠近商场了。只要靠近它我就想花钱。如果我不在那儿，我就不会想花钱了。"

"你知道，我今天感觉很糟糕。我没有好好吃午餐，而是吃了垃圾食品，每次吃完垃圾食品，我都感觉浑身没劲。"

"我累坏了。如果我睡觉前放松一会儿或列一个清单，标注我第二天要做的事情，那么这些事情就不会在我的脑海里打转儿，我就能睡得更好了。"

在进一步深入探究压力管理计划之前，你需要记住以下几个基本点。

❋当你从该计划中选择策略时，要选择那些你认为会对孩子有用的策略，而非那些会令他人眼前一亮的策略。比如，如果孩子喜欢弹吉他，而你想让他用音乐表达的方式进行压力管理，那就让他来弹吉他；不要因为你觉得演奏巴松会让孩子多一项特长，就让孩子去学习演奏巴松。

❊ 不能把计划强加给孩子。只有受孩子欢迎，计划才能发挥作用。如果孩子对一个策略不感兴趣，那么你就试试另一个。

❊ 不要认为孩子需要完成计划提到的所有内容，才能成功应对压力。

　　孩子在学习应对压力时需要在活在当下和为将来做打算之间找到平衡。一个策略是享受围绕在身边的"小确幸"，但是如果总想着要这么做，又很难真的享受其中。所以在引导孩子选择应对策略时，你可以随意一些，让孩子的个性化压力管理计划随着时间而变化。此刻，享受和孩子在一起的时光，享受你的生活吧。用你的行动和态度向孩子示范活在当下，是比任何手写计划都更有用的应对策略。记住，处在不同发展阶段的孩子，自然也需要不同的应对策略。不要期待一个 3 岁孩子能解决问题。在他那个年龄阶段，用幻想（孩子或许会用动画片中的人物或玩偶表演某种情境）逃离现实是正常且积极的压力应对策略。

联系：应对压力的关键

　　在实施压力管理计划之前，我必须强调，本书已经全面讨论过了应对压力的最重要的要素——那就是联系。在最恶劣的处境中，挺过来的都是那些寻求他人帮助的人。在平常的日子里，获得成长的都是那些拥有丰富的联系的人。在以情绪为导向的应对策略中，我略微提及了联系的作用，但是在这里，我必须把联系放在首位，放在中心位置。对应对压力的各个方面来说，示范起到了关键作用。向孩子展示你和他人如何联系，不仅是你提升应对压力的能力的关键，而且也证明了联系的存在富有意义。

　　以下详细说明压力管理计划的 10 个部分。

1. 识别并处理问题

　　解决问题是应对压力最有效的方式。用任何有效方法应对压力都要先识别问题，然后决定做什么可以解决问题。如果没有这一解决问题的首要策略，那么一切都是徒劳无功。

要解决问题，有两个重要步骤必不可少。首先是实事求是地评估问题的重要性；其次是把问题分成可以一步步应付的若干部分。

孩子只有先移除焦虑、恐惧和沮丧等"拦路虎"之后，才能开始有效解决问题。首先，孩子要学会实事求是地评估情境。你或许可以教会孩子成为解决问题的人，但是如果孩子不能应对压力带来的情绪和不适感，那么即使他有解决问题的能力也无济于事。理智的思考、稳定的情绪是评估和解决大部分问题时所必需的。前文提到的 3 个问题就能首先帮助孩子理清头绪。有时，做运动或使用放松技巧也能帮助孩子重拾理性，将危机降级为可被处理的事件。

有时，某个问题会让青少年觉得难以应付。他被焦虑或灾难化思维击垮，而且认为任何策略都不能发挥作用。如果不能换个角度思考，他就不能着手解决问题。第 14 章讨论的"清晰地思考"是我从塞利格曼博士和卡伦·莱维奇博士的著作中借鉴的技能，将灾难化思维重构成实事求是的评估，就能够帮助孩子应对情绪反应。这种认知策略能够帮助青少年平静下来，让他运用智力解决问题。一些孩子可能非常焦虑，以至于需要专业指导帮助他们清楚地区分什么是真正的悲剧，什么是可以应付的坎坷。即使你认为孩子应该寻求专业指导，从而学会重新思考该如何看待令他感到压力大的事情，本计划提供的压力应对策略也可能对孩子有帮助。

孩子一旦对问题有了实事求是的评估，他就能够区分问题是真正紧迫的危险，还是仅仅需要被解决就好。下一步就是将问题分解成几个可以应付的部分。如果孩子把问题看成大问题，那么它就会压垮孩子。如果孩子把问题看成一座大山，那么孩子就会对攀登它感到畏惧。但是，如果孩子认为这座山实际上只是由一座座小山丘堆叠而成的，那么他就不会那么悲观了，即使每次只攀登一个小山丘，山顶也会变得越来越近。

把问题分解成几个组成部分，就相当于把象征性的大山转换成孩子可以应付的小山丘。具体方法包括制订清单和时间表，从而让工作可以开展。此外，孩子如果遇到某个巨大的社交问题，要先观察，想想可以用哪些方法切入、解决。比如，当一个 13 岁女孩被她的朋友们排挤时，她可能在情感上接受不了，认为自己永远不会有其他朋友了，更别说让她和这些朋友们重新建立联系了。如果她能克服自己的灾难化思维，她可能就会重新思考问题，从而意识到或许其中一位朋友能帮她开一条路，让她和其他人重新建立联系。当孩子一步一步地解决问题时，问题就变得更容易了。

另外，当孩子有了象征性的铲子（或技能）来移走泥土时，他就可以移走一座座小山丘。如果问题让孩子感到如临大敌，那么孩子就要先想想第 14 章所教授的技巧。如果问题是写作业，那么孩子手中的铲子就是自信、知识、学业准备和组织计划。如果是社交问题，那么孩子手中的铲子就是情商和社会智力和一些第 18 章讨论过的同伴压力应对策略。如果问题为孩子带来了情绪上的痛苦，那么这时，孩子手中的铲子就是安全释放情绪的策略（将会在第 37 章进行讨论）了。

2. 在可能的情况下，避免承受压力

孩子可以通过避开负面的情境来减少压力。这一部分涉及一点分析：什么会击垮你？什么让你紧张或不安？什么让你心烦？

我让我的患者们思考过，在过去，有哪些情境让他们陷入了困境，然后再让他们关注身体为预警某个问题而发出的不易被察觉的信号。如果他们学会关注那些信号（比如胃痉挛、焦虑和心跳加速），那么他们在发觉自己遇到危机之前，就能意识到是什么让自己陷入了困境。

"什么会击垮你？什么让你心烦？"的答案，通常可以分成 3 大主题：人、地点和事物。如果你教会孩子找出那些总令他感到沮丧或烦恼的人、令他感到压力大的地点、令他感到紧张或加剧他的紧张的事物，那么孩子就知道何时以及如何避开这些导致他紧张的问题。当然，孩子不能永远回避它们。如果孩子必须坐在一个烦人的同学旁边，而且老师拒绝更改座位安排，那么孩子就无法完全避开令他感到压力大的人（这里指同学）或地点（班级）。但是，通过简单地评估情境，正确认识潜在的压力，他就能努力忽视那个讨厌的同学了。在另一些情况下，如果孩子在上周遭到了团体的排挤，那么他就可以避免和那些人在同一时间段逛商场。如果看恐怖的故事书或电影让孩子紧张，那么他就可以选择看更积极向上的故事书或电影。

对青少年来说，远离麻烦的关键就是识别出是哪些人、地点和事物在过去曾击垮他，并且可能再次击垮他。人、地点和事物在许多康复治疗项目中都是中心主题，可以帮助有成瘾行为的人回归正常。为了成功，他们必须学着远离那些唤起过往行为的诱因，还有那些迫使他们重复旧习的消极影响。尤为重要的是，他们还应避免和那些有着共同坏习惯的孩子成为朋友。这些"朋友"会为了确保其他人不会凌驾于他之上而煞费苦心。

比如，马克过去常常和安德鲁、乔治、雅各布一起滥用药物。马克的成绩一落千丈，并且有一次还差点丢了性命。他意识到自己别无选择，只能戒除成瘾行为。乔治是马克从小到大的玩伴，他也想要悬崖勒马，所以支持马克的决定。但是安德鲁和雅各布并不准备戒除成瘾行为，每次他们一有戒除成瘾行为的想法，他们就把这种想法抛到脑后——因为自己面对的压力实在令人难以承受。"每个人都这么干。"他们自我安慰，"这是让我们活下去的唯一办法。"如果马克找到了戒除成瘾行为的动机，那么他们所说的"每个人都这么干"的谬论可就土崩瓦解了。于是，他们开始不自觉地设法把马克再次拉下水，确保马克的戒断之路失败，这样他们就没有负罪感，也不必面对自己的心魔了。人、地点和事物——一旦孩子认识到他生活的消极影响来自何处，他就能够避开压力来源，克服消极行为。马克和乔治明白，他们不能再和安德鲁和雅各布一起玩了。

为什么要等待问题出现后再去解决问题？有句老话放在这个部分很合适："最强大的人是那些不需要战斗的人。"远离问题要比走近问题容易得多。许多问题并不需要人面对——最好的应对策略就是避免它们。如果孩子每次骑车从附近的一个恶霸家经过，恶霸就胡闹挑衅，那么就换一条骑车路线吧。

3. 对某些事情选择放手

并非所有问题都需要孩子全力应对。有些问题可能令孩子感到不安，但是并不会造成什么实际后果。有些问题（比如坏天气）可能令孩子感到烦恼，但是孩子无力改变——孩子期待已久的比赛仅仅因为下雨就取消了。为了积蓄精力处理那些能够被改变的事情，孩子需要学会放下那些不能被改变的问题。成年人要向孩子做出示范：有时你需要做出改变，但是其他时候，你只需要放手

258 第六部分 应 对

向前。

并非所有问题都能够被解决。尽管你想让孩子拥有"我能应对"的态度，但是孩子能够实事求是地评估情境更重要，看看是应该着手处理问题，还是应该保存能量去处理可以应付的问题。著名的《平静祷文》（The Serenity Prayer）就是这种思想的最佳概括：

> 请赐予我宁静，接受那些我无法改变的事情；
>
> 给予我勇气，去改变那些我能够改变的事情；
>
> 赐予我智慧，让我分辨这两者的差别。

4. 为世界做贡献

第33章讲解了韧性的7C要素之一"贡献"，此外，做贡献也是压力管理计划的一部分。做贡献能帮助人们应对压力，主要有以下两个原因。

首先，当孩子为社区做贡献或孩子试图以任何微小的努力修复世界时，孩子就把自己的困扰抛到了一旁。当孩子走出小我、实现大我时，孩子就能从新的角度看待自身的压力。一声声感谢提醒着孩子所具有的价值，即使孩子的自我感觉并不好。遭遇了巨大不幸的人通常会关注那些让他能够回报社会或能够治愈他自身创伤的活动。比如在成年人中，那些孩子被醉酒司机撞死的母亲们就会投身到"母亲反对酒驾"的倡议活动中。而失去亲朋好友的孩子会积极参与"学生反对破坏性决策"的活动。即使是小一点的孩子也会在公益事业中有所收获。

为世界带来改变的人会获得意义感和使命感。这会让他产生内在的力量，让他能够正确地看待小的事情。他知道什么最重要。当真正的麻烦出现时，他有决心改变境况。

其次，要记住，韧性最基本的表现就是向他人寻求帮助而不感到羞耻。当孩子帮助他人时，他就会知道给予让他感觉很好。而他在承受着令他难以想象的压力时，会更容易向他人寻求帮助，因为他不会感到有负担，也不会觉得自己很可怜。相反，他会感到自己就像在给予一样，只不过现在轮到他索取了。

第 36 章

照顾好身体

压力管理计划的以下 4 个部分可以帮助人内心平静、注意力集中，从而更好地照顾自己的身体，更有效地应对压力。这个部分的经验不仅有助于孩子提高韧性，而且从长远看，还会培养出让孩子获益终身的健康习惯。

5. 发挥运动的力量

压力并非敌人。只要得到妥善管理，压力还很有用。一些专家将得到妥善管理的压力比作吉他上的琴弦：如果不拉紧琴弦，就弹不出声音；但是如果拉得太紧，弹出的声音就会尖锐刺耳、不可控制，琴弦甚至会绷断。适当的压力是弹奏和谐的音乐的关键。类似的，身体的健康受到激素水平的影响。我们的身体包含多种不同的激素，有的激素会帮助人迅速对危险做出反应，有的激素会让人保持平静。恐惧会导致肾上腺素的分泌，而运动和放松可以让大脑分泌内啡肽等镇静大脑的化学物质。了解这一点就找到了维持体内激素平衡的秘诀之一。

运动能够改善身体情况，让身体更好地面对各种挑战。在某些时刻，运动能把紧张、沮丧、愤怒等情绪进行转化，并且对焦虑症、多动症，甚至抑郁症都有持续性的积极影响。适当的运动对管理压力有独特的优势，它不仅有助于保持思维敏捷和专注，还能让人晚上睡个好觉。运动的人也更有可能选择食用健康的食物。

在某些情境下，比如在一次惊险的游乐园之旅中，肾上腺素激增是无害的。它还能让人在另一些时刻，比如在黑暗的、空无一人的路上行走时，保持警觉，让人做好逃离危险的准备。当我和孩子们讲述人类的祖先萨姆的故事时，我会根据他们的年龄，选择性地解释一些细节。即使是六七岁的孩子也能理解，血液涌向萨姆的腿能让萨姆逃离老虎。然后，我会解释孩子们感到焦虑或害怕时，为什么会紧张不安——那是因为血液离开肠胃，涌向腿部，这样他们就能做好逃跑的准备。孩子们也会理解，心跳加速、呼吸更快能帮助他们奔跑，瞳孔放大是为了让更多的光线进来，这样他们就能在奔跑时看得更清楚。

如今，孩子们已经不必逃离凶猛的老虎了，但是他们的生活中还有其他的"老虎"会激起同样的应激反应。如果孩子们学会倾听自己的身体，读懂自己的应激反应，那么他们就能在应激反应十分强烈，甚至到了妨碍他们应对挑战的程度时，仍能应对压力。如果有一个恶霸（即"老虎"）追赶孩子们，他们便会从平静状态切换到应激状态，做好逃跑的准备，这是恰当的反应。但是如果"老虎"是一次历史考试，这种状态切换就适得其反了。如果孩子们只专注于逃跑，那么他们就无法集中注意力学习。

动起来！

在你感受到压力时，倾听身体的最直接的方式就是运动。你的身体在大喊："有老虎！嘿，双腿，动起来！"如果你不动起来，应激激素就会在身体里循环，它们手足无措、困惑不已："为什么还没引起你的注意？"其实，这些再循环的激素就是诸多慢性疾病的成因之一。在肾上腺素激增后，身体会分泌皮质醇。过多的皮质醇会导致体重增加、高血压和心脏病。

身体陷入这种紊乱状态是因为应激激素一直在说"快跑"，而你仍然无动于衷。因此，应对压力的方法主要在于倾听你的身体。这为用运动开启压力管理之路赋予了生物学意义。遗憾的是，当人们想到时间管理时，运动又是第一个被划掉的事项。人们没有意识到，在运动过后，处理大部分任务的效率会更高。

我的一位患者在某个考试的突击复习中感到紧张时，我会建议他去外面跑跑步、跳跳绳，或打打球。这些运动模仿了人类祖先逃离老虎的过程，通过耗尽肾上腺素来缓解紧张。一旦身体感到已经逃过了这次危机，它就能平静下来，准备迎接下一次挑战——这里指学得更好。如果孩子告诉我："我不能运动。我没时间，因为我得学习。"那么我会告诉他："你有时间运动。运动后你的思路会更清晰，更敏捷，你还能记住你学的东西。"

应进行哪项运动，多大的运动量才合适？

即使没有被象征性的老虎追赶，运动也能缓解压力。人应该进行规律地运动，因为运动能让身体保持健康。健康的人能够更好地应对压力。身体活跃的孩子将收获生理上和情绪上的健康，受益终身。规律的运动不仅能保护大脑，而且还能让大脑即使在人步入老年后依然运转良好。医学博士约翰·瑞迪（John J.Ratey）在其著作《运动改造大脑》（*Spark: The Revolutionary New Science of Exercise and the Brain*）中总结了运动能帮助人更清晰地思考以应对包括多动症、焦虑症、抑郁症等问题的相关依据。

运动是成功进行压力管理的关键。它不应成为压力的来源。和所有的事情一样，运动讲究的是平衡、健康，而不应过度。运动不一定要包含竞技的成分，运动本身就有诸多好处。如果父母为了使孩子成为运动健将把孩子逼得太紧，一年到头只有意地专注于某一项运动，那么这样的运动反而是不健康的。每项运动运用到的肌肉、骨骼和关节有所不同，调节运动的大脑结构也不尽相同，因此，进行不同的运动可以让身体有机会变换运动模式和思维模式。近年来，爱好运动的青少年群体掀起了这样一股风潮——全年都专注于进行同一项运动。这会导致肌肉、骨骼和关节在运动过程中出现重复性损耗，进而使与某项运动相关的受伤概率提高，可能还会形成单一的思维模式。

孩子的运动目标应该由了解孩子身体和心智的教练来设定。孩子热爱某项运动并享受其中固然很好，但是如果孩子是出于要申请大学或赢得运动类奖学金，被迫在某项运动上精益求精，那么孩子就会产生不必要的压力。为了减轻孩子的压力，更好的解决办法是鼓励孩子参与多项不同的运动。

父母不应该为孩子选择运动项目，也不应该在孩子对某项运动并非真的感兴趣时让孩子加入该运动的社团。我鼓励孩子自己选择运动项目，他喜欢和邻居、学校的朋友们进行哪些运动项目，那就选择哪些运动项目。有些孩子会避开竞技类的团体运动，这也无妨，只要他们在玩的时候积极参与，或在运动时积极主动就好。不过，不管孩子们是否喜欢，他们都应该接触一些单人运动，比如田径、游泳、骑车或滑冰，以及一些双人运动，如网球、高尔夫或壁球，这样他们在成年后也能够收获健康的体魄。因为许多孩子进入高中以后，很难组建一整个团队，但是孩子们通常可以轻易地找到另一个人一起玩。

最重要的是，运动会很有趣。当孩子还小时，让孩子把运动当作游戏，不要担心比分，不必恪守规则。当孩子再大一点，让孩子自己选择运动的项目。如果孩子感到进行运动有一定的压力，那么他可能一到可以自主做决定的年龄就会选择放弃运动。散步、骑车、爬山和游泳都是毕生可进行的活动，并且对人的健康有益，也有利于家庭和睦。如果你用健康、有趣的方式增强家庭的凝聚力，那么你的孩子和孙子可能都喜欢同样的活动。健康的生活就是你为家庭几代人的幸福做的投资。

释放压力，战胜愤怒

应激激素会引发战或逃反应，恐惧或紧张让人想要逃跑。因此，涉及跑（大多数运动）或摆动双腿（比如游戏、跳舞或跳绳）的运动有助于缓解焦虑，这种说法是讲得通的。另外，强烈的愤怒还会促使人想要打斗，这当然是我们不希望看到的行为。当儿童和青少年生气时，我让他们了解到，愤怒使身体发生了哪些变化，他们可以通过大喊大叫、撕纸、摔枕头或打沙袋的方式释放它。当他们感到愤怒，胸中憋闷时，我告诉他们："仰面躺下练习卧推能帮助你发泄心中的苦闷，你也可以做俯卧撑。"卧推等无氧运动能让青少年获得掌控感、力量感。就在他们以为自己坚持不住，不能再多举一次时，不知为何，他们的身体迸发出了一股力量，于是又举了一次。这种运动同样会调动注意力，让那些惹恼了他们的人或事都变得不那么重要，他们甚至会沉浸在运动中（注意：卧推应由了解孩子身体发展状况的成年人指导进行）。

6. 采取积极的放松方式

放松通常被认为是不进行任何活动。当然，你需要给自己一些休息时间。但是，积极的放松方式指采取积极措施让身体进入一种放松的状态。如果你真的很忙，那么你可能得规划好时间才能进入放松的状态，但是进入放松的状态是一笔十分值得的投资，因为你会收获健康，并在生活的其他方面提高效率。仅仅练习一点放松技巧，你就可以训练身体进入放松的状态，进而让你的效率更高，心情更好，让身体更健康。引导式冥想、正念、可视化冥想和渐进式放松（见第 37 章）都是有用的放松技巧。虽然每种技巧听上去都不尽相同，甚至异乎寻常，但是它们实际上都很简单，也很相似。

　　通过运动或保持身体活跃，孩子会消耗体内那些告诉身体要逃离老虎的应激激素。这样，即使应激激素不能被完全耗尽，孩子也可以骗过身体，让身体认为自己不感到紧张了。想知道这一点如何实现，你就必须了解大脑是如何掌控身体的。

　　人体有两个神经系统。自主神经系统让肌肉按照意愿活动，人因此能站立或爬楼梯；而非自主神经系统控制着那些不用思考、自动发生的功能，比如心脏跳动、呼吸和消化。有趣的是，后者实际有两个功能相反的组成部分：一个让人可以放松、思考和消化食物；另一个让人可以迅速应对危机、冲刺和搏斗。此外，关于非自主神经系统的两个不同组成部分，还有两点值得被注意。当用来快速应对危机的那个部分被激活时，人就不能清晰地思考、做决定或制订有效的计划。记住，当老虎追赶着你时，你是无法进行细致、缜密的思考的，也无法与外界很好地沟通，因为你无法问老虎，攻击你让它感受如何。只有非自主神经系统的另一个部分占主导地位时，人才可能通过规划以及同他人联系来解决问题。

　　真正酷的地方是：如果你用大脑迷惑非自主神经系统，那么你就可以控制它。我们知道，压力使人紧张，放松使人松弛，而身体不能在危机中保持平静。这一简单的事实就是利用大脑放松身体的关键所在。如果你学会骗过身体，让身体向让人放松的那部分非自主神经系统发出信号，那么你就可以突然切换身体里的"开关"，让应激激素不再激增。然后，松弛反应就可以开始发挥作用。这是许多古老的疗愈方法的奥秘之一。

　　因为非自主神经系统的两个组成部分无法立刻同时工作，所以你可以骗过身体，让身体做出与在承受压力时相反的反应。这并不总是非常容易达成的。在血液已经转移至腿部，身体做好逃离的准备后，你就不能让血液回到腹部了。你不能让汗水倒流回身体，也不能阻止自己脸红。此时，让思想镇静下来，让心率降下来都是非常困难的。但是，你可以有意识地影响呼吸，呼吸就是突然切换身体里的"开关"的最直接的方式。以下简要介绍了一些让身体镇静下来的技巧，你可以看看哪种值得你继续深入探究。

用呼吸放松

　　控制呼吸是几乎所有放松技巧的核心。深长而缓慢的呼吸是一种高效的减压方式，而呼吸练习在任何时候都可以进行——躺着、坐着、站着、走路，甚至是正在做其他的活动时都可以。在这里，我给作为初学者的你提供一个简单方法：找到一个舒服的坐姿，保持背部自然挺直。你如果坐在椅子上，就把双脚平放在地板上；你也可以盘腿坐在地板上。双手放在膝盖和髋部中间的位置，轻轻地闭上眼睛。开始缓慢吸气，把注意力放在你的呼吸上，直到气体沉入你的腹部。让你的腹部和肺部充满空气。在你吸气的过程中，留意任何出现在你头脑中的想法。不要屏住呼吸；让肺部的空气缓慢、自然地排空，让意识也随之放空。你可能注意到呼出的气体是温热的。将注意力集中在一次次的重复上，继续以稳定的节奏吸气、呼气。使吸入的气体完全充满肺部，再缓慢地呼出。在这个过程中不要紧张，让自己放松下来是关键。当注意力开始分散时，再次将注意力集中在呼吸上。记住，这是缓解压力的技巧，没有必要以结果为导向和过于严苛。当注意力有些分散，但是你又缓慢地将其拉回到练习中时，为自己鼓掌吧。

　　有趣的是，意识和身体的关系就像一条双向通道，有时身体的感受会影响大脑的专注力。幸好，解决办法和减小压力的办法是一样的。以上的呼吸练习是最基本、但是影响深远的冥想方法之一——不断地将注意力拉回到呼吸上，真正做到意识和身体合二为一。我将冥想定义为任何能够帮助你避免消极想法如滚雪球般越滚越大，并且能够帮助你的身体获得力量的方法。通过进行呼吸练习，许多人都发现自己的自我掌控能力提高了。

　　你可以在每次吸气和呼气之间加入一次短暂的停顿，开启更进一步的练习。以下是这个过程的分解。吸气让你有机会注意到脑海中出现的任何事物，比如某个想法、某种感觉或你身边的声响，它们都是合理的。在你吸气的时候留意就好。然后，进行一次短暂的、舒适的停顿，这个过程只是要让你意识到脑海中出现的事物。不要对这些事物做任何评判。你知道它们出现了就可以，你可以听之任之，不必做出任何反应。和它们"共处"即可。最后，让身体本能地呼出空气，与此同时，所有你注意到的、感觉到的、听到的或想到的事物也随之呼出，让你的注意力和肺部一样空空如也，然后重新开始集中注意力，准备进行下一次呼吸。允许自己有短暂的、舒适的停顿，你的身体会自然再次开始这样的过程。

这种方法反映出身体的智慧在健康状态下被激发时所能发挥的作用（这也是身体压力系统的功能）。首先，刺激因素（比如一只"老虎"、一辆好车或惊人的消息）的出现让你大吃一惊或让你屏息等待。这个时候通常会伴随一个常用的感叹词，比如"哇"。随后会有一个短暂的停顿，用来让你评估情境。当你能够更好地关注这一情境时，你就会发现，你的呼吸肌暂时变得不活跃，你的意识在决定应该怎样处理新信息。此时你在进行评估。就在一刹那，你想到了要怎么办。通常你会这样问自己："我是遇到麻烦了吗？""我看到它了吗？"或"我要怎么应对呢？"最后，呼吸一口新鲜空气，让自己做好准备。"哟，它只是引起了我的注意！"简要概括就是，吸气时，你留意思绪；停顿片刻，你和思绪共处；自然地呼气，你在为下一步做准备（在冥想的情境下，下一步就是再一次呼吸）。

可视化冥想

你可能认为更积极主动的方法更适合你；如果你是这么想的，那么可视化冥想就能帮你的大忙。你会变得真正地充满创造力。在你的脑海中勾画空气在你的肺部和整个身体里流进流出的画面。想象吸入空气时，它的颜色是让你感到平和的颜色，而呼出气体时，它的颜色能够让你联想到你期望释放的压力。例如，吸入"天蓝色"，让它在你体内流动，然后，呼气，让它带走所有令你生厌的"绿色"。对其他人来说，可能情况正相反——吸入"春天般的绿色"，呼出"令人难过的蓝色"。运用创造性思维进行可视化冥想，能让你的放松时间变得与众不同，同时也能让你的注意力更集中。

深长而缓慢的呼吸是让高速运转的大脑平静下来的最简单的方式。外部的消息有可能侵入你的思绪，但是你要再次专注到呼吸上来，继续冥想、呈现图景。呼吸练习可以在任何你感到紧张的时候使用。和运动员为了比赛充分做准备一样，让呼吸练习成为一项日常例行活动，即使是你不感到紧张也照例进行。坐在桌子旁边，进行 5~10 个深呼吸就能帮助你放松下来，让你专注于手头的任务。不过，你最好每天花上大约 15 分钟以这种方式进行呼吸，让它成为像刷牙一样的日常习惯。

　　即使是小孩子们也可以学习控制呼吸。当我教他们这种放松技巧时，我和他们安静地坐在一起，给他们讲述整个过程（"缓慢地呼吸。让你的肚子充满空气。慢慢地、慢慢地用鼻子呼出。"）。我和孩子们一起做呼吸练习，在前后指令间留下长而静的暂停时间，无论是大一点的青少年还是儿童，把呼吸想象成吹气球都能让孩子们变得轻松。通常情况下，我会让他们坐下或躺下，然后说："想象一下，你是一个气球，就是和你的身形一样的气球。那你是什么颜色的？"问颜色问题是一种催眠技巧，主要目的是让孩子们通过可视化冥想的方法，更充分地参与到想象活动中。

　　举个例子，假如孩子选的是红色。之后我会问："你知道如何给气球充气，对吧？当你吸气时，想象你就是给这个又大又红的气球不断地充气。那会是什么感觉呀？想象你的整个身体要给这些气体腾出地方。让我们再试几次吧。""充气"的目标是让腹部的每一块肌肉松弛下来，这样，呼吸所用的膈肌就能活动自如了。一旦我看到孩子的肚子自由地跟随呼吸起伏着，我就会接着问："现在，虽然气球的气没有填满，但是它放空了自己，对吗？所以，你也放空自己吧。充满气……屏住几秒钟……吁（长舒气）……把气体全部呼出来吧。"经过几次引导，孩子就能自己进行呼吸练习了。

　　关于可视化冥想的更多内容，见第 37 章。

其他呼吸练习

　　吹泡泡是另一个简单有效的呼吸练习，能够让孩子学会通过控制呼吸进行放松。当孩子紧张时，你可以拿出一罐泡泡水。重点并不在于让孩子吹出最大的泡泡，或追着一堆泡泡跑。相反，你应该让孩子安静地坐下来，并逐步引导孩子放松。"深长而缓慢地吸气。把这股空气吸进你的肚子（给孩子演示，这样孩子就能效仿你的做法）。现在，慢慢地、慢慢地让空气从嘴唇间呼出来。看看飘走的泡泡们。让我们再做一次。慢慢地、慢慢地吸气，让空气沉入腹部，然后让空气从嘴唇间的小洞呼出来。"一直练习，直到孩子渐渐平静下来。

游泳不仅是一项好的运动，也是儿童、青少年和成人通过呼吸缓解压力的有效方式。游泳时也能进行有节奏的呼吸，从而让人放松，甚至进入冥想状态。

姿　势

一些简单的姿势能够帮助身体减少紧张感。如果有人挑衅你，靠近你时，不要挺起胸膛，怒目而视。这是一个怀有敌意的姿势，让你想要还击。相反，你可以将身体轻轻转向一边，放下肩膀，让肩膀处于一个更放松的位置。这个简单的姿势转变就好比防御性驾驶方法的 3 秒规则（驾驶着的车辆与前方物体要留有足够大的车距，这样，当车辆前面有物体时，驾驶员就有 3~5 秒的反应时间，以评估情况、刹车和逃离危险），是非对抗性姿势。武术家知道，要化解暗藏敌意的形势，不仅仅需要占上风。如果事态变得糟糕，有时他会找到一个更有利的位置，这样他就能限制攻击者对进攻位置的选择，从而为阻截、还击和逃跑提供更多机会。将姿势的变换类比成武术家转变位置可以引起那些深陷类似情境的青少年的注意，不仅会让他们充满力量，还不会鼓励暴力。通过坐下、倾斜身体、深呼吸，青少年可以重新掌控自己的思维，然后通过协商解决问题，进而使紧张的局势得以化解。运用技巧走出逆境和其他压力事件可能比不运用技巧所带来的结果要好，因此，这类技巧正是我试图倡导孩子建立的技能库。

学习的姿势通常是令身体感到紧张的姿势。你经常看到孩子在书桌前弓腰驼背吧？他肩膀收紧、驼着背、低着头、脊柱弯曲，挤压着自己的呼吸器官。他的双腿和臀部弯曲得好像随时准备起跳和加速。通常，他的双腿不停抖动，以消耗这个姿势带来的紧张感。他的整个姿势似乎在说："老虎在我屁股后穷追不舍，我应该逃离老虎，为什么要在这儿做作业？"

当他做作业或考试时，如果他想让自己再冷静一点，这个姿势和抖动的双腿反而会使他更紧张。相反，如果他能够坐得更直，肩膀向后、放松下来，双腿自然地伸展、不抖动，那么他就能控制身体的知觉，就能通过深呼吸提醒自己会平静下来的。现在，如果他在做作业或考试，那么他在身体上已经做好解决问题的准备了。仅仅掌握这些简单的技巧，孩子就能增加在这些情境中的掌控感，也能缓解焦虑。

瑜 伽

瑜伽有时被描述成通过做动作进行冥想的方式。虽然瑜伽有许多种变化的体式，但是练瑜伽的核心目的是让身体更健康，摆脱焦虑和烦忧。通常来说，瑜伽会和呼吸练习、动作或体式相结合。专注于深长而缓慢的呼吸，练瑜伽的人会更放松，更能够通过各种变换的体式强健筋骨、伸展肌肉。身体的感觉和意识的觉知是密不可分的，因此，不断探索身体动作的极限有助于拓展心智。

对儿童和青少年来说，练瑜伽可以平衡课业、体育竞技、同伴压力等给孩子造成的紧张感。练瑜伽有助于提高注意力、保持内心的宁静，有助于放松身体和精神。它让孩子掌控平衡、控制呼吸、提升身体柔韧度，从而提升孩子的身体素质。

孩子如果在学习瑜伽姿势，那么你可以用孩子熟悉的术语引导孩子做动作——做出树和花的姿势、坐着把腿扭成蝴蝶酥的样子、像猫一样伸展、像战士一样站立、像火烈鸟一样保持平衡、像小兔子一样呼吸。孩子不喜欢长时间保持安静，而练瑜伽可以让他发出声音。他可以在做猫式伸展时发出"喵喵"的声音，在伸展脊柱时发出像眼镜蛇一样的"嘶嘶"声，做下犬式时"汪汪"叫。一些瑜伽教练鼓励孩子在保持不同姿势时数数或背诵字母表。

孩子最好在课堂上，在有资质的教练带领下学习瑜伽，以保证动作的标准、呼吸方式的正确，这样才可能获得最佳效果。一旦掌握了瑜伽的动作、体式和呼吸方式，你和孩子就可以在家利用互联网资源或有图示的指导书接着练习。告诉孩子，无论何时他感到紧张或不安，如果他练上几次瑜伽和进行几次呼吸练习，他就能更好地应对这种情绪。在练瑜伽的过程中，孩子可以用多种不同的方式发现和缓解紧张，从而让孩子感觉更好。总之，练瑜伽会让孩子感受内心平静，帮助他在这个纷纷扰扰的世界里探索前行。

冥 想

冥想有多种形式，迄今已有几千年的历史了。冥想的核心是觉察呼吸，通常与动作、想象相结合。冥想是为了暂停思考活动，安抚那些在脑海中不停飞驰的思绪。在做冥想的过程中，你停止了思考，但是意识依然清醒。这让你的精神得到休息，身体得到放松。

学习过冥想的人通常会发现，做冥想让他们在高度紧张时，更专注地处理日常任务。如果你要处理多个任务，承受着巨大的压力，那么做冥想可以让你集中注意力，逐步完成一项项任务，让你不至于被任务压垮，从而产生焦虑感。

练习冥想可以解除胡思乱想对你的影响，把力量重新交还给你。做冥想并非想着"我很气愤"，让你感觉自己好像真的很生气，相反，做冥想是让你能够意识到"我正在感受愤怒"。两者之间的不同看起来微不足道，但是后者给了你同时经历其他事情的自由：当你真的觉得愤怒时，并且冲动行事，你可能过后会对冲动行事感到后悔；当你只是觉察愤怒时，你能够保持自我控制。同样的道理可以推广到任何"我正在 / 我感到……"的表述中。你比任何事物都重要，难过也好，抑郁、抓狂也罢，做冥想都能帮助你意识到它、感受它。

冥想的形式之一是想象思绪是一团团云朵。使你感到害怕的想法是又大、又黑、又吓人的云朵，而快乐的想法是明亮的、轻快的、蓬松的云朵。想象每一个想法出现在你的脑海中时犹如一团团云朵掠过天空。你只是意识到它们并静静看着就好。想象你的呼吸是拂过天空中云朵的风。这样练习 10 分钟，注意你的感受。

另一个形式是，当你吸气时，你只注意任何出现在脑海中的事物就好。这些事物可以是一种声响、一种感觉或想法，当你短暂地屏住呼吸时，你只要和你注意到的任何事物共处就好。当你呼气时，你把一切都释放出去——气息、你注意到的事物，一切的一切。准备好进行下一次呼吸，再次注意任何出现在脑海中的事物，不断重复。

如果你以符合孩子年龄的方式教他做冥想，那么小孩子也能做冥想。以下的例子就给出了针对年龄很小的孩子的冥想方式。美国费城的郊区有一位非常有经验的采用蒙特梭利教学法的老师埃伦·希恩（Ellen Sheehan），她用了玛丽·荷·艾斯（Marie Hall Ets）所著的《和我一起玩》（*Play With Me*）这本书，向 2~5 岁孩子介绍了安静的概念。在这本书的故事里，一个小女孩遇到了青蛙、蚱蜢、海龟、小鸟、小兔子和蛇。每遇到一个小动物，她都追上去和它说："和我一起玩吧。"但是它们要么跳走、爬走、游走，要么飞走。闷闷不乐的小女孩坐在一根圆木上，伤心地想着为什么没有小动物和她一起玩。当她静静地坐在那里时，所有的小动物都回来了，坐在了她的旁边。一只小鹿还凑近她，舔着她的脸颊。

当故事讲完后，希恩老师和孩子们讨论，什么样的安静犹如刚才小女孩坐在圆木上时一般。孩子们闭上眼睛，认真听着周围的动静。渐渐地，传来了走廊里他人说话的声音，天空中飞机的声音，屋外鸟的叫声……所有声响都不知不觉陷入安静。孩子们静静地听了一分钟。然后，希恩老师告诉他们："你们创造了最美丽的宁静。"然后，希恩老师又问大家有什么想分享的。一个个孩子睁开了眼睛，开始回答。"安静是一种积极的行为。"希恩老师解释道，"它是孩子们产生的，而且孩子们也能在感受到宁静的同时产生成就感和满足感。"

正　念

正念是冥想的一种，但是又超越了冥想。进行正念指以一颗开放的心、毫不评判外界地感受当下。人们大部分的压力和痛苦都来自没有感受当下。人们把大部分时间用在"自动驾驶"模式上，进行着生活中的各种活动，但是没有完全处在此时此地。身体可能在一处，而思想可能完全到了另一个地方。人们的思想甚至可能囿于抱憾过去、忧虑未来或评判当下。在这种冥思苦想或"毫无头绪"的状态下，人们很容易出于害怕，而对压力和痛苦的情境做出应激反应，让应激反应掌管大脑高级功能的大脑结构。人们可能陷入消极情绪或做出消极行为，使情况变得更糟。进行正念能让人回到当下，得以平静，得以应对现实。通过阅读相关书籍，孩子可以更好地学习正念。医学博士尊·X. 沃（Dzung X.Vo）在其著作《正念青少年：每时每刻帮你应对压力的强大技巧》（*The Mindful Teen: Powerful Skills to Help You Handle Stress One Moment at a Time*）中对青少年进行正念给出了指导。

渐进式放松

这种简单有效的积极放松技巧可以让你的意识游遍全身。你的意识在哪里，放松的感觉便紧随其后。对许多人来说，进行从头皮到脚趾的渐进式放松可以让人镇静，因为很多时候，紧张感会从头部开始出现，这个练习可以带走这些紧张感。当然，你也可以按从脚到头的顺序进行渐进式放松，让放松身体的意识最终回到大脑，这会让你获得不同的体验。

进行从头皮到脚趾的渐进式放松时，首先，充分意识到你的头皮，然后让它完全地放松，你的注意力也要放松。其次，意识到耳边所有的小肌肉，也让它们完全地放松。接下来是眼睛、额头、脖子，然后是喉咙等部位。继续用这种方式，放松的感觉将一点点地贯穿全身，直到你的指尖和脚趾，你要确保你关注到了身体的每一个部位。

还有一种方式是先绷紧、再放松身体的每一个部位——利用肌肉力量进行刺激也十分有用。肌肉力量也能使人保持专注，就像可视化冥想一样。你甚至可以结合以上的 3 种方式——先绷紧，再放松，同时运用可视化冥想，比如，你的肌肉正把你身体里的紧张"挤出去"。一旦你比较熟练了，你甚至可以针对某一特定部位进行练习。如果你的肩膀感到紧张，你就能只专注于肩膀，但是，为了达到最佳效果，你还是要定期照顾到身体的所有部位。

芳香疗法

在练习深呼吸时，你可以滴一滴香薰精油在棉球上，用呼吸感受精油的香气。为了确保使用的是优质香薰精油，你要认准瓶身上的"有机"或"达到治疗级别"字样。如果获取纯正的精油很困难，你可以使用大自然赋予的材料——花朵、柑橘皮和松针叶，它们都是让人镇静的芳香材料。即使没什么疗效，它们也会让深长而缓慢的呼吸练习富于变化，更令人愉悦。

针对幼儿练习时的提醒

幼儿进行呼吸练习，通常情况下可以采取可视化冥想的方式。你可以使用他能理解并且会喜欢的词语。你在引导他时，让他把想象的事物描述出来，这不仅能强化他的想象，也能让你进入他的幻想世界。可视化冥想作为一种"即刻享受假期"的方式，第 37 章会对此做进一步的讨论。

以下是一些可供你带领小孩子入门的引导词。

关于渐进式放松

❋"想象你的整个身体很放松，就像意大利面一样从头到脚都摇摇摆摆。"

❋"想象海洋在你的身体里，朵朵浪花从头到脚地流过，让你的身体里清新干净，让你感觉越来越棒。"

❋"想象你所有好的感受都是你最喜欢的颜色，所有不好的感受都是你最不喜欢的颜色。想象所有你喜欢的颜色从头部开始将你填满，将你不喜欢的其他颜色从脚底冲走。"

❋"想象有几伙捡垃圾的小人从你的脑海里、后背、肚子、胳膊和腿走过，他们把所有的垃圾都带走了，让你的身体里变得干干净净。"

关于可视化冥想

❋"想象你现在就在一个你去过的最美的地方。那里是什么样子的？"（这样开始之后，你们可以讨论那个地方的各种细节，还有它给孩子带来的感受。）

❋"想象你在一个美丽的花田里享受着阳光。你看到什么小动物了吗？它们有名字吗？"（讨论孩子脑海里自然出现的事物也许可以一窥孩子的幸福感如何。青蛙和小鸟或许是快乐的标志。如果他的脑海里出现了熊等吓人的动物，也许你们需要聊一聊，找出哪里出了问题，怎样让孩子的感受变得更好。）

❋"想象你在动物园里。你想看到什么动物？"（在讨论动物时，指出动物的特点：小猫知道如何放松，大象很强壮，猴子知道怎样和同伴们玩得好。）

让运动策略和放松策略的影响最大化

为了让运动和放松对压力管理的益处最大化，你要知道如何协调好这些策略。以下是一些要点。

❋晨间运动不仅能让思维更敏捷，还能对一天的情绪产生积极影响，对难以保持注意力的人来说更是如此。

❋当你感到压力大到让人难以承受时，运动是你的首选策略。其实，你可能还没准备好使用其他策略，特别是那些有关平静思考和规划的策略，你可以先通过运动消耗那些让你难受的紧张感。

✲ 当运动不可行时——比如你的老板告诉你坏消息——你首先要做的就是掌控你的思维模式：找一个舒服的坐姿，告诉身体没什么需要逃离的紧急情况，让自己远离灾难化思维（见第 14 章）。然后，进行深长而缓慢的呼吸，切换身体"开关"，激活你的镇静神经系统。

✲ 理想的结合方式是，先消耗身体的紧张感，再采取积极措施进行放松。

让我用孩子发脾气为例来说明通过呼吸和运动进行放松的适当顺序。当一个 4 岁孩子在幼儿园发脾气时，老师会把他带到角落里，告诉他先冷静下来。问题是他的沮丧或愤怒太过强烈，以至于他就是不能冷静下来。他拼命摇头、大哭，甚至感觉自己是个没用的人，因为自己无法遵从老师的指令。

如果这一切是在同学的面前发生的，情况就会变得更糟，因为他还会感到羞愧、无地自容，就好像自己受到了攻击，可能引起他先发制人地大肆宣泄。然而，老师可以把他带离同学们，然后告诉他，老师非常理解他气愤和沮丧的感受，虽然自己非常想帮他，但是在他能说出自己的感受之前，自己无能为力。老师可以让他在原地跑一两分钟，消耗他的沮丧或愤怒。等到能量都被释放了以后，老师就可以让他用缓慢的、有节奏的呼吸吹泡泡。之后，他就能说出自己的感受了。这样的放松方式让这次发脾气的经历成了孩子一次宝贵的生活经验，他知道怎么做能够控制自己不安的情绪，而非让事情变得更糟糕。

7. 吃得好

营养对孩子的身体成长来说至关重要，与此同时，它也是压力管理计划中的重要组成部分，因为身体健康才能帮助人应对压力。

在你寻找食谱之前，记住你的示范要胜过你万语千言的说教，甚至胜过专家的建议。记住，你要为孩子选择健康的食物，要为孩子示范好的饮食习惯。

通用指南

✲ 如实看待碳酸饮料和其他含糖饮料——它们就是糖水。你必须严格限制孩子饮用碳酸饮料，仅偶尔饮用。饮用碳酸饮料会损伤牙釉质。孩子如果饮用太多碳酸饮料，就会减少牛奶等有营养的饮品的饮用量。许多果汁饮料甚至也添加了高果糖玉米糖浆，所以它们并不如其名字"果汁"所示的那般有营养。

❋让孩子多喝水。水会满足生理需求，同时让孩子无须饮用那些无营养的饮料。如果孩子觉得喝水很无聊，那么你可以试着把水装入一个很酷的运动水壶中。你可以变换点花样（比如，往水里挤一点柠檬汁），但是不要添加过多的热量。

❋在饮食中多加入牛奶和奶制品。如果孩子对牛奶不耐受，你还可以加入豆浆等高钙饮品。某些品牌的杏仁露和谷物奶也富含钙。

❋食用充足的新鲜水果和蔬菜。将水果或蔬菜切片、切块作为零食食用。水果和蔬菜的推荐日摄入量（8~9 份）可能看起来很难实现，但是诸多研究都表明了水果和蔬菜富含营养，所以孩子应该尽量多吃。许多孩子不喜欢吃某些水果和蔬菜；你可以多次尝试，直到找到一些他们喜欢的种类或食用形式。虽然孩子某一天不想吃蒸西蓝花，但是他可能在下周用西兰花蘸酸奶，吃得津津有味。

❋不要把食物和惩罚联系起来，也不要将吃零食作为奖赏。

❋你如果想让孩子摄入足够的维生素和矿物质，就要确保他吃多种颜色不同的水果和蔬菜，这样孩子才能摄入多种健康的营养素。

❋你如果想让孩子保持性情平和，进而能够更好地应对压力，那么就要教他获得稳定的能量供给。这就意味着孩子要避开那些让大脑感受到能量迅速达到峰值、又很快消耗殆尽的食物。以下是一点背景知识：葡萄糖是大脑的能量来源，它以单糖和复合碳水化合物的形式存在。单糖味道甘甜，在糖果和软饮料中都有其身影。它会被身体迅速吸收，给身体提供能量，但是能量很快就会被消耗殆尽。而复合碳水化合物虽然尝起来并不甜，但是能为大脑提供更缓慢的、更稳定的能量补给。复合碳水化合物多见于水果、蔬菜和全谷物中。

❋帮助孩子区分健康的零食和不健康的零食。为了简化这个观点，我会让孩子想象出几种他只能用手来吃的零食，在吃完零食后，双手是否油乎乎的，是需要用肥皂洗手，还是只用水冲洗一下就好？这就是教孩子辨别油腻食物的简单方法，油腻食物与其他可替代食物相比不那么健康。食物越油腻，就越不健康。表 36.1 列举了一些例子。

❋孩子在成长，需要燃烧许多热量，所以不要完全剔除零食。相反，你要给孩子提供许多健康的零食。每个人都知道水果和蔬菜是健康的零食，但是许多人没有意识到，常见的零食之间也有很大的不同。

表 36.1　有些零食也是健康的！

不健康的零食 （食用后需用肥皂洗手）	稍微健康点的零食 （食用后无需用肥皂洗手）	健康的零食
● 薯片 ● 玉米片 ● 芝士泡芙 ● 黄油爆米花	● 蝴蝶酥 ● 盐焗无黄油爆米花 ● 烤薄脆饼干	● 水果 ● 蔬菜 ● 低脂酸奶 ● 添加不含脂肪的香料的无黄油爆米花

你为什么吃？

你如果问那些吃得健康的人和那些吃得不健康的人"你为什么吃？"，会发现他们的回答有很大区别。健康饮食者会在饿的时候吃东西。而不健康饮食者不仅会在饿的时候吃东西，而且在感到难过、激动或无聊时也会吃东西；有时，他们在看电视时或上网时吃东西是不需要思考自己饿不饿的，只是让自己有事可做。

试着让家人在厨房或餐厅共同度过用餐时间，而非在娱乐室或家里的其他地方。虽然这看起来很困难，但是我建议你们在看电视时禁止吃垃圾食品之类的零食，而允许吃水果、蔬菜或用空气炸锅烹制的爆米花。

吃多少？

人们生存在一个标榜"超重的我"的国度。食物分量的多少关乎体重的控制。大部分人眼前有多少食物，就会吃多少食物。如果能让人吃到饱的自助餐桌上摆满了诱人的食物，那么人们就会装满一盘又一盘，再返回去拿更多——这并非因为饿，而是因为食物就在眼前。人们看到的食物越多，吃得就越多。

父母可以给每个孩子分发适量的食物，放到他们各自的盘中，或在桌上摆放几个大浅盘，让家人们吃多少拿多少。不要让孩子拿第二次，除非孩子说他仍然很饿。不管身体是否感到满足，身体都要花大约 20 分钟消化食物，所以，让孩子吃得慢一点。吃饭的时候进行轻松的谈话可以放慢用餐的节奏。

不要因为食物打架

不要让餐桌成为你争我夺的战场。你要以身作则地摄入丰富的营养，也要确保孩子有健康的食物可选，但是不要剥夺孩子关于吃的乐趣。用餐时间是增进家庭联系、关怀孩子的绝佳时机。用餐的氛围要轻松愉悦。如果你把"把饭都吃光"变成一个命令，那么用餐的氛围就会很紧张，孩子也会拒绝吃东西。

当你和孩子谈论摄入丰富的营养，拥有健康的身体时，你应该当心，不要向孩子传递错误信息。这与孩子的外表无关。有许多具有破坏性的信息都在鼓吹人们应该怎样：男性要有 6 块腹肌，女性应该苗条纤瘦……请注意，不要纵容这些观点侵袭孩子的思想。不要告诉孩子他看起来不健康。他如果吃得健康，还会玩耍或有规律地进行运动，那么他就是健康的。你也要当心身体质量指数（Body Mass Index，BMI）的过度使用。虽然它比简单的身高和体重更精确，是一个有用的工具，但是不要忘了孩子有个体差异。例如，一个女孩的BMI 可能很高，但是她的身材看起来很好，因为她的肌肉比脂肪重。你可以把 BMI 作为一个评估工具，但不应将其作为标签。

你如果向孩子示范了健康的饮食习惯，在家里给孩子提供了良好的食物选择，但是仍然认为孩子超重或肥胖，那么就请健康专业人士给孩子提供一些建议吧。食物成为家庭中的一个争论焦点不仅会增添额外的压力，而且如果青少年选择通过节食或暴饮暴食的方式控制自己的焦虑（或你的焦虑），那么这还可能对青少年造成严重的后果。

吃饭是联络感情的好时机

研究表明，一家人一起吃饭对青少年具有极大的保护作用。家庭聚餐并非重在吃餐盘里的食物，而在增进与彼此的联系。家庭聚餐还有一个好处，那就是将家庭共处的时间和有营养的食物、轻松的用餐氛围联系起来。当家人们一起吃饭，并且将共同的快乐时光联系起来时，一家人在一起吃饭也许更可能培养出影响一生的健康饮食习惯。

8. 睡得好

睡眠影响一切。对孩子（或你）来说，如果休息得好，那么即使身陷压力大的情境，孩子（或你）也能轻松应对；相反，如果感到疲累，压力就会让孩子（或你）濒临崩溃。睡眠不足不仅对健康不利、影响人的思考能力，也不利于改善情绪。充足的睡眠可以巩固新获得的记忆或新习得的能力，所以说，睡眠不足的孩子的成绩会下滑也就不足为怪了。失眠也会带来其他严重后果，比如提高发生车祸，甚至罹患抑郁症的概率。

让青少年按时睡觉并且在早上 6 点起床是不容易的。研究数据显示，青少年每晚需要 9~10 小时的睡眠时间。但是大部分青少年的睡眠时间都没有达到，这就是为什么在青少年群体中，在白天嗜睡是一个普遍存在的问题。

关于睡眠的基础知识

在制订一个保障充足睡眠的计划之前，你要先看看一些关于睡眠的基础知识。

✻ 当我们允许大脑休息时，我们会入睡。当我们相信躺在床上就是要睡觉时，我们会保持睡着的状态。身体有自然的昼夜节律，让人形成醒来和入睡的规律作息。人生来就是在白天活动的，这意味着人要在白天的时候保持清醒，在夜晚的时候睡着。任何对身体保持这一节律的干扰，都会影响睡眠。

✻ 作为在白天活动的生物，人看到光线就会醒来，在黑暗中就会睡着。理解这一点至关重要，因为人造光线也会影响自然节律，并且人可以适当运用光线和黑暗恢复自然节律。

✻ 作为在白天活动的生物，当身体变热时，比如沐浴在白天的阳光下时，人会醒来，而当身体温度降低时，人会感到疲乏。身体会通过运动和洗澡变热。锻炼五六个小时后，或洗完澡一个小时后，身体就会冷却下来。

✻ 消化食物也需要时间。睡前吃大餐会中断消化进程。睡前喝很多水会导致频繁起夜。

❋在夜里醒来时，你有时会担心再次入睡变得困难。随着焦虑感的产生，你重新入睡的概率就降低了。此时最好离开床铺，坐在椅子上，当感到困倦时再回到床上。

是什么干扰了睡眠？

大部分睡眠问题的出现都源于睡眠时间不足，通常是外在压力（比如学习压力）导致睡得更晚，起得更早。在床上左思右想也会让你无法入睡，甚至彻夜难眠。摄入咖啡因等让人兴奋的物质也会影响睡眠质量。到了青春期，孩子的昼夜节律会发生明显改变，使青少年的生物钟与成年人的生物钟有所不同。

虽然某些疾病并非最有可能引起睡眠问题的原因，但是你仍需要考虑疾病因素，因为它有可能引起失眠。孩子如果受睡眠问题困扰或在白天一反常态地昏昏欲睡，那么你就要带孩子去找儿科医生聊一聊了，儿科医生可以诊断孩子是否一直以来都睡眠不足，还是有潜在的睡眠障碍。健康专业人士可能问孩子以下几个问题。

❋你晚上入睡时困难吗？

❋白天时你觉得很困吗？在学校呢？上课的时候呢？

❋你晚上会经常醒来吗？

❋上学的时候，你通常什么时候睡觉？周末呢？

❋你一般需要多长的睡眠时间才能恢复注意力？

❋有人告诉过你，你在晚上打鼾的声音很响吗？

❋你被噩梦惊醒过吗？

此外，孩子还应该被问到有关情绪和压力的问题，以考虑患抑郁症的可能性。接下来要考虑的因素，也可能是最容易解决的，就是孩子是否摄入了让他兴奋的物质。人体需要 6~8 小时才能完全代谢摄入的咖啡因。咖啡因多存在于咖啡、茶、可乐、其他软饮料，以及巧克力中。能量型饮品中的咖啡因含量很高。研究发现，在下午和晚上饮用含咖啡因饮品的青少年入睡更困难，而且在第二天感到更疲惫。虽然摄入咖啡因确实能让人在短时间内保持清醒，但是它不能帮人克服嗜睡和睡眠不足。换句话说，摄入咖啡因在短时间内有用，但是确实会加重睡眠问题。咖啡因是一种具有成瘾性的物质，应该谨慎摄入。

大部分人失眠的另一个主要原因是——睡前在床上做一些自己最喜欢的事或在床上进行最复杂的思考。人们有时太忙了，以至于没时间放松，没时间整理思绪和情绪，也没时间为明天做好规划，以至于睡觉前成了人们和思想独处的最好时机。人们躺下来时，总算能松口气了，有一点独处的时间了，结果床又成了处理重要事务的地方，床成了一个朋友，甚至是一个咨询师。之后，人们在午夜再次醒来，又有了思考问题的机会。人们应该有一个能够处理情绪、想出解决办法的空间；但是它不应该在睡觉的地方。

使人们没办法将床自然地与睡觉联系在一起的不仅仅是担忧。任何过于刺激的事物都会使大脑兴奋不已，使人们无法顺利进入梦乡。如果孩子对各种活动应接不暇，那么有时他就没有时间放松——白天的活动始终在他的脑海里打转儿。

在床上做任何活动都会使出现睡眠问题的可能性增加。如果在床上做作业，那么床就会与对成绩和考试的焦虑联系起来。孩子可能频繁地在夜里醒来，因为他要把作业做完。如果孩子蜷缩在床上和朋友发信息或聊天，那么床就会和兴奋以及社会压力联系起来。人在睡着时，大脑还没有停止工作。它只是降低了工作强度，就好比电脑进入了睡眠模式，如果潜意识的担忧在脑海中浮出水面，那么大脑就很容易加速运转起来。当床有用来睡觉以外的用途时，大脑更可能在人睡着时进行低水平的思考。在夜晚，由于睡眠遵循从"深睡眠到浅睡眠再到深睡眠"的循环，所以如果大脑认为人醒来就可以完成"工作"了，那么人就会在浅睡眠中醒来（"工作"可以是情绪问题、学校作业或进度报告）。如果床是人的工作空间，人就更可能醒来。因此，孩子可以和朋友们沟通交流，也应该做作业；但是他们应该在其他地方做这些事情，而不是在床上。

如果你认为你家的青少年成了夜猫子，那么你可能是对的。青少年的生物钟在青春期确实会发生改变。他自然地想要熬夜，因为随着青春期的发展，大脑的睡眠定时系统在晚上会更晚开启。睡眠定时系统由褪黑素控制，这是一种自然产生的化学物质，调节着生物节律，其中就包含醒来和入睡的昼夜节律。一般来说，因为很多高中还没有摒弃清晨很早到校的传统，所以大多数青少年都缺乏充足的睡眠。一些学校为了保证青少年有充足的睡眠时间，延后了上学的时间，但是这还不是一种普遍的做法。

睡眠须知

如果你将关于睡眠的基础知识和任何会干扰睡眠的行为联系在一起，那么你就能列出一份睡眠须知清单，见表 36.2。记住，遵循这些规则的原因不是剥夺夜晚的乐趣；而是帮助孩子（或你）有效地应对日常的压力，保持思维敏捷、身体健康。

表 36.2　睡眠须知清单

建议做的事情	避免做的事情
睡前喝些安神的饮料，比如温牛奶。	睡前的 6~8 小时以内摄入咖啡因。
夜里把手机放在厨房或客厅充电，坚持把所有电子设备都放在那里充电（这可能意味着你得买一个老式闹钟！）。	把电视、电脑或手机都放在卧室（如果电子设备本就安置在卧室，那么你必须在睡觉时把它们关掉）。
找一个可以释放情绪、表达感受的地方，不是在床上。	在床上担忧发愁。
睡前完成作业，作业完成会让孩子感到很满意。	在床上做作业。
睡前列好第二天的待办事项清单，将事情都安排好会让你很有安全感。	在床上计划明天要做什么事情。
你如果在夜里醒来，无法轻易重新睡着，那么就起床，待在一间黑暗的房间里，感到困倦后再上床。	在床上担心无法入睡。
保持规律的（而非死板的）睡眠习惯。	午觉时间过长（这不利于养成规律的睡眠习惯）。
在白天打个盹儿，不要超过 20 分钟，不要安排在过于接近晚上睡觉的时候。	周末睡懒觉（这同样不利于养成规律的睡眠习惯）。
吃得健康。	睡前吃得太多或喝得太多。
睡前的 5~6 小时进行运动。	睡前进行高强度的运动。
睡前的 1 小时放松地泡个澡或冲个澡。	在身体过热的情况下上床睡觉。
睡前的 1 小时把灯光调暗，创造一个黑暗的、安静的、舒服的睡眠环境；早上拉开窗帘或打开灯。	在明亮的灯光下熬夜。

给有睡眠问题的青少年的睡眠方案

床应该是一个特别的、神圣的地方。它只能用来睡觉，不该用来吃东西、读书、听音乐、玩游戏、打电话、看电视或看视频。把床视为神圣存在的孩子更容易放松，也更容易入睡。

睡前 1 小时左右泡个澡有助于身体放松，并让身体做好睡觉的准备。我竭力主张青少年在睡觉前，在一天的劳碌后放松下来，将一切烦恼抛开。他如果能够遵循照顾自己情绪的某个策略（见第 37 章），就会更容易做到。他必须在床以外的地方释放自身情绪——可以坐在桌子旁，也可以坐在一把舒适的椅子上。青少年需要培养一种习惯，告诉身体该睡觉了。首先就是决定一个合适的就寝时间。我并非想让青少年建立一个死板的、固定的就寝时间或让他感到这是一种惩罚；相反，他的身体需要一个健康的昼夜节律。设定就寝时间可以让他在完成作业的同时保证 8 小时的睡眠时间。我将就寝时间作为计时起点（T0），然后逆向安排。

更改手机设定，让它每晚自动打开夜间模式。这样，手机的主题颜色在晚上就会改变，减弱了刺激的蓝光，也就减弱了蓝光对睡眠周期的影响。

❋T0-6 小时：运动。运动会帮助青少年应对压力，让大脑做好高效完成作业的准备。不要再摄入咖啡因了。

❋T0-5 小时：做作业，直到做完。作业做完后，开始放松、玩耍或出去玩。这是青少年应得的休息时间。

❋T0-1 小时：在昏暗的灯光下冲一个温水澡或泡澡。

❋T0-30 分钟：通过写东西、艺术创作或语言表达的方式释放情绪（见压力管理计划第 10 点）。通过列清单或时间表的方式做好明天的计划。关键是所有的这些事情要在睡前完成，应该在昏暗的灯光下完成，必要时，青少年还可以同时抿上几口安神的饮品。警告：对压力特别大的青少年来说，这一系列放松情绪的事项可能无法让焦虑感在就寝时消散。如果是这样，青少年释放情绪的时间可以提前，睡前 30 分钟可以仅仅用来放松（见压力管理计划第 9 点），比如听音乐、冥想或看书。

一些青少年即使遵循这一惯例依然无法平静下来。有一些青少年患者很难入睡，并向我寻求药物治疗。我会让他们去找我的同事、压力管理专家杰德·迈克尔（Jed Michael），他接受过东方医学疗法的训练。我从他那里了解到，一个人只有将注意力从自己的思想中转移出来，才能进入梦乡。老式的数绵羊的方法就是为了让人们转移注意力，不去关注自己的想法。但是这种方法没有充分利用呼吸练习的放松作用。杰德向我的患者们教授了4~8种呼吸技巧。他说："饱满的呼吸是腹式/吹气球式呼吸。"患者们仰卧躺下，双手微微搭扣，轻轻地放在腹部。正常的呼吸不会让腹部膨胀，因此手的高度也不会有所起伏，手指也不会分开。首先，深长地吸入清新的空气，让清新的空气充满腹部，然后是胸部，最后是嘴；气息使肚子鼓起，双手自然分开。他让患者们进行一次饱满的吸气，同时在内心从1数到4，然后屏住气息。最后，在缓慢地呼出空气的同时，从5数到6，如果可以，甚至可以数得更多。循环进行几次这种呼吸练习能让身体放松。同样重要的是，这个过程需要注意力完全集中——注意力完全被呼吸循环占据，就无法关注纷乱的思绪了。我们发现，通过专心致志地练习，即使是长时间失眠的青少年也能安然入睡。多数情况下，第一晚就会有效。

预见阻力

关于睡眠的话题，我在提供指导时遭遇的阻力非常大。人人都知道睡眠重要，但是仅仅是让他们达到推荐的睡眠时长，很多人都觉得难以做到。青少年担心自己会没时间做作业，没时间和朋友们一起玩。他希望拥有周末能够睡到午后的时光，所以在周末的夜晚，他对坚持与平时相同的睡眠习惯尤其抗拒。父母最担心的还是青少年的作业，他们认为青少年不可能拥有充足的时间去锻炼、放松和释放情绪。许多青少年和父母都认为，如果傍晚时刻不摄入一点咖啡因，生活就会变得阴云密布。

我强烈建议他们挺过一段不摄入咖啡因的日子，在此期间，进行适量的运动、摄入丰富的营养和保持充足的睡眠。虽然他们在关爱自己身上"浪费"了时间，但是他们能收获诸多的好处——做事情的效率提高了，情绪更放松了，而且能够集中注意力了。

第 37 章

照顾好情绪

压力管理计划的最后 2 个部分针对压力对情绪和健康的影响提出了一些应对策略。这些策略包括一些安抚情绪反应的方法（和运动相结合使用，让身体相信你已经解决了压力），以及参与疗愈活动或转移注意力的方法。

9. 即刻享受假期

你不一定要千里迢迢或一掷千金去旅行度假。不管你在哪儿，你都有很多种方式让自己既能享受度假的好处，也能缓解压力。记住，一些人会采用躲避、退缩或逃跑的方式应对压力。这些方式大部分都适得其反，而且有些方式非常危险。然而，也有健康的从压力中抽离出来的方式。当潜意识需要时间仔细思考对策，需要积蓄能量时，最好的抽离方式就是采取健康的放松技巧。第36 章列出的许多放松技巧不仅可以用作放松策略，也可以被称为健康的抽离策略，而且它们也是让你进一步享受当下的方式。

这里，我列举了另外一些健康的抽离技巧，帮助你暂时逃离压力，找到一个安全的角落，让你重整旗鼓。

想　象

当我的两个女儿 5 岁时，我们找到了一个偏僻的沙滩，那里布满黑沙，蓝绿色的浪花涌向沙滩，空气中弥漫着海水咸咸的气味——这是我曾到过的最美的地方。我们与那里有关的回忆都充满了爱与美好，极其安抚人心，我希望每当女儿们想要远离纷扰时，她们都能"回到"那里。为了把那里深深地印入她们的记忆，我们分别使用了不同的感官去唤醒记忆。我让孩子们闭上眼睛，感知那里的一切。

"你感知到了什么？你一面感受着太阳的温暖，一面感受着清凉的海风；湿湿的海风轻抚着你的肌肤。你听到了什么？浪花一朵朵涌向沙滩，鸟儿一声声啁啾吟唱。你闻到了什么？空气中弥漫着咸咸的海风气息。现在，睁开眼睛，看向周围，告诉我你所看到的一切。现在，闭上眼睛，再向我描述一遍。"

最后，我和妻子告诉她们我们有多么爱她们，为什么深爱着她们。我告诉她们这里会成为我们共同的特别之所，我把它称为我们的家庭港湾，任何时候她们需要冷静和安静时，只要闭上眼睛，回想起这里，她们就可以即刻享受假期。很多年过去了，她们觉得这是一个非常有效的减压之法。当她们9岁时，我们在另一个沙滩进行了上述步骤；这一次，是孩子们带领我们来进行的。

有很多简单的方法能够向孩子示范如何进行想象。去一个美丽、平静的地方旅行，或在一个晴朗安静的夜里，去外面凝视满天繁星和月亮。让孩子想象一下属于他的特别之所，让它在脑海中定格，他在任何有需要的时刻，都能够随时回到那里。这个地方不一定要有美不胜收的景色；这个地方也可以是一个无限温暖与充满安全感的地方，比如祖母的厨房。关键是要让孩子能够超越感官记忆，让这个地方充满着你的爱给他的安全感。

把这个随时都能去度假的地点想象成你电脑上的屏幕保护画面。每当你想要逃离当下的压力时，你都能点击脑海中的这幅宁静画面，一键直达，闭上眼睛，享受当下。安静地什么都不要做，什么都不要想。

爱　好

爱好为人们提供了另一种暂时逃离压力的方式。培养爱好的起点可以是你在孩子生日时送给他的一份礼物，也可以是孩子在自由玩耍中开始感兴趣的活动。

一项真正的爱好不仅仅是打发阴雨天时光的好方式；在孩子感到压力大或不安时，它也能成为让孩子的心灵即刻切入度假模式的活动。近来，涂色书不仅获得了儿童的大量关注，在青少年甚至是成年人中也甚是风靡，它能帮助人们放松，哪怕只有几分钟。

阅　读

即刻度假可以有多种方式——听音乐、看电视、看电影都能让人放松。但是没有什么能比得上阅读。阅读可以提供全身心沉浸式体验，让人真正从压力中抽离出来。阅读让人勾画出全景蓝图，阅读让人听到别人的对话，阅读让人嗅到扑鼻的芳香，阅读让人感知万千的情感。和电视的声音和图像全部自动呈现不同，只有积极调动多重感官，阅读才能让人更沉浸其中，放下压力。阅读时，心里已经容不下其他的东西了。

毫无疑问，阅读是你可以和孩子一起做的最重要的事情之一。当孩子是小婴儿和学龄前的儿童时，你可以将书中的内容大声读给他听；当他上学后，可以让他读给你听，你们也可以分章节轮流大声朗读。孩子会把阅读当成你投入时间和注意力陪伴他的证明，并且培养出终身热爱阅读的习惯。阅读会对孩子上学产生积极影响，同时也为孩子提供了一个逃离压力的有益出口、一次全身心沉浸在另一个世界或时空的机会。

泡　澡

泡一个温暖的热水澡是放松的好方式。泡澡也像是一次小型度假——在一个安全的空间里享受私人的时间。你应该每天花上 30 分钟，让自己不受任何干扰，为心灵解压。你可能想要点一支蜡烛或是放点舒缓的音乐。

"他疯了吗？"你会想，"他真是不了解我们家。30 分钟不被打扰？这怎么可能，简直是做梦。"好好保护属于你自己的这段时间。你要向孩子示范每天拥有一段私人的放松时间是多么重要。

孩子不会这么悠闲地使用泡澡这一方法。如果他能洗上足够长的时间，擦洗掉膝盖上的泥，你就挺幸运的了。在孩子小时候，你在给他洗澡时会水花四溅，你可能还会唱歌哄他；洗澡通常是他玩耍的时间，也是孩子和父母增进联系的时间。随着孩子长大，青春期之前的孩子就渴望有自己的私人空间了。如果你向孩子示范了放松泡澡这一日常活动，那么他可能发现泡澡对他来说也是一个有用的解压方法。即使他不使用泡澡的方式缓解压力，他也会明白自己的父母在漫长的一天结束前，会留点时间为自己蓄满能量——这是你们给他上的重要一课，这样他也能在自己的生活中允许自己加油充电。

睡前 1 小时泡澡对青少年和成年人来说都是特别好的解压方法，不仅能缓解白天的压力，也能让自己在夜晚睡个好觉。泡澡具有冥想的一些特点。当你深呼吸时，如果你让上半身浮在水面之上，那么你可以让肺部如气球一般鼓起来，这样，你的身体就可以在水面微微起伏。如果你把耳朵淹没在水面之下，只把脸浮在水面之上，那么你在深长地呼吸时，就可以听到自己有节奏的呼吸声。如果你探探自己的脉搏，你会注意到它变慢了。泡澡就像是一个有效的生物反馈仪，帮助你实现身心放松。当泡澡水从排水管流走时，你仿佛看到一切问题与烦恼也一并消失了；它们哗哗地流走，最终和旋涡一起消失……

从挣扎和担忧中解脱出来

当账单堆叠在眼前，工作如排山倒海般涌来时，你陷入了担忧、压力大和挣扎的循环。你可能在家里，在最爱的人面前展示出你的压力。你可能觉得在家里这样做要比在外面更安全，所以你和伴侣会因为钱或其他事情争吵起来。所有的争论似乎都言之凿凿，一切都像龙卷风般旋转不止——这个循环必须停止，可是怎么做才能停止呢？从忧虑中短暂地抽离出来，就可以打断这个循环。或许这样不能解决根本问题，但是能避免事态失控。

你无法直接跳上飞机飞到一座热带小岛上，但是你可以让家里的气氛如小岛一般宁静、平和。你每天可以抽出 1 小时——或每周一次——进行放松。抛开那些改善家庭生活的计划；任由花园里绿草生长——你可以让所有外界的纷扰远离家庭生活。正在进行的争吵偃旗息鼓了，因为你们对家庭的爱依然坚固。之后，你们便可以在家里享受着爱与安全感，虽然它们有时候会被冲突和担忧挤占。

这样的休息对所有人都好。虽然孩子不必付账单，也不用去工作（虽然上学显然就是他的工作），但是他也有自己的压力，如果家里有不止一个孩子，那么有些争吵就来自家庭内部。当所有人休战，不用讨论任何棘手的话题时，孩子能全身心地享受短暂的假期，全家人也能尽情享受彼此的陪伴。在这样的时光里，你们可以一起阅读、沉浸在自己的爱好里或享受欢声笑语。

我并非让你和家人说："我宣告，我们要来一次远离争吵的短暂假期。"这一方法并不需要你解释给孩子听或教授给他。相反，做就可以了。孩子会明白，就像你有能力逃离紧张感一样，你也有能力把你最珍惜的人带到你觉得最安全的地方，并且说："暂停。让我们享受彼此的陪伴吧。"如果你这样做，那么在感到压力大的时刻，你也能帮助孩子成长，并且向孩子示范一个让他终身受用的压力管理方法。

闻闻家里的花香

如果孩子从你身上学到要花时间闻闻家里的花香，他就能受益匪浅。花点时间让自己神清气爽，比如在自家花园里享受美景，徜徉在郁郁葱葱的花园里，看着小婴儿因成年人做鬼脸而咯咯地笑个不停……这些享受生活之美的举动，孩子都会看在眼里。

即使孩子很小，你也可以带着他去散步、观鸟，帮助孩子发现他身边一切即刻让人放松的事物。这也是鼓励孩子无拘无束地玩耍的另一个原因。在一个又一个活动之间穿梭奔波的孩子永远不会探索身边触手可及的环境，无法发现自己身边和脚下蕴藏着的无数喜悦与欢乐。享受当下吧。

10. 释放紧张情绪

有很多青少年告诉我，他们最大的问题就是爱生气，而且他们不知道自己为什么生气。还有一些青少年告诉我，白天的担忧或兴奋，还有对第二天的期待，让他们睡不着，这些想法在他们的脑海里不停打转儿。我最担心的是听到他们和我说，他们感到无聊，脑海里都是些不值得一提的想法。这些青少年的共同点就是思绪纷乱得使他们自己应接不暇。在某些情况里，他们还一直承受着情绪，甚至是身体的创伤，使他们无法应对甚至感知自身情绪。

我的许多青少年患者们过着看上去令人羡慕的生活——物质富足，上着好学校，有着完整的家庭——但是他们感到四面八方的压力扑面而来。他们不知道该如何缓解这些压力。（当然，过着令人艳羡的生活的孩子也要面对复杂的世界，虽然在物质层面的需求可以被满足，但是他们也有烦恼和困难。）虽然这些青少年也许不愤怒，但他们确实有沮丧感，并且被加在身上的期许压得喘不过气来。

我把这些近乎压垮他们的情绪想象成一个混乱的情绪旋涡。每一个想法、每一种忧虑或是痛苦的回忆似乎都从四面八方涌来。为了让自己保持理性，他们要建一个容器把它们封存起来，加以控制，否则就可能造成混乱。

如果他们有健康的发泄方式，那么他们就能打开容器的盖子，避免压力以危险的方式侵袭他们。然而，他们当中的许多人害怕打开这个容器，因为里面的情绪会让人感到过于痛苦、害怕或难以面对。相反，他们日复一日地把各种困扰都塞进这个容器里小心保管，这样就不用应对它们——幻想着以后再来应付。久而久之，容器的壁变得越来越厚，这样才能把他们所有的压力都封存在内。容器仿佛变成一个铅盒——盒子太过沉重以至于他们无法将它提起来，他们也无法看到盒子里面，盒子里的压力也对人体有害。

太多重要却让人痛苦的想法和情绪都困在铅盒里，会发生什么呢？偶尔会有人按动盒子的按钮，让容器的盖子弹开。接着，莫名其妙又无法控制的愤怒倾泻而出。

许多青少年向我描述，被塞得满满当当的铅盒突然裂开时，他们的愤怒之情溢于言表，我可以想象这是怎样的感受。成年人只看到了青少年的愤怒和各种消极行为，却不了解青少年愤怒之下的情绪和经历。

一些孩子表示，那些装在铅盒里的、让人难以承受的情绪让他们感到头晕。一个青少年说，那感觉就像是龙卷风在脑海里盘旋。还有个青少年向我描述，他感觉自己的头就像一个网球，被一个有力气的男人用力挤压，想把它捏爆。

许多人说，服用药物可以止头晕，释放一部分的压力。虽然这种方法可能暂时有用，但是会引起更大的问题，反而会使头晕加重，难以控制。青少年如果通过服用药物止头晕，就会形成药物滥用的循环——头晕加剧，提高剂量，头晕进一步加剧，再提高剂量，循环往复。

铅盒会引起比愤怒更严重的问题。它会让青少年变得麻木，变得冷漠，失去了他们最珍视的东西——人性。当青少年花费太多的力量挤压自己内心铅盒里那些令人感到痛苦、想冲动行事，并且是真实的经历时，他们就很难关心那些让生活变得有意义的事情了。

如果一个 7 岁孩子在学校总担心自己被欺负，没有安全感，那么他怎么能体会到读书的喜悦，怎么发挥想象进入故事为他创造的幻想世界？如果一个 14 岁孩子正因为性心理不断萌芽、父母闹离婚、要取得好成绩，以及残酷的同伴压力而内心备受煎熬，那么他怎么可能尽情享受春天的花香扑鼻，意识到父母对自己无条件的爱呢？他怎么能一边努力压抑自己强烈的情绪，一边和别人彬彬有礼地交谈呢？他可能陷入一种自己能够控制的情绪当中——变得麻木。

变得麻木就失去了珍惜每时每刻的机会。如果当下不被珍视，微小的事物不被重视，那么人很难变得有韧性。我不想让孩子变成这样。虽然他会面对各种挑战和压力，但是我深深地希望，不管遇到什么坎坷，孩子都能获得成长，充满韧性地生存下去。父母必须让孩子面对各种压力，而非将他的思想紧锁在对情绪有害的铅盒里。

感受自身情绪时，孩子应该感到安全，而非感到惧怕。因此，他需要一种策略，让他能够在可控的范围内应对自己的忧虑。

有所保留是一件好事。那些完全感知当下一切的人可能出现功能失调。你可能知道有些人会和别人分享一切想法，热切地感受每一件事情，对每一个快乐的事都群发邮件进行分享。虽然这些人的心里没有铅盒，但是他们鲜少感到真正的快乐，也很难维持与他人的联系，因为他们在消耗自己和他人的能量。

构建一个更好的盒子

我建议青少年构建一个不同的盒子：一个透明运动水壶式的盒子。和铅制盒相反，它用轻巧的、柔韧的、无毒的材质构成。这个盒子是透明的，所以内容物清晰可见，并且被齐整地、安全地分区存放，这样内容物就不会腐坏。更重要的是，青少年可以打开盖子，每次都可以拿出一块，然后发出"打嗝声"排出空气，再将它紧紧封存。

了解自己盒子里装着什么的人都是情绪能力强的人，他能够意识到具有挑战性的问题，以及那些唤起他注意力的经历和记忆。他没有让它们在脑海中像龙卷风般飞旋，相反，他可以每次只处理一个问题，一点点地释放压力。

当我和那些遇到问题的青少年待在一起时，他们告诉我，他们无法控制自己的愤怒，我就会帮他们建造透明盒子。这种类型的容器让他们可以一一盘点生活中难以忍受的问题。一旦他们说出了那些困扰了他们很久的问题，他们就可以开始疗愈了，每次只处理一个问题，其他的问题暂且安全地存放在透明盒子内。

同时进行的另一个过程——说出自己的长处——也尤为重要。如果一个人不相信自己有解决这些问题的能力，那么问题即使已经被分门别类，也可能使人更沮丧。**在开始痛苦地识别压力源之前，孩子要意识到自己的长处，相信自己能够使用策略解决问题，避免自己产生被压垮的感觉。**

你不必和孩子讨论铅制盒子或透明盒子。相反，你可以帮助孩子学会发现问题，说出问题。这是一种预防性的策略。你可以帮助他理解，当他感到难以承受或无比困惑时，他可以找出一些可以应对的问题，各个击破。如果他学会以下的一些技巧，那么他就能应对那些让他无法展开行动的旋涡般的情绪。记住，当他的问题犹如一座座大山时，他会感到沮丧又无力，无法应对它们。以下的技巧将这些大山劈成一座座小山。他用情商决定先攀登哪座小山。以下的技巧就好比是透明盒子上的排泄阀——也是一把把移走小山上的土块的铲子。

这些技巧都可以用以下的句子表达出来。

"我把它____出来了。"

"这一点就是关键。我采取行动把它释放出来。我头脑里的思绪不再那么飘忽飞旋了，这样我就能控制我的感觉，而非让我的感觉控制我，甚至直接把我打败。"

利用创造力

创造力可以让人拓宽看问题的视角，变得更灵活，从而更具韧性。在我看着我的孩子一点点长大的过程中，我不仅看到了创意表达是如何让孩子表达出内心的情绪，也看到了孩子沉浸在具有创意的行为中。我特别感激两位老师，玛丽安娜·吉田（Maryanne Yoshida）和黛比·波拉克（Debbie Pollak），她们培养了孩子的创造力。我想从她们那里学到更多关于让孩子参与到艺术创作中以及激发孩子创造力的技巧。感谢她们为本书这一部分做出的贡献，让我得以把这一极具思想深度的部分和这些年来我的患者展现的智慧结合起来，呈现给大家。

有创造力的人天生就具有克服完美主义的良方。画出一幅优美的画作或雕刻一座出色的雕像可能要花上几年提高技艺，这个过程本身就令人活力焕发。学习一个新的方法，不厌其烦地做多次尝试，会比最终的作品更令人兴奋。最好的结果通常出自多次尝试、不断的练习和艰辛的付出。艺术家享受创造的过程，尽管有时会感到沮丧，但是依然会不断尝试。

表现出创造力也需要孩子具有从不同立场看待情境、从不同视角处理问题的能力。就像摄影师拍照一样，大部分人可能只拍一张，草草了事，但摄影师要不停变换位置和镜头，经过多次调光，才能捕捉到多个完全不同的画面。只用一种视角、一种镜头拍照的人，只能透过单一的角度、态度看待生活，因此在解决问题时也会受限制。能够变换视角的人不仅明白如何聚焦于一个问题，从不同角度解决问题，而且也会看到他人的观点。

艺术创作的乐趣

唱歌、表演、绘画、雕塑、写作、跳舞、作曲或音乐表演都可以释放内心的愉悦。对一些人来说，艺术创作是需要独自完成的，是自己思考、反思的时间，是安静的私人时间。对另一些人来说，参与集体活动，比如参与一次班级表演，既有机会表现自我，又能和他人建立联系。

吉田女士和波拉克女士有多年教授孩子和成年人的经验。她们告诉我，在她们早年的教育经历里，如果学生的作品没有完成或学生好像忘了要完成作品，她们就会感到失望。她们后来明白了，学生的乐趣更多在于学习表现创意、练习新技能，而不在于完成自己的杰作。

我想要通过培养孩子的创造力、开阔他的眼界教育孩子。艺术是孩子生活中一个稳定的存在，让孩子不断有新的机会表现自己，但是孩子艺术创作的重点并非在最终的成品上。

创造是一种释放情绪的方式

青少年可以开发自己的创造力，将其当作处理问题的一种方式。他可以通过音乐、艺术、舞蹈、诗歌或散文生动而强烈地表达自身情绪。这些情绪的出口需要一定程度的私密性；是否展现成果由艺术家自己选择。每一个创意作品可以有不同的解读，但是只有艺术家或创作者本身才能完全理解其含义。

艺术家可以对自己说："我知道我的感受如何，它就是这样的！"而非深藏万千情感，让其在内心愈演愈烈。有创造力的人会表达自身情绪，并且把它以另一种形式真正地置之体外，而非压抑自身情绪。

我服务过很多经历着痛苦生活的青年诗人和艺术家，他们深深惊艳了我。是他们的创造力帮助他们活了下来。当语言难以表达自身情绪时，他们用说唱、歌唱、写诗或画画的方式表达自己，这并不罕见。这些方式都是有力的生存工具，抚慰着他们的灵魂。在我和无家可归的青少年一起共事时，有时我会为他们写一本简单的书或为他们准备一个地方保存他们的创意作品。有些人看着自己的画，能够描绘出它的含义，用语言表达增强了情绪释放的效果。另一些人不会用语言描述画的含义，但是他们的潜意识里被压抑着的情绪还是能够得到释放。不要认为如果青少年不能说出自己的创意作品的含义，你就要帮助他们说出来。创作艺术作品本身就有释放情绪的作用。

你能够培养孩子的创造力吗？

每个孩子都有创造力。虽然每个孩子并不一定都是伦勃朗或莫扎特，但是他能通过某种艺术形式表现自己。在孩子们小时候，只有其中一小部分孩子被鼓励释放创造力。很多孩子的创造力都被压抑了，这导致这些孩子认为自己没有天赋。所有孩子都能够将发挥创造力作为释放紧张、害怕、表达期许和梦想的渠道。这样他们就有机会享受创造的喜悦，有产生其他不同的看法的机会，从而获得另一种应对问题的方式。

你在培养孩子的创造力上可以做很多事情。你不一定要给他报各种课程、买昂贵的设备。以下的一些观点主要针对培养在视觉艺术方面的创造力，但是如果你的孩子更倾向于在音乐或戏剧艺术方面发挥创造力，你也可以遵循同样的原则。

让孩子能够选择多种创作用品。一些最便宜的创作用品有木棍、石头、碎布料。袜子和手套可以用纽扣、纱线和多彩的水笔画进行装点，这样，它们就成了玩具手偶。

让孩子感受触觉刺激，这样他就会发现用手创作的乐趣。创作无须复杂、花哨——黏土、木材、砂纸或不同质感的布料就能用于创作。

设定使用屏幕的时间。当孩子们无事可做时，许多孩子会打开电视、手机或电脑。也不要让艺术创作成为使用屏幕的理由，把美术工具放到孩子手边，使其减少使用屏幕的时间。

当孩子创作出艺术杰作时，给予他开放式的评论："和我讲讲它吧。"或"真美！请给我解释解释吧。"这样会避免令人尴尬的、有贬低意味的对话，而这样的对话你应该听过（"瞧你画了一个多么可爱的小精灵啊。""不，那不是精灵，那是你，奶奶。"）。这样的对话不仅令孩子尴尬，也会让他认为自己没有天分，所以他就会停止创作。更重要的是，开放式评论给了孩子解释自己画作、诗歌，或歌曲含义的机会，可以练习孩子的自我表达。偶尔，你可以加上一句："你创作这个作品时，感觉如何呢？"如果孩子不愿意回答，那么就换个话题。

发现作品的美。孩子们的作品并不会都那么漂亮，但是所有作品都有各自的独特之处。你在指出哪些地方值得注意时要真诚。漂浮在海上的一只小船也许看起来无法航海，但是大海可能很诱人。"看看你用的蓝色涂料有多棒。我想跳进去游泳。"

展示孩子的艺术作品，倾听他创作的诗歌，看他跳舞，为他创作的音乐鼓掌，从而向他展示你注意到了他的创作。你要发自内心地对他的作品感兴趣，并以此为傲，发自内心地肯定他为作品付出的努力。

艺术无处不在，你和孩子要有一双善于发现的眼睛。你们可以参观博物馆、听音乐会，你也可以提醒孩子留意各种形状的云朵或告诉孩子废品如何能够变成各种美丽的或奇异的物品。你只需要睁开眼睛，就能发现身边到处都是公共艺术和不经意间形成的艺术。给孩子一部相机，让他看看拍一个物品可以有多少种视角。

在培养孩子的创造力时，你要避免以下几点。

❋不要监督或指挥他的创作过程。那是他自己的创造力，不是你的。

❋不要对孩子的作品大捧特捧，否则他会认为你每次都期待他创作的是杰作。这样只会增加孩子的压力。但是你确实要对孩子的作品表示欣赏。

❋不要为了让孩子在艺术领域做到最好就给他报名很多的课程。这样会让孩子感到压力大，也会剥夺孩子在创作过程中的乐趣。

❋不要未经孩子允许擅自展示他的作品。有些作品可能是非常私人的，也本应该如此。鼓励孩子自己保管作品，你只有在他同意的情况下才能展示。

精神信仰

有坚定的精神信仰的人可以从中获得慰藉。在讨论韧性时，我感兴趣的是青少年怎样让精神信仰成为一种道德指南，成为一种缓解压力的途径，成为危急时刻的慰藉，成为一种在生活中增强使命感的方法。精神信仰是青少年理解生命之间的联系的一种方式，能够强化他们的联系感和对他人的责任感。和你的精神领袖探讨如何鼓励孩子将精神信仰作为一种个人的"便携工具"，用以应对生活中的压力和失望，获得启发。

写日记

写日记（或记手账）是一种释放情绪的有力工具。它表达了这样的含义："你想知道我的感受如何？它就安全地藏在这儿呢。我的情绪存放在一个安全的地方，当我想的时候我就可以看看它。我可以控制它。它不会在我的头脑里盘旋并控制我了"。

你可以给小一点的孩子买一个简单的日记本，或让他自己做一本，从而鼓励他开始记手账。告诉他这是一本特别的书，属于他自己，他可以在上面画上想画的画，写上想写的文字，别人不会看它。

不管孩子是6岁还是16岁，你都可能想要深入到孩子的内心，了解他内心深处的想法，但是我强烈要求父母不要看孩子的日记。看日记会让孩子深切感受到被侵犯，日记这种重要工具的作用也就不复存在——"如果它不再是私人的了，那我还写它干吗？"他会得出这样的结论。破坏信任可能伤害亲子关系。虽然父母会解释他们看孩子的日记是出于爱与关心，但是孩子不会接受这种理由。日记里可以写任何东西，无论正确与否，是真实的或想象的。如果想让它成为卸下情绪包袱的有效方法，那么它必须是一个让孩子可以充分发挥想象、释放最黑暗的想法、勾勒最浪漫的梦境的地方。父母如果读孩子的日记，孩子就可能产生不必要的害怕的感受。换句话说，父母不仅不会有什么收获，还会关闭孩子的"排泄阀"。

父母如果过于担心孩子的行为或情绪，以至于觉得有必要看看孩子的日记，那么更好的方法是和孩子沟通，而不是看日记。如果孩子对父母闭口不谈，那么父母就要寻求专业人士的帮助了。

虽然隐私应该受到尊重，但是父母还是应该了解孩子的网络生活。许多孩子可能因为觉得用纸和笔记本记录生活太过老套，所以没有写日记的习惯，但是他们会在网络上分享自己的想法和感受。这些"网络日记"就是比较公开化了。任何人都能一睹孩子最私密的想法或至少能看到他选择呈现出来的内容。一些应用程序的设定更严密，孩子想让哪些朋友了解自己，才会告诉他们密码。和孩子谈一谈（或许可以用精心安排的对话），如果孩子把一些内容公布在网络上，那么那些不尊重他隐私的人是否也能看到。要存放内心深处的想法和感受，或许老套的纸质日记本更安全。

使用社交媒体的青少年可能更随意地表达自己的感受。一旦"发表"的按钮按下去，那些感受就犹如野火一般在"朋友"间弥散开来，而且无法收回。科技的快速发展给人们带来了诸多好处，但是也容易使青少年陷入令人不安的，甚至是危险的境地。

与值得信任的人交谈

对很多人来说，和别人分享自己内心的想法、感受（如恐惧和沮丧），就是释放情绪的最好方式。分享不仅会让自己放下内心的执念，也会得到所需的关注。有时，交谈也是一种解决问题的办法，因为它让说话者聚焦于处理问题的办法和策略本身，也有可能是因为倾听者有不同的视角，或有过面对相似挑战的经历。别人的观点不仅可以让自己对问题有新的认识，也能为自己带来其他选择。

和别人交谈也能缓解压力，让一切都过去。有时，当有人对你正努力应对的事情了如指掌时，你会感觉更好。分两个阶段进行交谈会更有效。首先，一吐为快。借此机会说出困扰你的问题，这就好比你打开了盖子，阻止所有情绪在你的铅盒里不停打转。然后，有所侧重。选择一个问题，着力解决。仅仅把问题说出来也许就是你所需要的，这样你就可以开始控制局面了。谈论该问题可能就是解决问题的催化剂。不管怎样，透明盒子由此被打开，里面也不那么混沌了。

青少年需要接触不同的看法，所以让他和许多人交谈是尤为重要的。如果青少年特别急切想要和朋友们交谈（面对面交谈、打电话、发信息），但是在家时他少言寡语，父母通常就会变得沮丧。当你问他："今天过得怎么样？"他可能回答："挺好。"你又做了一次尝试："你今天都做了什么？"你得到了答案："你知道的，就那些事情嘛。"

的确，他和朋友们聊得更多，诚然，这些朋友也贡献了更多自己的时间，分享了自己的经历。父母希望这些朋友能够足够关心孩子，并且能够带领孩子朝正确的方向发展。不过，朋友既可以成为理想的"共鸣板"，也会给孩子带来不好的影响。

其他人——大一点的、更成熟的青少年，老师，亲戚和教练也能给孩子提供多种视角。当孩子向其他成年人吐露心声时，一些父母会有负罪感或觉得不安全，但是他们应该知道孩子和别人交谈，要比孩子对所有人闭口不谈好得多。特别是在孩子的青春期，这时的青少年竭力想要进行独立思考，有父母之外的其他人能够倾听他们，对青少年的成长至关重要。

大部分父母自然想成为孩子最喜爱的倾听者。当我第一次和孩子的家人见面时，父母往往会告诉我："噢，是的，我们无话不谈。我的孩子什么都和我说。"可是，青少年和我说的完全相反。许多青少年告诉我，他不再和父母交谈，是因为父母"就是不听"。这很大程度上是和发展阶段有关的——孩子这种失真的认知，正是他要相信自己有做决定的能力所产生的副作用。他不假思索地拒绝了父母提出的可能是好的建议。但是，孩子所说的也通常是事实。如果父母不听，那么孩子就不会再说了。很多图书都是关于这一主题的，而且第 24 章已经讨论了倾听的重要性。好消息是，那些能够更好倾听孩子的父母，会发现自己的孩子更愿意和他们交谈。如果父母在孩子交谈时不做过多的回应，倾听得更仔细，那么孩子就会愿意说，父母也就赢得了孩子的信任。

一些孩子压力大到他们需要和专业人士谈一谈的地步。当感到压力沉重时，寻求帮助是具有巨大力量与韧性的表现。孩子在关键时期需要更客观的、训练有素的专业人士来指导，不要觉得自己安抚不了孩子就是失败的父亲或母亲。有时，父母的职责就是无条件地爱孩子，当孩子遇到重要难题时，可以有另一位值得信任的成年人帮助他渡过难关。如果父母让其他的成年人承担了大部分和孩子交谈的职责，那么父母应该记住，他们的爱给孩子带来的安全感仍然是解决所有问题的基石。第 46 章将讨论寻求专业人士帮助这一话题。

笑一笑——这不是玩笑

笑、哼哼、咕哝，发出各种可笑的声音，看起来很傻。一定是有生物学的原因才让我们有这样的本能。你知道吗？已经有科学研究成果证明，笑可以释放压力。科学研究时常会验证祖母告诉我的话。我的祖母曾说过："只要有幽默感，你就能挺过任何困难。"

笑一笑是"一键复原"的按钮。假如你正在听一场无聊的工作报告，你多一分钟都不想听了——这时，一个适时的笑话就能让你为之一振。假如你感到心情低落，这时有人给你讲了个故事，让你捧腹大笑，之后你的心情就完全改变了，你能重整旗鼓了。

所以，每当你感到紧张或焦虑，笑一笑是一个快速缓解压力的方法。坚持读一些有趣的故事、笑话，甚至让自己没来由地笑一笑。就让笑一笑成为一种练习吧。你知道哈哈大笑的游戏吗？一个人开始说"哈"；下一个人说"哈哈"；接下来的人说"哈哈哈"；以此类推，直到有人打破了只说不笑的规则，真的笑了起来。是的，你可能觉得这听起来很傻，但是笑声不间断地传递着，你就不会那么紧张，并且感到更轻松。

大部分孩子天生就有喜剧细胞。他们用滑稽的动作逗得我们发笑。也许过上一会儿，我们就会对孩子做出的鬼脸或他们讲的笑话感到厌烦，但是鼓励孩子拥有幽默感对孩子有益。如果你总是不苟言笑，那么孩子可能就抑制自己想要逗你发笑的本能。相信我——相信我的祖母的话——笑一笑可以帮助人们在困难的时候复原。

哭　泣

哭泣是生物学本能上又一个古怪之处。当我们哭泣时，我们看上去非常脆弱。哭泣的存在一定有它的作用。或许脆弱就是重点。或许我们需要引起别人注意到我们的痛苦，所以哭泣在社交技能库中的地位非常根深蒂固。或许是我们需要别人的关注来获得安全感，这样我们才能记得自己和他人保持着联系。

当然，哭泣也是释放被压抑的情绪的有力工具。有一句老话说："我们在感到痛苦或受压力折磨时，正需要好好哭一场。"想想看，有人哭时，你是怎样安慰他的："没关系，哭出来吧。"就是要哭出来。在他释放那些被压抑的情绪后，他会感到更轻松。哭泣并不能解决根本问题，但是能净化情绪，让他做好寻求解决办法的准备。

当小孩因为跌倒或感到沮丧而大哭时，为什么有人会本能地说"别哭了，没关系的，你没事的"或"大男孩才不会哭呢（这种说法更糟糕）"？一个人怎么能剥夺世界上一半的人与生俱来的权利呢？哭泣是非常重要的释放情绪的工具啊。

哭泣当然没问题。哭泣是感到难过和痛苦时的正常反应。父母说"别哭了"并非安慰孩子、培养孩子韧性的方法。这样会迫使孩子切断自己的感受和有能力表达自己的感受之间的联系，使孩子羞于面对自己真实的情绪。这可能阻碍他在必要时向他人寻求支持。

当孩子真的感到受伤或不安，更具共情力的回应是这样的："你的难过，我看在眼里。你愿意告诉我是什么困扰着你吗？"然后鼓励孩子说出来，倾听孩子的话。在通常情况下，什么也不说是必要的。一个拥抱、一个哭泣时可倚靠的肩膀都是无声的交流："我就陪在你身边；这里就是你的安全基地。靠着我吧。"

制订清单

有条理是解决问题的关键策略，它也有助于缓解沮丧的情绪。你感到仿佛有无数只手向四面八方拼命拉扯着你，所有必须完成的事项在你的脑海里不停打转，你对任何事情都提不起兴致。你无法集中注意力，效率也低，你睡不着觉，因为你要规划明天的事项。你需要一个排泄阀。

这不仅仅是成年人才有的现象。孩子也会因为作业、课后活动、朋友和各种琐事焦虑不已。和成年人一样，当孩子感到自己被铺天盖地的事情淹没时，他也会找借口拖延。有时，他很可能索性什么也不干。

所以，有必要让孩子明白，有条理能减轻他的许多压力。他不一定要立即完成一切；他只需要先把一项巨大的工程分解成多个更小的、可以应付的步骤。

对小孩子来说，"整理房间"这样的任务很艰巨，因为玩具、书、衣服散落在各处。孩子可能想，这个工作得花上一周的时间。父母可以通过给出建议帮助他理清头绪："先从这个角落开始吧。首先，把所有的衣服放到脏衣篓里，先把书放到架子上也行。"大一点的孩子可以在纸上或电脑上列出清单，把工作按照待办清单进行分解："我今天要做什么；明天要做什么；周五之前必须完成哪些事情……"当他列好清单后，采取何种策略就一目了然了。他开始觉得自己通过合理规划可以掌控原本一团混乱的局面，压力也随之消失了。他的大脑和情绪已经做好逐步解决问题的准备了。

有两个技巧可以让清单进一步发挥作用。首先，确保清单上的一些事项让人感到愉悦。把作业分解成可以应对的几个部分是很重要的，但是也要有所平衡。要教会孩子规划休息时间——出去玩半个小时，忙于自己的爱好或玩游戏。其次，规划日常清单也要确保每天都能向前进步。比如，孩子可能担心只有三周的时间做小组科学作业，即使自己从现在开始做，也没办法在截止日期前完成。所以，清单上的某些项目可以被进一步分解："查阅土星光环""在一大张纸上画出太阳系的草图""确保欧文用电线连接各个星球图案"……在每个部分都完成以后，他就能检查清单上的各项任务。看到自己有所进步，他也就不再担心自己完不成整个项目了。

同时，父母也可以通过向孩子示范制订清单的技巧，向孩子展示制订清单的确能够缓解压力。让孩子看到父母身体力行地列出待办事项，要比告诉他"要有条理"更能让他了解制订清单的好处。要告诉孩子，制订清单并非为了规划所有的职责，而是因为它能缓解压力，保持力量，并让父母在完成清单中的事项后能够更好地享受生活。

要注意一点：制订清单也要适可而止。父母如果执迷于制订清单或注意到孩子制订的清单太长、太满，那么父母就要悬崖勒马了。制订清单本是为了缓解压力，而不是徒增压力。父母可以说："我的头脑里有很多想做的事情，这份清单确实太长了。我得把清单搁置在一旁，好好地休息一会儿。"或"现在，我再完成一项清单里的事项。然后直到明天，我都不会再看清单了。"

生活总有磕磕绊绊，教孩子健康应对

现在，你已经通读了这个全面的压力管理计划。我要再次提醒你，以上这些要点仅仅是建议；你不可能用到所有要点。在这些技巧中，你可能熟悉大部分技巧，但是可能还没有尝试，你也许还有一些其他我没有写到的技巧。

我希望你能让孩子有多种压力应对策略，这样在他感到困难时，他就能做好更充分的准备来应对压力。当我说应对压力时，我要特别强调：你能够帮助孩子应对压力，并且以某种方式克服压力，但是你的计划无法保护孩子不受压力的侵害，也无法让压力源完全消失。每个人都有这样的时刻，觉得自己承受不了更大的压力了。我相信，本计划中的工具可以让孩子更快地回弹，变得更强大。我不想让你误以为这个计划能够解决所有问题或你和你的孩子只要有了这个计划，你们就能解决一切问题。无比的愤怒或极度的悲伤都是正常的情绪，不要否认自身情绪。给孩子一定的舒适区，让他接纳自身的情绪。我们都是人，如果我们否认自身情绪，那么我们就剥夺了自己生而为人最复杂的，或许也是最可贵的部分。

综上所述，你要先照顾好你自己，再向孩子做出示范，虽然生活中的磕磕绊绊在所难免，但是有很多健康的方式能够应对问题。这就是你给孩子最宝贵的人生经验。

第七部分
掌　控

第 38 章

管教的方式

掌控并非死板的控制，即"因为我是你的父亲或母亲，所以你要按我说的做"。如果父母想让孩子更有韧性，那么父母就不能，也不应该试图强行控制孩子的行为、情绪、思想或选择。在培养韧性时，掌控意味着孩子，尤其是青少年，学会掌控自己的行为以及产生的相应后果。

一方面，孩子通过自己做决定、承担相应后果，从而学会掌控自己，变得更独立，最终更有韧性。懂得掌控自己生活的孩子，在面对困难和失败时，会承担责任而非责备他人。另一方面，经常把困境归咎于他人或找其他借口的孩子（"为什么这种事总是发生在我身上？绝不是我的错。"），会把自己当成受害者，并且会在面对困难时感到沮丧、被动，因为他不相信自己的行动会带来什么不同。有韧性的孩子明白，那样的事情并不仅仅发生在他的身上。通过做决定、解决问题，他能够掌控后果。他明白，从长远看，延迟满足通常会带来成功。

孩子韧性的提高取决于父母放弃对孩子严格的控制，相反，父母应该指导、关注和支持孩子，这样孩子才有机会测试自己的掌控感。当然，这并非意味着父母要完全放手。父母可以通过观察，稳定地支持和指导孩子，而非通过控制孩子的每一个行动，来提高孩子的掌控力。

提高孩子的掌控感的方法分为以下四大类别。

❉思考一下，作为父母，你应该如何掌控（本章和第 39 章）。

❉以教会孩子自我控制、延迟满足为目标进行管教（第 39~41 章）。

❉帮助孩子相信自己有做决定的能力（第 42 章和第 43 章）。

✳知道何时掌控，何时保存力量（第 43 章）。

你应该如何掌控？

在我提出一些帮助孩子提高掌控感的方法之前，请你先想一想自己的教养方式。第 3 章已经讨论过以下四种教养方式了，你采取的是哪一种教养方式？你是否立志向灯塔型教养方式转变？这部分着重讨论的是管教，也就是将教养方式真正付诸实践。第 3 章讨论过灯塔型教养方式对孩子的行为有诸多深远的积极影响。在接下来的三个章节，我会告诉你原因。关于教养方式，可以思考以下两个问题：第一，你是否最适合为孩子设定和强化规则，并监督规则的执行；第二，在你管教孩子时，孩子认为你是充满关爱的还是充满控制欲的？

专断型父母。这类父母的态度是："按我说的做。为什么？因为我是这么说的。不要质疑我的权威。在这个家里，你 18 岁以前就得听我的！"

放纵型父母。这类父母会教孩子价值观，给孩子爱与支持，最终会对孩子说"我信任你"而非设定合适的边界。放纵型父母对待孩子通常就像对待朋友一样，他们担心如果自己和孩子起冲突，孩子就不再爱他们了。他们希望孩子基于不想让父母失望的想法，做正确的事情。

淡漠型父母。这类父母太忙了，根本没时间设定边界以及仔细监督孩子的活动，除非孩子遇到了麻烦或陷入了迫在眉睫的危险。这类父母只会说："做你想做的吧。"他们的教养信条是"孩子总归是孩子"。淡漠型父母不相信自己对孩子有多少影响力。但是当重大问题出现时，他们会严厉地惩罚孩子，导致前后言行不一，让孩子感到困惑。

灯塔型父母。这类父母设定合理的边界，期待孩子做出好的行为，给孩子很多的爱，鼓励孩子做出选择，走向独立，但是当孩子遇到重大问题时，他们还是会说："按我说的做。"灯塔型父母懂得在温情、支持和必要的控制之间做好平衡。

教养方式如何影响管教效果

专断型父母养育的孩子在一定程度上听从命令，也可能激烈反抗。他即使一直听话，也有可能并不情愿；也有可能他即使长大成人，也无法自己做决定，反而会寻求权威人物继续控制他。

放纵型父母养育的孩子知道父母有多爱他，但是他有时也渴望父母设定边界，有可能是他的愧疚（负罪感）使然。他害怕令父母失望，这种想法会击垮他或迫使他编造出一系列的谎言。他会做出不安全的行为，并且说服自己获得了父母的默许。

那些由**淡漠型**父母养育的孩子，情况是最糟糕的，被本应该最关心他的人忽视，没什么比这令孩子更痛苦的了。他有时会做出极端行为，期望获得父母的关注。

灯塔型父母使用久经考验的灯塔型教养方式，他们设定规则和监督规则实施，为了孩子的安全，他们清晰地告知孩子规则，并且说明他们是因为爱孩子才会如此在意孩子的安全。正如第3章详细讨论过的，由灯塔型教养方式养育的孩子会做出更好的行为，产生更好的后果。其实，这些父母对孩子来说最有权威性。为什么灯塔型父母能够在保证孩子的安全上做得最好呢？可能部分原因在于，由这类教养方式养育的孩子更有可能和父母分享自己的生活，并寻求他们的指导。这就把父母置于设定、解释和监督规则的位置上，从而让他们能够做到真正管教（重点在教）孩子。

灯塔型父母比放纵型父母更懂孩子，这可能让你感到惊讶。诚然，放纵型父母是和蔼的。然而，有许多研究成果发现，放纵型父母实际上并不那么了解孩子的生活。

这有两个重要原因。其一，孩子和朋友们分享生活，是想让朋友们一直喜欢他，而非让朋友们对他感到愤怒、沮丧或失望。其二，孩子认为自己所向披靡，但是他也想寻求成年人的指导，保证自己是安全的。想象一下，如果你是一名青少年，你总是试图验证一种选择是否有风险，那么，你会向谁寻求指导或许可？你会找专断型父母吗？你还没开口，就已经知道他们的答案了，"别做那个"或"不行"。你会找放纵型父母吗？你想一下就知道他们的答案了，"那听起来很有趣"或"行"。你会找淡漠型父母吗？你也能想到他们的答案，"我不管"或"当然，无所谓"。你可能找你认为能够真正给你指引方向的父母。

设定可被接受的边界

孩子渴望知晓边界，这样他就能知道自己是否让你满意。孩子需要边界，这样他就能更好地认识自己。边界不仅让孩子能够感受和测试自己的极限，也能让他发自内心地认定自己会受到保护。尽管如此，你也不要指望孩子会对你设定边界的行为感激不已，至少在他成人后有自己的孩子以前是不会的。

问题在于，父母要设定明确的规则和边界，并且要用孩子可以接受的方式。朱迪思·斯梅塔纳博士（Judith Smetana）在其著作《青少年、家庭和社会发展：青少年如何构筑自己的世界》（*Adolescents, Families, and Social Development: How Teens Construct Their Worlds*）中指出，父母不要简单地认为监督就是问孩子在哪儿、和谁在一起、什么时候回家。书里讨论了青少年对父母权威性的看法，揭示了父母知道的内容只是青少年选择告诉他们的内容而已。知道了这些，父母就要考虑怎样才能让青少年更可能向他们分享生活。

讨论联系的章节提到了倾听的重要性。倾听是让青少年敞开心扉的最佳方式——父母要不加评判地倾听；倾听的同时无条件地支持孩子；在倾听时，不仅要尊重青少年的才智，也要在他自己想出解决办法时发挥"共鸣板"的作用。斯梅塔纳博士的著作在此基础上还揭示了青少年可以接受成年人进行哪些指导、干预哪些领域，以及青少年希望成年人在哪些领域放手。青少年认为，父母不仅有责任干预他的安全问题，而且有责任教他如何在尊重他人权利、遵守法律的前提下和社会打交道。青少年也认为父母不能随意闯入他的个人领地。如果父母指出青少年的问题和他的朋友有关、干预并不危及安全的行为，那么青少年可能就认为父母越界了。

上述信息表明了父母应该如何设定规则和边界。你要清楚地告诉孩子，设定规则是因为你深深地爱他，关心他的安全。这些规则并非无关紧要，规则的存在也并非要控制他。其实，你珍视他与日俱增的独立性，也看到了他不断提高的能力。虽然有些规则要一直遵守，比如"要系好安全带""绝对不能醉酒开车"，但是大部分规则在孩子获得更多经验或展示出他不需要那么多的监督后就可以取消了，比如"你不能在天黑后开车，等你有更多白天开车的经验后再说"。

当然，设定规则和边界最困难的地方就是涉及孩子的朋友。尤其是在孩子认为你无权对他和朋友们的友谊评头论足，甚至你知道自己也无权干涉他们在自己的时间里做什么时。我想强调一个重点：只要有可能，规则和边界都应该围绕孩子的安全制订。如果你谴责孩子的朋友，那么你反而可能使他们更愿意在一起玩。如果你限制孩子见他的某些朋友，那么孩子可能选择不再和你谈论他和谁在一起玩，甚至会编造谎言，不让你知道他真正要去的地方。总之，他会认为："这是我自己的生活，不关你的事。"

一些成年人认为，相比父母，同伴会在控制孩子行为上发挥更大的作用，然而，我不同意这个观点。首先，你应该选择性地给出你对他交友的看法，设定他交友的规则。孩子确实需要隐私，特别是在不涉及安全或不会产生消极影响时。为了展现进一步"控制"的一面，你应该设定大体上的规则，这样既能保障孩子的安全，也不会让他觉得你在破坏他和某些人的友谊。比如，夜间宵禁是为了保护孩子不在夜晚游荡在危险的街头巷尾。当你确保自己是在适当地监督孩子时，你就能让孩子远离数不清的危险与压力。其次，你要巧妙地推进积极向上的关系。你可以为孩子创造机会，让孩子更容易和你信任的他的朋友们在一起。再次，你应该时刻铭记孩子可能想要做正确的事情；他只是需要一些技能来跟随内心的指引。因此你要教给他各种技巧，让他在同龄人的世界里找到正确的方向，这一点非常重要，第16~18章讨论过相关的内容。每晚报到的规矩和暗号能让孩子保全颜面，让他在他承受同伴压力时也能遵循自己的价值观行事。

最后，你要记住，当孩子知道父母关心他时，他就不会那么叛逆了。有时，你要付出更多的努力帮助孩子明白，你强加的限制出自你对他的幸福和安全的担忧。事实是，在某些情况下，同伴的影响可能导致孩子做出具有破坏性的决定，而且，他人的出现无意间还会使情况变得更危险，因为他人会制造干扰，使孩子无法集中注意力。以开车为例，你知道人刚获得驾照后开车，车上载的又都是新手或不会开车的人时，撞车的风险就会急剧增加。据此，你会怎样给刚获得驾照的孩子设定规则呢？毕竟从表面上看，这就像是载着朋友去电影院看电影一样平常。你如果说："你开车时，我不想让你载着你的朋友们。"孩子就会想："我载着朋友是我自己的事（**换句话说就是"我的父母没有正当**

的权威。"）。为什么我的父母会讨厌我的朋友们？反正不管怎么样我都会载着他们，我的父母不会知道的。"

相反，你要清楚你的动机。"我关心你的安全，因为青少年乘客会干扰新手司机驾驶，等你有了至少 12 个月的驾驶经验以后再载他们吧。"

对于上述建议，孩子会抗拒，这很正常，甚至是一件好事，因为孩子正在探索他的边界。孩子可能说："我的朋友真的很好，可能是别的孩子太野了，才会有那样的问题。"

你回答："其实，即使是最好的孩子，在兴头上时也会兴奋地不停讲话。这时，你的注意力还集中在观察路况、控制车而不关注你的朋友们简直是奢望。这个问题没有商量的余地。但是这个规则也是暂时的。当你更有驾驶经验，向我展示出你会一直负责任地开车时，你就能开车载朋友们了。现在，你们想去哪儿，我都乐意载你们去。"

让孩子说话

监督不是指你问到了什么，而是你知道了什么。那么，你怎样让孩子告诉你发生了什么呢？首先，你要倾听，而非做出反应。其次，你尽全力回应孩子的需求，而非执拗地严格限制孩子的行为。如果孩子提出合理的要求，又给出了详尽的规划，展示出了他负责任的思考方式，但还是被否认了，那么他就不会再说了。他可能就会撒谎。想象一下孩子对你说："我真的很想听周六晚上的音乐会。我会比平时回家晚一点，但是你知道我在哪里的。我下车回家时会让你顺便见见我的朋友。不要担心我的作业。我会在出去之前完成的。也别担心我睡不好。我晚上睡得晚，但是我第二天早上会按时起床完成我分内的家务。"如果你回答："规矩就是规矩，你知道 12 点以前你必须回家。"那么到了周四晚上，孩子就可能在出门前亲昵地和你说："爱你。别忘了，我周六要在瑞秋家过夜。"如果孩子发现和你沟通并没有什么用，他就会撒谎。

监督孩子的几点建议

一方面，你需要知道孩子在做什么。另一方面，孩子也需要试探和扩展边界。在孩子走向独立的过程中，试探和扩展边界是正常现象（甚至十分必要！）。父母想要控制，孩子想要获得成长，父母和孩子之间存在这样的对立。父母既要设定清晰的边界让孩子不会迷失方向，又要在边界范围内给孩子很多机会去尝试和成长——当孩子展示出他能够更独立地处理问题时，父母就要允许他试探边界。如果孩子一直在父母的视线范围内，但是父母不允许孩子试验、失败和复原，那么他可能迟早会更积极地试探自己的边界（叛逆！）。

并非父母问什么，而是父母知道什么。父母知道的是孩子选择告诉父母的。这一部分已经对这一点做了部分讨论，但是关于如何成为让孩子愿意和你谈话的父母，还有几个重点。

避免小题大做。如果孩子每走错一步都会被无限夸大，引至极端情况——"你永远也不能……"或"这会导致……"——孩子很快就会不再和你分享任何事情，这样你就不会感到痛苦（他的压力也缓解了！）。

倾听；成为"共鸣板"。孩子最想要的就是被倾听。他需要你相信他可以自己想出办法，而他只需要你的一点点指导而已。

把孩子当成专家。你的智慧来自你的经验。孩子在应对他所生活的世界和所遇到的挑战时也有一定的专长。成为一个倾听者，孩子就会来找你，让你了解他的生活。

不要给孩子造成"缺口"。尽可能为孩子创造机会，让他在安全、丰富的环境中享受乐趣。孩子最有可能在放学后遇到麻烦，这时你很可能不在他身边。因此你应该让其他可信赖的成年人填补你的角色。有很多课后活动仅需要很少的（甚至不需要什么）费用就能参加，比如学校的各种俱乐部和体育运动、社区里的项目。

更复杂的一点是：孩子生活在两个世界里——一种是父母所熟知的世界，另一种就是虚拟世界，后者对父母来说很神秘，但孩子很熟悉。两个世界都充满着获得成长的机会，同时也有滑向危险的可能。孩子在两个世界都需要受到父母的监督。在虚拟世界里有许多危险，而许多成年人对虚拟世界感到陌生。

不要成为陌生人！你也要加入由孩子主宰的社交平台。不要偷偷关注他的动向，但是要每隔一段时间就检查一下。让他知道你可能也会出现在社交媒体中，这样可能就会让他在发布内容之前思虑再三，因为内容一旦发出就不能撤回了。让孩子记住有所准备就是在保护自己。让他知道发布在网上的内容会迅速传播，而且会永久存在。

获取一些帮助。最后，为了设定适当的边界、很好地保持边界，你需要一些帮助。关于边界的设定，让孩子给你一定的指导，做到既能保证他的安全，又能考虑到他认为自己能够应对的情况。这种协商方式不会威胁到你的权威性。正相反！能够向父母争取权益的孩子，会和父母坦诚地沟通，而父母也会因此最了解孩子的生活。这也有助于建立强有力的、充满力量的保护性联系（见第 40 章）。

让你们彼此更轻松

记住，探索边界是孩子的职责。孩子将自己和同伴进行比较，看看自己能够处理哪些情况。他不甘落后，因为他总是试图回答所有孩子都面对的一个最基本的问题：“我正常吗？”

当你的规则和其他父母设定的有所不同时，孩子就认为你既严格又不讲道理，就要开始叛逆了。如果你和社区或和你的孩子朋友圈的父母一起设定共同的规则和边界，那么一切都将变得更顺利。孩子会期盼你设定规则，因为所有人都有相似的边界。他能达到你的期许，也能保持安全和“正常”。

第 39 章

积极的管教策略

管教一词的重点在教或引导。它并不意味着惩罚或控制。能够成功管教孩子的父母将管教视为对孩子持续的教导。最会管教的父母（或教师）对孩子怀有高期许，并且引导事情往适当的结果发展或让事情顺其自然地发生，让孩子体会到自然而然的后果，在孩子没有达到那些期许时，也不会任意惩罚孩子。一些管教策略能帮助孩子掌控自己的行为及相应的后果。其中一些方法还可以让父母（或教师）聚焦积极行为，并鼓励孩子。另一些方法可以用来引导孩子远离消极行为。无论如何，管教最重要的部分就是持续的积极关注。

给孩子积极的关注

当婴儿哭时，如果婴儿床上方出现了父母的脸，那么婴儿就学到了人生的第一课——如何掌控自己所在的环境。虽然他无法用语言表达，但是他知道："如果我哭了，有人会过来把我抱起来，给我喂奶、换尿布，照顾我。"随着孩子一点点长大，他成了操纵父母注意力的"大师"。

孩子渴望得到父母的关注。如果他得到的关注不够，他就会寻找其他方式获得父母的注意，他会做一些父母无法忽视的事情，比如打断父母说话或做事、絮絮叨叨、顶嘴、挑起和兄弟姐妹的战争。然后，父母通常给予他消极的关注，比如斥责、说教、威胁或惩罚。这些消极的关注不仅没有效果，而且还会使孩子感到无力，而非有掌控感。这样的循环一直持续，因为孩子认为这种消极关注正是他想要的，并且学会了从父母那里满足需求。

对孩子为什么不应该做某些事情，父母能列出一连串的原因，但是孩子并不认为父母是正确的。其实，父母的努力往往事与愿违，因为父母让孩子认识到自己的不足，自身无力胜任。他想要证明父母对他的悲观预测或评估是错误的。

　　父母如果想要减少孩子的消极行为，可以更频繁地给孩子积极的关注。遗憾的是，父母往往先关注的是孩子的不良行为，陷入了一种只对这些行为做出反应的模式。如果这就是你的经历，那么这里有一个简单的方法能帮你打破这种模式。坚持写一个星期的日记，记下你和孩子所有的互动。他何时想要得到你的关注，他每次是如何做的？你会意识到他许多恼人或不良的行为可能都是他博取你关注的策略。你是如何回应的？一旦你更了解你的回应模式，你就能更好地利用积极的关注替代消极的关注。

　　我已经提到了几种给予孩子积极的关注的方式：发现孩子做得好的地方；对他做的或者说的点滴小事都表示欣赏，特别是那些你通常忽视的事情，比如和朋友分享玩具、准时准备好上学用的一切用品或帮助家里做家务；用语言表扬他，展示你真的注意到并欣赏他做的事情；不要使用笼统的夸奖，比如"你真棒"，要使用更具体的表扬，比如"你能帮助你的弟弟学习骑车，我觉得你真的很棒"。

　　你可以将其他给予积极的关注的方式运用在简单的日常活动中——在排队时玩"猜一猜"游戏、讲述或一起阅读睡前故事、让孩子帮你做一些令人愉悦而不烦琐的家务。孩子非常乐于被邀请参与到成年人的活动中，这样他会觉得自己更有能力。"我有很多封信要邮寄。想帮我在信封上贴上邮票吗？""我得给同事准备一份礼物。想帮我挑一挑吗？"

　　这些较小的活动是给孩子充满爱意的关注的最佳时机。你给孩子积极的关注越多，他就不那么需要以不太令人满意的行为来获取你的关注。但是，面对现实吧：即使给孩子所有积极的关注也不能保证孩子永远不会做出消极行为。那该怎么办呢？

适当的后果

　　从小时候起，孩子就知道某些消极行为会带来不太好的后果。打了弟弟妹妹就要被立即叫停、拉走，在一个地方独自坐着，失去他所渴望的积极的关注。没完成作业意味着不能玩电脑。把脏衣服丢在房间里，就意味着下次想穿干净衣服时，就没法儿穿了。

　　这些都是适当的后果，因为这些是他应得的惩罚。当父母不得不使用惩罚的手段管教孩子时，惩罚的方式必须合理，并且与不当的行为相关，这样孩子就能够理解行为和直接后果的关系。比如，如果他打翻或打碎了某样东西，他就必须将它恢复原状或打扫干净。如果后果与不当的行为无关（比如孩子没有收拾袜子就不能参加生日派对），那么孩子关注的焦点就不会落在行为本身，而这也阻碍了孩子思考如何改正行为。他会变得心怀戒备，或感觉自己是受害者。他会变得愤怒，着眼于自己遭受的不公平待遇，有时甚至想要报复（"我会要他们好看！我再也不……"）。就"掌控"而言，过于严厉或武断的惩罚就是在告诉孩子："你没有掌控权。我们，也就是你的父母，才能掌控你的生活。你的行为和后果之间没有逻辑性的联系。"

管教周期

　　父母如果想要引导孩子做出安全行为（比如，"我需要知道你要去哪儿，你和谁在一起。"），让孩子遵守某些安全准则（"骑自行车需要戴安全帽。"），让孩子的行为有利于家庭内部的正常运转（"自己叠衣服；去刷碗。"），那么一般会出现以下几种交流方式。图 39.1 的管教周期图列出了有效管教和无效管教的沟通流程。在我描写的各种交流方式中，你要努力找出哪种交流方式最适合你。你和不同孩子的交流方式可能也有所不同，或许你和你的配偶也有不同的交流方式。

　　比如，你发出命令——"收拾你的房间"。孩子可能遵循你的命令，这样就一切顺利了。如果孩子无视你或和你争辩，那么所有人的压力都会增加。你可能多次重复这一命令。大多数孩子知道父母重复命令的次数。有些父母会重复 3 次；有些父母会重复 6 次，甚至 7 次。孩子知道，在你缴械投降或采取强硬措施前，你的忍耐极限在哪里，他可以拒绝多少次。

　　他为什么拒绝？因为他想要吸引你的注意力，获取你的关注。问题在于，陷入这种不断重复的命令循环会让家庭把很多时间浪费在唠叨、拒绝，再唠叨、再拒绝上。

　　如果他在你发出第一次、第二次甚至第七次的请求时还不为所动，那么你就会把命令转变为威胁："如果你再不收拾你的房间，你就不能去参加生日派对！"现在，孩子必须做出决定了，是接受威胁、服从命令，还是反过来虚张声势地威胁你（"反正我也不想去那个无聊的派对！"）。如果他接受威胁，选择服从，那么你对他的关注就消失了。不管怎样，亲子关系都从唠叨走向了敌对。

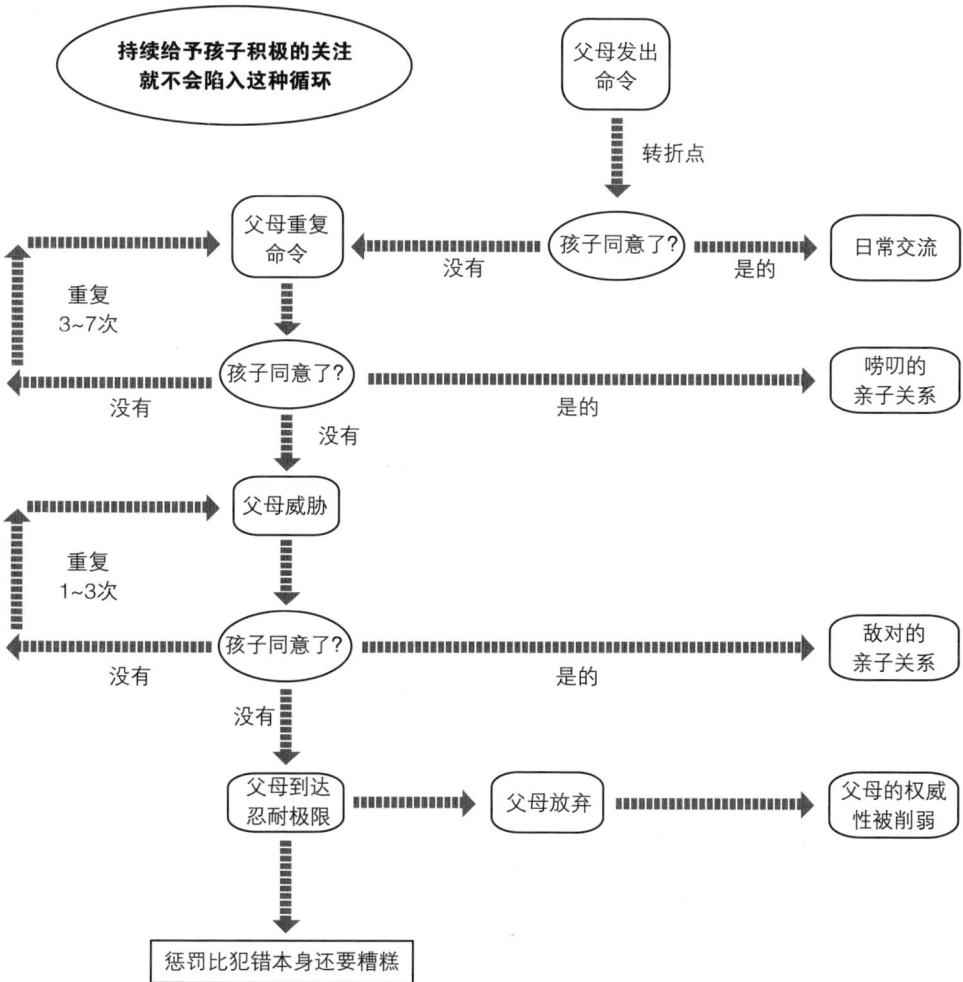

图 39.1　管教周期图

　　此图改编自拉塞尔·巴克利（*Russell A. Barkley*）的《多动症儿童的诊断和治疗手册》（*Hyperactive Children: A Handbook for Diagnosis and Treatment*）。

如果你让对抗发展到这一步，那么你就会因为孩子的目中无人而恼羞成怒，就要面对双输的局面。你有两个选择：你要么选择继续威胁，要么认输。如果你威胁孩子，孩子就无法获得有用的经验，他会觉得自己是父母乱发脾气的受害者；他没有学会如何承担责任或解决问题。相反，他的重点放在了你让他收拾房间或不让他参加生日派对上。惩罚也偏离了请求或命令的初衷，现在你的重点放在了他愈演愈烈的叛逆上。因为袜子散落在地上没有收拾就错过了一场派对"真不公平"！

当你和孩子走到了这个地步，有时你们谈论的问题和后果要比收拾房间和参加生日派对更严重。孩子可能夜不归宿，你也不知道他去了哪里，而你感到大惊失色，发现你的威胁是由你的恐慌引起的。大部分父母说不出："你晚回来25分钟。我都担心死了。我都要报警了！为了真正让你吸取一次不能晚归的教训，你必须承担一定的后果！"相反，父母肾上腺素激增，会歇斯底里地大喊："好啊你！罚你两周不准出门！"父母可能认为这能让他们以后能知道孩子在哪里。对孩子来说，禁足就像被送进监狱，他不明白晚归25分钟怎么就换来了禁足两周的惩罚。他什么也没学到，反而变得愈发叛逆。

父母通常会意识到自己最初的威胁太过严厉，所以在更冷静的状态下，他们会选择第二种方式——投降（"好吧，我放弃。你可以从派对回来之后再收拾屋子。"或"好吧，没关系。你可以出去。但是明天准时到家，好吧？"）。当父母投降时，孩子就知道他可以用消极行为操控父母，从而获得父母的关注，而且依旧不会服从父母最初的命令。学会操控父母的孩子或只是忍受着父母的唠叨和愤怒的孩子，虽然最后会赢，但是终会遇到麻烦。

为了避免出现这种双输的局面，你要在一开始就努力避免发展到那一步。关键的转折点在你发出最初的命令之后随即到来。不要让孩子拉你卷入消极的循环里。相反，一开始你就要讲清楚某些行为没有商量的余地，如果孩子不服从，他就要面临着直接的后果。让孩子看到直接的后果可能太过残酷，但是总比把宝贵的亲子时光都浪费在唠叨、敌对或虚张声势的威胁上要好得多。（在你读了第40章后，你就会更清楚怎么坚持规则，会理解孩子为什么要提前了解后果——因为它能纠正孩子的行为。）

一点忠告：有选择地争论。对那些真的对你很重要的事情，你要讲明后果，要让孩子清楚地了解直接的后果。但是要记住，孩子的成长部分在于他成功越过边界，并且发现自己能够应对某些事情。父母如果事无巨细地制订规则或严格秉持孩子在每种情境下必须如何表现，就阻止了孩子从做决定和设定边界的过程中充分受益。

提前规划

如果孩子拒绝遵从命令或做出不负责任的行为，那么你可以通过实施公平、一致、预先设定的后果来避免陷入消极惩罚的循环。用简明扼要的方式让孩子知晓这些后果。如果你提前规划，确定合理且和问题相关的后果，那么孩子受到的将是管教而非惩罚。

当你们夹在问题中间，处于对峙的状态时，你可以用平静的、直接的语调给孩子提供选择。"如果你不想收拾玩具，那么我们就不能去游乐场了。""你可以继续哼唧，要么就不要哼唧，我和你玩一个游戏。""如果你想要我载你去商场，你就得先把你的那部分家务完成。"然后，坚持你的说法。不要被拖进原来的循环中。通过说明直接的后果，让后果与孩子的选择或行动相关，这样你就能帮助他理解他是有一定的控制权的。作为父亲或母亲，你来设定界限，但是，是他在边界范围内控制自己的选择和后果。

对小一点的孩子来说，如果他在公众场合或在朋友面前发泄情绪，那么你可能要增加尝试的次数，这时你就需要用一种不会令他感到难为情的方式说明后果。即使孩子做出消极行为，你也希望保全他的尊严，所以你可以把他带到一旁，进行简短的、坚定的私下讨论（"你认为他听了你说的话会有什么感受？"）。对很小的孩子来说，你可能需要把他带离现场——当他发脾气时带他离开。

这些挑战既需要你有耐心，也需要你头脑冷静。你不想让孩子感到尴尬，否则孩子不仅会产生羞耻感，孩子的内心还会充满戒备（"你为什么要找我的茬？"），他也不会反思自己哪里做错了。他会变得歇斯底里，让肾上腺素控制他的身体和行动，他也就不可能做出理智行为。所以，你要让他学会掌控后果，包括好的后果和坏的后果。

家庭会议

坐在一起解决问题是一个让孩子感受到自己能掌控自己的行为的好方法。家庭会议不一定（当然也不应该是）只是为了解决问题而召开。家庭会议的主题可以是令人感到愉悦的话题，比如讨论家庭度假、是否养一个新宠物、粉刷房子要用什么颜色的涂料等。家庭会议可以是头脑风暴的时间——给祖父送什么生日礼物，怎样说服当地政府种植更多的树木。

家庭会议可以用于探讨某些问题的解决方案。"我们有一个问题，现在我们能做些什么解决它呢？"家庭会议也可以被看作一种预防性策略——通过提前规划，讨论某些还没有出现的情境，清晰且直观地给出应对策略。每个人都能够思考潜在的问题，提出可能的解决办法。

家庭会议给了孩子一个安全的、放松的环境，让他提前思考自身的行为。讨论可能的行为和后果的利与弊，是一个培养孩子抽象的因果思维的好机会。在家庭会议的过程中，每个人贡献的聪明才智都应该被听到、被尊重。孩子听得越多，就更可能按照自己的决定行事。你可能想让孩子提出合理的、公平的解决办法和后果，但是别忘了，你是最终的仲裁人，最终是由你来设定界限。并且，你不能威胁或命令孩子。

对达成一致的后果，你们应当讲清楚，这样孩子在承担后果时，才能真正理解后果，后果才能发挥作用。和孩子排演一些假设的情境可能也有帮助。"如果我回家太晚了，而且我也一直没给家里打电话，会怎样？""如果我遇到了……麻烦，会怎样？""如果我回家晚了，但是我要给你打电话告诉你我遇到了什么问题，那么我应该怎么处理呢？"这一过程会帮助孩子明白设定规则的目的，更重要的是，明白你的底线在哪里。

你就是青少年的安全防线

还记得第 3 章介绍过的标题为"我是谁？"的 1000 多片碎片组成的拼图吗？想象你怎么把如此复杂的拼图拼在一起。你会先从拼图的角着手拼，然后开始拼边儿。接着，你会看着拼图封面上的图片，提醒自己接下来应该怎么拼。中间部分的拼图最难拼，因为你必须不断试错——转着拼拼图，偶尔才对得上。

　　父母对孩子完成拼图至关重要。当他自己拼更难的中间部分的拼图时，边界和监督就构成了青少年可以试探的安全防线。如果你可以为孩子做出健康、积极的示范，那么你就为他们提供了一张可信赖的拼图封面。孩子如果拥有适当的边界和可信赖的行为榜样，那么他就能自己完成余下的人生拼图了。

第 40 章

提升孩子的掌控力

和孩子讨论问题和解决办法时，你要鼓励孩子和你协商。你是最终设定边界的人，而且某些消极行为确实没有商量的余地，比如打人、辱骂他人或是任何你认为不可接受的行为。但是当你们讨论某些责任问题（比如照顾宠物、使用电脑的时间、不遵守日程和规则的后果）时，让孩子与你积极进行协商是有诸多好处的。他会着手掌控一些事情，更可能遵从你们的协议，因为他也参与其中，并承担了一定的责任。他会学到有用的互谅互让的妥协技巧，而这些技巧是他和同伴、老师或领导协商必备的。

无论你和孩子达成了什么协议，问题都会不可避免地出现，所以你们要预想到合理的结果，为问题的到来做好准备。不要让孩子认为遇到麻烦时来找你是一件错误的事情。让孩子从结果中汲取经验，不要让对他的失望或愤怒左右你。

当孩子把事情搞砸时，这么说非常必要："是的，你确实有些地方做错了，但是我依然爱你。"这样说虽然并不会让孩子免于承担具有惩戒性的后果，但是会让孩子有足够的安全感向你求助。如果你没有明确向孩子表达你无条件的爱，甚至还对孩子的行为表现出失望，那么孩子下一次遇到麻烦时，可能就不来找你了。

两只手各握一根缰绳

在孩子的成长过程中，父母通常会感觉自己手握两根缰绳：一只手紧紧握住一根想保证孩子安全的缰绳；而另一只手上的缰绳，在父母缓缓地给孩子更多的空间，让孩子远离父母去探索越来越多的自由时，就会变得更松弛。父母不断地调整两根缰绳，一根拉得更紧些，另一根就放松一点。父母不想过分保护孩子或过于严格地控制孩子，也不敢给孩子应对不了的自由。这就需要做出微妙的平衡。诀窍就是逐步扩大孩子的自由，与此同时减少孩子做出不明智选择的机会。

父母通常认为孩子想要挣脱束缚，主张独立自主。的确如此。远离父母、逐渐建立自己的身份认知是孩子的任务。然而，这一过程其实在孩子更小的时候就开始了。蹒跚学步的婴儿最喜欢说的就是"不！"，这就是他在宣告独立。到了 3 岁左右，当你想要帮他更快地穿好衣服时，他可能说："不，我自己做。"当然，一些孩子天生就比别的孩子更独立、更执着或更外向。但是很少有孩子想让父母一直在他的肩膀之上盘旋、过度保护他们、一切替他做主或以其他方式削弱他的独立性。

赢得的自由

父母可以既布好保障孩子安全的网，又充分利用孩子天生对独立的渴望。赢得的自由就建立在这样的基础之上——父母不会轻易给孩子特权或自由，也不会以此哄骗孩子。赢得的自由重点就是"赢得"。下面就是关于你如何在家里运用这一技巧的方法。

和孩子坐在一起，向孩子解释你和他可以一起想出一个双方都受益的方案，但是这个方案要确保两点：他的自由和特权增加；你确保他是安全的并且能对自己负责。你们一起草拟一份清单，标明各自的期望和需要注意的事项。你们据此进行讨论、协商，最后确定一份手写的协议。

孩子可能想晚上晚睡一会儿，但是你需要确保他睡眠充足，以健康的身体、敏捷的思维应对学业和玩耍。他可能想要一辆新自行车，但是你需要确保他佩戴头盔，安全骑行。孩子可能想要更多的零花钱，但是你需要确保他知道如何合理用钱。他可能想要和朋友一起出去玩，但是你需要知道他们要去哪、是否有成年人一起、何时回来、怎么回来。他可能想开车和朋友出去玩，但是你需要明确告知经证实可以救命的驾驶规则：限制乘客的人数；开车 1 小时后要休息；开车时不能打电话；只有在掌握了基本的技能和过了实习期后才能在更复杂的路况（比如在高速公路上或在天气恶劣时）开车；只有在成年人的监督下，累积了很长一段时间的驾驶经验，才能独自开车上路。

　　你们可以通过各自列出的清单，起草一份书面协议。他想要的必须和你期待他做出的负责任的行为挂钩。举个例子，如果孩子要求晚睡，那么他想获得这一自由，就必须实现你的期许：早上按时起床、按时上车、在学校取得好成绩。他如果想要和朋友一起出去玩，就必须在约定时间和你打电话报平安，让你知道他怎么回家。如果他做好开车的准备了，要你应允他开车，那么他必须遵守你提出的驾驶规则。

　　如果你能时不时地重新评估协议，那么你们的协议才能最有效力。孩子既能享有更多的特权，也能更有担当地维持这种特权，获得更大的自由。这份协议不仅是积极行为的增强剂，也对消极行为起到敲山震虎的作用。

　　如果孩子想要的特权和自由可以得到验证，那么赢得的自由效果最好。例如，孩子要赢得一项新的特权，就必须受到某种意义上的监督和验证结果，比如一定长度的时间（假设看电视的时长或做作业的时长）。如果你在协议中说："我需要知道你跟得上学校的课程进度。"那么这一条件可以用绩点的变化或做作业的时间进行衡量。如果孩子没有做到协议中他答应的条件，成绩下滑了，那么他要承担的后果就是减少看电视、玩电脑、刷手机或进行其他娱乐项目的时间。

　　在孩子的安全问题上（"我想要知道你要去哪儿，和谁一起，是否会有父母在场，谁送你回家，什么时候回来。"），在孩子获得自己出去玩的自由之前，他必须十分清楚：你强烈地希望他能遵守规则。如果他不能负责任地证明自己有能力掌控这些自由，那么他应该知道，有哪些自由和特权是目前不能够赢得的（否则就会迎来所谓的失去）。比如，你可以说："我想让你知道，如果你回来晚了，我就不允许你再在外面逗留到晚上11点那么晚了。你已经向我证明你可以遵守晚上10点到家的宵禁规定。如果你不能遵守晚上11点到家的宵禁规定，那么你就必须重新遵守我们之前规定的时间了。我认为你会好好处理，遵守晚上11点之前到家的宵禁规定。那么，去吧，玩得开心。"

　　想一想，书面协议对第39章管教周期图中的交流方式有什么影响？还记得要在发出第一次命令之后的转折点给出直接后果的重要性吗？这可以让你避免被拖进无结果的重复、威胁、唠叨、争论的循环当中。不过，面对现实吧，让孩子一直坚守规则很难。简而言之，想想以下两点：第一，不要小题大做，不要过分干预孩子的选择。对大部分事情，你不必设定什么规则。但是对涉及安全、责任等重大问题的事情，你必须制订清晰的准则，让孩子坚守这些准则，并且告诉他直接的后果。第二，如果孩子已经提前知晓了后果，那么在遇到问题时，孩子就更容易接受你的反应——更容易是因为孩子（通常会在 10 岁左右开始，当然也有个体差异）已经能够对问题有自己的理解了。

基本上，书面协议上会写："我会赢得这一自由或特权，但是我必须愿意展现相应的责任和担当，通过证明我的责任心来维持这份自由或特权。我知道当我没有展现出应有的责任和担当时，我就会失去这一自由。"父母要了解孩子的行为，以便根据需要做出决策（"对于这件事情，你没有体现出应有的责任感。你失去了这一自由。"）。每隔几个月修订一次合同，这样做的好处在于，你可以在过去的这段时间里汇总孩子取得了哪些成就——孩子已经证明他有能力应对多大程度的自由。当你需要给出一个公平的结果时，你可以恢复孩子过去证实的自己能够应对的自由，比如："你说过你在外面玩，如果晚上 8 点以前回来也有时间完成作业。结果你没完成作业。那么你必须再次遵守之前晚上 7:30 以前回家的规定了。这样你既能玩得高兴，也能完成作业。"

改进沟通方式

赢得的自由这个技巧之所以能改善家庭内部的沟通方式，是有多方面原因的。显而易见的两点是：你们可以定期讨论如何帮助家庭运转得更好；你还能听到孩子的自我评估，他认为自己可以应对哪些情况，你也可以平静地说出你的顾虑。或许，最重要的原因是：当你写下你想要知道他是否安全，是否负责任时，你就在告诉孩子，你愿意相信他，倾听他的心声，考虑他的观点。

大部分孩子希望父母告诉他们该做什么。他们认为父母想要控制他们，而不是让他们产生某种程度的掌控感。当你首次提出赢得的自由时，孩子可能持怀疑态度。在你们一起打磨一份协议的过程中，他就会意识到你是真的想要帮助他安全地成长，并且愿意倾听他的心声。

如果孩子要求获得特权，但做出了消极行为、让你失望或以你根本不期望的方式做出了错误的行为，那么有一份协议以供你们参考就会很方便。不管你是在家庭会议上回应孩子的请求，还是在处理紧急事件，你都不必立即做出决定。你可以说："妈妈／爸爸和我要考虑一下。在我们讨论完之后，我们会告诉你结果。"这种说法为你争取到了宝贵的思考时间，也为孩子示范了面对挑战时深思熟虑的应对方法。

在父母双全的家庭里，父母双方统一战线，做出相同的决策，是一种理想状态。但是父母各执己见并非罕见！父母通常有不同的养育方式。毕竟，每个人的家庭环境各不相同，每个人都有着不一样的童年。所以当父母有不同的意见，而且不清楚伴侣如何看待某个问题时，明智的做法是父母找时间进行讨论。这也会防止孩子过早学会一种通常他会用的策略——分而治之，各个击破，更直白点说就是："如果妈妈说不行，那我就问问爸爸。"

第 41 章

延迟满足

有韧性的成年人能够延迟满足。有许多事物能够让人获得即刻的满足感，但会妨碍人迈向成功。在压力大的时候，人非常可能去寻求简单的答案和自我感觉良好的解决办法，但是从长远看，这会产生更大的压力。那些既能保持自我控制，又能朝更大的目标迈进的人，更有可能逾越重重障碍。那些坚毅的人将人生看作一场马拉松，能够放眼于长远的成功（见第 32 章）。

那么孩子呢？孩子生来就只喜欢即刻的满足感。"我什么时候想要它？现在！"他一来到这个世界上就是受以自我为中心的愉悦驱动的"机器"，会利用吸引人的鬼脸与滑稽的动作、憨态可掬的样子，让成年人满足他的一切需求。但是孩子很快便会了解到并非所有需求都能即刻被满足：吃完碎豌豆才有大米布丁吃；要坐上游乐场的小火车，就得排队等待；必须先做完作业才能出去玩。（有趣的事实是：作为成年人，我最喜欢的一件事情就是，如果我想，我就可以先吃甜点再吃菜。不要评判我。）

每一位父亲或母亲都知道自己一直面临着这样的挑战：教会孩子想得到什么就必须等待，但是有时孩子永远不会得到他想要的。如果父母致力于养育有韧性的孩子，那么他们必须知道，这是孩子不断发展自我控制的重要组成部分。"不断发展"一词十分重要。说明自我控制的提高是一个随着时间推移而发展的过程。期待小孩子具有良好的克制冲动的能力，对小孩子来说是不公平的。

虽然自我控制和延迟满足通常并不属于管教的范畴，但是如果你记得管教就是教而不是惩罚，那么你就会更清楚，教会孩子自我控制就是培养孩子在生活中进行自我约束的基石。

　　我知道你想让孩子笑着拥抱你说："谢谢，这正是我想要的。"我也一样。但是我不得不让自己停止为女儿们奉上让她们笑逐颜开的东西。当我知道她们想要什么生日礼物时，我恨不得把自己绑在椅子上，阻止自己冲出去买她们想要的东西。当她们说想要出去，不想做作业时，我身体里的小男孩说："很好，我也想玩。"庆幸的是，我抑制住了自己这种可笑的放纵想法。因为我认识的一些成年人没有学会延迟满足，十分令人讨厌。他们插队，自己跑出去玩，却把工作丢给同事完成，他们不考虑其他人的感受。这可不那么可爱。

　　所以我战胜了我的冲动，我告诉女儿们："有时快乐是需要努力才能获得，有时我们必须等待，有的快乐我们可能永远都没办法获得。"对孩子而言，这就意味着特别的玩具通常要等到特殊的时机才能拥有，另一些玩具太贵了，父母根本不会买。当她们步入青春期时，对她们特别想拥有的电子设备和运动装备，我总是很谨慎地确保她们是靠自己的付出才获得它们的，这就意味着她们必须先完成作业。正如她们很爱吃冰激凌，但是必须得在饭后才能吃一样。虽然她们一直都知道她们是我生活中首要考虑的人，但是她们也明白，有时我要回完患者的电话才能和她们一起玩。在她们的成长过程中，我变得越来越忙，但是我竭力想让她们知道，她们仍然是我心目中最重要的人。只要我有时间，我就会全身心地陪伴她们。

　　在孩子小的时候，这种小的延迟满足会让孩子准备好投入必要的努力和时间，这个过程虽然有时很乏味，但是日后能让孩子获得成功。比如，孩子知道要做大量的研究和准备工作才能完成一项令他感到自豪的科学作业。孩子明白投入时间和努力就会产生期许的效果，这是选择积极应对策略的关键，能让孩子规避那些更容易的、速效的、给人带来长久压力的、危险的应对策略。

　　关键就是，你要帮助孩子明白延迟满足是有用的。如果延迟获得愉悦感总让人感觉自己在放弃些什么，那么延迟满足就会遭遇阻力。但是如果孩子能够通过控制冲动，获得更好的自我感受，那么结果就会不同。想象一下，如果孩子享受考验自身意志的挑战，或因为坚持个人价值感而感到自豪，那么他就会延迟满足。你看到了吗？这与孩子的品格培养有多么紧密的关联；你还要明白，你以身作则的榜样力量会比你的说教更重要。埃兰·马根（Eran Magen）博士和詹姆斯·格罗斯（James Gross）博士专门研究了"意志力如何助力人们抵抗诱惑"。研究表明，能成功地避免诱惑的人会考虑克服自身冲动需要多大的意志力。比如，他会将"我真的很喜欢吃冰激凌"转换成"做完作业后我就能吃零食了，我要看看自己能等多久。一个月前我真的认为自己做不到呢"。

格罗斯博士和安吉拉·达克沃斯、塔马·萨博·亨德勒（Tamar Szabó Gendler）一起合作，研究能够提高自我控制力的策略。回想一下第 32 章讨论过的坚毅的概念。坚毅的人能够放弃即刻的满足感，追求更大的目标。这一团队揭示出，通过改变环境，降低想要即刻得到满足的冲动，是更容易的做法。他们称之为环境造就的自我控制——一旦你这样想，你就会发现这十分合乎常理：如果你一开始就离开厨房，那么你就会更容易避开冰激凌；如果你把手机放到其他房间，那么你在写作业时就更能避开手机的干扰。你看不见诱惑，也就不会有心理斗争了！如果你没有看到想要的东西，不为其所触动，那么你就减少了和冲动较劲儿的机会。

能够做出明智决定的儿童和青少年，会学着相信自己有能力掌控自己的生活。面对必须承担的风险，必须逾越的逆境，有韧性的人并不那么害怕放手一搏。他不惧怕失败，不会认为自己无能为力，因为他已经看到好的决定所带来的结果。他从错误中有所收获，对那些会导致同样错误的决策，他不会重蹈覆辙。

注意：青少年同样要学会接纳自己的冲动，因为冲动也是人性的一部分。没有人总是想要延迟满足。你不想让孩子长大以后，因为让自己感到愉悦而感到内疚。和所有的事情一样，平衡才是关键。这就引出了另一点，你的爱是孩子获得幸福的关键。无条件的爱教会孩子即使在脆弱的时候也要接纳自我。

第 42 章

一步一个台阶

有时，迈出积极一步的决定太过重大，某个目标太难达成，以至于孩子压根不想尝试。他感到无力又恐惧。他认为自己别无选择，感觉自己被外力所左右，被动前行。

当孩子对"自己无力改变"的想法深信不疑时，我就会使用梯子技巧（见图42.1）。我曾经把这个技巧用在许多孩子的身上，他们当中有的人从未想过自己能够在学校里获得成功，有的人从来不认为自己能够通过减重或锻炼变得更健康。我甚至还把这一技巧应用在那些饱受药物成瘾的痛苦或深陷帮派团伙的孩子身上。他们都有这样的感觉——自己陷入了困境，不堪重负，以至于他们认为自己无法迈出改变的第一步，哪怕是一小步。他们觉得自己根本无法掌控自己的生活。

当孩子遇到难关时，你既要经常和孩子进行精心安排的对话，积极地倾听孩子的心声，也要偶尔使用决策树。而梯子技巧可以等到孩子进退两难、深陷绝望的时候再使用，下面让我们看看如何使用梯子技巧。

和孩子解释说你有时也会感到不堪重负。在孩子身陷桎梏时，第一步就是要思考孩子此刻所处的位置。画出梯子的底部，写下孩子所面对的困境。你承认自己并不知道所有的答案，但是你知道未来有两种不同的可能性。把这两种未来的可能性分别写在两个梯子的顶端，两种可能性虽然相隔一定距离但是是真实存在的终点：一边是积极的、充满希望的未来；另一边是如果孩子不做出明智决定，就可能发生的情形。你再次重申自己也不知道所有的答案，但是你知道每个梯子都有一些台阶，通往最终的结果。问问孩子他能想到踩着哪些台阶会通向不太令人满意的一端。因为他正感到不堪重负，孤立无助，所以如果他十分清楚踩着哪些台阶会通向消极的后果，你不必感到惊讶。他感到自己做这些决定和行动非常在行。遗憾的是，对另一个积极的梯子，他可能还看不到有什么积极的台阶。

　　当你写下他提出的这些台阶时，告诉他当你把繁重的任务分解成许多小步骤时，你会感到轻松许多。你关注着让你保持积极主动的未来梦想，但是你也担心每次只完成一小步并不会完成目标。

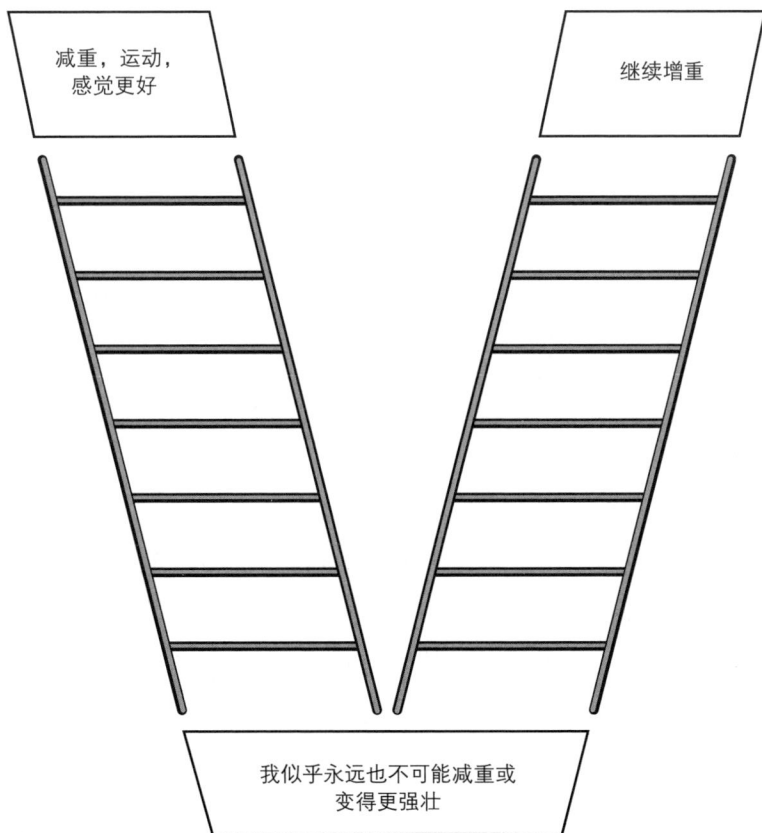

减重，运动，感觉更好

继续增重

我似乎永远也不可能减重或变得更强壮

图 42.1　梯子技巧

掌控：我能变得更健康

　　我把这个梯子技巧用在了一个 12 岁的小男孩荣格身上。由于超重，他无法参与自己喜爱的体育运动。他的父母一直唠叨让他减重，一些小伙伴也取笑他。荣格真的很想减重，但是他并不敢承认。他一直在虚张声势："我都不在乎，为什么你这么在乎呢？"直到我们进行了这次谈话，他才说起来他非常想甩掉多余的脂肪。他向我坦白，减重的想法让他感到害怕，因为他过去的每次尝试都以失败告终，反而使他变得更胖了。他甚至不想再尝试了；他觉得铁定会失败的。（注意，我的重点会放在健康上，而不是外貌或身形上。一味关注外貌会让人感到羞愧，可能事与愿违。我的目标是想出一个让他健康的方案。）

我画了两个梯子，问他想要继续增重就得做什么事情。他当然知道该怎么做。他说出了所有他曾有过的不健康的习惯，并且表示只要继续保持这些习惯就好了。我把这些习惯标注在梯子的不同台阶上。然后，我让他说出一个他能够迈出的更健康的一步。我向他保证他一旦站在了另一个梯子上，接下来踩每一个台阶会越来越容易。荣格努力迈出了这一步，最终决定以后不再喝甜水（汽水）了。一个月后，当他来到我的办公室，告诉我他减掉了大约 1.36 千克——这是一个巨大的成功！更大的差异还是在他的态度上。他意识到了自己能掌控体重。他可以做出一个决定并遵从它。他有自信能够进一步减重，他开始和我说他下一步要干什么（每天晚饭后遛狗 20 分钟）。

我还曾把梯子技巧应用在一个 14 岁女孩莱斯莉的身上，她深陷于由她 16 岁的表哥所控制的一个少年帮派里。莱斯莉是一个聪明且有魅力的姑娘，她感到压力大得使她喘不过气，想要逃离她所在的危险环境。她长大后想要成为一名建筑师，这样她就能在她所在的社区建房子，让孩子不徘徊在街头巷尾。我尽全力给她提供我的"成年人智慧"。她感谢我的一番好意并告诉我，我只是不明白逃离那个危险环境有多难——"那是我的家人啊！"她解释道。

梯子表格让莱斯莉看到了两种不同的未来。她知道哪些台阶会使她陷入麻烦，而梯子技巧帮助她看清了梯子的最高处是需要一次一步进行攀登的，消除了"彻底改变你生活"的茫然失措之感。

莱斯莉第一次到访时，我甚至无法让她迈上积极梯子的第一个台阶。一周以后，她回到我这里，说她为自己仍然无法想出正确的一步而感到羞愧。当我告诉她，来找我就已经是她迈出的积极一步时，她意识到她还是能掌控自己生活中的事件。这动摇了她对自己无能为力、深陷少年帮派无法自救的认知。

　　这个女孩因自己无力想出任何可能性而苦恼了一周,而现在,她突然想出了多个可以用来摆脱危险环境的点子。她曾把她的妈妈置于"只会责怪我"的阴谋论当中(见第 18 章)。现在,她意识到当她遇到麻烦时,她可以给妈妈打电话,妈妈可以命令她回家。她的表哥尊重她的妈妈,也会允许她们度过母女时光。后来,莱斯莉脱离了危险环境,上了大学。

　　这些例子的关键之处在于,迈出第一步时,荣格和莱斯莉品尝到了成功的滋味,于是,他们克服了自己的无能为力感、失去掌控感,摒弃了"只有命运才能决定他们未来"的认知。要记住,压力管理计划的第一要义就是识别然后解决问题,要解决一个令人头疼的问题,最好方法就是把它分解成可以应对的几个小部分。梯子技巧正是通过将一项艰巨的任务分解成可以应付的几个步骤,才让青少年获得了内在的掌控感,并最终获得成功。在这两个例子中,一旦荣格和莱斯莉感受到了成功,曾经阻碍他们行动的、对失败的期许就会消失。他们开始相信自己可以获得掌控感,并获得成功。

　　人们开始对自己的决定和行为负责,就学会了面对结果,无论结果令人欣喜还是令人失望。他们明白,错误经常发生。有时候他们本可以阻止但是没有成功,那么下一次面对错误时,他们会做好更充分的准备。如果父母多给孩子提供掌控生活的机会,那么孩子就不太可能将自己视为消极的受害者,当孩子努力想要取得进步时,责备他人的概率也会小得多。这就是韧性的关键:当面对逆境、失败或压力时,真正有掌控感的孩子会迅速复原。最终,他会更快乐、更乐观,能够更好地面对下一次挑战。

第 43 章

并非所有事情都在掌控之中

如果孩子知道自己能控制所处的环境，影响发生在自己身上的事情，那么他就掌握了韧性的关键。对孩子（和成年人）来说，了解自己什么时候无法掌控也很重要。否则，孩子（和成年人）就会徒劳无功，浪费了宝贵的资源和力量，而他本可以利用这些处理可控的事情。不切实际的乐观主义者会接受无法完成的挑战，或许也会因此失去那些他本可以取得胜利的机会。判断可控和不可控的事情，关键在于现实地估量。

我的岳母雷吉娜·施瓦科娃·普莱特（Regina Schwarcova Pretter），就是我在做与韧性有关的研究的研究对象。她 17 岁时被送往奥斯维辛集中营。在三年半地狱般的生活中，她活了下来，后来又养育出了可爱的孩子，体验到了人生的诸多喜悦。当有人问她活下来的秘诀时，她简单地说："你要为你能做的事情争取，不要把注意力浪费在自己无法控制的事情上。"

要克服逆境，孩子就必须知道他何时有能力改变一些事情，何时应该保存自身能量。想一想，这会对焦虑有什么影响。某种程度上，焦虑源自人对事物可控与否的困惑。和所有情绪一样，焦虑也能对人有所帮助，但是，它在失去控制时，就会让人崩溃。知道自己可以处理什么事情，知道自己的自信心是应得的，识别出不应该为哪些事情而焦虑，难道不是更好的选择吗？

前文讨论了管教。管教能帮助孩子获得掌控感，让孩子明白自己能多大限度地掌控后果。如果你在管教中体现了清晰的边界，那么你也要教会孩子，他也有无法掌控的事情。所有父母都不会在看着 18 个月大的幼儿爬向火炉时，对孩子说："亲爱的，我想让你知道如果你把你的小手放在火炉上，就会有非常严重的后果哟。"父母会大喊"不可以！"然后抱起幼儿。父母会夸张地表现出来，假装去碰火炉，告诉幼儿这是危险的行为。这是在设定清晰、明确的边界——毫无选择或商量的余地。

4 岁孩子绝不能穿过街道追赶一个不知要滚向哪里的球。9 岁孩子绝不能骑自行车时不戴头盔。16 岁孩子绝不能夜不归宿。你要设定清晰、明确的边界。啰唆的解释或协商都是浪费注意力。孩子要学会不在那些他无法掌控的事情上浪费注意力。

你也要身体力行地教孩子在无法掌控的情境中保存力量。如果你在孩子在场时，大声一点让孩子听到你说的话，那么你就能通过有所选择、精心安排的对话向孩子做出真实的示范。用以下对话为例。

　　妈妈："做布朗女士的下属太难了。她每天都使我感到不舒服。她总是唠叨我让我快点交报告。我可真想骂她。"

　　爸爸："这一点也不怪你。你已经很努力了。如果你让她知道你的想法会怎样呢？"

　　妈妈："我会好受很多！"

　　爸爸："这种感受会持续多久？"

　　妈妈："大概一分钟吧，我猜。"

　　爸爸："然后会发生什么呢？"

　　妈妈："要么我被炒鱿鱼；要么就是她没有辞了我，但是变得更唠叨。"

　　爸爸："看来你还真是陷入了两难的境地。你能做点什么让情况变得好一些吗？"

　　妈妈："我不能改变她的性格，也不能改变她的管理方式。我只能试着提醒自己这是她的问题。你知道，我可以每天再努力点，再快点写完报告，在她又要开始烦我之前把报告放在她的桌子上。但是如果她又开始唠叨，那我就对她微笑，随她去吧。"

　　爸爸："听起来不错。你可以做你能做的，不管那些你无法改变的事情。"

此前的章节介绍的策略也能用来帮助孩子了解自我控制的限度。当你利用共情的倾听技巧为孩子创造一个安全区域时，他就会在最沮丧和最脆弱的时刻来找你。你当然想要解决他的问题，但是你不能。即使你可以，你也不应该这样做；相反，你应该运用精心安排的对话或决策树，帮助他设想多种解决问题的策略及其结果，从而引导他自己想出解决办法。他通常能够想出解决问题或改善问题的办法。

他也可能陷入僵局——就如同现实生活。这时你就要给他一个拥抱，提醒他当生活变得艰难时，至少他可以永远相信你会坚定不移地陪在他身边。你应该帮助他理解这个道理：对成年人和孩子都一样，有些事情只是超出了我们的控制，我们唯一可以真正控制的就是我们选择如何应对。通常来说，在这种情况下，我们不能把自己压垮，最好保存好力量，尽力前行。

第八部分
当韧性受到挑战时

第 44 章

极端情况

　　父母可以尽己所能地帮助孩子提高韧性，但是即使是对最具韧性的青少年来说，一些极端情况也仍然是一种考验。如果父母预知危机正在逼近，比如父母正在准备离婚或孩子的一位祖父母得了绝症，那么父母就要努力帮助孩子做好准备。在面对不可预见的危机时，父母希望能够给孩子快速注入一剂"韧性加强针"。

　　仅靠父母美好的意愿可能还不够，因为这些极端情况使父母承受了巨大压力，使父母没有注意力或时间再帮助孩子。因此，培养韧性应该是持续的、预防性的教养习惯——这是一项旨在构建和培养孩子的优势，以应对非同寻常的关键时期的常规性活动。这个部分要比培养 7C 要素更进一步，旨在应对需要给孩子注入"韧性加强针"的极端情况。应对每一种情况的父母都会对孩子选择如何冲出困境产生重大影响。应对每一种情况的关键在于父母既要向孩子示范冷静应对和自我关爱，又要安抚孩子，表明自己最担心的就是孩子的安全和幸福。

第 45 章

让孩子复原

在你翻开本书前，你可能正在为如何提高孩子的韧性而苦恼。那么，你或许可以先读本章。本书大部分内容都旨在为你提供各种技能，帮助你培养情绪健康的孩子，同时培养他身上的长处，让他在这个充满挑战的世界找到正确的方向。然而，本章主要讲的是在孩子面临困惑时，利用充满爱的关系的力量支持孩子，引导他重新回到心智健康的状态，帮助他做出更明智的决定（如果你是一位教育行业专业人士，那么你读到这里时，看到"有爱"或"仁慈"可能比看到"爱"这个教养用词更亲切。除此之外，本章抓住了专业人士与孩子之间进行基于孩子长处的交流的核心要义）。

父母之爱非常深沉，以至于除了诗歌中的词，我很难想出用其他的词来描述。虽然词语不足以描述父母之爱的本质，但是我可以指导你如何把这种爱注入陷入困境的青少年身上：即使他探索世界的旅程并不顺利，你也要用心聆听故事的全貌，发现青少年内在的长处；让意志消沉的青少年意识到他值得人们看到他最好的一面。

父母之爱是孩子毕生安全感的基础，在孩子陷入自我堕落或做出有害行为的艰难时期，父母之爱也是孩子生活中最重要的情感支撑。这些时期可能考验着亲子关系。因为你对孩子的爱很深，所以你可能有这样的时期——不喜欢孩子做的事情，甚至不喜欢他呈现出的样子。不过，你坚定不移地陪孩子在身边，就给了苦苦挣扎的孩子找回并发展出更好的自我的绝佳机会。这种陪伴就像灯塔上的明灯，告诉孩子他能够找到回家的路。对他来说，最糟糕的事情莫过于认为生命中重要的成年人不再关心他或已经放弃了他——这样他就无法再回归正常了。他如果认为自己已经失去了一切，那么改变自己的动机就会破灭。你看到孩子最好的一面并怀有最好的期待，会让他更坚信自己的心中仍然有善意和成功的种子。这也能提醒他回归最好的自我。

即使孩子怀疑自己，你也要始终如一地相信他。如果他的行为超出了你划定的边界，那么他也需要你提醒他边界内很安全，欢迎他随时回来。孩子一旦知道自己有地方可退，那么就更可能迈出尝试的第一步。不管你作何感受，孩子都知道你在感知——失望、气愤、为孩子的情况（还）没有起色而感到内疚。**因此，你自己必须鼓足力量、心存希望**。你就是那个"全力支持他"（见第 27 章）的不可替代的人。

爱是……

从某种程度上来说，爱比"喜欢"更容易。喜欢是更主观的行为。喜欢一个人的方方面面也许不太可能，即使是对自己的孩子也不例外。强烈不喜欢孩子的某一行为也是完全可以接受的。但是爱让一切成为可能，因为爱是一种积极的、甚至是客观的过程。**爱就是认可并欣赏孩子本真的样子，而不仅仅通过他的行为或产生的结果给他贴标签**。爱就是用一颗开放的心，看到他人最好的一面。本章讲的就是在孩子最需要的时刻，你该如何把这种爱转化成行动。

获得自信心：获得掌控感的关键一步

如果你担心孩子，那么他很可能正如你担心的那样，感觉自己陷入困境了。那么你的目标就是要帮他摆脱一蹶不振的状态，摆脱无法树立自信、无法为自己赋能的状态。只有他开始相信自己做的某些事情确实带来了改变，你才算成功了。这也道出了获得掌控感的核心要义——了解自己做的决定和采取的行动会产生重要影响。

如果一个人不相信自己有能力改变现状，那么他就会压制自己想要进步的想法，甚至会否认问题的存在，从而避免感到沮丧或无力。有时候，否认问题要比面对失败更容易。因此，迈出做出积极变化的第一步就是获得自信心，相信自己的行为可能带来改变。一个人能获得自信心，部分源自他接受并相信了他人给出的他有能力的反馈。当他获得了成功，他的自信心就会增强。

如果一个人接受并相信他人给出的他没有能力的反馈，那么他的自信心就会受到打击。遗憾的是，孩子从家庭以外接收到的信息往往都是认为他冲动、轻率，甚至是问题的制造者。你必须向他提供一种立足于长处的视角，帮助他看到自己的不同，让他知道自己可以掌控自己的命运。你必须帮助他认识到，他拥有能够改变自身现状的力量和技能。孩子需要成年人来看见和肯定他的一切优点和做得正确的地方。

　　一个青少年如果被视为一个完整的人，而非问题的起源，就会对青少年产生颠覆性的影响。当我问那些有痛苦经历的青少年们，是什么让他们的生活发生了改变，他们几乎都会回答是因为存在着一个相信他们的成年人。**当他们这样描述父母对他们的影响，就说明父母最大限度地影响了他们的成长过程。**"当＿＿＿让我明白我是有价值的时候。""那时我深受……困扰，直到我做好了倾听的准备。""我从来没觉得有任何人站在我这一边，直到那时。那感觉就像是在我准备认清自己之前，＿＿＿就已经看到我的优点了。"你要成为那种能认可青少年本来的样子的成年人。

从基于长处的视角看待青少年

　　如果孩子即将步入青春期或正值青春期，你正因为孩子在这一时期出现的各种问题而苦恼，或即使孩子已经有抑郁的情绪，但是你还在强迫他改变，让他无法做"他自己"，那么你很有可能是基于问题的视角看待他的。这是可以理解的，但是这会引起一个问题：孩子是在透过你眼中的映像看待自己。你绝不能允许孩子在探索世界的过程中，仅仅因为某一个问题就形成某一种自我认知。在那些你感到教养孩子很艰难的时刻里，想想孩子本真的样子。比如，想想他的慷慨大方、公平正义、豁达开朗、固执得可爱或有幽默感。无论何时，孩子这些可爱的特质都要长存于你的记忆中。当你记起他本质上的好，从这一视角看待他，你就更容易向孩子表达出你对他的高期许，而这些你记住的特质正是孩子得以立足于长处、成长为他想要成为的人所必需的。即使你能说出的特质很少，但只要你能牢记它们，那么你的高期许也会在孩子身上体现出来。他会想起自己是多么想要让你高兴。

　　假设你正在处理某个关于孩子成长的问题，你可能发现问题的核心就是长处。这里有一个典型例子，有一个青少年，他用消极行为掩饰内心深处的情绪。你不要担心认可他身上的优点（比如心思细腻）就是他错误地做出消极行为的原因（比如用消极行为让自己不要想太多），这种担心意味着你支持他做出消极行为，也表明你不想解决这一问题。你的目标是立足于孩子的长处，利用高期许带来的一系列连锁反应，弱化孩子继续做出消极行为的需求。如果你能让他看到自己心思细腻这一优点，他可能更乐于选择其他积极应对策略和具有创造力的、安全的表达情绪的策略。基于长处的视角让你既能帮助孩子解决问题，也不必因为推开孩子而感到内疚。

利用孩子的长处帮助孩子建立信心

孩子一定不希望自己只被当成"一个问题"。当你透过孩子的很多优点去看待孩子身上的问题时，孩子就不太可能感到羞愧，从而更可能和你一起迎接和完成挑战。第 21 章介绍并阐明了这一观点。所有孩子都可以用基于长处的视角看待自己，因为所有孩子都需要自信心和掌控感。但是在这里，我还要给出进阶版本：基于长处的视角看待自己对意志消沉的青少年来说极为重要，他可能陷入更困难的情境当中，只有在你的指导下，他才能发现不一样的自己。

当你发现的长处能够与你期望改进的行为轻松地建立联系时，基于长处的视角才会更有效果。你要观察和强化孩子的长处，这些长处可以成为进步的出发点。正是因为孩子具有那些长处，他的体内才有了进步的种子。我需要你转变观念——要相信在青春期最令你担忧的青少年也具有一些最令人钦佩的长处。

看到问题很容易，特别是当问题使你避之不及时。透过表面发现长处更难，但是这正是让你成为孩子做出改变的动力的关键。发现长处是一种积极的、主动的选择，而你可能需要多多练习，才能透过一个苦苦挣扎的孩子的表面看到他积极的一面和他身上的长处。要先从让孩子描述他做的事情和倾听他的感受入手。当然，你也要倾听他的问题。但是，同时你也要问问他，是什么让他感到自豪。然后，在他的长处呈现出来时，你要认真观察。

基于几十年来的经验，我用以下的例子来阐明如何利用孩子的长处，帮助孩子建立自信。

❊**敏感**。有抑郁情绪的孩子通常都非常敏感。他还没有学会处理自己所有的情绪，因此感到焦虑或抑郁。你一方面可以赞扬敏感这一特性，并且强调这一优势会令他在未来受益匪浅，另一方面要支持他应对目前丰富的情绪。

- **同情心。**许多有过痛苦经历的孩子更能体会他人的痛苦。同样重要的是，他们当中的许多人希望自己能够在未来帮助那些和他们有着同样经历的孩子。这种致力于改善他人生活的期望，就是他们改善自身健康状况的出发点。只有更健康，他们才能更强大，才能帮助别人。
- **致力于修复世界。**许多孩子都向往更美好的世界，它看起来更像是他们儿时所期待的世界。这些孩子可能不理解，他们对公平的追求程度深受自己过去的经历的影响。如果他们能先坚定自己的决心，立志成为情绪更健康 / 做出更健康的行为的人，那么你就能帮助他们理解，他们现在所拥有和未来会拥有的力量。
- **忠诚。**许多孩子的行为都是由于同伴在场才得以强化的。孩子的长处之一就是他们对彼此的忠诚。孩子通常具有根深蒂固的公平意识，也具有保护他人的强烈愿望。你可以利用这一长处帮助他理解，如果他真的想要最大限度地帮助那些与自己一同做出不健康的行为的孩子，那么他可以先从自己开始改变，先成为他人的榜样。
- **尊重。**值得注意的是，那些没有得到他人足够尊重的孩子，深切地渴望充满尊重的交流。所以，只要你给孩子应有的尊重，你将收获同等的尊重。帮助孩子理解好好对待别人意味着什么。让他明白，他也要好好地对待自己。
- **毅力。**一些曾经有过痛苦经历或甚至依然做着消极行为的孩子，拥有想让自己和他人变得更好的驱动力，从婴儿学走路的非凡历程中便可见一斑。从更大的意义上来说，这体现出了孩子不屈不挠的精神，可能他在过程中很多次都想要放弃（比如一个青少年尽管有着严重的抑郁症，但依然每天上学）。毅力是一种核心优势，一旦得到认可，它就能提醒孩子，如果他下定决心完成一项任务，他就有内在驱动力。
- **利用资源。**有时孩子可以充分利用资源，或者让多个系统为之运转。一个例子就是，一个学生在学校凭借消极行为吸引到了相关人员的注意。

当你注意到有人需要你时，通常说明那个人有能力吸引你的注意。吸引到注意才可能获得相应的资源。

❋**诚实**。如果你听到的话让你不太舒服，那么这个人可能正和你袒露心声。这就意味着，这个孩子能够与心理辅导师或老师分享他真实的故事。

❋**洞察力**。如果一个孩子能够向你描述出其行为背后的原因，那么他通常具有超越他年纪的洞察力。你可以利用这一长处帮助他制订适合他的计划。

❋**韧性**。有时，当你听到一个人挺过了极为艰难的时期时，你会感到惊叹。你如果听到了这种事，就把它说出来。这对那些在逆境中展现出力量的幸存者来说意义重大。

记住，你的目标之一就是让孩子掌控自己的生活。因此，他必须知道，不管你是否在他身边，他自己都是有长处的，而且他可以利用长处。在《绿野仙踪》（*The Wizard of Oz*）的最后，多萝西意识到她不再需要稻草人甚至巫师了，她只需要调动自己已经拥有的"红宝石鞋子"就可以实现她的愿望。你的目标就是让孩子意识到他自己也拥有"红宝石鞋子"。

利用自己的长处开启进步之路

现在，你通过积极的倾听，已经将重点放在你挖掘出的孩子的长处上了。那么，对你所观察到的内容，你如何向孩子表达，如何和他一起向前迈进呢？

现在邀请孩子和你一起学习协作解决问题的方法。这种方法的一个形象的名称是"心－胃－头－手"法。积极的倾听可以让你暂时摆脱自己的想法。你的大脑可能因为不知说点什么而焦虑万分。然而，你要专注于真正地倾听，把注意力放在你的身体上。你的身体会向你发出信号：当你在乎时，它会告诉你；当你遇到让你感到担忧的事物时，它也会告诉你。当你在乎时，你的心脏会怦怦直跳；当你担忧时，你的胃通常会收紧。跟随你的本能分享你的感受吧。

❋**心**。在孩子诉说想法的过程中，只要听到任何让你想起你非常在乎他的地方，你都要向他表达。描述你现在听到的情况也能提醒你，他不仅值得表扬，而且有能力成为最好的自己。

❋ **呼吸**。来一次深呼吸，停止思考。

❋ **胃**。告诉他你为什么担忧。尽管你看到了他身上所有的长处，但是你担心他现在的行为（或抑郁的情绪状态）会动摇他挖掘和发挥自身潜力的信心。

❋ **头**。问问他，你们是否能一起想出一个计划。因为他对自己的生活了如指掌，所以必须由他来推动这个计划。你可以提议他用你已经强调过的他的长处作为切入点。你给了他掌控权，但是你必须站在他旁边，支持他做好计划。

❋ **手**。问问他，你怎么做才能更好地支持他，帮助他迈步向前。现在，或许是时候告诉他，他也需要专业人士的帮助了。

当你得到孩子的许可再解决问题时，你既得到了他的支持，也给孩子提供了逐步改变所需的掌控感和自信心。积极的倾听和思考对意志消沉的青少年来说更重要，他已经不相信会有人看到他的长处了。长时间承受着低期许的青少年并非总能看到自己有改变生活的潜力，甚至也不认为自己值得让好事情发生在自己身上。你注意到并培养他身上的闪光点，对他来说可能起到颠覆性的作用。

但我感到非常伤心和气愤！

你可能因为愤怒而想要离开。但是，你对孩子的爱告诉你不能放弃。其实，你的爱——你非常在乎孩子——可能点燃你的愤怒。表达愤怒比表达你的真实情绪——惧怕——更安全。你最气愤的时刻通常是你最担忧孩子的时刻。你担忧他是因为你爱他。如果你和他之间没有深切的联系，你怎么会对他如此投入。记住，你可以厌恶行为，你可以憎恨抑郁情绪带给孩子的一切消极影响，你可以对环境感到气愤，但是，你更珍视你的孩子。这就是为什么你不会离开。

沟通是一条双向通道

你正在阅读本书，希望成为能够帮助孩子复原、做出更健康的行为的成年人。那么，你就需要用到为孩子赋能和尊重孩子的沟通策略。沟通是一条双向通道，你也应该希望孩子和你进行充满尊重的沟通。向相关专业人士求助，帮助你的孩子逐渐掌握能够让你们更好地一起迈步向前的沟通技巧。但是，你要意识到，你能给孩子的和处于危机中的孩子可以回馈给你的，可能存在时间上的滞后。你要相信，当他能更好地调节自己时，你就能得到一些你曾经无私、无条件给予他的尊重和理解。换句话说，你要有耐心，同时还要保持一定的乐观。

专业支持

在拯救孩子脱离痛苦的旅程中，虽然你应该带领他迈出改变的第一步，但是你不应该独自奋战。你要相信孩子仍然想让你满意，只是他可能不知道该怎么办。为了让你相信他不在乎你是怎么想的，他可能付出了很多。他甚至可能对自己说谎，这样他就能忽视你的认可对他有多么重要。尽管孩子正承受着痛苦，可能他会向你表现他满不在乎的样子，但是现在，我想让你相信我，你的肯定对孩子来说非常重要，但是这可能还不够。在疗愈他的过程中，你给他的安全感对他有帮助，但是他可能还需要专业的心理治疗等医疗支持。专业人士在他的生活中是一个客观存在的人。这能让孩子卸下包袱，不必担心向你袒露内心深处的痛苦会伤害到你（见第46章）。

发现他做得好的地方……并且永不停止对他的爱

孩子在青春期和学步期一样，只有在得到积极关注的情况下才能茁壮成长。记住，一个对2岁孩子最有效的管教方法也适用于青少年——"发现他做得好的地方。当他做得不好时，加以引导。"当你注意到并肯定孩子本身做得好的地方时，你就能给孩子最好的养育。你的身份让你得以在孩子的成长过程中给予孩子最佳的引导。

最关键的是，你要确保孩子即使在最困难的时期（或许特别是在这样的时期）也能对镜子中的自己说："我是值得被爱的人。"如果他知道这一点，并且明白你给他提供了一条回头路，让他能够安全地找回自我，那么他更可能向你寻求慰藉与力量。

第 46 章

寻求帮助

　　孩子的安全感源自孩子同父母建立的紧密联系，它是韧性的关键。即使你和孩子之间的联系最紧密，孩子最有能力也最自信，掌握了最佳的应对策略，但是在生活变得难以应对时，孩子的行为仍然有可能超出边界。

　　你千万不要相信有韧性就意味着坚不可摧。所有人都有达到承受极限的时刻，即使是情绪最稳定、最具韧性的人也不例外。孩子展现出人性的局限并不代表孩子脆弱，也不能说明你教养得不好。如果孩子无法很好地应对问题，他可能来找你，默默地用眼泪或皱起的眉头向你发出信号。有些时候，他可能清楚地说出自己的感受，准确地告诉你他为什么遇到了麻烦，他需要什么。但是通常来说，你不得不保持警觉，因为会有一些不易被孩子察觉的迹象表明孩子的确遇到了麻烦。

痛苦的迹象

　　遇到问题的迹象包括行为倒退。一个典型例子就是，一个 3 岁孩子在看到一个新生儿时，通常会表现得婴儿气，吮吸自己的大拇指，想要博得更多的关注。有些孩子的行为倒退会表现为尿床。再大一点的孩子可能发脾气，甚至他从学会走路以来都没发过那么大的脾气——他会做出任何能让父母知道他失控了的行为。有时，孩子会表现得过分可爱，这也是一种行为倒退的迹象。有时孩子会像他在学步期时那样依偎在你身旁，你会感到特别激动，但是如果这是行为上的改变，而且他的此类需求很强烈，那么你就让他说出可能困扰着他的问题吧。如果孩子因你不在视线范围内而感到焦虑，那么他可能需要你在他身边，或许这样能保障他的安全，让他有安全感。否则，他可能担心你，并且只有在你离他很近时他才觉得舒服。

孩子和成年人一样，在感到紧张时，身体也会有所反应。当孩子感到紧张时，他会肚子痛、头痛、肌肉痛、感到疲乏，甚至胸痛和感到眩晕。不要认为他是因为不想上学或逃避责任而装出来的。如果你认为孩子这样是装出来的，用这样的心态接近孩子，那么他会感到羞愧。他可能无法理解自身情绪和身体反应之间的联系。在这种情况下，让医生给孩子做检查很重要，只有做个检查才能确定孩子是否有需要治疗的疾病。同时，你也要注意，孩子经常感觉到的疼痛如果不是由病毒或是其他疾病引起的，那么可能就是压力过大造成的。当孩子时常抱怨自己疼得无法上学时，你就要注意了。你还要留意症状是否在周末或假期就不那么严重。这是对医生下诊断非常有用的信息，他会考虑学校是孩子生活中的压力源的可能性。

一些有困扰的孩子也会出现睡眠障碍——睡得太多或很难入睡。他们可能做噩梦或还想要和你睡在一张床上。有时，孩子甚至不知道自己有睡眠障碍。看看孩子是否有疲乏的迹象，或早上很难把他叫醒，让他按时上学。

对学龄儿童来说，在校表现通常能反映他是否承受着压力。记住，上学是学龄儿童的职责。正如成年人在工作上的表现会因为压力增大而下滑，孩子在压力变大时也会难以把注意力集中在学业上。无论何时，成绩下滑明显都是在向关心孩子的成年人摇红旗，提醒成年人好好看看孩子的生活中都发生了什么事情。

对大一点的孩子来说，你要时刻留意孩子的行为变化。一条新的朋友圈推文或是穿衣风格明显改变，都表明你们要进行一次谈话，看看你能否给孩子提供帮助。如果你对孩子如果有不好的猜想，比如孩子有可能做出了消极行为，那么你不仅需要深入参与孩子的生活，而且也需要专业人士的指导。

许多父母都会十分留意孩子患抑郁症的迹象，但是他们错误地认为，儿童和青少年的抑郁症和成年人的抑郁症是一样的。极其悲伤或沮丧的成年人通常会出现睡眠障碍，变得沉默寡言，能量不足，似乎体验快乐的能力也降低了，而且通常会表达出绝望之情。对一些儿童和青少年来说确实如此，但是美国近一半患有抑郁症的青少年表现出的是易怒而非沉默寡言。他们可能有无尽的能量，并且可能表现出愤怒。我照顾过许多患有抑郁症的青少年，他们的父母非常爱孩子，十分关注孩子的动向，但是没有捕捉到孩子患抑郁症的迹象。因为对父母来说，判断一个青少年是患有抑郁症还是正常，有时是很困难的。正常的青少年也会阶段性地在家里表现出易怒，甚至偶尔会暴跳如雷。因为父母可能已经适应了孩子的这种喜怒无常，所以他们没有捕捉到孩子生气和易怒的背后是抑郁症。因此，父母应该请专业人士评估孩子的情况。

寻求帮助

孩子如果确实达到了韧性的极限，他的内心就会产生匮乏感，觉得自己不好。要是他还觉得自己让父母失望了，他的内心就会更受折磨。如果你不想让这种情况发生，那么你就要放弃"只要你把一切都做好，你的孩子就能够应对一切"的幻想。如果你把孩子的问题看成你的问题的影射，那么你将无法帮助他走出困境，因为你还要努力应付你自己的挫败感。

如果孩子看上去确实很苦恼，那么你要做的第一步就是向孩子强调你会全力支持他，像"共鸣板"一样倾听孩子的心声。你可能对孩子提一些建议，但是你也要抱抱孩子或尽全力确保你仍然是他最重要、最稳定的安全感的来源。如果孩子需要的支持看起来不止这些，那么你就应该寻求专业帮助了。

大部分父母在看到孩子所需要的支持要比他们能给予的更多时，不得不努力面对自己的挫败感。然而，父母要把寻求专业帮助想象成一种爱的行动，而非一种失败。你非常爱孩子，只要对他的成长有利，你就会为他寻求任何帮助。

请放心，专业人士都受过良好的训练，他们在对孩子进行评估时，会确保孩子感到安全，甚至愉悦。你可以问问孩子的医生、学校辅导员的建议，然后和专业人士聊一聊，寻找最适合孩子的方法。

引导青少年同意寻求专业帮助可能很难。青少年可能因为自己无法处理自己的问题而感到羞愧，他可能担心寻求帮助就证明自己是弱者，"情绪正在失控"或"疯了"。如果你对寻求专业帮助感到迟疑不决，那么你就要先坚定自己的想法，之后再找他谈。他会轻松捕捉到你的复杂情绪，从而变得抵触。如果你发自内心地认为寻求专业帮助是一种积极行为，那么青少年才更可能也这样看待。他的积极态度反过来也会影响他在治疗过程的投入度以及治疗成功的可能性。

在立足孩子长处的视角引导孩子寻求专业帮助

孩子遇到困难时会不断怀疑自己的价值。因此，在和他沟通寻求专业帮助的问题时，采用凸显他长处的沟通方式是非常重要的。利用这个机会好好想一想孩子做得好和做得正确的地方。如果你们之间的关系近来受到了挑战，那么这一点就更重要了。这种方法应该建立在这一基础之上——爱就是认可并欣赏孩子本真的样子，而不仅仅通过他的行为或产生的结果给他贴标签（见第 47 章）。

如果你帮助孩子理解以下要点，那么他在心理上会更舒适，也会进一步做好从专业帮助中获益的准备。

❉ **专业帮助确实有用。**

- 情绪上的不适是可以治疗的，而且有人知道如何给他提供支持，这样会让他更好受。
- 投入的时间会在现在乃至未来得到回报。

❉ **寻求帮助本身就蕴含着力量。**

- 寻求帮助是一种力量的体现，因为强大的人知道他能够更好受，也应该更好受，并且会为此采取积极措施。
- 得知自己值得接受指导是一种莫大的自我意识的体现。对自身有洞察力的人会成为最成功、最快乐的成年人。
- 情绪起伏大的人，可能在青春期历经艰难，但是他会成长为强大而出色的成年人。

❉ **和专业人士的关系很特别。**

- 专业人士提供帮助不是因为他怜悯他所服务的人；他提供服务是因为他想这么做，而且他接受的多年的训练让他有能力这样做。
- 专业人士尊重隐私，并且努力在不带任何评价色彩的前提下提供服务。

- ◆ 强调一下，父母要尊重孩子和专业人士的关系的私密性。

- ◆ 青少年同专业人士的关系很特别；孩子永远不必担心专业人士的想法或感受，因为专业人士的职责就是提供帮助。

- ◆ 专业人士不会给出答案或解决问题，相反，他会找到每个人的长处，并且立足于每个人的长处进行服务。这样青少年就能得到支持，从而自己解决问题。

❋ **其他联系和支持来源依然存在，并且能变得更牢固。**

- ◆ 寻求专业帮助并不意味着孩子要放弃其他重要的支持来源。家庭和朋友还是孩子生活中最重要的人。

- ◆ 因为孩子和专业人士在一起时能够专注于解决问题，并且学会缓解压力，所以他可能发现自己和家人、朋友的关系变得更牢固了。

孩子开始接受专业帮助后，你的职责是什么？

当你成功引导孩子向专业人士寻求他应该进行的评估和帮助后，你还是他生活中最重要的成年人。虽然他的问题会由一个受过良好训练的专业人士解决，但是毫无疑问，没有任何人能够取代你。你是孩子耳边让他心安的声音，你让孩子知道他一定会挺过去。最重要的是，你让他知道在这个旅程中，他不是孤身一人。无论是现在还是多年以后，即使是问题已经被解决了，你还是会和他携手并肩。

你也能帮助孩子减轻他（暂时）的绝望感，你只需要在他的想法中划掉一个词，再加上一个新词就可以做到。

❋ "我永远也不会停止担忧了"改成"我还没有停止担忧"。

❋ "我在这里绝不会交到朋友了"改成"我还没交到什么朋友"。

❋ "我再也开心不起来了"改成"我还没感到快乐呢"。

❋ "我永远也学不会这个了"改成"我还没有学会它呢"。

❋ "我永远也想不出我的人生目标是什么了"改成"我还没想出我的人生目标呢"。

此外，在孩子开启一段治疗性关系后，如果他还没看到自己进步，那么你可以帮助他把"没人能帮我了"改成"现在还没人能帮助我"。

保持强大，这样你才能给别人支持

　　看着孩子在困境中挣扎，这让你难以忍受。俗话说得好："你因孩子的快乐而快乐，因孩子的痛苦而痛苦。"孩子需要你变得强大。你的力量和快乐在孩子重返精神、情绪或行为健康的旅程中发挥着重要作用。你像照顾他人一样照顾好自己体现了真正的爱，这也属于负责任和无私的养育。你可能也需要专业帮助，支撑你度过这段难熬的时光。你所学到的一切能帮助孩子理解"他值得获得帮助"的知识，对你自己来说也同样适用。

最后一句安慰人心的话

　　没有比看到自己的孩子正在遭受痛苦更令人糟心的了。但是请你想一想，你想养育一个无法感受情绪的孩子吗？谁不在乎他人？谁会草率地对待生活？孩子所感受到的事物可能让他的生活更丰富。能够深切关怀他人的人能成为最好的父母、最棒的伴侣、最忠诚的朋友、最值得信赖的工作伙伴和领导。现在并非让孩子摒弃敏感的时候，而是帮助孩子努力应对敏感的时候。现在也不是谴责孩子做出消极行为的时候，而是找出驱使他做出这些行为的根源的时候。在你揭开"为什么"的谜底的过程中，你通常会发现这些行为背后隐藏的是感到害怕、紧张和高度敏感的青少年。专业帮助有两个目的：其一，帮助孩子应对现在要挺过去的挑战；其二，教会孩子立足于自身长处成长，帮助孩子在这些感受带来的一次又一次的考验中不断摸索，找到正确的方向。

第 47 章

当你的韧性达到极限时

如果你的目标是养育一个快乐、有韧性的孩子，无论顺境与逆境，他都能做好准备，获得成长，那么你就要像关爱孩子那样关爱自己。你永远应该这样，特别是当你自己的韧性达到极限时，你就更应该如此。

你是孩子的榜样。通过将挑战看作成长的机遇，你展示出一种充满韧性的思维模式。你就是示范积极应对策略的榜样，你教会孩子安然接纳自身的脆弱和局限性。当你认识到问题并解决问题时，你摒弃了和不完美有关的一切瑕疵。当你达到自己的极限，想要向他人寻求帮助时，你做出了示范，再强大的人也要寻求支持和帮助。当你在波涛汹涌的大海中找寻宁静时，你可以和孩子共同调节，让他重新获得让自己安定下来的能力。

当谈到如何使用恰当的语言表达感受，甚至是如何与邻居友好相处时，父母能够本能地理解示范的重要性，但是对展现自我关爱心生抵触——为什么？或许是因为这一代超负荷的父母想要不惜一切代价满足孩子的物质、教育和情绪需求。这似乎只是牺牲了父母一点点的"自私"需求罢了。这对那些内心潜藏着深深的恐惧的人来说更是如此，因为努力工作使他们无法像那些"好"父母一样给孩子留出孩子应得的亲子时光。

我作为儿童和青少年这一方面利益的代表，知道孩子的幸福不仅取决于你的健康和你的韧性，而且也取决于你和伴侣之间合作关系的强度。如果只要告诉你应该要快乐，就能说服你关爱自己，那么我一定会这么做。但是通过与父母们多年接触的经验，我知道，以父母为中心的方法也许暂时会得到肯定，但是一旦陷入困境，它就会被抛到九霄云外。因此，我必须强调**关爱自己并非自私——它是好的教养方式的体现，是一种无私、讲策略的教养行为。**

孩子也想让你好好的。为了给孩子提供适当的照顾，你也必须好好的。因此，照顾自己是一种无私的行为，这样你就能保存必要的力量，有效地照顾他人。为人父母，任重而道远。用积极应对策略培养你的兴趣，满足你的需求，缓解你的压力，才能让你有力量为他人付出。

让我们再进一步。你想让孩子长大以后，把全部的注意力都放在照顾他的孩子上，并且在养育孩子的过程中失去自我吗？你就是榜样。向孩子展示，好的父母以孩子为中心，但是也保有成年人的生活。你给孩子最好的礼物就是你过着一种平衡的生活。向孩子示范，当生活向你发起挑战时，你会采取积极措施让自己重回正轨。

重新坠入爱河

即使是最好的父母，有时也会达到极限。你可能有绷不住的时候，因为为人父母有时就是这么不可思议；不管你做了什么，你就是不能得到你想要的结果。或许你因为其他原因忍无可忍，你的耐心日渐被消磨。可能是由于包括同伴和媒体在内的外部力量在影响着孩子，使他的行为不被接受，这让你有些沮丧，你努力想要抵挡这些力量的侵袭；或许有些事情深深困扰着孩子，以至于他把气撒到了你的身上，因为他觉得只有对你这样做才是足够安全的；或许正是因为他深爱着你，他才需要用叛逆来试探自己的翅膀有多硬。记住，孩子几乎不会恨你，只是你们的联系有时会让他感到压抑。

不管是什么原因，大部分父母都会达到自己的极限，并且通常不喜欢这个时候的自己。有时，父母心中会闪现出不喜欢自己孩子的想法，这会令父母更不安。其实，父母面临的最大的挑战之一就是，对孩子的行为感到深深的失望或极度担忧孩子的安全。这些时刻最挑战父母的韧性和亲子关系。

那么，遇到这些情况时，父母能做些什么呢？第一步就是安慰自己，正常的成长过程就是时断时续的。你正处于危机当中，并不意味着你失去了孩子。危机的另一面可能就是你和孩子的联系更紧密，你的儿子或女儿再一次懂得要来找你。孩子在自我纠正的过程中需要你坚定地陪在他身边，但是不要忘了，最好的家庭有时也需要专业帮助。为了你们关系的健康，这笔投资是值得的——"最终会顺其自然地解决"这种想法可能是错误的。

基于培养韧性，我能提供的最好的建议就是，永远不要放低你的期许。孩子可以意识到父母的失望和气愤，这让孩子难以应付。无数青少年告诉过我，他们什么都没有了，因为他们已经失去父母对他们的信任了。我曾经听到过青少年因此滥用药物、辍学。我还看到过青少年因此患上了抑郁症。还有的青少年，消极行为愈演愈烈，但是他们得到的仍然是父母不变的反应。他们注意到自己那筋疲力尽的父母已经放弃了，父母开始展现出"孩子还是孩子，我能怎么办？"的态度。结果，青少年明白了，唯一能吸引父母注意力的方式就是让父母感到震惊，这样才能让他们做出足够强烈的反应。父母另一种无效的应对方法就是降低期许，成为孩子的朋友。孩子需要的是父母用强大、有预见性的价值观指引他，而非仅仅出于朋友的角度和他沟通，特别是在孩子的危急时刻。

避免落入教养陷阱

回归到培养韧性的两大核心要点，理解以下两点可以帮你避免落入一些教养陷阱。第一点，如果孩子要做好准备克服生活的挑战，那么孩子就需要获得无条件的爱、绝对的安全，并且与至少一位成年人建立深厚的联系。第二点，也是最重要的一点，孩子可能达到，也可能辜负成年人的期许。

无条件的爱让孩子明白，从长远看，一切都会好起来。即使有时候你不喜欢或不赞同他的行为，孩子也必须知道你站在他那一边。无条件的爱并不意味着无条件的肯定。你可以排斥某一种行为，但是不能排斥孩子。不能因为某一个行为就收回或拒绝给予你的爱。如果在面对令人担忧的问题时，你也能用这一方法应对，那么孩子就不会陷入这样的危险境地——认为自己什么都没有了。他可能向你发出拒不接受的信号，但是最终还是想要回到他所认为的最安全的所在——你的身边。

尽管你会生气、失望，但是你绝不能降低期许。当你对孩子抱有高期许时，孩子往往会努力达到那些标准。我并非指取得成就，相反，我希望孩子关心体贴、尊重他人、正直诚实、有公平意识、慷慨大方和有担当。

在理智上，这可能听上去合乎情理，但是当你遇到一个重大危机或陷入深深的失望时，停止愤怒就没那么容易了。当你担心孩子担心得要命或对孩子怒气冲冲的时候，你很难认真考虑那些要始终如一地爱孩子、对孩子保持高期许的建议。你需要的是让自己进行深呼吸，重新评估怎么做才能更好地应对当下的情境。是时候重塑自己"坠入爱河"的能力了。

当你注视着孩子眼睛的那一刻，你就坠入了爱河；当孩子抓着你的手指时，你的烦恼就一扫而空。孩子现在可能是一个青少年了，但是他内心还是你抱在怀里的那个小宝宝，还是你第一天带他去上学时的那个他。他可能有时脾气不太好，但是在这个 14 岁青少年的内心里，他还是那个迈出了第一步、寻求你的鼓励的 1 岁孩子，还是那个在你回家时从人行道上跑过来迎接你的 2 岁孩子，还是那个从自行车上摔倒了，只有你才能安慰他的 4 岁孩子。唤起你对孩子的爱的事物不仅仅有亲子间的记忆。看着孩子学会质疑而非一味地接受，难道不是很棒的体验吗？

谁是你的孩子？

"你的孩子究竟是谁？"这个问题可以唤起你对孩子最高的期许。即使你被孩子推开，这也会让你有勇气用无条件的爱呵护孩子。无条件的爱并非那种"我能修好它"的令人窒息的爱，而是让孩子心安，你哪里也不会去，就陪在他身边。要打破找借口、威胁和发怒的循环，避免这种恶性循环在困难时期轻易压垮你的家庭，那么向孩子重申这种爱可能正是你所需要的。

看到青少年心中的小孩会让你感到悲伤，但这可能正是促使你改变你们之间消极的交流方式的途径，而消极的交流方式会把你们推向极限。你需要一个重置按钮，但是你的自以为是，青少年的自尊心和义愤填膺可能阻碍你们重新开始。你不能指望他迈出第一步。自从他出生时开始，你给他的爱便如花朵般盛放，你可以从中汲取恢复你们的关系、让他开始掉头转身的力量。它可能让你把失望抛到一旁，让正承受巨大压力的你想要一次假期。你们需要一些没有摩擦的共处时光；利用这一机会，你们可以再次享受彼此的陪伴。一起出去吃晚餐，去沙滩漫步或去主题公园玩吧。彼此承诺这个假期没有争论。让他看到他没有被拒绝。但愿他会明白，通过修复你们的关系以及修正他的行为，他会有所收获。我不能保证这一定奏效，但是我能向你保证的是，这样做不会让事情变得更糟，如果不这样做，你们之间会有更多的争吵和失望。

能拥有两个出色又十分单纯的女儿，我很幸福。我的女儿们有创造力、独立、自信，有时也很固执（这一点对她们有帮助）。但是，即使是作为教养类图书的作者，我也会有自己无法承受的时刻。让我告诉你她们究竟是谁——她们就是曾经那两个 3 岁的孩子，让我把车停在路边，然后她们跳下车去"解救"一个"走丢的"、浑身脏兮兮的粉色泰迪熊。它"既无助又害怕"，她们想保护它。

我的一个女儿在 2 岁半时喜欢屹耳，因为"屹耳看起来很难过，我想让它开心"。她们还是曾经的那两个小姑娘，求我给她们捉小虫子，然后又把它们放生，这样它们就能重新和它们的朋友们在一起了。当她们 4 岁时，我们去旅行，看到路边有一个厨师在准备晚餐。她们看到锅中有一整只鸡，鸡的脚从锅里露了出来。她们天真的脸上闪过一丝若有所思的神情。"爸爸，你知道吗，一些人吃鸡，他们吃的是真正的鸡？！为什么他们要这么做呢，是他们不喜欢鸡吗？"

在她们 10 岁时，有一天我带着她们去买东西，我想买一个能改善睡眠的枕头。我看中了一个枕头，但是标价让我望而却步。第二天，一个女儿花光了她所有的钱，把那个枕头送给了我，因为"我知道，如果你睡得好了，你的整个生活都会变得不一样"。

这就是我的女儿，即使她们已经是大姑娘了。她们是真正的好人、可靠的朋友、保护地球的卫士，还有深厚的爱人的能力、有保护弱小的本能。她们是非常有趣的小女孩。她们在青春期时有时也让我抓狂，但是我通常都会看穿她们的行为，发现她们还是我所了解的、我爱的那两个小女孩。我知道她们一定要化妆，这有时让我更容易对她们表现出来的沮丧感到释怀，因为我可以（正确或错误地）把化妆重新界定为心思敏感的另一面——敏锐——的表现，而敏锐正是她们具有的我所认为的重要品质之一。当然，重新界定并不总是一件容易的事，但是当我快没耐心时，关于她们究竟是谁的记忆让我重新找回对她们的爱。最重要的是，我对她们化妆的理解，让我总能对她们怀有最高的期许——她们敏锐、热情、有同情心。

并没有什么万能公式或智慧箴言能保证孩子绝不会做出一些令人担心的行为。我永远不会告诉你，你没有生气和表现出生气的权利。但是你要永远记住，你的影响力取决于你一直给孩子的无条件的爱。世界上只有一个地方可以让孩子获得最大的安全感。你必须成为一股稳定的力量——那个灯塔——这样孩子才能安全地探索这个充满挑战的世界。最后，你对孩子的担心消耗着你内在的每一滴能量，所以你要记得照顾自己。你的孩子需要你的能量来支撑；他正在从你的身上学习如何从逆境中复原。

第九部分
特别献给社区

第 48 章

基于社区的韧性养育策略

父母的目标必然是"建立一个世界",在这个世界中,让孩子得到支持与鼓励,从而充分发挥自身潜力。可以想象,支持就是给孩子提供帮助、保护和机会的同心圆。首要的保护层必须是父母的高期许、持久的爱和坚定不移的支持。其他的保护层包括家族里的亲戚、积极的同伴、学校和社区。不管社区是否与民间团体、学校、体育联盟或任何给孩子提供服务的组织合作,社区都能通过创造有助于家庭成长的条件,提供有利于孩子发展的资源和筹备丰富的项目,促进孩子的健康发展。

如果正在阅读此章的你的身份首先是一位父亲或母亲,那么你可能发现本章非常有用,它能让你进一步了解基于社区的项目如何为孩子创造额外的保护层。你也可以和其他父母一道,创造一个由相关家庭组成的团体。请确定,你的团体要接受挑战,创造一个让所有孩子都能发挥自身潜力、进一步为成功做好准备的环境。

本章着重讨论社区整体或基于社区的项目如何一步步践行基于长处的、培养韧性的养育策略。本章也会涉及一些为孩子提供服务的专业人士所承受的情绪上的挑战,因为专业人士要接触经历过困难或痛苦生活的孩子。最后,对一些服务于孩子的机构,在它们考虑是否推广培养韧性的策略时,我也提出了一些问题供它们思考。

7C 要素的优势和局限

本书致力于给父母提供培养孩子韧性的有用工具,让社区在使用通用语言和理念,立足于青少年的长处培养其韧性的同时降低风险。如果你代表的是学校、社区等项目筹备方，你在考虑应用一种鼓励孩子正向发展或基于培养韧性的策略来改变社会看待孩子的方式，那么我要恭喜你。我建议你考虑和一些组织合作，它们可以进一步帮助你评估需求，提出一些改变基础设施的方案，制订干预措施。

7C 要素在孩子正向发展运动的基础上做了微调，从而让你既能发挥孩子的长处，又能化解风险。瑞克·利特尔和他的同事们首先提出了韧性的 4C 要素，即"自信""能力""联系"和"品格"。该组织确定以上要素是确保孩子走上正向发展道路的重要因素。之后，他们又加上"贡献"，因为有了以上四大基本特征的孩子会随时做好为社会做出贡献的准备，自然而然地，做贡献的孩子也会进一步发展基本的 4C 要素。

韧性运动不仅和孩子正向发展理念紧密相连，而且在很多地方与该理念不谋而合，但是韧性运动更注重从逆境中复原以及战胜逆境的重要性。虽然在众多孩子正向发展项目中，"应对压力"通常包含在培养"能力"的范畴内，但是需要强调的是，它是降低风险的最好的方法之一。积极应对策略让孩子在应对压力时，不必求助于那些轻松、快速但危险的解压方法，即危险的行为。而一个人愿意做出积极行为变化的一个关键因素就是，相信自己有能力、有办法解决问题，这叫作自我效能。最后一个要素就是"掌控"，既拥有自我效能，又能自我控制的人明白，自己可以掌控行动，能够改变自己的命运。在努力理解一些孩子经受的创伤时，这是一个尤为重要的要素。这主要是因为有过痛苦经历的人已经无法掌控自己所做的决定，有时甚至无法控制躯体的完整性，所以你必须尽可能地恢复他的掌控感。

这本书旨在将研究成果和文献著作的精华进行转化，让父母和社区在采取行动时更容易。7C 要素让具有不同视角、来自不同领域的人——父母、老师、服务于孩子的专业人士、政策制定者、教授——都会问："我们正在为提升孩子的 7C 要素（弥补任何弱项的 C 要素）做些什么，我们还能做些什么呢？"如果你已经采取基于长处的视角看待孩子，那么你就不需要改变现有的框架或方法；我们的目标是用一种通用表述沟通，这样我们才能更好地开展对话。通用表述能够打破众多壁垒，这些壁垒经常阻碍不同领域的人士在解决养育孩子的问题时携手并进、采取有效行动。

孩子可能达到，也可能辜负社区的期许

社区、学校或项目能采取的第一步就是决定如何刻画孩子的形象。虽然我希望学校和社区对儿童和青少年提供一致的保护，但事实是孩子的健康发展依然会受到破坏。孩子会接收到一些或含蓄或明目张胆的信息，表明他不应享有某些资源，人们不应该对他抱有高期许。如果你要培养这一代人的韧性，那么你必须强化孩子身边的支持力量，同时齐心协力设法清除有害的、不利于孩子成长的信息。

这些信息并非有意扩散的。因此，你必须意识到刻板印象是如何在不经意间进行传播的。正如我们此前所讨论的，对青少年的贬损性的刻板印象会形成自我应验的预言，这主要有两方面原因。一方面，虽然青少年没有表达出来，但是青少年把很多注意力都放在了回答"我正常吗？"这个问题上，因此青少年会做他认为正常的事情。如果你主要关注问题，而没有进一步关注青少年哪里做得好，那么青少年就会错误地把那些酿成危机的行为视为是"正常的"。另一方面，青少年可能达到，也可能辜负你对他怀有的期许。

总的来说，你必须破除那些有关青少年的刻板印象。只要你认为青少年以自我为中心、冲动或无法进行理性思考，那么你就无法精准地在青少年最需要的时刻参与他的生活。只要你认为一些青少年就是潜在的危险因素，那么你就会试图控制或操控他，而非培养他。

一个令人心痛的例子就是，有些孩子将有害信息融入了自我认知，认为自己不适合学习。这些孩子通常受许多信息和预防性项目对他们的引导，而且孩子可能没有参与足够多的学业充实项目和课外活动。尽管项目和活动的举办方是出于好意，但是孩子接收到的信息可能是，孩子就是会做出令人担忧的行为。如果预防性项目能够与注重培养长处的学业充实项目，以及课外活动达到进一步的平衡，那么孩子就会用积极的选择塑造自己的形象，并且会进一步理解你对他们抱有的期许。

要记住，所有孩子都想要被认可和关注。有限的资源如果都集中在预防性项目上，那么青少年在学业上就无法获得额外的支持，他们的课间休息可能被取消，体育课和艺术课也可能被占用殆尽……这意味着什么呢？这些孩子可能

就会做他们学到的事情，以获得成年人的关注；这样，预防性项目的结果就事与愿违了。不要把这一部分内容误解为反对进行基于防范风险的干预项目。相反，这些干预项目是必不可少的。对学校来说，虽然学校努力改正孩子的消极行为，但是如果学校没有充分认识到积极行为的作用并且大力提倡积极行为，那么学校同样会犯错。

低期许带来的连锁反应并不局限在孩子身上。例如，学校应该是每一个孩子发现自己长处的地方：一些孩子可能在艺术领域见长，另一些孩子在文科领域占优；一些孩子在赛场上出类拔萃，另一些孩子在计算机实验室发挥优势。重要的是，学校要给孩子提供广泛的机会，这样孩子就不会接收到这样的信息——认为自己没什么才能或没什么天分。如果孩子的天分没有得到关注，那么孩子会很快失去自信心。想一想，怎样通过追踪目光准确地判断一个 7 岁孩子的阅读水平。孩子会从自己被安排在"小鱼"组、"鲨鱼"组，快速了解成年人对他的期许。我并非在对阅读追踪表明立场，只是在强调，我们必须尽力确保每一个孩子都感到自己受到重视，都能获得在某些领域脱颖而出的机会。

孩子必须了解，大部分孩子是积极主动、乐于为社区做贡献的一分子。对青少年来说，一些公众卫生信息放大了青少年的问题，营造出了一种可能与现实不相符的危机心理。青少年吸收了这些信息，即使是正常的青少年也会参与那些令成年人不安、在新闻中博眼球的行为。所以，你大部分的注意力必须放在关注和颂扬你身边的积极行为上。

＊关注展现青少年慷慨和同情行为的积极新闻，并进行传播。不要只关注英雄事迹，也要关注你身边的人和事；把颂扬善良和贡献当成是生活的常态。

＊在社区内倡导塑造青少年的积极形象。倡议媒体转变报道内容，不要只关注最成功的人士和少年犯。

＊倡导公众卫生信息不仅要告诉青少年什么不应该做，还要积极地告诉他应该做什么，要意识到大多数青少年想要做正确的事情。

＊倡导社区和学校开展各种学业充实项目和课外活动，重点应放在那些最

值得你关注、但是目前只有预防性项目的领域。这并不意味着你要提议将基于防范风险的干预项目砍掉。

❋ 给青少年提供向社区做贡献的机会。如果他能够为他人服务，那么他的价值就会为人所注意，而且他人表达的感激还会在青少年心中不断强化，发挥重要作用。

❋ 和你所在的社区中的父母一起携手，成为青少年的榜样，一同给青少年设定规则和边界以保障他的安全。如果这些在你的社区中都是司空见惯的，那么青少年就没什么叛逆的理由了。

❋ 使用正确的语言。永远不要把某些行为冠以"青少年"的标签，因为这样就是给他下定义，营造一种自我应验的预言。相反，要表明青少年正在设法应对某些特殊的情境，但是他还是一个青少年。比如，不应该有"有风险的青少年"这一说。取而代之，他只是"一个在设法应对某种危险境地的青少年"。

同学校的联系和基于社区的项目是重要的保护性因素

和家里、学校、社区的成年人之间的联系能让孩子感到自己被重视、受到保护。拥有多种联系的孩子在遇到困难、需要帮助时有地方可去。当这些孩子没有进一步成长，或当他们遇到麻烦时，与之联系的成年人会注意到。尽管如此，一些孩子还是会成为漏网之鱼。因此，要努力确保每一个孩子都能够被几个成年人关注到，这样孩子就会得到更全面的保护。试想一块切成片的瑞士奶酪，如果不加注意，这片奶酪很容易就会因为某一个小洞倒塌，但是几片奶酪如果放在一起，就不太可能倒塌了。

学校和各种项目可以采取措施确保每一个孩子都被关注到。在美国纽约的一所学校，有一个兴趣项目是在理查德·西蒙（Richard Simon）校长的领导下开展的。这所学校下定决心让每一个孩子都建立足够多的联系。老师们准备了索引卡片，每张卡片上对应一位学生的照片，并且把卡片贴在教师的办公区，如果老师和某位学生建立了积极的联系，那么学校会让老师在对应的卡片上标注上自己名字的首字母。没有首字母或只有一个首字母的卡片会被送至指导部门，指导部门会采取一系列干预措施，其中包括要安排一组教师和志愿者与学生建立一对一导师制联系。用这种方式，学校就能确保所有学生和学校里的一位成年人建立积极的联系。美国多个学校和项目都使用了这种简单的方法，从而确保一个充满关爱的环境，防止危机发生。一些学校还会在墙上挂上花名册，老师在那些他认为和自己建立了联系的学生名字旁边点上点儿。没有建立足够多的联系的学生会由学校指定成年人与他们建立联系。一些学生认为伸手寻求他人的帮助很难，因为他们可能感到害羞或觉得低调更好，尽管如此，所有孩子也都要实名参与这个项目。成年人的职责就是发现身边每一个孩子的特性，挖掘出他们说不出口的需求。

把青少年的智慧涵盖进来

为自己社区的福祉做贡献的青少年的努力会为人所注意，而且他更有可能继续为社区做贡献。你绝对不能忘记，青少年才是最了解他自己生活的人。如果你在设计项目时，能够问问青少年的建议，那么与青少年有关的项目的质量就会提高，项目也会为参与者带来更多的好处。

如果你想要指导社区的青少年做出积极行为，那么你就要考虑在青少年身边安排同伴教育者和做出积极行为的榜样。如果积极行为信息是从与青少年建立联系的同伴处传递给青少年的，那么青少年就会产生某种共鸣。与此同时，如果同伴教育者同受尊敬的成年专家们建立了联系，那么这些同伴教育者的可信度就更高了。此外，你还要理解谁是同伴舆论领导者（并不一定是最好的学生或班干部），谁影响同伴教育者示范出恰当的行为。

每一个孩子都要触手可及

"所有孩子都能获得成功，没有例外！"社区中的机构都需要努力恪守这一大胆的理念。如果要真正开展一些项目，表明你相信这一说法，你就得自我检视，从不同的视角看待孩子，尤其是对那些竭力疏远成年人的孩子。

一些孩子确实非常擅长把成年人推到一边。对那些受过伤害、有过创伤的孩子来说尤为如此。他们已经学会不要轻易信任他人。另一些把成年人推开的孩子是完美主义者，他们没有达到自己的标准，因此努力给自己戴上了冷漠的面具。有时，孩子会加入某种亚文化团体，从而明确地表达自己完全不接受成年人的文化。记住，所有的这些孩子在小的时候都是渴望得到关注的孩子。也许，他们没有得到关注，还被欺负过或受过伤害。他们敏感的心灵可能受到过极深的伤害，以至于他们认为用消极行为蒙蔽自我意识似乎是最好的解决办法，或许他们只想用消极行为表现一种错误的观念——他们真的不在乎。有时，他们所需要的就是正确的成年人在正确的时间出现，帮助他们认识到自己真的非常在乎曾经受到的伤害。

　　并非人人都能够为每一个孩子提供帮助——有可能和你的长相、年龄、你说了什么、没说什么或你让孩子想到了谁有关。没关系。各种项目通常都会使用团队合作的方法。这是一个真正具有建设性的安排，这样你就能让团队中的某位成员更好地匹配某位孩子。不要仅仅把性别、年龄作为让他人与孩子建立联系的基础。相反，要基于孩子的兴趣、生活经历和性情来匹配专业人士和孩子的同伴。你只需要注意，不能放弃。

基于社区的项目

　　每一个孩子都拥有独特的天分。这就是为何"一体适用"的项目设计是行不通的。如果想让每个孩子都有机会成长，社区就需要开展众多项目，这样，每个孩子才能发现自己的长处。安全的玩耍空间是孩子必需的，这样的环境不仅能让孩子得到锻炼，还能激发孩子内在的好奇心与创造力。社区需要开展学业充实项目，这样既能帮助一些孩子脱颖而出，又能防止其他孩子"掉队"。健康的以孩子为核心的社区也设有冥想中心和娱乐中心，里面有丰富的项目。最后一点，任何旨在增强家庭凝聚力或提高有效养育的社区活动，都能进一步放大目标效益。

如何开展立足于青少年长处的项目？

　　一些青少年项目仍然在赤字运营——这些项目只是为了降低青少年做出消极行为的风险，并且将重点放在了教育上。另一些青少年项目虽然明白，青少年的长处被发现才会让青少年有更好的表现，但是这些项目在采用立足长处的方案时也会遇到困难。

　　我十分在意风险，也十分关心青少年是否安全。但是我从许多青少年的身上了解到，他们的生活发生转折正始于有一个关心他们的成年人开始真正相信他们，"（一个服务于青少年的志愿者或辅导员）让我第一次明白自己不是垃圾，这改变了一切""他看着我，在我开始相信自己之前，他就相信我"。你的挑战在于，你要像关注青少年的行为那样，去关注青少年身上的优点和品质。

播 种

关爱让专业人士容易感受到他人的痛苦。如果你既要让自己感受他人的痛苦，又觉得这样做是徒劳无功的，那么你很快就会感到关爱他人并不值得。最后，你可能就会把同情拒之门外，从而也降低了你疗愈他人的可能性。为了避免精疲力竭，你必须相信关爱是值得的。

你这样做，是因为你致力于帮助孩子获得健康和幸福，而且你坚信，培养强大的孩子能够造福未来。你投入大量的时间，给予的通常多过你的期待，有时你也会吸收痛苦，让自己受伤，因为你相信这很重要。要是你所投入的时间、注意力和热情都能够得到回报该有多好。

你结束了一天的工作后，时常会想："我是否带来了改变？我的倾听做得足够好吗，是否听到了他想要表达的内容？他在听吗？他明白我为什么担心吗？他做好准备要坚持到底了吗？当他回到家里一团糟的环境时，他在我办公室感受到的安全和心安真的重要吗？当他不得不付出一切代价在街头生存时，他是因为我的存在才决定要好好规划自己的人生吗？"

具有长时间实践经验的人，能够看到自己的介入在多年后发挥的影响。也许最令人欣喜的时刻莫过于很久以后，当你再次邂逅那个孩子时，你才知道，他真的把你的话听进去了。或许，至少这就是鼓舞你前进的最大的动力吧。他告诉你，你种下了一颗种子。他告诉你，是你帮助他理解他本来就是足够好的人。他告诉你，他不再服用药物了，并非因为你告诉他这样做的危害（他以前就知道），而是因为你让他说出了服用药物就是为了麻痹剧烈的痛苦。更重要的是，你让他找回自我，找到了表达自身情绪的方式，这样让他感到舒服。他把自己的孩子带过来，告诉你，他想要为自己的后代创造比他过的更好的生活。之后，当他说到正是因为你相信他，他也会相信自己孩子的时候，他哭了。

并没有一种能够一劳永逸的管教方法，而且大多数方法都不会产生即时的效果。但是你要知道，尊重、思考，以及激发孩子现有长处至少不会有什么害处。基于防范风险的方法着重于规避失败或潜在的风险，而这样会使孩子产生羞耻感。羞耻感强化了孩子消极的自我认知，会增加孩子的压力，致使孩子做出一系列危险的行为。基于长处、富有同情心的方法可能不会产生即刻的改变，但是可能点燃星星之火。真正相信孩子是最了解自己生活的人，这样可以推动他想出解决办法。至少，这可能让他更愿意接受接下来出现的关爱他的专业人士，当他做好准备采取行动时，专业人士会随时为他服务。

提醒自己，你所拥有的最伟大的一个天赋就是，知道自己确实很重要并能重新振作起来。你可以给你关爱的孩子最大的礼物就是承诺为他提供毕生的服务——积极主动地做一些事情、避免陷入倦怠。第一步就是撇开你想在这份工作中找到即刻的满足感的想法，相反，你要坚守这份工作的职业操守，庆祝你所体现出的价值，坚信你种下的种子会生根发芽。可能你不一定会看到开花结果，但是花儿还是会开放。

《触达青少年：用基于长处、创伤敏感、培养韧性的沟通策略促进青少年正向发展》（第二版）

美国儿科学会还出版了本书的姊妹篇，为服务于青少年的专业人士提供一整套基于长处服务于青少年的策略。第二版《触达青少年》共有 95 章和 400多个视频，供大家拓展思路、假设不同的情景。该书内容由 120 多位服务于青少年的专业人士供稿，他们给出了实用的建议，这些建议均有理论支撑并已得到论证。书中还有许多青少年现身说法，分享哪些内容吸引他们，哪些内容他们不感兴趣。除了为所有服务于青少年的专业人士提供通用的指导，本书还为下列每一类人群提供了对应的经验：教师、医疗服务人员、药物使用专家、寄养体系的专业人士、父母、少年司法专业人士等。

重要的是，该书旨在让专业人士做好准备成为青少年需要的成年人，指导青少年成为最好的自我，在必要时改变发展方向。虽然该书设法帮助青少年解决生活中的一些重要挑战，但是它始终用基于长处、创伤敏感的视角看待青少年。总之，它既认可你是自身所处环境的专家，又提供了许多专业的发展资源供你借鉴、参考，以匹配你所处的环境。此外，它还包含小组学习和讨论活动的组织技巧，诊所或教育机构可用这些技巧来强化技能库。

结　语

许多儿童、青少年和成年人在面对逆境时能展现出超越挑战的能力，他们充满活力、保持乐观，所以我几乎每天都保持谦卑。我确信，无论在顺境还是逆境，那些做得最好的孩子，都是那些与父母的联系最紧密、父母允许他们跌倒了再爬起来的孩子。

韧性不是坚不可摧。即使你能够做到坚不可摧，你也不想"养育"出一个坚不可摧的孩子，抑或不想让孩子绕过任何一个水坑。同情、慷慨和共情通常是在更艰苦的时刻培养出来的。事实上，在孩子的成长过程中，为孩子的心思敏感而庆祝吧。你因孩子的快乐而快乐，因孩子的痛苦而痛苦，同时你也要提醒自己，孩子的痛苦或焦虑只是暂时的，这或许会让他有幸感受到情感的深度，最终让他成长为你期待他成为的关心他人、心地善良的人。

我希望这本书能激发你想出适合你的孩子的教养策略。随着孩子长大，当你重新翻看这本书时，我希望它不仅能巩固你已经掌握的育儿知识，还能让你想出一些我可能忽视的、但是更匹配你孩子的需求的方法。你要对自己充满信心，也要敢于相信自己的本能，要知道你对孩子的了解胜过我或任何"专家"。

如果必须用一个词总结培养韧性的精髓，我想我会加上一个新的要素——关爱（caring）。

❋给孩子非常深切的关爱，这样孩子会知道你疯狂地爱着他。

❋给孩子非常热切的关爱，这样你会对他抱有高期许，希望他成为好人——因为他会达到你的期许。

❋给孩子非常强烈的关爱，这样你会让他明白是他掌控着自己的世界，他不断增加的智慧能想出大部分问题的解决方案。

❋关爱孩子，就要教会孩子关爱他自己。教会他如何缓解压力，不仅仅是告诉他什么不应该做。

❋足够关爱孩子，这样你就能真正了解他。要了解他的个性、局限和潜力，而非期望他符合你对他们抱有的理想化形象。

❋关爱自己。当你为孩子示范自我关爱有多么重要时，你就能让孩子明白，有各种消极情绪也没关系，达到极限也是人之常情，复原是必要的。

❋非常关爱你的未来，这样你就能为了所有孩子努力让世界变得更美好。

从一个小婴儿来到你生活中的那一天起，你就开始了你的关爱之旅。当那个小婴儿抓着你的手指，凝视着你的面孔，好像对你说"我是你的，请保护我"时，你心中便涌起了万千关爱之情。随着孩子长大，你最大的挑战就是学会说："你很强壮，你得靠你自己了。"我一直尝试给你提供一些培养孩子韧性的方法，这样你就能帮助孩子做好独自站立，甚至奔跑的准备。但是，永远不要忘了，他要从你提供给他的保护和指导中获得安全感和自信，才能获得成长。让他尝试展开羽翼，向着独立振翅翱翔吧。当他相信自己可以独立探索世界时，他就会回到你身边，和你相偎相依，这种依赖不仅不受年龄限制，而且会给孩子提供毕生的安全感。